Minerva Shobo Librairie

日本環境教育小史

市川智史
[著]

ミネルヴァ書房

はじめに

　本書の大部分は，日本大学大学院総合社会情報研究科の学位論文である。学位論文の題目は「日本における環境教育の史的展開に関する研究」で，2015年3月に博士（総合社会文化）を授与された。学位論文では第Ⅰ部「環境教育の国際的展開」（1～3章），第Ⅱ部「日本における環境教育の展開」（4～7章）の7章で構成し，1970年頃から2010年頃までの史的展開を解明した。本書は学位論文の構成を，第Ⅰ部「環境教育の国際的展開」（1～3章），第Ⅱ部「日本における環境教育の展開」（4～7章），第Ⅲ部「小・中学校における環境教育の展開」（8～10章）の3部，10章に構成し直したものである。それに加え，2010年以降の近年の小・中学校の状況を補論として加筆した。

　本研究の発端は，筆者自身が学校教育における環境教育の普及・浸透に対し疑問を感じたことにある。その理由の1つは，環境教育の進展が期待された「総合的な学習の時間」の環境教育実践について，2008年度に筆者が行った全国調査から，学校間格差や内容の偏り，中学校の低調さなどの問題点が明らかになったことである。もう1つは，現職教員から「環境教育は何をすればよいのですか」と尋ねられることである。環境教育の登場から40数年が経過したにもかかわらず，未だにこのような質問が発せられることは，環境教育が学校教育現場に十分に浸透していないことを物語っていると受け止められた。筆者は，この問題を解く鍵は歴史の中に潜んでいるのではないかと考え，環境教育の史的展開の解明に取り組むこととした。

　学位論文の題目には「歴史」という言葉を使用せず「史的展開」とした。それは，環境教育が比較的新しい分野であり，「歴史」と呼ぶにふさわしいかどうか迷ったからである。本書の題名に関しても迷いは残っているが，環境教育の歴史を包括的に記した文献が見られないことから，思い切って「日本環境教育小史」とすることにした。先達の先生方を差し置いて，若輩者の筆者が歴史を書くことには抵抗感が残るものの，1つの研究成果ととらえていただければ幸いである。

　本書が，環境教育研究に取り組もうとする人たちの参考となることを祈念したい。

2016年5月3日　市川智史

日本環境教育小史　目　次

はじめに

序章　本研究の目的・課題と本書の構成 …………………………… 1

　第1節　本研究の目的と課題 ……………………………………… 1
　（1）本研究の目的… 1
　（2）本研究の課題… 3
　第2節　先 行 研 究 ………………………………………………… 7
　（1）史的展開に関する論文・資料… 7
　（2）史的展開を記述した書籍… 10
　第3節　本書の構成 ………………………………………………… 14

第Ⅰ部　環境教育の国際的展開

第1章　国際的な環境教育の創成（1970年代）……………………… 18

　第1節　用語 "Environmental Education" の最初の使用 ……… 18
　第2節　環境教育の提唱――国連人間環境会議（ストックホルム会議）……… 25
　第3節　創成時代の国際的展開 …………………………………… 28
　（1）国際環境教育プログラム（IEEP）の初期の活動… 28
　（2）国際環境教育ワークショップ（ベオグラード会議）… 35
　（3）環境教育政府間会議（トビリシ会議）… 40

第2章　国際的な環境教育の普及（1980年代）……………………… 47

　第1節　IEEPによる環境教育の普及と推進 …………………… 47
　（1）トビリシ会議以後のIEEPの活動… 47
　（2）環境教育・訓練に関する国際会議（モスクワ会議）… 56
　第2節　「持続可能な開発」概念と「アジェンダ21」……………… 58

第3章　国際的な環境教育の枠組み拡大（1990〜2000年代）………62

第1節　地球サミット以後の国際的動向………………………………62
（1）アジェンダ21へのIEEPの対応…62
（2）環境と社会：持続可能性に向けた教育とパブリック・アウェアネス国際会議（テサロニキ会議）…64
第2節　「持続可能な開発のための教育の10年」への歩み………………66

第Ⅱ部　日本における環境教育の展開

第4章　環境教育の登場以前………………………………………72

第1節　環境問題・環境保全の概略史…………………………………72
（1）公害問題…72
（2）自然保護…76
（3）公害国会と環境庁の設置…77
第2節　環境教育の源流……………………………………………79
（1）公害教育…79
（2）自然保護教育…84

第5章　環境教育の創成（1970年代）………………………………92

第1節　用語「環境教育」の登場……………………………………93
（1）「環境教育」の最初の使用…93
（2）訳語としての「環境教育」の登場…95
（3）訳語以後の初期の使用…98
第2節　創成時代の国内の展開………………………………………111
（1）環境保全に係る動向…111
（2）公害教育，自然保護教育の動向…117
（3）創成時代中盤の環境教育の動向…119
（4）創成時代後半の環境教育の動向…128

第6章　環境教育の普及（1980〜90年代）……………………………134

第1節　環境教育低迷の時期 ……………………………………………134
（1）環境行政の後退と環境教育の低迷…134
（2）低迷の時期の環境教育の動向…137
第2節　環境教育の低迷から普及へ ……………………………………142
（1）環境庁『環境教育懇談会報告』の発行…142
（2）文部省『環境教育指導資料』の発行…145
（3）日本環境教育学会の設立…148
（4）自然体験型環境教育の普及…150
第3節　普及時代の国内の展開 …………………………………………153
（1）環境保全に係る動向…153
（2）普及時代の環境教育の動向…158

第7章　環境教育の枠組み拡大（2000年代）……………………174

第1節　枠組み拡大時代の環境保全に係る動向 ………………………175
第2節　枠組み拡大時代の環境教育の動向 ……………………………178

第Ⅲ部　小・中学校における環境教育の展開

第8章　創成時代の小・中学校環境教育（1970年代）………188

第1節　創成時代の学習指導要領 ………………………………………189
（1）1971（昭和46）年　学習指導要領一部改正…189
（2）1977（昭和52）年　学習指導要領改訂…190
第2節　創成時代の小・中学校環境教育の状況 ………………………193
（1）創成時代の全国調査に見る実践現場の状況…193
（2）創成時代の環境教育実践状況…197

第9章　普及時代の小・中学校環境教育（1980〜90年代）………202

第1節　低迷の時期の小・中学校環境教育の状況 ……………………203

（1）低迷の時期の全国調査に見る実践現場の状況…203
　（2）低迷の時期の環境教育実践状況…204
　第2節　普及時代の小・中学校環境教育の状況……………………………206
　（1）1989（平成元）年　学習指導要領改訂…206
　（2）普及時代の全国調査に見る実践現場の状況…209
　（3）普及時代の環境教育実践状況…220

第10章　枠組み拡大時代の小・中学校環境教育（2000年代）………229
　第1節　1998（平成10）年　学習指導要領改訂………………………………230
　第2節　枠組み拡大時代の全国調査に見る実践現場の状況 …………………234
　第3節　「総合的な学習の時間」における環境教育実践状況……………………247

終章　本研究の総括 …………………………………………………261
　第1節　環境教育の国際的展開 …………………………………………………262
　（1）国際的な環境教育の創成…262
　（2）国際的な環境教育の普及…263
　（3）国際的な環境教育の枠組み拡大…263
　第2節　日本における環境教育の展開 …………………………………………264
　（1）環境教育の登場以前…264
　（2）環境教育の創成…265
　（3）環境教育の普及…267
　（4）環境教育の枠組み拡大…269
　第3節　小・中学校における環境教育の現状とその要因 ………………………271

補論　近年の小・中学校環境教育……………………………………275
　第1節　2008（平成20）年　学習指導要領改訂………………………………276
　第2節　全国調査に見る近年の実践現場の状況………………………………278
　第3節　「総合的な学習の時間」における環境教育実践状況………………284

謝辞・おわりに…*289*

引用文献…*290*
資　　料…*311*

序　章
本研究の目的・課題と本書の構成

第1節　本研究の目的と課題

(1) 本研究の目的

　私たち人間が他の生物とともに地球上で生活していく上では，新たな環境問題の発生を防ぐとともに現在の問題を解決し，より良い環境を創ることが必要であり，一人ひとりの生活の仕方や社会全体の仕組みを持続可能なものへと変えていくことが求められている。今日，そのための教育，すなわち環境教育が必要であることは論を待たない。

　環境教育は，1972年の国連人間環境会議（ストックホルム会議）において必要性が唱えられ，国際的に推進されてきた。日本の環境教育は，1970年の『日本経済新聞』（9月14日付）の〔本立て〕「進む米の"環境教育"」（日本経済新聞1970）と題するコラムにおいて，"Environmental Education"の訳語として初めて用語「環境教育」が用いられて以降，国際的動向と呼応しつつ40数年間を歩んできた。1970年代の日本の環境教育は，公害教育，自然保護教育を背景に持ち，ストックホルム会議，国際環境教育ワークショップ（ベオグラード会議，1975年），環境教育政府間会議（トビリシ会議，1977年）などの成果を取り入れつつ徐々に普及していく。

　トビリシ会議以降の1980年代の世界の環境教育は，ユネスコと「国連環境計画（the United Nations Environment Programme: UNEP)」による「国際環境教育プログラム（the International Environmental Education Programme: IEEP)」を中心に普及・推進が行われていく。そうした国際情勢の中で，日本においては環境行政の後退等の社会情勢によって，1980年代前半に一時的に環境教育の低迷が見られたが，その後は地球環境問題のクローズアップなどと相まって1980年代の終わり頃から90年代にかけて再び活発化する。

1992年の「環境と開発に関する国連会議」（地球サミット）で採択された「アジェンダ21」を契機として，国際的には1990年代から2000年代にかけて「持続可能性」をキーワードとした環境教育の概念的・内容的枠組みの拡大が生じた。世界の環境教育は「持続可能な開発のための教育（Education for Sustainable Development: ESD）」へ方向づけられ，国連は2005〜14年を「持続可能な開発のための教育の10年（Decade for Education for Sustainable Development: DESD）」と位置づけている。1990年代の日本においては，未だ概念的・内容的枠組みの拡大に向かう段階にはなかったが，21世紀に入ってから枠組みの拡大が始まり，現状では DESD の取り組みが行われている。

　こうした枠組みの拡大の一方，日本の学校教育においては2002年度から「総合的な学習の時間」が導入され，環境教育の実践時間の確保とともに教科横断的・総合的な環境教育をめざした取り組みが行われてきた。以上のように，1970年代以降における国際的な環境教育の動向に鑑みれば，日本の環境教育の進展はステップ・バイ・ステップと言えるような展開ではないものの，環境教育の普及・浸透は徐々に果たされてきたと指摘できよう。

　しかしながら，筆者は近年，学校教育における環境教育の普及・浸透に対し疑問を持っている。例えば，2008年度に筆者が行った全国調査結果の分析では，環境教育の進展が期待された「総合的な学習の時間」において，環境教育実践の学校間格差や内容の偏り，中学校の低調さなどが見られた。

　また筆者は1980年代中盤から環境教育に関わり始めたが，90年代に入って，主に現職教員から「環境教育は何をすればよいのですか」といった質問をたびたび受けた。筆者は，環境教育の理念の考察，プログラムや教材の開発，実践提案を行うとともに，教員研修・教員養成に取り組み，この質問に答えるべく努力をしてきた。にもかかわらず，近年に至ってもしばしば同様の質問を受ける。このような質問が未だに発せられることは，環境教育が学校教育現場に十分に浸透していないことを物語っているのではないだろうか。

　では，今後の環境教育の発展，学校教育現場への普及・浸透のためには何が必要なのだろうか。この問いに対しては，私的な主張を唱えることも可能ではあるが，筆者はそれよりむしろ，現状の背景や要因を環境教育の史的展開の中に見出し，考究することの方が重要であると考えた。それらは歴史を実証的に解明することにおいて見出し得るもの，言い換えれば，日本の環境教育の史的

展開の中に問題解決の糸口が隠されていると考えたのである。

ところが，日本の環境教育の史的展開に関する先行研究は不十分であり，約40年間を通した研究はなく，環境教育の歩みは十分に解明されていない。加えて，客観的状況を把握し得る全国的な環境教育調査結果を踏まえた研究成果は，過去に筆者が行ったもの以外には見当たらない。

環境教育の歴史研究に対して高橋（2013：12）は，環境教育の展開や到達点を単に羅列的に記述したものに終わっていると批判している。しかし，筆者の先行研究分析では，そうした記述でさえも概略的，断片的で，約40年間全体を描き出した研究は見られない。

環境教育の史的展開の研究が十分に行われてこなかった理由の一端を挙げれば，1970年代から環境教育の研究や実践に関係してきた人々が，自らの経験談として語るケースが多かったことを指摘し得る。経験談は記述されていない事実として重要な意味を持ち，貴重な意見や情報を得られることは疑いない。しかしながら，他方で個人的・主観的な経験と記憶のレベルにとどまる限界性があり，必ずしも普遍的・客観的とは言えない。

本研究は，日本の環境教育の歩みに正面から取り組み，環境教育の登場や展開を史的に考察するものである。本研究の具体的な研究対象は，環境教育が登場する1970年から2010年頃までの約40年間であり，義務教育段階における全国的な環境教育調査結果を踏まえつつ，国内外の環境教育の史的展開を解明することを目的とする。

（2）本研究の課題

本研究の目的を達成するために，以下の3つを具体的な課題とする。

① 環境教育が登場する以前の日本の環境問題・環境保全の概略史，および環境教育の源流とされる公害教育，自然保護教育の成立を解明する。

② 1970年から2010年頃までの約40年間を，国際的動向や日本政府の取り組み，環境教育の理念の変化から大きく3つの時代に区分し，歴史的事実や当時の著述から環境教育の史的展開を解明する。

③ 義務教育段階における全国的な環境教育調査や実践事例などを取り上げ，各時代の学校教育における環境教育実践の状況や特徴を解明する。

本研究では，次の3つの時代を設定し，史的展開を明らかにする。また，日本における環境教育登場の歴史的背景として，環境問題・環境保全の概略史，環境教育の源流とされる公害教育，自然保護教育の成立を解明し，史的展開の中に位置づける。ただし，国際的な展開と国内の展開は時間的にずれるため，各時代の期間は必ずしも完全には一致しない。また，時代の区切りも何年と明確には区切り難いため，概ね何年頃と区切る。

　第1期「創成時代」。この時代は，国際的・国内的に環境教育が登場し，動き始めた時期であり，国内外ともにほぼ同じ1970年代である。国際的には，環境教育の必要性が唱えられたストックホルム会議（1972年）から，国際的な合意が築かれたトビリシ会議（1977年）までを対象とする。同時代には，ユネスコとUNEPによるIEEP（国際環境教育プログラム）が開始され，国際会議を中心に環境教育の理念や推進方策についての議論が行われ，国際的合意が築かれた。

　国内的には，訳語としての用語「環境教育」が登場した1970年から80年代初頭までを対象とする。この時代には，1970年の公害国会を契機として環境庁（現・環境省）が設立され，環境行政が進展した。また，学習指導要領の一部改正（1971年）や地方自治体による公害教育関係資料の作成等により，公害教育が進められた。その一方で，環境教育が登場し，研究者レベルから実践者レベル，学校教育へと環境教育が広まり，実践提案が垣間見られた時代である。

　第2期「普及時代」。この時代は，国際・国内で年代と特徴が異なる。国際的には，トビリシ会議後から1992年の「環境と開発に関する国連会議」（地球サミット）の頃までを対象とする。同時代には，トビリシ会議で築かれた国際的合意を受けて，IEEPによって主に途上国向けに環境教育の普及・推進活動が活発に行われた。

　国内的には，環境教育が一時低迷した1980年代前半，および，環境教育の取り組みが活発化した1980年代の終わり頃から90年代を対象とする。同時代には，環境行政（政策）の後退が見られ，それに伴って環境教育への関心も低下した。例えば，著名な公害問題，環境経済・政策研究者である宮本憲一は，「七〇年代末になって，政府の環境政策は後退をはじめた」，「政治経済のみならず科学や教育をふくむあらゆる分野で環境問題への関心が低調になり……」（宮本1987：17）と述べ，環境行政（政策）の後退と環境教育を含めた関心の低下を

指摘している。また，1981～84（昭和56～59）年版『環境白書』において「環境汚染は一時の危機的な状況」を脱したと記され，環境問題は終わったととらえられたことも環境教育の低迷に影響した。

その後環境教育は，環境庁『環境教育懇談会報告』（環境庁 1988）あたりから1990年代にかけて取り組みが活発化していく。この頃に日本環境教育学会初代会長の沼田眞は，『環境情報科学』に「ふたたび期待の高まる環境教育」と題する巻頭言を記している（沼田 1992）。この巻頭言のタイトルは1980年代に環境教育が一時低迷したことを示唆するものである。1990年には日本環境教育学会が設立され，文部省（現・文部科学省）『環境教育指導資料』（文部省 1991a, 1992, 1995）が発行されたこともあり，地球環境問題，生活排水やごみ問題等の都市・生活型公害，自然体験などに関する環境教育の取り組みが活発化した時代である。

第3期「枠組み拡大時代」。この時代も，国際・国内で年代と特徴が異なる。国際的には，1992年の地球サミットから近年（2010年頃）までを対象とする。「持続可能性」をキーワードとして環境教育の概念的・内容的枠組みが拡大され，「持続可能な開発のための教育の10年」が推進されている時代である。

国内的には，国際的動向より約10年遅れるが，「持続可能な社会の実現」が環境教育の目的とされ，枠組みが拡大され始めた，1990年代末から2010年頃までを対象とする。国の行政（政策）として「持続可能な社会の実現」が位置づけられ，中央環境審議会答申や環境基本計画，環境教育推進基本方針などの文書に明記され，ESDに向けた政策的な動向が見られる。

その一方，学校教育においては，ESDよりも「総合的な学習の時間」を活用した環境教育実践が推進されていく。本研究の対象期間外の2010年以降になって，ESDと関連づけた実践が報告されている。

次に，本研究で取り上げる全国的な環境教育調査を表 序-1 に示す。筆者が行った2005，09年の調査は，国立教育研究所の1996，97年の調査，および日本教材文化研究財団の2000年の調査と比較するため同じ設問・選択肢を用いているが，その他は調査の対象，方法，質問内容・項目等が異なる。それゆえ，調査結果を直接的に比較することはできない。しかしながら，各調査が調査時点の状況を反映していることは確かであり，その時期の状況を把握することは可能であると考える。

表序-1　本研究で取り上げる全国的環境教育調査

時代	調査主体	時期	対象
創成時代	京都教育大学（藤田，大内）	1977年6月	小・中・高校の理科主任（小学校94校，中学校86校，高校20校，計200校）。
	日本環境協会	1981年6月頃	小・中・高校の学校調査（小学校1581校，中学校707校，高校330校，校長宛）。
普及時代	高知大学環境教育研究会	1988年7月	47都道府県の小・中・高校の教員。47自治体各4校の188校（小・中・高で計564校）。小学校5人，中学校5人（理科，社会，保健，技術，家庭の教員各1人），高校4人（理科，社会，保健，家庭の教員各1人），計2632人。
	京都教育大学（荒木ほか）	1993年	京都府内のすべての小・中学校，及び全国のおよそ7分の1の小・中学校，合計5500校。
	国立教育研究所	1996年1月 1997年1月	青森，群馬，新潟，岐阜，東京，広島，高知，福岡の8都県の公立小・中学校から各5校，計40校の学校調査と教員調査（校長，教頭を除く全教員）。1995年に小学校，1996年に中学校調査を実施。
	高知大学環境教育研究会	1996年10月 1997年2月	47都道府県の市部（原則として県庁所在地）の小学校16校，郡部の中学校16校の計752校の学校調査と教員調査。
	東京学芸大学環境教育研究会	1998年3月	地方自治体の環境教育指定校，全国小・中学校環境教育賞参加校，小学校874校，中学校321校の計1195校。学校調査と教員調査。
枠組み拡大時代	日本教材文化研究財団	2000年2-3月	すべての国立大学附属学校，及び都道府県庁所在地を中心とする大都市近郊の公立の小・中・高等学校（小学校408校，中学校417校，高校468校，その他47校（国立の特別支援学校等））。
	国立環境研究所	2003年11-12月	1都1道13県の小・中学校，各10校（小・中学校とも計150校）の教員（各校1人）。
	市川智史	2005年9月	独立行政法人教員研修センター「各地の中核となる校長・教頭等の育成を目的とした研修（旧教職員等中央研修講座）・中堅教員研修」参加教員。
	市川智史	2009年1月	全国の公立小・中学校の50分の1（小学校453校，中学校209校）。学校調査と教員調査。

注：2005年9月の調査対象は研修参加教員だが，1校から1名の派遣なので人数＝学校数である。

各調査の全容は報告書等で公表されており，調査結果のすべてに触れる必要性はない。また各調査で共通性のある質問内容は，実践率，実践体制，教員の関心や意識などに限定される。そこで本研究では，共通性のある教員の関心や意識，実践率，実践体制などに焦点を当て，実践現場の動向をとらえ史的展開を論じていく。なお，2000年の日本教材文化研究財団の調査は，環境教育の調査ではなく「総合的な学習の時間」に関する調査の中に，環境教育に関する設問が含まれているものである。筆者が行った2005, 09年の調査において同じ設問を盛り込み，2000年の調査と比較分析を行ったため，本研究では全国的な環境教育調査の1つとして取り上げる。

第2節　先行研究

(1) 史的展開に関する論文・資料

　専門学会である日本環境教育学会（1990年設立）が，環境教育の歴史を描き出す研究に取り組むことは，学会の活動として妥当性があろう。そこでまず，同学会の10周年，20周年記念特集を検討する。

　2001年に日本環境教育学会10周年記念誌『環境教育の座標軸を求めて』が発行されている（日本環境教育学会 2001）。環境教育の登場から約30年を経た時期である。そこには1999年9月11日開催の10周年記念シンポジウム「環境教育の現代的展開とその展望　―より広く，より深くつながるために―」の報告が掲載されている。各登壇者が個人としての環境教育への関わりを述べる中で環境教育の史的展開にかかわる発言が見られるものの，全体として歴史をまとめようとしたものではない。

　また，10年間の大会発表のキーワード（発表資料に発表者が記したキーワード）を分析し，比較的多く見られた15程度の単語について増加傾向，減少傾向，変化にばらつきのあるものをまとめている。この分析は学会発表の変化をとらえており，環境教育の史的展開と関係があるとは思われるものの，史的展開そのものを整理したものではない。

　20周年特集「環境教育学の構築をもとめて　―学会20年の到達点と展望―」が，学会誌『環境教育』の第19巻1・2号（2009），および3号（2010）に順次掲載されている。20周年特集は，「1. 環境教育実践史としての環境教育」「2.

「学としての構築」に向けて」「3．政策提言活動の基盤として」の3つのねらいを持って企画され（降旗 2010），座談会と8つのテーマ，すなわち「自然保護教育と自然体験学習」「公害教育と地域づくり・まちづくり学習」「幼児教育・保育と環境教育」「食と農をめぐる環境教育」「海外から学ぶ環境教育」「学校教育としての環境教育」「ESDをめぐる環境教育」「ライフスタイルをめぐる環境教育」の特集論文（総説および評論）が執筆された。

20周年特集の企画のねらいの「1．環境教育実践史としての環境教育」に関しては，「環境教育の研究と実践の相互関係を歴史的視点として把握する「環境教育実践史としての環境教育」に焦点をあてる」，「この歴史的な展開過程を実践と理論の相互作用的観点から体系的に記述することで環境教育の今日的到達点を明らかにする」（降旗 2010）とされている。この企画趣旨は，本研究における筆者の課題意識と近いものであるが，8つのテーマに分けて執筆されているため，環境教育全体の史的展開が描き出されていない。言い換えれば，テーマによる縦割りになっているのである。テーマによっては，学会の研究発表の変遷にふれている程度で，実践的な歴史（史的展開）を扱っていない論文も見られる。

20周年特集論文のうち鶴岡（2009）の「学校教育としての環境教育をめぐる課題と展望」は，題目から見れば本研究に近いと理解されるが，同論文は環境教育カリキュラムの視点とその例を中心に述べており，史的展開にはほとんどふれられていない。また，座談会「過去に学び，今を知り，未来を探る ―日本環境教育学会の20年から―」（日本環境教育学会編集委員会 2009）は，10周年記念シンポジウムと同様，各登壇者の個人的な印象として，過去の環境教育にかかわる発言が見られる程度で，歴史を整理したようなものではない。

日本環境教育学会の10周年，20周年記念特集においては，過去の総括と今日の到達点を描き出そうとの趣旨は見られるものの，公表された論文等には具現されていない。

環境教育の史的展開に関わる論文・資料として，小川（1982，1992a），および市川（1996，1997a, 1997b, 2002a, 2007），東京学芸大学環境教育実践施設（2005）が見られる。

小川（1982，1992a）は，『環境情報科学』の特集「環境教育」（その2）および（その3）に掲載されたものである。小川（1982）は，環境教育の登場から

10年程度の時期に書かれたもので，公害教育，自然保護教育に関する記述が多くを占めている。それに対し，小川（1992a）では，「1．環境教育をめぐる国際的動き」としてストックホルム会議からトビリシ会議，そしてその後，と簡単ではあるが国際的展開に関する記述が見られる。また「3．日本における環境教育の概観」も記されている。しかし，どちらも数十行程度の短い記述であり，史的展開を描いたとは言い難い。

　市川（1996, 1997a, 2002a）の一連の論文の発端は，1995年11月12日に麻布グリーン会館（東京）で開催された「環境教育アジア・太平洋シンポジウム」（グローブ日本，日本環境教育学会主催）での発表である。市川（1996）は，シンポジウムでの配付資料をネイティブチェックを経て修正したもので，1951年の日本自然保護協会設立から1994年の環境基本計画（第1次）策定までの概略的な年表を掲載し，1970年以前，1970〜80年代，1990年代の3つの時代に分けて，日本の環境教育の史的展開を述べている。

　環境教育の変化を示す例として，1981年の日本環境協会による調査，1988年の高知大学環境教育研究会による調査，1993年の京都教育大学環境教育センターによる調査の3つの全国的調査から，環境教育の実践率に関わる調査結果を報告し，その高低を明らかにしている。市川（1997a）は日本語の元原稿を加筆したもので，1996年の環境カウンセラー制度発足（環境庁）まで時代を延伸したものである。さらに，市川（2002a）は，時代を2002年の「総合的な学習の時間」の設置まで延伸し，2000年の日本教材文化研究財団による調査結果を報告している。これらの一連の論文は，市川（1996）を時間的に延伸したもので，内容的な深まりはあまりないが，全国的な環境教育調査結果にふれつつ，環境教育の史的展開を記述した論文である。

　市川（1997b）は，1997年までの環境教育実態調査（自治体レベルのものも含む）をリストアップし，各調査の概要と環境教育の実施状況（実践率）を報告したもの，市川（2007）は，「総合的な学習の時間」の環境教育実践について，2000，03，05年に筆者が行った調査結果から，小・中学校の実践傾向を報告したものである。これらは，全国的な調査結果を取り上げてはいるが，史的展開を論じたものではない。

　東京学芸大学環境教育実践施設（2005）は，文部科学省の平成16年度環境教育「拠点システム」構築事業報告書である。14頁の簡単な報告書であるが，そ

のうちの4頁を使って「環境教育の歴史」が記述されている（同報告書：1-4）。「1．自然破壊と自然保護教育のはじまり」「2．公害教育と環境学習」と，環境教育の源流と称される自然保護教育，公害教育の流れを記述した後，「3．環境教育の統合と普及」が記述されているが，量的にも短く，内容的にもごく簡単な記述でしかない。

以上のように，論文・資料において本研究と関係の深いものは，市川（1996, 1997a, 1997b, 2002a, 2007）の論文であるが，これらは筆者自身の研究である。しかしながら，頁数上限の制約もあり，概略的な記述にとどまっているとともに，史的展開に関しては2002年の「総合的な学習の時間」の設置までにとどまっている。つまり，全国的な環境教育調査結果を踏まえて，約40年間を通した環境教育の史的展開を詳細に明らかにした論文・資料は見られない。

（2）史的展開を記述した書籍

日本における環境教育の史的展開を主題とした書籍としては，福島達夫『環境教育の成立と発展』（1993）が見られる。同書については後述するが，1990年代初めまでの約20年間を扱ったものである。1990年代以降も含めた約40年間の史的展開を扱った書籍は見られない。多くの書籍は，文章量の多寡はあるものの，その一部で史的展開にふれている程度である。

比較的近年に出版された書籍では，環境教育の史的展開に関する記述は少なくなる傾向が見られる。書籍において，どの程度史的展開を記述するかは編集方針に依存するであろうが，現状を見ると，約40年間を通した展開が明らかにされているとは言い難い。

1970年代に出版された書籍について，国会図書館蔵書検索で「環境教育」または「環境学習」を書名キーワードとして検索したところ（国，地方自治体の行政報告書等を除いた市販書籍），梶哲夫ほか編著『公害問題と環境教育にどう取り組むか ―社会科を中心に―』（1973），古谷庫造編著『理科における環境教育』（1978）の2冊が見られた。どちらも環境教育の史的展開は書かれていない。環境教育の登場間もない時期としては，当然とも言えよう。

1980年代の出版書籍も同様の方法で調べたところ，①国立教育研究所・環境教育研究会編『学校教育と環境教育 ―カリキュラム編成の視点―』（1981），②沼田眞『環境教育論 ―人間と自然とのかかわり―』（1982），③都留重人

『環境教育 ―何が規範か―』(岩波ブックレット No. 10)(1982),④国立教育研究所内環境教育実践研究会編『環境教育のあり方とその実践』(1983),⑤福島要一編著『環境教育の理論と実践』(1985),⑥沼田眞監修『環境教育のすすめ』(1987a),⑦伊藤和明『自然とつきあう ―実りある環境教育のために―』(1987)の7冊が見られた。

このうち,国立教育研究所・環境教育研究会(1981),都留(1982),伊藤(1987)および国立教育研究所内環境教育実践研究会(1983)には史的展開に関して述べた章・節等は見られない。沼田(1982)には「四 日本における環境教育の現状と方向」(全212頁中の約7頁(52字19行／頁))(沼田 1982：18-24)として,日本の環境教育の発端,文部省科研費特定研究の経過について簡単に記されている。また,沼田(1987a)には「1-1 環境教育に関する動きとその経過」(全235頁中の約3頁(52字20行／頁),沼田が執筆)(沼田 1987a：1-4)として,科研費特定研究の経過,自然保護教育の経緯が簡単に記されている。沼田眞のこの2冊は,史的展開に関する記述があるとは言うものの,内容的には史的展開を描き出したと言えるほどのものではない。

福島(1985)には,福島自身の執筆による「序章 環境から環境教育へ」(全226頁中の約14頁(28字24行／頁))(福島 1985：3-16),「第1章 環境教育前史」(約33頁)(同：21-53),「第2章 ベオグラード憲章」(12頁)(同：57-68),「第3章 環境教育政府間会議(トビリシ会議)」(40頁)(同：71-110)に加え,藤岡貞彦執筆の「第5章 日本における環境学習の成立と展開」(19頁)(同：133-151)として,ストックホルム会議(1972年)からトビリシ会議(1977年)に至る環境教育の国際的展開,およびベオグラード会議(1975年),トビリシ会議の成果の報告,日本国内の公害教育,自然保護教育などの環境教育の史的展開について,1980年の『世界環境保全戦略(World Conservation Strategy: WCS)』(IUCNほか 1980)までが詳しく記されている。上に挙げた記述の頁数を足すと118頁となり,全226頁の約52％を占めている。同書は,初期の環境教育の史的展開を詳述した,重要な先行研究と言える。

1990年代には環境教育に関する書籍が多数出版されている。1970,80年代と同様に,国会図書館蔵書検索で「環境教育」または「環境学習」を書名キーワードとして検索したところ(国,地方自治体の行政報告書等を除いた市販書籍),108冊が見られた。このうち筆者保有の104冊を調べたところ,環境教育

実践の報告や提案を主とした実践系の書籍では史的展開にふれていないものも見られたが，多くの書籍では数頁程度の記述が見られた（辞書・事典，用語集の類を除く）。

　内容的には，ストックホルム会議からトビリシ会議へ至る環境教育の国際的展開や，公害教育，自然保護教育から環境教育への展開，社会科や理科などの教科における環境教育の展開に関するものである。加藤秀俊編『日本の環境教育』(1991)は，書名を見ると日本の環境教育の歴史，理念，実践などがとりまとめられているように見える。第1部の第1章に「環境教育の歴史的変遷」があるが，内容的には社会科と理科の学習指導要領における環境教育に関連する学習内容の変遷についての記述である。また第4部の第1章「国際的潮流」において，ストックホルム会議からトビリシ会議へ至る環境教育の国際的展開が記述されている程度である。書名から見れば包括的に記述されているようであるが，実際は史的展開をとりまとめたと言えるものではない。

　この時期に出版された書籍の中に，福島達夫『環境教育の成立と発展』(1993)がある。書名から見れば，同書の主題は，本研究の研究課題に近いと思えるが，内容的にはかなり異なるものである。同書には「Ⅰ　公害教育から環境教育へ」（全222頁中の108頁（約49％，43字16行／頁））（福島 1993：14-122）として歴史的な記述が見られる。しかしその節立てを見ると，「1　公害教育の成立」「2　石油コンビナートの街，四日市での公害と教育」「3　公害から地域を守った沼津・三島地区の学習・調査」「4　水俣病と公害学習」「5　七〇年代の公害教育」「6　公害教育は"冬の時代に"」「7　環境教育の登場」「8　自然保護と子どもの自主活動」「9　学校と地域をむすぶ環境学習」となっており，環境教育というよりもむしろ公害教育の歴史に力点が置かれている。

　福島は同書の「はじめに」において，「かくして沼津・三島の教師たちに学んでちょうど三十年になる。それ以来学んできた公害・環境教育の実践をとりまとめて，このたび，環境教育論の本書を書く機会を得た」（福島 1993：6）と記している。さらに，「私の環境教育論は，まず一九六〇年代前半期にさかのぼって書き始められる。この三〇年間に出あった公害と環境問題を教育実践の課題とした教師の感性と科学に，環境教育の土俵があり，そこに根ざしてこそ，日本の環境教育の芽ぶきがあったこと，そしてその成長があると思うからである。それを確認するのが，本書のねらいの大きなひとつである」（福島 1993：

序章　本研究の目的・課題と本書の構成

8）とも述べている。同書は，公害教育に関わってきた福島自身の経験について，時代を追いながら（その意味では歴史的に）整理し，自身の「環境教育論」を記すことが趣旨である。公害教育と環境教育は密接な関係にあり，日本の環境教育は公害教育から始まった（例えば，藤岡1985：133, 佐島1994：3など）と言われていることからすれば，福島の論述も環境教育の史的展開と言える。しかしながら，環境教育との言葉で言い表される教育の史的展開を描いているとは言い難い。

　2000年代も環境教育に関する書籍が多数出版されている。上記と同様の方法で調べたところ96冊が見られた。そのうち筆者保有の83冊を見ると，川嶋・市川・今村編著『環境教育への招待』(2002)の「第1章　環境教育への道のり」「第2章　環境教育の歴史」「第3章　環境教育の目的・目標・カリキュラム」（全295頁中の約60頁（約20％，35字29行／頁））（川嶋ほか 2002：8-68）において歴史的記述が見られるが，その他の書籍では歴史的記述は少ない。

　大学の講義での教科書，あるいは大学生向けとして出版されている書籍を例に，歴史的記述の内容と分量をとらえてみる。横浜国立大学教育人間科学部環境教育研究会編『環境教育　―基礎と実践―』(2007)では，歴史的記述は「第1章　1．環境教育の理念と歴史」（横浜国立大学教育人間科学部環境教育研究会 2007：2-6）に見られ，書籍全体の約2％（全214頁中の約5頁（35字30行／頁））である。御代川貴久夫・関啓子『環境教育を学ぶ人のために』(2009)では，歴史的記述は「1-1　環境教育の歴史」に見られ，書籍全体の約5％（全278頁中の約13頁（30字28行／頁））（御代川・関 2009：1-13）である。降旗信一・高橋正弘編著『現代環境教育入門』では，構成上環境教育の歴史をまとめた章はなく，序章「1　環境教育の再整理」「2　現代における環境教育の意義」，第4章「3　公害教育の歴史」，第6章「2　環境教育の国際的な流れ」にちりばめられているが，これらを足し合わせても約8％（全219頁中の約18頁（34字28行／頁））である（降旗・高橋 2009a）。

　近年，日本環境教育学会が編集した『環境教育』(2012)では，歴史的記述は序章「2　環境教育に関する国際的な取り組み」，第7章「1　環境教育の目的・目標」に見られる程度で，約1.4％（全208頁中の約3頁（35字28行／頁））である。内容的には，公害教育，自然保護教育から環境教育へ，ストックホルム会議，ベオグラード会議，トビリシ会議，日本環境教育学会の設立，

「環境と社会：持続可能性に向けた教育とパブリック・アウェアネス国際会議」（テサロニキ会議，1997年），「総合的な学習の時間」の設置といった出来事を挙げ，簡単に解説している程度である（日本環境教育学会 2012）。

　書籍の章立ては編集方針に依存するので，歴史的記述が少ない理由ははっきりしないが，近年の書籍を見ても，約40年間を通した環境教育の史的展開は明らかにされていない。逆に言えば，史的展開を描き出した研究成果が見られないことも，歴史的記述が少ない要因の1つに挙げられるかもしれない。

第3節　本書の構成

　本書では，設定した3つの具体的な研究課題と，史的展開の3つの時代区分，すなわち創成時代，普及時代，枠組み拡大時代に沿って，学位論文では2部構成としていたものを3部構成に変更し，第Ⅰ部「環境教育の国際的展開」（1〜3章），第Ⅱ部「日本における環境教育の展開」（4〜7章），第Ⅲ部「小・中学校における環境教育の展開」（8〜10章）に分け，次のように各章を構成する。

　第1章では，設定した3つの時代のうち，環境教育の国際的な創成時代（1970年代）の史的展開を解明する。まず，環境教育の原語である"Environmental Education"の登場について，阿部（1990）以降一般論として定着している「1948年トマス・プリチャード使用説」に対する再検討を行うとともに，今日的な意味での"Environmental Education"の登場を明らかにする。

　次に，国際的に環境教育の必要性が唱えられた1972年のストックホルム会議の内容と成果，環境教育の推進を担ってきた国際環境教育プログラム（IEEP）の発足と初期の活動，IEEPを主体として開かれたベオグラード会議，トビリシ会議の内容と成果，および日本との関係について明らかにする。

　第2章では，国際的な普及時代（1980年代）の史的展開を解明する。1980年代のIEEPの活動を詳細に明らかにし，次いで，トビリシ会議から10年目の区切りとして開催された「環境教育・訓練に関する国際会議」（モスクワ会議，1987年）の内容と成果，および日本との関係について明らかにする。そして，この時期に明確化された「持続可能な開発」概念と，環境教育の枠組み拡大の時代への橋渡しとなった「アジェンダ21」（「環境と開発に関する国連会議」

（地球サミット，1992年）において採択）について明らかにする。

　第3章では，国際的な概念的・内容的枠組み拡大時代（1990～2000年代）の史的展開を解明する。地球サミット以後，「持続可能性」をキーワードとして，環境教育の概念的・内容的枠組みが拡大する。「アジェンダ21」へのIEEPの対応とIEEPの終焉，環境教育を「環境と持続可能性のための教育」と位置づけた「環境と社会：持続可能性に向けた教育とパブリック・アウェアネス国際会議」（テサロニキ会議，1997年）の内容と成果を明らかにし，国連DESD（持続可能な開発のための教育の10年）へ至る展開を明らかにする。

　第4章では，環境教育登場以前の環境問題・環境保全の概略史，および公害教育，自然保護教育の成立を明らかにする。環境教育が登場する以前から存在し，環境教育に密接に関係する教育論として，多くの場合，公害教育と自然保護教育が挙げられる。例えば，鈴木善次（日本環境教育学会第2代会長，元・大阪教育大学（理科教育））は，「環境教育という言葉が登場する前，我が国でしばしば「自然保護教育」とか「公害教育」という言葉が聞かれた」（鈴木1994：166）のように述べている。公害教育と自然保護教育に野外教育を含めた3つとする論（降旗 2012：4），さらに自然教育（自然学習）を含めた4つとする論（阿部 1991：160）も見られる。近年，こうした環境教育登場以前の教育論は，環境教育の源流と称されるようになってきている（大森 2005：32，降旗・高橋 2009a：13）。

　近年の論調にあわせて，環境教育の源流として，一般的に取り上げられることの多い公害教育と自然保護教育の2つを取り上げる。一方，これら2つの源流は，日本の公害（環境問題），自然保護の歴史を背景としている。戦後の高度経済成長期に激甚化した公害とそれに対する行政的対策，野生動物や森林等の自然保護に係る行政的対策は，公害教育，自然保護教育の成立と深く関わっている。それゆえ本章では，公害教育，自然保護教育の背景として，19世紀後半の足尾銅山鉱害問題（鉱毒害）から，1970年の第64回国会（公害国会）までの環境問題・環境保全の歴史を俯瞰した後，公害教育，自然保護教育の成立過程を解明する。

　第5章では，国内の創成時代（1970年代）の史的展開を解明する。まず，日本における用語「環境教育」の登場，および初期の使用例と意味内容を明らかにする。次に1970年代の環境保全に係る社会的情勢，公害教育，自然保護教育

の状況,「環境教育」の名の下に研究や実践の組織・団体が構成され,活動を開始した70年代中盤の展開,環境教育が実践現場へ広まっていった70年代後半の展開を明らかにする。

　第6章では,国内の普及時代(1980～90年代)の史的展開を解明する。この時期,すなわち1980～90年代は,日本の環境教育が低迷から普及へと転じた時期である。1980年代の低迷状態について,低迷を生み出した社会情勢とともに,それを裏づける論述を明らかにする。次いで,普及時代へのターニングポイントを明確に位置づけ,低迷から普及に向かう動きを明らかにし,1980年代終わりから90年代の環境保全に係る社会的情勢,国,研究者レベルの環境教育の展開と環境教育理念の変化を明らかにする。

　第7章では,国内の概念的・内容的枠組み拡大の時代(2000年代)の史的展開を解明し,現状の問題点を分析する。この時期は国際的動向に呼応して枠組みが拡大される一方,学校現場では「総合的な学習の時間」を活用した環境教育実践が推進されてきた。2000年代の環境保全に係る社会的情勢,ESDに至る国・研究者レベルの動向を明らかにする。

　第8～10章では,日本の小・中学校における環境教育の展開に関して,各時代の学習指導要領,実践現場の動向(全国的調査結果),実践状況を明らかにし,史的展開を描き出していく。ただし,本研究で設定した3つの時代の区切りと,学習指導要領の改訂,および実施年代は合致しない。例えば,1977(昭和52)年の学習指導要領改訂は,改訂年は本研究の創成時代に相当するが,実施年代は低迷の時期(本研究では普及時代に含めている)に相当する。こうしたずれが生じることにはなるが,本書では,学習指導要領に関しては,改訂年が含まれる時代区分において論述する。

　終章においては,環境教育の国際的な史的展開,それと関連づけながらとらえてきた日本の史的展開,および,近年の学校教育における環境教育の問題点について,各章の総括を行う。そして,それらに基づいて,環境教育が学校教育現場に十分に浸透・定着してこなかった要因を考究する。

第Ⅰ部
環境教育の国際的展開

第1章
国際的な環境教育の創成（1970年代）

 本章ではまず，「環境教育」の原語である用語 "Environmental Education" の登場について明らかにする。そして，環境教育の必要性が唱えられた国連人間環境会議（ストックホルム会議，1972年）から，国際的な合意が築かれた環境教育政府間会議（トビリシ会議，1977年）までの国際的な展開を明らかにする。この時期には，国際会議やその準備活動などを通して，とりわけ「環境教育とは何か」について議論され，環境教育の目的・目標等の理念が明確化された。環境教育の始まりとして重要な時期であり，日本でも多数の文献で取り上げられている[1]。先行研究を参照しつつ，ユネスコの文書等の原典を用いて，これまで明らかにされていないことも含め，国際的な展開をとらえていく。また，国際的な議論によって明確にされた環境教育の目的・目標等の理念については，日本の環境教育に多大な影響を与えたため，原典に立ち戻って論じていく。

第1節　用語 "Environmental Education" の最初の使用

 今日，日本で用いられている「環境教育」の原語は，英語の "Environmental Education" である。その "Environmental Education" は，いつ頃登場したのであろうか。日本では一般的に，1948年の国際自然保護連合（International Union for Conservation of Nature and Natural Resources: IUCN）の設立総会（パリ開催）で，当時，ウェールズのザ・ネイチャー・コンサーバンシー[2]の副会長であったトマス・プリチャード（Prichard, Thomas）が最初に用いたとされている。これは，阿部治が「環境教育はいつ始まったか」（阿部1990）との論文において，1985年のデシンジャー（Disinger, John F.）の論文を引用して論じたことに端を発し，広く知られるようになったものである（阿部1990, Disinger 1985）[3]。筆者自身，過去の共同研究[4]では Disinger (1985) を参照し，研究成果の一端である今村 (1999, 2001, 2005)，市川・今村 (2002) では，"Environmental Education" の登場を1948年とした。

　これに対してウィーラー（Wheeler, Keith）は，1947年にアメリカ人のポール（Goodman, Paul）とパーシバル（Goodman, Perceval）のグッドマン兄弟が『コミュニタス：生活と生き方（*Communitas : means of livlihood and ways of life*)』において使用したのが最初であるとしている（Wheeler 1985, ウィーラー 1998, 安藤・新田 1996, Than 2001）。安藤・新田（1996）は，グッドマン兄弟の『コミュニタス：生活と生き方』について，「『都市の文化』（一九三九年）の著者マンフィールドの影響を受けた」ものと述べ，グッドマン兄弟使用説とトマス・プリチャード使用説を併記し，「英語圏で「環境教育」environmental education という言葉が登場するのは，1940年代になってからであるようだ」（安藤・新田 1996：116）と述べている。しかし日本では，グッドマン兄弟使用説はほとんど知られておらず，トマス・プリチャード使用説が定説化してしまっている。

　ここでは，デシンジャーとウィーラーの論文を取り上げ，"Environmental Education" の登場について再検討を行う。ところで，デシンジャー，ウィーラーの論文は，引用が多用されている。可能な限り，引用原典を収集し，原典上での確認を心がけたが，入手し得なかった文献も存在する。以下では，入手できたものは原典を引用し，入手し得なかったものは注記して，デシンジャー，ウィーラーの引用文献リストの文献名を記す。なお，本節は市川（2014a）を用いて論述する。

　まず，デシンジャーの論を検討する。Disinger（1985：60）は，「用語の起源」として "Environmental Education" の使用について記している。以下にデシンジャーの記述の順に検討していく。なお，以下の①〜④は，本来，「Disinger（1985）によると……」と記すべきであるが，文が煩雑になるため割愛する。

① ハーベイ（Harvey, Gary D.）は1976年の論文[5]において，ショーエンフェルド（Schoenfeld, Clarence A.）[6]の1968年の論文が最初に "Environmental Education" を使用したと記している。

　このショーエンフェルドの論文とは，*Educational Record* 1968年夏号の "Environmental Education and the University" と題する論文である（Schoenfeld 1968)。同論文を見ると，タイトルには "Environmental Education" が用いられているが，本文中では "environmental quality education" が用いられ，"Environmental Education" は登場していない。ショーエンフェルドは，「環境の質 (environmental quality)」を取り扱う教育が必要であると主張し，「環境の質教育法」との連邦法 (a Federal Environmental Quality Education Act) が必要であると述べている。つまり，環境の質に関わる教育との意味で，1968年に "Environmental Education" が用いられた例があるということである。なお，ショーエンフェルドの論文に関しては，後述するウィーラーの論文においても取り上げられている。

② ショーエンフェルドはのちに，1964年のアメリカ科学振興協会 (the American Association for the Advancement of Science: AAAS) でのブレナン (Brennan, Matthew J.) の講演 (Brennan 1974) に1位の座を譲った。

　ショーエンフェルドが1位の座を譲ったとされるブレナンの1964年の講演は，1974年の *The Journal of Environmental Education* に再掲されている。そのタイトルは "Total Education for the Total Environment" で，ここには "Environmental Education" は使われていない。本文中にも "Environmental Education" は見られず，"environmental science and education" との表現が1か所だけ用いられている (Brennan 1974：19)。ブレナンは「私たちが話しているのは，新しい種類の教育である。私はそれを総体としての環境のための教育〔education for the total environment〕と呼ぶ」(Brennan 1974：17) と述べ，"Environmental Education" ではなく，同論文のタイトルと同じ "Total Education for the Total Environment" を用いている。
　さらにブレナンは1979年の論文で，「編者〔ショーエンフェルド〕は，私が用語 "Environmental Education" を最初に使ったと言うが，私が使った用語は "Total Education for the Total Environment" であった。それは環境保全型の生活〔conservation a way of life〕を求めるものであった」(Brennan 1979：45-46) と述べている[7]。1974年の *The Journal of Environmental Education* の論文が，1964年のブレナンの講演を忠実に採録しているとすれば，そこには "Environmental Education" は登場しない。用語の意味内容は別として，用語

第1章　国際的な環境教育の創成（1970年代）

の使用そのものを見るならば，ブレナン自身が，自分が使ったのは "Total Education for the Total Environment" であるとしていることから見ても，1964年が最初とは言い難い。

③　チャールズ・ロス（Roth, Charles E.）は1978年の論文において，1957年のマサチューセッツ・オーデュボン協会会報のブレナン（Brennan, Matthew J.）の論文[8]が最初であると記している。

　ロスは，1958年のマサチューセッツ・オーデュボン協会会報（デシンジャーは1957年としている。注8）参照。）に，ブレナンがマサチューセッツ州立フィッチバーグ・カレッジで最初に用いたと書かれている，と記している（Roth 1978：13）。また，1950年代の終わりから60年代初めにかけて，"Environmental Education" という概念が登場し，発展したとも記している。ブレナン自身が1964年においても "Environmental Education" は使っていないとしていることからすると，1958年（または57年）にブレナンが用いたとの報告には懐疑的にならざるを得ないが，引用原典が入手できておらず，未確認である。

④　カーク（Kirk, John J.）は1983年の論文[9]において，1948年のパリでのIUCNの会議で，トマス・プリチャードが「自然科学と社会科学の統合に対する教育的アプローチの必要性について，それは "Environmental Education" と呼べるだろうと提言した」（Disinger 1985：60）と記している。また，デシンジャーは「その時〔1948年の会議〕には，これ以上の定義はなされなかった」（Disinger 1984：109）と記している。

　デシンジャーが文献を引用しながら論じている①～④の中で，④が最も早い使用例である。阿部（1990）は，この部分を用いて，"Environmental Education" の最初の使用を1948年とし，それが日本で一般化している。その典拠はKirk（1983）であるが，引用原典未入手のため，確認はできていない。
　次にウィーラーの論を検討する。

⑤　イギリスでの今日的な意味での用語 "Environmental Education" の使用は

21

1965年である。

　ウィーラーは1975年の論文で，イギリスにおいては1965年にキール大学で開かれた教育会議で "Environmental Education" が初めて使われたと記している（Wheeler 1975, 山下 1982）。この会議は，"Countryside in 1970" と題する一連の会議の第2回であった。同会議では，環境教育は「すべての〔原文イタリック〕市民に対する教育の必要不可欠な構成要素となるべきである。というのは，自分たちの環境にかかわる何かを理解することが重要であるからだけではなく，科学的教養を持った国民の出現を支援する上で計り知れない潜在的教育力を有しているからである」と合意されたとのことである（Wheeler 1975：8)[10]。

　ウィーラーは1975年の論文では，1965年の会議がイギリスでの "Environmental Education" の最初の使用と位置づけていた。1985年の論文では「今日的な意味」との言葉を付加し，イギリスでの「今日的な意味」での "Environmental Education" の使用は，1965年3月のキール大学で開かれた教育会議の会議記録であると記している（Wheeler 1985：148)[11]。ウィーラーは，同会議で国立公園委員会のヤップ（Yapp, W. B.）が，「大学の訓練された教員，及び他の多くの生物学者は，新しい生物の指導と "Environmental Education" のための訓練は受けていない」（Wheeler 1985：149）と述べたとしている。そして，イギリスにおいて1965年以前に "Environment" と "Education" をつなげて使った例はないと述べている。

⑥　アメリカでの "Environmental Education" の使用は1966年で，イギリスより1年遅い。

　ウィーラーは，デシンジャーの論文にも登場するショーエンフェルドの1968年の論文（上記①，Schoenfeld 1968）に言及し，さらにショーエンフェルドが1975年[12]に「1966年9月の第1草稿で〔"Environmental Education" を〕用いた」としていると述べている（Wheeler 1985：153）。ウィーラーは，ショーエンフェルドが第1草稿を記したとする1966年が今日的な意味での "Environmental Education" のアメリカでの最初の使用であると論じ，アメリカはイギリスより1年遅いと述べている[13]。

⑦ "Environmental Education" の最初の使用は，1947年の『コミュニタス：生活と生き方』である。

　ウィーラーは，「今日的な意味での用語 "Environmental Education" の最初の使用はアメリカではなく，イギリスで見られたが，不思議なことにもっとも早い記録として，1947年にランダム・ハウス社（ニューヨーク，トロント）から出版された『コミュニタス：生活と生き方』という出版物がある」(Wheeler 1985：154) と述べている[14]。この『コミュニタス：生活と生き方』の著者は，アメリカ人のポール（Goodman, Paul）とパーシバル（Goodman, Perceval）のグッドマン兄弟（ポールは小説家，脚本家であり，パーシバルは建築家）である。ウィーラーは，「驚くことに，この本の出版は〔1965年より〕18年も早い」(Wheeler 1985：154) としつつ，"Environmental Education" は同書の5頁に1回だけ使用されていると述べている。ウィーラーの引用によると，「ある種の農業的，鉱業的計画において，社会制度的な学校教育であればどのようなものでも，おそらく，子どもたちに対する "Environmental Education" の大部分は技術的なものであることを私たちは知っている」(Wheeler 1985：154-155) との文で，"Environmental Education" が使用されているとのことである。

　以上，①～⑦のデシンジャーとウィーラーの論文の検討から，"Environmental Education" の最初の使用は，グッドマン兄弟による1947年の『コミュニタス：生活と生き方』にさかのぼることができる。トマス・プリチャードが用いた1948年はその次で，2番目の使用例である。しかしながら，「今日的な意味」での "Environmental Education" の使用は，1965年（イギリス，キール大学での教育会議），あるいは，1966年（ショーエンフェルドが第1草稿を記したとされる年）あたりから，つまり，1960年代の半ば以降である。環境教育の国際的な始まりを1972年の国連人間環境会議（ストックホルム会議）とするなら，その6～7年前からである。1969年にアメリカで *The Journal of Environmental Education* が創刊されていることから，60年代末には広く用いられるようになっていたと言える。

　ところで「今日的な意味」については，より詳細な検討が必要である。Wheeler (1985) を見る限りでは，「環境の質 (quality of the environment)」「自然と人間のかかわり」を取り上げた教育を意味しているととらえられる。とい

うのは，1つには，ウィーラーはゲデス（Geddes, Patrick：1854-1933）の名を挙げ，「「環境の質（quality of the environment）」と「教育の質（quality of education）」を結びつけた最初の人物」であり，「環境教育の父（Father of Environmental Education）」と言えば彼のことを指している（Wheeler 1985：155），と述べていることからである。そしてもう1つには，すべての人々は「経済的活動と生活のエコロジカルな基盤（自然と人間）との相互関係に関する賢明な理解に基づいて，環境に対する意思決定を行うよう教育を受けなければならない」（Wheeler 1985：157）と述べていることからである。

また，デシンジャー，ウィーラーの論文の他の部分から察するところ，アメリカ，イギリスでは，"Conservation Education"，"Nature Study"，"Outdoor Education" が，"Environmental Education" の前身，あるいは，当初は類義語のように使用されていた。その後，環境の質に関わる教育という意味を含んだ "Environmental Education"，例えば，Schoenfeld（1968）の "Environmental Quality Education" や Brennan（1974〔原典は1964〕）の "Total Education for the Total Environment" のような意味での "Environmental Education" へと展開したととらえられる。このことを阿部（1990）は，「(1)厳正自然保護時代＝自然教育，野外教育時代」，「(2)環境管理時代＝保全教育時代」，「(3)環境質時代＝環境教育時代」と記している。

1960年代半ば以降の "Environmental Education" は，「環境の質」や「総体としての環境（Total Environment）」，「人間と環境とのかかわり」といった観点から用いられた。このことは，例えば，1970年のアメリカ環境教育法の「環境教育とは，人間を取り巻く自然および人為的環境と人間との関係を取り上げ，その中で人口，汚染，資源の配分と枯渇，自然保護，運輸，技術，都市やいなかの開発計画等が，人間環境に対してどのようなかかわりをもつかを理解させる教育のプロセスである」（榊原 1973a）との文言にも表れている。これらの観点は，後述する1970年代以降の環境教育の国際的展開，とりわけ環境教育の理念に関する議論において重要な役割を演じている。

第１章　国際的な環境教育の創成（1970年代）

第２節　環境教育の提唱
──国連人間環境会議（ストックホルム会議）──

　国際的に環境教育の必要性と推進が唱えられたのは，1972年の国連人間環境会議（ストックホルム会議）である。この会議は，人間環境の悪化を防ぎ，地球を守るために，「かけがえのない地球（the Only One Earth）」をスローガンとして，1972年６月５～16日，スウェーデンのストックホルムで開催された。会議は，114カ国の代表と国連の専門機関等の代表，1,300人以上が参加する大規模なものであった。日本からは大石武一環境庁長官（当時）を代表に45人が代表団として参加し，大石長官が一般演説を行った（環境庁長官官房国際課 1972a, 1972b, 環境庁編 1973：108)[15]。

　ストックホルム会議には大きく３つの背景があった（環境庁長官官房国際課 1972a：3-5)。

　第１は，1950年代，60年代の経済発展，とりわけ先進国における技術革新とそれに伴う工業生産の拡大によって，排出ガス，廃水，廃棄物が増大し，人類の生存基盤である人間環境が悪化してきたことである。

　第２は，地球を１つの宇宙船にたとえ，地球上のすべての人間が宇宙船地球号の乗組員として，限りある資源の利用や人間環境の保護に協同して取り組まなくてはならないとの考え方である。

　第３は，人口の増大，栄養の不足，住宅や教育施設の不足，自然災害，疾病，貧困等の課題を抱えている開発途上国における生活環境の改善，環境問題の解決である。

　ストックホルム会議の成果は，６項目の前文と26項目の原則からなる「人間環境宣言」と，107項目の「行動計画（勧告）」にまとめられた。中でも有名な前文第６項には，次のような文言で，環境問題への対処の必要性，人類は自らの手で自らの存在を危うくしているとの強い危機感，そしてその危機感に裏打ちされた人類の存続（サバイバル），文明の発展方向に対する反省と新しい発展方向の模索が記されている。

　六．われわれは歴史の転回点に到達した。いまやわれわれは世界中で，環境への影

響に一層の思慮深い注意を払いながら，行動しなければならない。無知，無関心であるならば，われわれは，われわれの生命と福祉が依存する地球上の環境に対し，重大かつ取り返しのつかない害を与えることになる。逆に十分な知識と賢明な行動をもってするならば，われわれは，われわれ自身と子孫のため，人類の必要性と希望にそった環境で，より良い生活を達成することができる。環境の質の向上と良い生活の創造のための展望は広く開けている。いま必要なものは，熱烈ではあるが冷静な精神と，強烈ではあるが秩序だった作業である。自然の世界で自由を確保するためには，自然と協調して，より良い環境をつくるため知識を活用しなければならない。現在および将来の世代のために人間環境を擁護し向上させることは，人類にとって至上の目標，すなわち平和と，世界的な経済社会発展の基本的かつ確立した目標と相並び，かつ調和を保って追求されるべき目標となった。

出典：環境庁長官官房国際課（1972a：16-17）より。

　しかしながら，会議では先進国と途上国の対立が見られ，合意形成は簡単ではなかったとされている。例えば，同会議に出席した中山和彦（元文部省学術国際局学術調査官，のちに筑波大学）は，開発途上国側から「先進国は後開発国の資源を略奪し，それによって豊かになり，自分たちが無定見なままに推し進めた技術開発により環境汚染をおこすと，これ以上は過ちをおこさないようにといって，開発途上国側における工業発達にブレーキをかけてくる。自分たちは樹を切倒してしまいながら，これ以上は樹を切らないようにといって開発途上国の国土利用計画を妨害しようとしている。また，自分たちは大量の食糧，エネルギーを消費しておきながら，将来の人類の資源の確保のためにといって，開発途上国に犠牲を強いてくる」（中山 1993：12）といったような，先進国に対する不信感に基づく主張が見られたと述べている。

　環境教育に関しても，「開発途上国は，「環境教育という銘をつけて，樹を切るな，国土を開発するな，工業化をするなという考えを人々に植えつけて，開発途上国をいつまでも後開発国のままにしておくための陰謀であり，先進国側にとって都合のよい考えを開発途上国民にもたせるための教育を押しつけているのではないか。」と反発した」（中山 1993：12-13）と，南北間の合意形成は困難であったことが報じられている。国際的な合意形成は簡単ではなかったとしても，結果的には，「人間環境宣言」と「行動計画（勧告）」がまとめられた。環境教育に関しては，主に日本とインドの功績により（金子 1972a：35），「人

第1章　国際的な環境教育の創成（1970年代）

間環境宣言」第19項と「行動計画（勧告）」第96項に記され，これらが環境教育の国際的始動の契機となった。「人間環境宣言」第19項〔教育〕には，次のように記されている。

> 一九　環境問題についての若い世代と成人に対する教育は――恵まれない人々に十分に配慮して行うものとし――個人，企業および地域社会が環境を保護向上するよう，その考え方を啓発し，責任ある行動をとるための基盤を広げるのに必須のものである。

出典：環境庁長官官房国際課（1972a：21）より。

この第19項は，環境の保護向上に向けた，環境問題についての教育（環境教育）の必要性を強く訴えたものである。

「行動計画（勧告）」第96項には，次のように記されている[16]。

> 　事務総長，国連の諸機構とくにUNESCOおよび関係諸国際機構に対し，相互協議の上，次に述べる国際的な計画を樹立するため必要な対策を立てることを勧告する。対象となるのは環境に関する教育であり，あらゆるレベルの教育機関および直接一般大衆とくに農山漁村および都市の一般青少年および成人に対するもので，環境を守るため各自が行なう身近な簡単な手段について教育することを目的とし，各分野を総合したアプローチによる教育である。
> 　この計画を支援するため，人的および資金的能力に応じて決められた優先順位を考慮した，技術的資金的の協力と援助の計画が必要である。この計画は，次の項目を含むものでなければならない。
> 　(1) 環境に関する教育を含む現在の教育システムの一覧表の作成。
> 　(2) このようなシステムに関する情報の交換および，とくに教育上の実験結果の普及。
> 　(3) 種々のレベルにおける各分野の専門職員の教育および再教育（教師研修を含む）。
> 　(4) 類似した環境条件および同程度の開発段階にある国家間での経験の交換の促進を目的とした環境問題専門家グループの結成に関する検討。この専門家グループには，経済的，社会的分野や観光に関連したものも含むものとする。
> 　(5) 環境に関する教育のあらゆる種類およびレベルに関する新しい教材と指導方法の開発と実験。

出典：環境庁長官官房国際課（1972a：171-172）より。

勧告第96項の第1文は，国際的な環境教育の推進をユネスコに委ねることを明記したものである。これを受けてユネスコは，1975年から，国連環境計画（United Nations Environment Programme: UNEP, 1973年発足）と共同で，国際環境教育プログラム（International Environmental Education Programme: IEEP）を開始し，環境教育を推進していくこととなる。

勧告の第2文は，榊原康男（元文部省初等中等教育局教科調査官・視学官，のちに愛知教育大学）によって，「環境教育の目的は，自己を取り巻く環境を自己のできる範囲内で管理し規制する行動を一歩ずつ確実にすることのできる人間を育成することにある」と翻訳され（榊原 1973a, 1976）[17]，1970年代後半には環境教育の目的として広まった。しかし，ユネスコやIEEPの文書を見る限りでは，勧告第96項は環境教育の目的・目標を記したものとはされておらず，むしろ，環境教育の推進をユネスコに委ね，IEEPの開始を唱えたものと位置づけられている（市川 1997c）。

また，環境問題に関する意識啓発に関わって，日本とセネガルの共同提案により，会議の初日である6月5日を「世界環境デー（World Environment Day）」とすることが決められた。これを契機として，日本では1973年から「世界環境デー」を初日とした6月5～11日の1週間を環境週間とした[18]。ストックホルム会議の資料や報告は，国際環境問題研究会（1972），日本科学技術翻訳協会（1972），環境庁長官官房国際課（1972a, 1972b），榊原（1973a），その他数多く見られ，環境教育登場初期の論述に影響を与えた。

第3節　創成時代の国際的展開

(1) 国際環境教育プログラム（IEEP）の初期の活動

ストックホルム会議の勧告第96項を受けて，1975年，国際環境教育プログラム（IEEP）が，ユネスコと国連環境計画（UNEP）との共同プロジェクトとして開始された。IEEPは1995年にUNEPの資金協力が打ち切られたことにより終了したが，約20年間，環境教育の推進に向けて活動した[19]。千葉杲弘（元ユネスコ本部，のちに国際基督教大学）によるとIEEPは，次の3点において貢献したとされる（千葉 2000）。

　① 環境教育の重要性，必要性についての国際的な認識を高めたこと。

② 環境教育の概念・内容を明確にし，教材開発・教授法の改善についての世界的な指針を確立したこと。
③ 各国の政策，カリキュラム，教員養成の改善に対して直接的，具体的に貢献したこと。

IEEP 開始1年前の1974年，ユネスコは「2年間で6万5千ドルの資金を用意し，環境教育プログラムのディレクターを指名し，ハーフタイムの秘書を1人指名」(Stapp 1979) した。当時アメリカのミシガン州立大学にいたスタッフ (Stapp, William B.) が，最初のディレクターに任命された (Withrington 1977：34, Stapp 1979)。一方，ストックホルム会議を受けて，第27回国連総会（1972年）において UNEP の設立が決定され，その活動領域の「支援措置」に環境教育が位置づけられた (UNEP 1979：25)。

1974年10月にユネスコは機構間協議会を開き，その結果に基づいて3年間のプロジェクトを提案し，UNEP の承認を得た。UNEP の資金協力によりユネスコは「7人のフルタイム・コンサルタントと3人の秘書」(Stapp 1979) を雇用した。こうして1975年1月にユネスコと UNEP の共同プロジェクトとして IEEP が開始された (Stapp 1975)。

IEEP の目標は，Stapp (1975, 1976, 1979)，UNESCO (1984：1) において，表現の違いが見られるものの，内容的にはほぼ同じ6項目が示されている。これらのうち，初期の文献である Stapp (1975) には，次のように記されている。
① 環境教育の国際的プログラムの開発に不可欠なコーディネート，協同的な計画立案，プログラムの準備の促進
② 環境教育に関する考えと情報の国際的交換の推進
③ 教授と学習に含まれる現象をより良く理解するための調査研究のコーディネート
④ 環境教育における新しい教育方法，教材・教育プログラム（学校・学校外教育，青年・成人教育を含む）の作成と評価
⑤ 環境教育プログラムのための適切な人材の養成および再教育
⑥ 環境教育に関する加盟国へのアドバイス

IEEP の活動内容区分に関しては，上記の②～⑤に対応する4区分が挙げら

表1-1　IEEPの活動フェーズ

区分	活動年	備考
第1フェーズ	1975-77（3年間）	
第2フェーズ	1978-80（3年間）	第20回ユネスコ総会（1978年，パリ）承認 ユネスコ第1次中期計画（1977-82）（第19回ユネスコ総会（1976年，ナイロビ））
第3フェーズ	1981-83（3年間）	第21回ユネスコ総会（1980年，ベオグラード）承認
第4フェーズ	1984-85（2年間）	第22回ユネスコ総会（1983年，パリ）承認 ユネスコ第2次中期計画（1984-89）（第4回特別総会（1982年，パリ））
第5フェーズ	1986-87（2年間）	第23回ユネスコ総会（1985年，ソフィア）承認
第6フェーズ	1988-89（2年間）	第24回ユネスコ総会（1987年，パリ）承認
第7フェーズ	1990-91（2年間）	第25回ユネスコ総会（1989年，パリ）承認 ユネスコ第3次中期計画（1990-95）（第25回ユネスコ総会（1989年，パリ））
第8フェーズ	1992-93（2年間）	第26回ユネスコ総会（1991年，パリ）承認
EPDへ移行	1994-95（2年間）	第27回ユネスコ総会（1993年，パリ）承認

出典：市川（2013）より。

れている（UNESCO 1984, 1985a, UNESCO-UNEP 1990：5）。これらも文献によって表現の違いが見られるものの，内容的にはほぼ同じで，次の4区分である（UNESCO 1984）。

① 情報と経験の交換
② 調査研究・実践
③ 人材育成
④ 教材・出版物

　上記の目標，活動内容区分は，IEEPの活動として行う環境教育推進方策として，「環境教育に関する考えや経験，情報の国際的な交流・交換」，「環境教育に関する調査研究と実践」，「環境教育を担う人材の育成」，「環境教育教材や教育プログラムの開発と普及」，「各国（加盟国）への支援」を挙げたものである。

　IEEPは，1975年の開始以降，2～3年間を区切りとして活動を展開した（表1-1）。第1フェーズの3年間（1975～77年）が，環境教育の国際的な始動

の時期に該当する。この時期のIEEPの主な活動は,「環境教育の必要性についての認識を高めること,加盟国の要望と優先事項について明らかにすること」(UNESCO 1984：1-2) であった。国際環境教育ワークショップ(ベオグラード会議,1975年),環境教育政府間会議(トビリシ会議,1977年) を中心とした国際会議を通して,環境教育の目的,目標,カリキュラム指針等の理念に関わる議論,国際的な推進方策に関わる議論が行われた。

Stapp (1975) は,第1フェーズの3年間の活動段階として次の6項目を挙げている。

① ベオグラードワークショップへの提出文書の準備
② 国際ベオグラードワークショップ (1975年9月)
③ 地域セミナー
④ 国際会議 (1976年9月)
⑤ 学校教育(初等,中等,高等教育),青年・成人教育のプログラムへの環境教育の導入
⑥ 教員と指導者の養成・再教育計画の確立

また,1976年1月に創刊された環境教育ニュースレター"CONNECT"(以下,「コネクト」と記す)に第1フェーズの活動計画図が掲載されている(図1-1)(UNESCO-UNEP 1976a：6-7)。上記の①～⑥のうち,⑤と⑥は,第1フェーズ以降の継続的活動であるので,始動の時期の活動としては,図1-1も参照しつつ,上記①～④について流れを整理する。

ベオグラード会議への提出文書の準備として,①ユネスコ加盟国への質問紙調査,②調査団による実地調査,③専門家による論文(討議資料)の執筆,の3つの活動が行われた。

IEEPは1975年に,ユネスコ加盟136カ国を対象に,環境教育に関する要望と優先事項に関する177項目の質問紙調査を行った。この調査には112カ国(82％)から回答があり,環境教育の必要性について5段階の3.5以上を回答した国が63％あったと報告されている(中山 (1993：16) によると日本は回答しなかった)(UNESCO-UNEP 1976a：3-5, 1977a：6-8,中山 1993：16)。質問紙調査と並行して,「12人の環境教育専門家が,ユネスコ加盟の81の開発途上国に対して実地に実態調査を行う派遣隊」(Stapp 1976) を引き受け,実地調査とアド

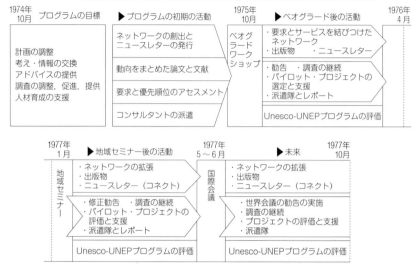

図1-1　IEEP 第1フェーズの活動計画

出典：市川（2013）より。

バイスが行われた。そして，環境教育の専門家によって，環境教育の動向に関する15の論文が執筆された。これらの論文はベオグラード会議の議論を受けて修正され，1977年に『環境教育の傾向（*Trends in Environmental Education*）』としてユネスコから発行された（UNESCO 1977a）。こうした準備を経て，Stapp（1975）に記されている1975年9月より少し遅れて，1975年10月にベオグラード会議が開催された。

ベオグラード会議では，環境教育の目的・目標を記した文書として名高い「ベオグラード憲章」と，国際的な環境教育推進のための「ベオグラード勧告」が採択された。ベオグラード憲章は，1976年1月に創刊されたコネクトの創刊号に掲載された。

コネクトは，ベオグラード勧告の「Ⅰ．国際的レベル」，「課題領域B（環境教育に関する情報の国際的交換の必要性）」の「2．環境教育に関する国際的な定期刊行物の発行と広範な配布」（UNESCO-UNEP 1977a：19）への対応として，1976年1月から，年4回（季刊誌）の発行が開始されたIEEPの環境教育ニュースレターである。コネクト第1巻1号の最終ページには，コネクトとの

第 1 章　国際的な環境教育の創成（1970年代）

図 1 - 2　コネクトの題字

　英語の名称は「イギリスの小説家フォスターの "Only Connect" に由来する」と書かれている。また，表紙の左上のマーク（図 1 - 2）に関しては，「5 千年前のスペイン南西部の洞窟壁画に由来する」とされ，茶色の円は地球を表し，中央の両手を広げた人間を模した絵柄は南北に立ち，東西に手を広げ，「あたかも希望の円弧のような虹」を持っていると記されている。そして，このマークは「読者相互のフォーラムとなるとのコネクトのゴールを表現している」と説明されている。さらに，コネクトには「Save Tree」と書かれ，再生紙で印刷されている。そして，無料配布であること，内容の再版・再利用が許可され，奨励されていることが書かれている（UNESCO-UNEP 1976a：9）。なお，マークの虹の円弧は創刊から1979年12月発行の第 4 巻 4 号まではカラー印刷されていたが，翌年の第 5 巻 1 号からはモノクロ印刷となった。
　コネクトの発行と配布に関して「最初の 4 つの号は 3 言語（英語，フランス語，スペイン語）で，5 つ目の号からはアラビア語とロシア語も加えて」発行され，「1 万の個人・団体」に配布とされている（UNESCO 1977b：8）。つまり，第 1 フェーズの終わり頃に 5 言語（英語，フランス語，スペイン語，アラビア語，ロシア語）で発行され約 1 万の団体・個人に配布されていた。なお，コネクトは，1996年12月発行の第21巻 4 号までは『UNESCO-UNEP 環境教育ニュースレター』として発行されたが，1997年の第22巻 1 号から『ユネスコ国際科学・技術・環境教育ニュースレター』と衣替えした。
　ベオグラード会議後の活動は，1977年の環境教育政府間会議の準備作業であった。「ベオグラード憲章」と勧告，修正された15編の論文を主な討議資料として，ユネスコの 5 つの地域で，地域ミーティングが開かれた（UNESCO-UNEP 1977b）（表 1 - 2）。市川（1995）は，地域ミーティングの総括報告書（UNESCO 1977c）から，以下の 6 点を指摘している。

33

第Ⅰ部　環境教育の国際的展開

表 1-2　地域ミーティング

地域	開催地	開催日	参加者数
アフリカ	ブラザビル（コンゴ）	1976年9月11～16日	27人＋2人
アジア	バンコク（タイ）	1976年11月15～20日	24人＋17人
アラブ	クウェート（クウェート）	1976年11月21～25日	30人＋6人
ラテンアメリカ・カリブ海沿岸	ボゴタ（コロンビア）	1976年11月24～30日	30人＋12人
ヨーロッパ	ヘルシンキ（フィンランド）	1977年1月27～31日	30人＋53人

注：表中の「＋XX人」はオブザーバーの人数を示す。コネクト第2巻1号（UNESCO-UNEP 1977b）より作成。
出典：市川（2013）より。

○地域ミーティングでは，環境問題の解決や未然防止に焦点を合わせた教育のあり方が話し合われた。
○地域ミーティングでは，環境教育はバランスのとれた環境的な開発を実現する手段と位置づけられた。
○地域ミーティングでは，「ベオグラード憲章」の目的，目標に対して基本的な同意が得られた。
○アジア地域ミーティングでは，環境教育の目的について，「自然および人工環境と調和のとれた相互作用のなかで生活するために必要な，適切な知識，態度，価値観，技能を身につけた，意識の高い，責任感のある市民を育成すること」との意見が出された。
○アフリカ地域ミーティングでは，「環境教育は，アフリカの環境に悪く適用された輸入中心のモデルを過剰に身につけさせるという状態を避けるべきである」との意見が出された。
○環境教育の指導原理に対して，例えば，「過去の環境の状態にも注意を払う必要がある（数カ所のミーティング）」，「総体としての環境の把握に歴史的，道徳的側面を追加する（アジア）」，「環境問題を明確にする技能を追加する（アジア）」，「直接経験と「なすことによって学ぶ学習」を強調する（ヨーロッパ）」，「さまざまな教授＝学習方法を考慮する（ヨーロッパ）」などの意見が示された。

また，アジア地域ミーティングに参加した中山和彦は，「環境教育は，歴史

とか数学とかいう教科の1つとして取り上げられるべきものでなく，既存のすべての教科のそれぞれの中に取り入れられるべきものである」との結論が得られたとし，これが「環境教育を独立教科とすべきではない」との「環境教育のあり方を定める引きがねとなった」（中山 1993：20）と論じている。この点は，環境教育の進め方に関わる議論として注目に値する。これらの地域ミーティングの議論の整理は，トビリシ会議の討議資料とされた。

トビリシ会議は，国際的合意形成を築くために開かれた政府代表者（閣僚級）による会議で，各国代表者を含め参加者は300人以上であった（UNESCO 1978：5）。同会議は，Stapp（1975）では1976年9月，図1-1では1977年5～6月と記されているが，現実的には当初計画より遅れて，1977年10月に開催された。この会議の成果である「トビリシ宣言」と「トビリシ勧告」は，国際的合意事項として，その後の環境教育普及の基盤となった。

（2）国際環境教育ワークショップ（ベオグラード会議）

国際環境教育ワークショップ（ベオグラード会議）は，1975年10月13～22日に旧ユーゴスラビアのベオグラードで開催された。ベオグラード会議には，60カ国から参加者とオブザーバーを合わせて96人が参加した（UNESCO-UNEP 1977a：5）。日本からは，日本代表として文部省学術国際局学術調査官（当時）の中山和彦，東アジア地域代表として林野庁林業試験場の Abe, M.（日本名不明）が参加している（UNESCO-UNEP 1977a：42, 44）。同会議のねらいは，①環境教育の傾向と緊急の課題について概括し，議論すること，②それに基づいて，国際的に環境教育を推進するためのガイドラインと勧告を作ることであった（UNESCO-UNEP 1977a：5, 市川 2002b：49）。会議に提出された資料は，①専門家による15編の環境教育に関する論文（表1-3），②調査団による実地調査報告，③ユネスコ加盟国への質問紙調査の結果報告の3つであった（UNESCO-UNEP 1977a：5-7）。

ベオグラード会議は，「ユネスコが個人個人を指名した60カ国，96名の環境教育専門家によるワークショップ（研究会）であったという点に特徴がある」（中山 1993：16）とされ，国際会議というよりは専門家のワークショップ（研究会）であったことが報告されている。

会議の閉会に際して，「環境教育のための包括的枠組み」を示したベオグラ

表1-3　ベオグラード会議に提出された環境教育に関する15論文

タイトル	著者	著者の所属（出身）
環境教育の本質と哲学	Allen A. Schmieder	アメリカ
環境教育の哲学に関するいくつかの考え	Adriano Buzzatti-Traverso	イタリア（UNEP）
就学前・初等教育における環境教育	Jinapala Alles and A. Chiba	スリランカ，日本（ユネスコ）
中等教育における環境教育	Arturo Eichler	ベネズエラ
青年教育のための環境教育プログラム	David Withrington	イギリス
高等教育一般教育における環境教育	Edward W. Weidner and Rober Cook	アメリカ
高等教育教員養成における環境教育	Saber Selim	エジプト
環境を専門としない専門家のための環境学習	Michel Maldague	カナダ
成人のための環境教育プログラム	Lars Emmelin	スウェーデン
環境教育の方法論	David Wolsk	カナダ
環境教育のための教育資源	Jan Cerovsky	チェコスロバキア
環境教育のための学習環境	Johannes Goudsward and Mirta de Teitelbaum	オランダ，アルゼンチン（ユネスコ）
環境教育の教材評価と学習評価	Dean Bennett	アメリカ
環境教育導入のための各国の対処方法：比較研究	Keith Wheeler	イギリス
国際的・地域的協力共同	Hubert Dyasi	ガーナ

出典：市川（2013）より。

ード憲章が満場一致で採択された。ベオグラード会議後に創刊されたコネクトの第1巻1号には，「この文書〔ベオグラード憲章〕以外にコネクト創刊号にふさわしいものはない」と記され，ベオグラード憲章の全文が掲載された（UNESCO-UNEP 1976a：1-2）。

　ベオグラード憲章は当初から予定されていたものではなく，ワークショップの中で参加者からの発案で作成されたとのことであるが（福島 1985：56，中山 1993：17-18），世界で初めて環境教育の目的・目標を明示した文書として名高いものである。すでに数多くの文献で取り上げられているが[20]，環境教育の目的・目標等の理念にふれずに史的展開を描き出すことはできない。ここでは，

第1章　国際的な環境教育の創成（1970年代）

原典から訳出し，環境教育の理念として，要点について論述する（表1-4）。

ベオグラード憲章は，「A. 環境の現状（Environmental Situation）」「B. 環境に関する目的（Environmental Goal）」「C. 環境教育の目的（Environmental Education Goal）」「D. 環境教育の目標（Environmental Education Objectives）」「E. 対象（Audiences）」「F. 環境教育プログラムの指導原理（Guiding Principles of Environmental Eudcation Programmes）」の6項目について記されている（UNESCO-UNEP 1976a：1-2）[21]。

「A. 環境の現状」では，今後の開発や経済成長の基本的な考え方を述べ，「私たちが必要としているのは新しいグローバルな倫理に他ならない」として環境倫理の重要性を述べている。そして，「何百万の個人が自分自身の優先順位を改め，人としてかつ個人としてのグローバルな倫理を身につける必要がある。そして，環境の質の改善と世界の人々の生活の質の改善に役立つよう行動することが求められる」として，一人一人の価値観と行動の変革を求めている。その上で「より良い環境の創出に向けて，さらにその環境の中で生活する現在と将来の世代のより高い生活の質の創出に向けて，新しい知識と技能，価値と態度を発達させ得るような世界的な環境教育プログラムの土台が築かれなければならない」と，環境教育の必要性を格調高く謳っている（UNESCO-UNEP 1976a：1-2）。

こうした立場を基盤として，「B. 環境に関する目的」「C. 環境教育の目的」「D. 環境教育の目標」「F. 環境教育プログラムの指導原理」について述べている[22]。なお，「E. 対象」は，幼稚園から大学までの学校教育と教員養成，専門家養成，および学校外での青年，成人全般を対象とすると述べているだけなので，以下では省略する。

「B. 環境に関する目的」では，第1に，人間と自然だけではなく，人間と人間の関係を明記していることをとらえておきたい。環境教育では，人間と環境（自然）との関係と言われることが多いと思われるが，人間と人間の関係を改善することも，環境教育が包括すべきものと位置づけられている。第2に，「生活の質」「人間の幸福」という概念を，「各国の文化に従って」明確化することを明記していることをとらえておきたい。ここには，経済的な豊かさ，物質的な豊かさの追求によって環境問題が生じてきたことへの反省と同時に，資源の公平な配分や，全ての人々が公平に幸福を追求する権利を有すること，ま

第Ⅰ部　環境教育の国際的展開

表1-4　ベオグラード憲章

B. 環境に関する目的（Environmental Goal） 　環境に関する目的は，人間と自然，人間と人間との関係を含む，すべてのエコロジカルな関係を改善することである。それゆえ，次の2つの前提となる目標がある。 　1．環境全体を考慮する立場から，各国が自国の文化に従って，「生活の質」や「人間の幸福」のような基本的な概念の意味を明確化すること。各国はその結果が，国境を越えて他国の文化の明確化と正しい認識へと拡張されることを念頭におきつつ，これを行うこと。 　2．どのような活動が人間の可能性を維持し，向上させ得るのか，そしてどのような活動が生物物理的環境と人工的環境の調和のなかで社会的，個人的幸福を発展させ得るのかを明確にすること。
C. 環境教育の目的（Environmental Education Goal） 　環境や環境問題に気づき，関心を持つとともに，現在の問題の解決と新しい問題の予防に向けて，個人的，集団的に活動する上で必要な知識，技能，態度，意欲，実行力を身につけた人々を世界中で育成すること。
D. 環境教育の目標（Environmental Education Objectives） 　1．関心（気づき）：個人や社会集団に，総体としての環境とそれに関わる問題への関心や感受性を身につけさせること。 　2．知識：個人や社会集団に，総体としての環境とそれに関わる問題，重大な責任を有する人間存在そのものや，環境の中での人間の役割に関する基本的な理解を身につけさせること。 　3．態度：個人や社会集団に，社会的価値観，環境に対する強い懸念，環境の保護と向上に積極的に取り組む意欲を身につけさせること。 　4．技能：個人や社会集団に，環境問題の解決に必要な技能を身につけさせること。 　5．評価能力：個人や社会集団に，環境に関する施策や教育計画を，生態学的，政治的，経済的，社会的，美的，教育的観点から評価させること。 　6．参加（関与）：個人や社会集団に，環境問題の解決に対する適切な行動のために，環境問題に対する責任感と危機感を身につけさせること。
F. 環境教育プログラムの指導原理（Guiding Principles of Environmental Education Programmes） 　1．環境教育は，環境を総体として考察すべきである。すなわち，自然および人工環境，そして生態学的，政治的，経済的，技術的，社会的，法的，文化的，美的環境などを総体としてとらえることである。 　2．環境教育は，学校内と学校外の両方において，生涯にわたって継続的に行われるべきである。 　3．環境教育は，そのアプローチにおいて学際的であるべきである。 　4．環境教育は，環境問題の解決や防止にかかわる活動への積極的な参加を強調すべきである。 　5．環境教育は，地域的な差異に十分注意しながら，世界的な視点から主要な環境問題を取り扱うべきである。 　6．環境教育は，現在と未来の環境の状態に焦点をあてるべきである。 　7．環境教育は，環境面からの将来展望をもってあらゆる開発や成長を取り扱うべきである。 　8．環境教育は，環境問題の解決における，地域，国，国際レベルでの協力の価値と必要性を促進すべきである。

出典：UNESCO-UNEP（1976a：1-2）より筆者訳。

たその基盤としての他文化への理解が重要であることも，環境教育が包括すべきものと位置づけられている。第3に，生物物理的環境，すなわち自然環境のみならず，人工的環境との調和も明記していることをとらえておきたい。人間と環境といったときに，都市部などの人工的な環境が忘れられがちであるが，環境教育は人工的な環境も包括すべきであることが位置づけられている。

　これに続く「C. 環境教育の目的」「D. 環境教育の目標」では，次の点をとらえておきたい。第1に，新しい問題の予防が明記されていることである。すでに生じている環境問題の解決には，条約・法律・条例やそれに基づく行政の指導監督等の制度的・行政的な方法，新しい環境保全型技術の開発，補助金や環境ビジネス等の経済的な方法が考えられる。これらは，ある問題に対する対症療法にたとえられる。それに対して環境教育は，環境問題を起こさない社会の基盤づくりという意味で，根本療法にたとえられる。ベオグラード憲章で記されている新しい問題の予防は，こうした今日の考え方につながるものと言える。

　第2に，環境への気づきや関心等が挙げられていることである。問題状況だけではなく，問題が発生する以前の環境の状態を取り上げるべきであることが位置づけられている。第3に，個人的・集団的活動が明記されていることである。環境を守り，より良い環境を創造する（環境の保護・向上）には，個人の行動と集団で行う行動とがある。その両者が必要であることが位置づけられている。

　日本の環境教育では「気づきから行動へ」との表現がよく用いられる。そのゆえんは，この「C. 環境教育の目的」「D. 環境教育の目標」である。例えば，国立教育政策研究所教育課程研究センター『環境教育指導資料（小学校編）』では，「環境教育とは，「環境や環境問題に気づき・関心をもち，人間活動と環境とのかかわりについての総合的な理解と認識の上にたって，環境の保全に配慮した望ましい働き掛けのできる技能や思考力，判断力を身に付け，持続可能な社会の構築を目指してよりよい環境の創造活動に主体的に参加し，環境への責任ある行動がとれる態度を育成する」ことと考えることができる」（国立教育政策研究所教育課程研究センター 2007：6）と記されている。この記述は，1990年代に登場した「持続可能な社会」に関わる部分以外は，ベオグラード憲章をベースとして書かれており，同憲章が日本の環境教育の理念に対し大きな影響を

与えたことがわかる[23]。

「F. 環境教育プログラムの指導原理」では，環境教育は，学際的であり，環境を特定の側面に分けてとらえるのではなく，総体（全体）としてとらえること，学校教育だけではなく，学校外の青年・成人教育等生涯学習として行い，環境保全活動への参加を強調すべきことが記されている。そして，地域と世界，現在と将来という空間的・時間的な広がりをもって，環境の状態や環境問題の解決を学習し，将来への展望，地域，国，国際的な協力を念頭に置くべきであることが記されている。この「F. 環境教育プログラムの指導原理」は，日本ではあまり取り上げられていないが，教育・学習プログラムの開発に対するプリンシプルというよりは，環境教育推進のための政策立案における観点に近いものと言えよう。

（3）環境教育政府間会議（トビリシ会議）

環境教育政府間会議（トビリシ会議）は，1977年10月14〜26日，旧ソビエト連邦グルジア共和国のトビリシにおいて開催された。この会議は政府代表者（閣僚級）による会議であり，「ユネスコ加盟66カ国からの政府代表者，非加盟2カ国からのオブザーバー，8つの国連機構と3つの政府間組織からの代表者とオブザーバー，20の国際的NGOからの代表者とオブザーバー，総計265人の政府代表者および65人のその他の代表者とオブザーバー」（UNESCO 1978：5）が一堂に会した大規模な会議であった。日本からは閣僚等の政府代表者は参加せず，「参加国の中では最小の代表団の1つ」（中山1993：21）で，中山和彦（筑波大学，当時）と榊原康男（文部省初等中等教育局視学官，当時）の2人が「日本政府の訓令を携えて」（榊原1978：76）参加したのみであった（UNESCO 1978：89）。

会議の目的は，開催案内状では「国・地域・国際レベルでの環境教育推進に関する勧告を作ること」であり，「会議では，すべての教育段階の多種多様なタイプの学校教育・学校外教育における環境教育，および，環境に関する活動や意思決定に関わる専門家集団への教育・研修を取り上げる」とされている（UNESCO-UNEP 1977c：1）。この目的に沿って，会議の議題は，次の5項目であった（開会，閉会，および議長選出等の事務手続きに関する項目を除く）（UNESCO 1978：55）。

第1章　国際的な環境教育の創成（1970年代）

① 現代社会の主要な環境問題
② 直面する環境問題に対する教育の役割
③ 国・国際レベルでの環境教育推進の現状
④ 国レベルでの環境教育推進のためのストラテジー
  (a) 学校教育・学校外教育における環境教育
  (b) 環境に関する活動や意思決定に関わる専門家集団への環境教育（養成課程を含む）
⑤ 環境教育推進のための地域・国際的協力

そして，これらの議題に沿って，次の7つの文書が提出された（議事次第や事務連絡を除く）（UNESCO 1978：81，市川 1995，2013）。
① 環境問題への挑戦と教育（UNESCO 1977d）
② UNESCO-UNEP 国際環境教育プログラム（UNESCO 1977b）
③ 環境教育に関する要望と優先事項：国際調査（UNESCO 1977e）
④ 環境教育地域専門家ミーティング：総括報告書（UNESCO 1977c）
⑤ 現代社会における主要な環境問題（UNEP 1977a）
⑥ UNEP とその環境教育・訓練の発展への貢献（UNEP 1977b）
⑦ 環境教育の傾向（UNESCO 1977a）

トビリシ会議は，ベオグラード会議のような専門家のワークショップではなく，政府代表による初めての環境教育の国際会議であった。それゆえ，会議の成果である「トビリシ宣言」と「トビリシ勧告」は，国際的合意事項として取り扱われている。日本では，政府代表者が参加しなかったことが関係していると思われるが，榊原（1978，1980c）の私見を交えた簡単な報告が見られる程度で，会議の成果であるトビリシ宣言，トビリシ勧告に関して政府機関による十分な報告は行われていない。この点については，「不幸にして日本ではほとんどその〔トビリシ会議の〕成果は伝達されずにしまった〔原文ママ〕」（福島 1985：42），「何故か，日本の教育界では紹介されることもなく無視されつづけてきた環境教育に関する政府間会議（トビリシ会議，一九七七年）は，……」（藤岡 1998：41）との記述や，市川（1995）の「Ⅰ．はじめに」において指摘されている。政府代表を派遣しなかったこと，国際的合意が報告されなかったこ

とによって，日本政府の行政レベルの取り組みが行われず，環境教育の理念の明確化と普及を遅らせることとなった。

トビリシ宣言は，大きく3つの部分に分けることができる。第1の部分は，会議開催の背景や環境問題の解決の必要性を謳っている。第2の部分は，環境教育の特性や考え方に関して述べている。そして第3の部分は，全世界に向けた4項目のアピールが記されている。トビリシ宣言の全文訳はすでに公表されているが[24]，第2の部分は環境教育の理念につながる重要な部分であるので，市川（1997c）を参照しつつ原典から訳出しておきたい。

トビリシ宣言の第2の部分には，次のように記されている（UNESCO 1978：24-25）。

　　○環境教育は，本来，総合的な生涯教育を構成するものであり，急速に変化している世界において，その変化に敏感に対応すべきである。
　　○環境教育は，現代世界の主要な問題に対する理解を通して，そしてまた倫理的価値に十分配慮しつつ，生活の向上や環境の保護に向けて有意義な役割を果たす上で必要な，技能や属性の付与を通して，個人に生涯への準備をさせるべきである。
　　○環境教育は，幅広い学際的基盤に根ざした全体的なアプローチによって，自然環境と人工環境が深い相互依存関係にあるという事実の認識につながる，包括的な将来展望を再創造する。
　　○環境教育は，今日の行動が明日の結果につながるという不断の連続性を示すことに貢献する。
　　○環境教育は，人類全体の連帯の必要性と国家共同体の相互依存関係を明示する。
　　○環境教育は，地域社会の外に対しても目を向けなければならない。
　　○環境教育は，一人ひとりを，ある特定の現実における問題解決の過程に積極的にかかわらせるべきである。そして，より良い明日の創出に自発的にかかわり，責任感を持ち，確実に実践することを奨励すべきである。
　　○環境教育は，この本来の性格によって，教育課程の刷新に対して力強い貢献をなし得るのである。

ここには，環境教育が学際的性格を有するものであり，学校教育だけではな

第1章　国際的な環境教育の創成（1970年代）

表1-5　トビリシ勧告

1．環境教育の目的（Goals of Environmental Education） 　(a)都市や田舎における経済的・社会的・政治的・生態学的相互依存関係に対する明確な気づきや関心を促進すること。 　(b)すべての人々に，環境の保護と改善に必要な知識，価値観，態度，実行力，技能を獲得する機会を与えること。 　(c)個人，集団，社会全体の環境に対する新しい行動パターンを創出すること。
2．環境教育の目標のカテゴリー（Categories of Environmental Education Objectives） 　・関心（気づき）：個人や社会集団に，総体としての環境とそれに関わる問題への関心や感受性を身につけさせること。 　・知識：個人や社会集団に，総体としての環境とそれに関わる問題についての多様な経験や基本的な理解を身につけさせること。 　・態度：個人や社会集団に，社会的価値観，環境に対する強い懸念，環境の保護と向上に積極的に取り組む意欲を身につけさせること。 　・技能：個人や社会集団に，環境問題の明確化と解決に必要な技能を身につけさせること。 　・参加（関与）：個人や社会集団に対して，環境問題の解決に向けたあらゆるレベルでの活動に，積極的に関与する機会を与えること。
3．環境教育のためのいくつかの指導原理（Some Guiding Principles for Environmental Education） 　・環境教育は，環境を総体として考察すべきである。すなわち，自然および人工環境，技術的および社会的環境（経済的，政治的，技術的，文化―歴史的，道徳的，美的環境）などを総体としてとらえることである。 　・環境教育は，就学前教育に始まり，すべての段階の学校教育，学校外教育を通じ，生涯にわたって継続的に行われるべきである。 　・環境教育は，そのアプローチにおいて学際的であるべきである。それは，全体的でバランスのとれた将来展望を導き得るよう，各学問分野から特定の内容を取り出したものである。 　・環境教育は，生徒に地理的に異なる他の地域の環境の状態に対する洞察を与えるため，地方，国，地域，国際レベルで主要な環境問題を取り扱うべきである。 　・環境教育は，歴史的展望を考慮しつつ，現在の環境の状態と潜在的なそれに焦点を当てるべきである。 　・環境教育は，環境問題の解決と未然防止における地方，国，そして国際レベルの協力の価値と必要性を促進すべきである。 　・環境教育は，開発や成長に関する計画に対し，環境の面からはっきりと考察を加えるべきである。 　・環境教育は，学習者が自らの学習経験のプランニングに参画できるようにすべきであり，彼らに意思決定の機会とその結果を受容する機会を与えるべきである。 　・環境教育は，環境に関する感受性，知識，問題解決技能，価値の明確化を年齢に対応させるべきであるが，低年齢層に対しては，学習者自身の地域社会に対応した環境に関する感受性を特に強調すべきである。 　・環境教育は，学習者が環境問題の現状や現実の原因を見出せるよう支援すべきである。 　・環境教育は，環境問題の複雑さを強調すべきであり，それゆえ批判的思考と問題解決技能を発達させる必要があることを強調すべきである。 　・環境教育は，実際の活動や直接経験を強調しつつ，環境についての，そして環境からの教授・学習のために，多様な学習環境や整理された教育的アプローチを活用すべきである。

出典：UNESCO（1978：25-26）より筆者訳。

く学校外の教育を含めた生涯学習として実践されるべきことが述べられている。そして，環境教育は固定的なものではなく，時代や社会の変化に伴って常に変化するものであり，一人一人が環境問題の解決に関わることを通して，環境に対する価値観や倫理観，責任感を持ち，行動していくことの重要性が唱えられている。さらに，1つの地域だけに目を向けるのではなく，広く世界的視野からより良い環境の創造に関わっていくべきことが述べられている。後に"Think Globally, Act Locally"との言葉が広まるが，このトビリシ宣言の記述は，その考え方を先取りしたようなものとも言うことができよう。

　トビリシ宣言に続くトビリシ勧告では，勧告第2に環境教育の目的，目標，指導原理が記されている（表1-5）。「1．環境教育の目的」は，ベオグラード憲章では1文であったが，トビリシ勧告では3つに分けられ，ベオグラード憲章よりも具体化されているととらえられる。特に(c)において「新しい行動パターン」の創出が挙げられている点には注目すべきである。つまり，気づき・関心，知識理解や態度の獲得だけではなく，行為・行動の変革が求められるようになったと言える。「2．環境教育の目標のカテゴリー」では，ベオグラード憲章の「評価能力」が姿を消し，5項目にされている点と，「参加（関与）」の項目が，一歩踏み込んだ表現になっている点に違いが見られる。「参加（関与）」では「機会の提供」となってはいるが，目的の「新しい行動パターン」や上述のトビリシ宣言の記述と関連づけて考えるならば，具体的な環境保全活動への参加を通して学び，行為・行動の変革を導くとの理念が明確化されたととらえることができよう。「3．環境教育のためのいくつかの指導原理」も，ベオグラード憲章の「F．環境教育プログラムの指導原理」よりも項目も増え，具体化されている。学際性，生涯学習，問題解決アプローチ，世界的視野，環境を総体としてとらえることといった環境教育の性格付けに関しては，ベオグラード憲章やトビリシ宣言と同じである。加えて，低年齢層に対して感受性を強調することや，実際の活動や直接経験を強調することといった指針が記されており，今日においても通用する環境教育カリキュラム作成原理と言っても過言ではないと言えよう。

注
1）　ストックホルム会議からトビリシ会議に至る流れや，この時期に示された環境教

第1章　国際的な環境教育の創成（1970年代）

育の理念について論述した文献は枚挙にいとまがないが，主要な論文・翻訳として，環境庁長官官房国際課（1972a, 1972b），榊原（1973a, 1976, 1980a, 1980b, 1981a, 1981b），中山（1978, 1993），金田編（1978），文部省学術国際局国際教育文化課（1980），福島（1985），市川（1987, 1989, 1995），千葉（1993），堀尾・河内編（1998a），佐藤ほか（2008）が挙げられる。

2）　1951年設立の国際的自然保護団体。本部はアメリカ。日本国内にも「特定非営利活動法人　ザ・ネイチャー・コンサーバンシー・ジャパン」がある。

3）　デシンジャーは1984年にも同趣旨の論文を書いている（Disinger 1984）。

4）　平成10年度鳴門教育大学学校教育研究センター客員研究員（国内，Ⅰ種）研究プロジェクト「教員養成課程における環境教育カリキュラムの開発」（研究代表：市川智史）。

5）　Disinger（1985）の文献リストによると，Harvey, Gary D., 1976, "Environmental Education: A Delineation of Substantive Structure", Ph. D. dissertation, Southern Illinois University at Carbondale. とされている。

6）　ショーエンフェルドの名前については，Schoenfeld, Clarence A. と Schoenfeld, Clay の 2 つが見られるが，Wheeler（1985：153）の記述からすると同一人物と考えられる。ただし，Wheeler（1985：153）は，Schoenfield（ショーエンフィールド）とタイプミスをしている。

7）　Disinger（1985）によると，ブレナンは1979年の論文で「用語を最初に使ったとされたことに感謝しつつ，しかしそれはのちにブランドウィンとブレナン自身が用いた "conservation education" の同義語であったとした」と記している。

8）　Disinger（1985）の文献リストによると，Brennan, Matthew J., 1957, "Conservation for Youth", Bulletin of the Massachusetts Audubon Society, May 1957. とされているが，Roth（1978：13）では1958年と記されている。ただし，Roth（1978）には文献リストがなく，加えて引用原典未入手のため，1957年と58年のどちらが正しいのか判然としない。

9）　Disinger（1985）の文献リストによると，Kirk, John J., "Personal Communication", December 13, 1983. とされている。

10）　Wheeler（1975：8）では，Christian, G., 1966, "Education for the Environment", *The Quarterly Review,* April. を引用している。

11）　Wheeler（1985）の文献リストによると，The Nature Conservancy, 1965, The Countryside in 1970 Second Conference: Proceedings of the Conference on Education, University of Keele, Staffordshire, 26-28 March 1965, The Nature Conservancy, 19 Belgrave Square, London. とされている。"environmental education" は，その 5 頁に掲載されているとされている。

12) Wheeler (1985) の文献リストによると，Schoenfeld, C., 1975, "National Environmental Education Perspective", *Newsletter of the American Society for Ecological Education*, 5, pp. 14-16. とされている。
13) 荻原 (2011：9) においても，アメリカでは1966年とされていることが記されている。
14) Wheeler (1985) には記載されていないが，キース・ウィーラー (1998) の文献リストでは，Goodman, P. & Goodman, P., 1947, "Communitas: means of livlihod and ways of life", Random House Inc.. とされている。
15) 環境庁長官官房国際課 (1972b：3) では113カ国とされているが，114カ国と記載されている文献の方が多く見られる。
16) 環境庁長官官房国際課 (1972a) では91項となっているが，後に番号が付け直され，96項となった。また，「環境に関する教育」との訳は，原文では "Environmental Education" である。当時はまだ「環境教育」が定訳となっていなかったことを示している (市川・今村 2002)。
17) 榊原 (1976) には原文が引用され "The objective of Environmental Education:" と書かれているが，ストックホルム会議報告書 (United Nations 1973：24) には，この文言は見られない。
18) 1991年からは6月を中心とした約1ヵ月間を環境月間としているほか，1993年の「環境基本法」で6月5日を「環境の日」とすることが定められた。
19) IEEP に関する研究としては，市川 (1987, 1989, 1995, 2013)，中山 (1993)，千葉 (1993)，佐藤ほか (2008)，佐藤 (2012) が見られるが，本研究では，最も包括的な研究である市川 (2013) を参照し，その開始の経緯，目標・活動内容区分，初期の活動について述べる。
20) ベオグラード憲章は多くの文献で取り上げられているが，ほとんどが環境教育の目的，目標の部分のみの翻訳・紹介である。全文翻訳は，金田編 (1978：168-170)，福島 (1985：56-68) に見られる。
21) 降旗・髙橋 (2009a：9) は，「ベオグラード憲章では，環境教育を「Environment Education」と表記している」とし，単語末尾に "al" がないと記しているが，ベオグラード憲章ではすべて "Environmental Education" が用いられている。
22) 環境庁 (1988：48) の資料編においては訳出箇所の誤りがあり，「環境教育の目的」として掲載されている文言は，「B. 環境に関する目的」の文言である。
23) 「D. 環境教育の目標」の「5. 評価能力」は，次に述べるトビリシ勧告では削除されている。
24) トビリシ宣言の全文訳は，文部省学術国際局国際教育文化課 (1980)，福島 (1985：95-98)，環境庁 (1988：49-50) に見られる。

第2章
国際的な環境教育の普及（1980年代）

　本章では，環境教育の理念や推進方策に関する国際的な合意が築かれた環境教育政府間会議（トビリシ会議，1977年）から，地球規模での環境問題へ対応しようとした「環境と開発に関する国連会議」（地球サミット，1992年）までを取り上げる。この時期には，国連環境教育プログラム（IEEP）が本格的に活動を開始し，途上国を中心に環境教育の普及と推進を行った。トビリシ会議から10年目の区切りとして開催された「環境教育・訓練に関する国際会議」（モスクワ会議，1987年）において，IEEPの活動や国際的な環境教育の動向，1990年代への戦略が議論された。また1980年代には，「持続可能な開発」概念が明確化され，地球サミットでは21世紀に向けた環境戦略として「アジェンダ21」が策定された。こうした環境保全に関わる国際的議論の中で，環境教育が位置づけられ，新たな方向へと動き始めた。しかしながら，この頃，日本では環境教育は一時的に低迷していたこともあり，国際的な動向についてはほとんど報告されず，また国際的な活動にほとんど関与していなかった。ここではIEEPの活動とモスクワ会議を中心とし，1990年代以降の環境教育に影響を及ぼすことになる「持続可能な開発」概念と「アジェンダ21」を取り上げ，国際的な普及と推進の時期の環境教育の史的展開をとらえていく。

第1節　IEEPによる環境教育の普及と推進

（1）トビリシ会議以後のIEEPの活動

　トビリシ会議以後，IEEPは同会議の勧告で示された環境教育の理念や推進方策を広め，環境教育を世界中に普及する活動に取り組んだ。IEEPの第2～8フェーズ（表1-1参照）が該当し，IEEPが活動した1975～95年の大半の期間を占める[1]。トビリシ会議に続く第2フェーズは，「加盟国の教育課程全般に環境に関わる内容を盛り込む上で有益な資料を提供するため，環境教育の理

論的・方法論的発展を促すこと」(UNESCO 1984：2-3) が活動の中心課題とされた。第3フェーズには「加盟国の学校・学校外教育に環境教育を導入するため、環境教育実践の内容、方法、教材の開発と指導者の訓練」(UNESCO 1984：3) が強調された。それ以降も IEEP は、「情報と経験の交換」「調査研究・実践」「人材育成」「教材・出版物」の活動区分に沿って、学校・学校外教育、青年・成人教育、専門家の人材養成・研修における環境教育の推進に取り組んだ。

環境教育の普及に関わる活動として早期に開始されたのは、コネクトの発行である。前章で述べたとおり、1976年1月から年4回（季刊）の発行が開始された。コネクトは、トビリシ会議直後の1977年頃には、当初3言語での発行が5言語（英語、フランス語、スペイン語、アラビア語、ロシア語）となり、約1万の団体・個人に配布されていた (UNESCO 1977c：8)。その後、1984年には1万2千以上の団体・個人への配布と配布数が増加し (UNESCO 1984：6)、1987年には5言語に加えて1988年から中国語が中国国内で翻訳発行予定とされ、約1万3千の配布となった (UNESCO 1987a：4)。1977年からの約10年間に配布先が約3千カ所増加し、発行言語が6言語となった。1993年には、ヒンディー語（1991年3月号からインドで翻訳発行）、ウクライナ語が加わって8言語となり、推計で20万以上の読者がいるとされている (UNESCO 1993)。そしてIEEP が終了した1995年のコネクト第20巻3号によると、8言語で2万5千以上の配布となっている (UNESCO-UNEP 1995a：2)。1976年の創刊号から約20年の間に、発行言語は3言語から8言語になり、配布先は約1万から約2万5千へと増加した。その後、コネクトは、1997年の第22巻1号から『ユネスコ国際科学・技術・環境教育ニュースレター』へと衣替えし、2006年の第31巻3・4号（合併号）で発行を終了している。

コネクトでは、冒頭に折々の環境教育のトピックや IEEP の活動計画等が取り上げられ、その後には国際、地域、各国の会議やセミナー等の概要報告、環境教育に関する出版物等の情報が掲載されていた。環境教育の普及や情報交換に対するコネクトの貢献度を数値で示すことはできないが、世界の環境教育の動向を知る上で有益なものであった。日本国内でコネクトを受け取っていた団体・個人は不明で[2]、コネクトに掲載されていた情報が、どの程度日本の環境教育に影響したかはわからない。1993年の第18巻1～4号、1994年の第19巻1

第 2 章　国際的な環境教育の普及（1980年代）

〜 4 号の 8 つの号については，日本語翻訳版が（社）環境情報科学センターから発行されたが（筆者も翻訳・発行作業に携わった），残念ながら継続されなかった。コネクトに見られる日本の記事は，第20巻 3 号の「ヤマギシ子ども楽園村活動」だけで（UNESCO-UNEP 1995b：7），国際的な環境教育の普及期に，日本は国際的な情報交換に関与していなかったと言える。

　時系列的に見て，コネクトの創刊の次に取り組まれた活動は，パイロット・プロジェクトである。コネクト第 1 巻 2 号において，各地域に 4 〜 5 のプロジェクトが募集され， 1 プロジェクト当たり 1 万〜 2 万 5 千ドルの資金援助を行うと掲載された。プロジェクトの分野としては，「学校教育・学校外教育における青年・成人教育のプログラム」「教員・指導者育成プログラム」「環境教育教材・出版物等の開発」が挙げられている（UNESCO-UNEP 1976b：1）。パイロット・プロジェクトは，「各国・地域の環境教育に関する要望と優先事項に適合することをねらいとした革新的な活動」（UNESCO-UNEP 1978：1）で，「環境教育に関する多様な経験と知識を広め，環境・環境問題に対する教育的アプローチの刷新に貢献する」（UNESCO 1987a：10）ことを目的としたものであった。1977〜82年に実施された初期の15のプロジェクト（表 2 - 1 ）は，セネガル，ケニア，アフリカ科学教育プログラム（SEPA），ヨルダン，エジプト，アフガニスタン，インドネシア，モンゴル，コロンビア，グァテマラ，ペルー，フランス，アメリカ，イギリス，ウクライナで実施された（UNESCO 1987a：10-18）。

　それ以降も1988年までに，ペルー，インド，チェコスロバキア，コスタリカ，オートボルタ，ドミニカ，キューバ，インド，ポーランド，ポルトガル，スペイン，マリ，メキシコ，モロッコ，ガボンでプロジェクトが実施されている（UNESCO 1987a：10-18）。1985〜88年の間には，大学の一般教育への環境に関わる内容（environmental dimension）の導入に関するプロジェクトが 5 つ見られ（スペイン，インド，メキシコ，モロッコ，チェコスロバキア），高等教育の環境教育に関心が注がれてきた。

　これらの他に，例えば，トビリシ会議以降の環境教育の傾向と進捗状況に関する国際調査（1982），大学における環境教育に関する国際調査（1984-85），環境教育のための教師教育に関する調査（1985）といった国際的調査（UNESCO 1987a：7-10）や，環境教育のための国家戦略（フィンランド，1990-91）（UNES-

49

表2-1　初期のパイロット・プロジェクト

地域	実施国	プロジェクト名	実施年
アフリカ	アフリカ※	初等教育教員のためのパイロット・プロジェクト	1977-80
	セネガル	サヘル地域のためのパイロット・プロジェクト	1977-82
	ケニア	中等学校のためのパイロット・プロジェクト	1978-81
アラブ	ヨルダン	初等学校と一般大衆のためのパイロット・プロジェクト	1978-80
	エジプト	青年団体のためのパイロット・プロジェクト	1978-81
アジア	アフガニスタン	初等学校のためのパイロット・プロジェクト	1977-80
	インドネシア	初等学校と一般大衆のためのパイロット・プロジェクト	1977-80
	モンゴル	一般大衆のためのパイロット・プロジェクト	1978-79
ラテンアメリカ・カリブ海沿岸	コロンビア	地方住民のためのパイロット・プロジェクト	1977-79
	グァテマラ	地方の学校と一般大衆のためのパイロット・プロジェクト	1977-80
	ペルー	都市近郊の初等学校のためのパイロット・プロジェクト	1977-79
ヨーロッパ	フランス	中等学校のための方法論に関するパイロット・プロジェクト	1977-78
	アメリカ	中等学校のための環境教育ネットワーク（インターネット）	1977-78
	イギリス	教員と教育専門家のためのパイロット・プロジェクト	1977-78
	ウクライナ	中等学校と一般大衆のためのパイロット・プロジェクト	1977-79

注：※は国ではなくアフリカ科学教育プログラム（SEPA）が実施。UNESCO（1987a：18-29）より作成。
出典：市川（2013）より。

第2章 国際的な環境教育の普及（1980年代）

表2-2 環境問題に焦点を当てたプログラムの例

番号	トピック	番号	トピック
1	生物圏の意味と役割	8	生物資源の利用と保全
2	環境とその要素	9	人口問題
3	天然資源の埋蔵量（残余）	10	環境，健康管理，食糧問題
4	人間と生態学的バランス	11	環境と経済的発展
5	大気の利用	12	環境管理
6	水資源の利用と保全	13	国際的協力と環境保護
7	土地の利用と保全		

出典：UNESCO（1985b：47-48），市川（1999b）より。

CO 1992：22-23）といった各国内の方針立案に関わるプロジェクトも実施されてきた。こうした試行的，実践的，調査的プロジェクトは，IEEP終盤の1995年までに150以上が実施されている（UNESCO-UNEP 1995a：2）。なお，日本ではIEEPのプロジェクトは実施されていない。

　環境教育の普及のためのIEEPの出版物としては，まずトビリシ会議直後に発行された『環境教育の傾向』（UNESCO 1977a）が挙げられる。これはベオグラード会議に提出された15編の論文を修正したものである。同時期に，ネットワーク形成のため『環境教育活動団体名鑑』の初版が発行され（UNESCO-UNEP 1977d），1981年，1989年に増補改訂された（UNESCO-UNEP 1981, 1989）。1989年の増補改訂版には国際団体と各国内団体を合わせて約1200団体が掲載されているが，そのうち日本の団体は9団体[3]である。また少し遅れて，トビリシ会議の環境教育の理念や推進方策の普及書として『トビリシ会議の立場から見た環境教育』（UNESCO 1980）が出版され，後述する人材育成事業（トレーニング・ワークショップ等）で活用された。そして，専門用語を整理した『環境教育用語集』（UNESCO 1983）[4]や，環境教育教材作成の参考となる『環境の中で生きる：環境教育情報源』（UNESCO 1985b）が発行された。その『環境の中で生きる：環境教育情報源』には，「環境問題に焦点を当てたプログラムの例」として，13のトピック（学習内容）が掲載されている（表2-2）。これらは環境教育の内容として大いに参考になるものである。

　さらにIEEPは1983年から環境教育シリーズと称する一連の出版物を発行している（表2-3）。その第1号は1982年に行われた国際調査をとりまとめたものであり，その後，パイロット・プロジェクトや人材育成事業と関連づけて，

第Ⅰ部　環境教育の国際的展開

表2-3　環境教育シリーズ

号	タイトル	年	言語
1	トビリシ会議以降の環境教育の動向	1983	A, E, F, S
2	環境教育のためのゲームとシミュレーションに関するガイド	1983	A, E, F, S
3	天然資源の保全と管理に関する教育モジュール	1986	E, F, S
4	都市における環境問題に関する教育モジュール	1983	E, S
5	初等学校の教員養成と指導主事のための環境教育モジュール	1986	A, E, F, S
6	初等学校の現職教育と指導主事のための環境教育モジュール	1985	A, E, S
7	中等学校の科学教員養成と指導主事のための環境教育モジュール	1986	A, E, F, S
8	中等学校の科学教員の現職養育と指導主事のための環境教育モジュール	1986	E, S
9	中等学校の社会科学教員養成と指導主事のための環境教育モジュール	1985	A, E, F, S
10	中等学校の社会科学教員の現職教育と指導主事のための環境教育モジュール	1985	E, S
11	エネルギー：環境教育のための学際的テーマ	1986	E, F, S
12	学校での環境教育の評価に関するガイド―教員のための実践的ガイド	1984	E
13	環境的価値観教育に関するガイド	1985	E
14	環境教育における学際的アプローチ	1985	E, F
15	環境教育における問題解決アプローチ	1985	A, E, F
16	砂漠化に関する教育モジュール	1985	F, S
17	学校カリキュラムへの環境教育の導入に関する比較調査	1985	A, E
18	生物種のバランス：人間環境へのイントロダクション	1986	A, E
19	大学の一般教育における環境に関する内容の明確化のための教育学的・科学的クライテリア	1994	E, R
20	環境に関する教育：教育と学習の原則	1986	F
21	初等学校の環境教育活動―安価な道具の作成・活用の提案	1992	A, E
22	環境教育カリキュラム開発の手順―討議資料（改訂版）	1994 (1986)	E, F
23	学校外教育における環境教育開発のガイドライン	1986	E, F
24	技術・職業教育における環境教育（トレーニング・セミナー討議資料）	1987	A, E, F, S
25	環境教育の教師教育ストラテジー（トレーニング・セミナー討議資料）（改訂版）	1994 (1987)	E
26	環境教育：教員養成カリキュラム開発のプロセス（トレーニング・セミナー討議資料）	1988	A, E
27	初等教育教員研修向けの環境教育アプローチ：教師教育プログラム（トレーニング・セミナー討議資料）（改訂版）	1994 (1988)	A, E, S
28	米国ミシガン州の農業教育カリキュラムにおける環境教育と農業の教師教育：事例研究（トレーニング・セミナー討議資料）	1988	E

第 2 章　国際的な環境教育の普及（1980年代）

号	タイトル	年	言語
29	中等学校のプロトタイプ環境教育カリキュラム（トレーニング・セミナー討議資料）（改訂版）	1994 (1989)	A, E
30	中等教育の教師教育向け環境教育アプローチ：プロトタイププログラム（改訂版）	1994 (1990)	A, E
31	技術・職業教育の環境教育教師教育ガイド	1993	E
32	工業学校のための環境教育カリキュラム	1993	E
33	工業学校教員養成のための環境教育カリキュラム	1993	E
34	農業学校のための環境教育カリキュラム	1993	E
35	農業学校教員養成のための環境教育カリキュラム	1993	E
36	環境教育：カリブ海地域の教員養成カリキュラムガイド―初等・前期中等教育段階	1994	E
37	環境教育：カリブ海地域の初等・前期中等教育カリキュラムガイド	1994	E
38	環境教育：カリブ海地域の後期中等教育のためのカリキュラムガイド	1994	E
39	環境教育：カリブ海地域の後期中等教育教員養成のためのカリキュラムガイド	1994	E
40	東南アジア（ASEAN）地域の初等学校カリキュラムにおける環境教育の内容	1995	E
41	東南アジア（ASEAN）地域の初等学校教員養成カリキュラムにおける環境教育の内容	1995	E
42	東南アジア（ASEAN）地域の中等学校カリキュラムにおける環境教育の内容	1995	E
43	東南アジア（ASEAN）地域の中等学校教員養成カリキュラムにおける環境教育の内容	1995	E

注：言語欄のAはアラビア語，Eは英語，Fはフランス語，Sはスペイン語，Rはロシア語。発行年欄の括弧書きは筆者所蔵の初版発行年。
出典：市川（2013）より。

第 I 部　環境教育の国際的展開

表2-4　地域・サブ地域レベルのトレーニング・ワークショップ（第2フェーズ）

地域	開催地（国）/開催日	参加国（参加人数）
アフリカ	ダカール（セネガル）/1978年12月11-20日	ベナン，ブルキナファソ，カメルーン，カーボベルデ，中央アフリカ，チャド，コモロ，コンゴ，ジブチ，ギニア，ギニアビサウ，ケニア，モーリタニア，モーリシャス，ニジェール，セネガル，シエラレオネ，トーゴ，ウガンダ，ザイール（現コンゴ），ザンビア（21人）
アジア	キャンベラ（オーストラリア）/1979年8月28日-9月6日	アフガニスタン，オーストラリア，バングラデシュ，中国，インド，インドネシア，イラン，日本，マレーシア，ネパール，ニュージーランド，フィリピン，韓国，シンガポール，スリランカ，タイ，旧ソ連（19人）
アラブ	マナーマ（バーレーン）/1981年5月12-19日	アルジェリア，バーレーン，エジプト，クウェート，モロッコ，サウジアラビア，ソマリア，シリア，アラブ首長国連邦，パレスチナ解放機構（21人）
ラテンアメリカ	サンジョゼ（コスタリカ）/1979年10月29日-11月7日	アルゼンチン，ボリビア，ブラジル，チリ，コロンビア，コスタリカ，キューバ，ドミニカ共和国，エクアドル，エルサルバドル，グァテマラ，ハイチ，ホンジュラス，メキシコ，ニカラグア，パナマ，パラグアイ，ウルグアイ，ベネズエラ（22人）
カリブ海沿岸	—（アンティグア・バーブーダ）/1980年6月9-20日	アンティグア・バーブーダ，バルバドス，ドミニカ共和国，グレナダ，ガイアナ，ジャマイカ，セントルシア，セントビンセント，スリナム，トリニダード・トバゴ（19人）
ヨーロッパ	エッセン（ドイツ）/1980年12月8-12日	オーストリア，ブルガリア，カナダ，チェコスロバキア，デンマーク，フィンランド，ドイツ，ハンガリー，アイルランド，イスラエル，イタリア，マルタ，オランダ，ノルウェー，ポーランド，スペイン，スウェーデン，スイス，イギリス，アメリカ（40人）

注：カリブ海沿岸地域の開催地名は記載がない。UNESCO（1987a：18-29）より作成。
出典：市川（2013）より。

プロジェクトやワークショップの成果をまとめたもの，逆に討議資料として活用し，改訂されたものなど，様々なテーマで43号まで発行された（UNESCO-UNEP 1995a：2, 1995c：4）。1980年代後半の1984〜87年には，環境教育の評価（第12号），価値観（第13号），学際性（第14号），問題解決（第15号），教授学習（第20号），学校外教育（第23号），カリキュラム開発（第17号，22号初版）といった，理念を実践に結びつけるテーマが取り上げられている。教員養成・現職教育に関しては早期から取り上げられているが，1988年以降になると初等・中等学校及びその教員，工業・農業教育，技術・職業教育等のように対象者を絞った具体的・実践的なテーマが扱われている。環境教育シリーズで取り上げられたテーマは，理念とその普及，実践との結びつき，そして，的を絞っ

表2-5 国レベルのトレーニング・ワークショップ（1987年までの開催分）

地域	開催国（開催年月）
アフリカ	ブルキナファソ（1979年12月），中央アフリカ（1980年11月），シエラレオネ（1981年12月），ベナン（1982年9月），ルワンダ（1982年8～9月），セネガル（＊1），マラウィ（1983年4月），エチオピア（1983年8月），ザイール（現コンゴ）（1984年3月），ギニアビサウ（1984年5月），象牙海岸（1984年10月），ブルンジ（1985年12月），タンザニア（1986年11月）
アジア	フィリピン（1979年3月），韓国（1979年12月），バングラデシュ（1981年2月），中国（1982年4月），ネパール（1982年＊2），スリランカ（1982年10月）
アラブ	エジプト（1982年8月），スーダン（1983年10～11月），オマーン（1983年12月），チュニジア（1983年12月），モロッコ（1984年2月），シリア（1984年3月）
ラテンアメリカ・カリブ海沿岸	ブラジル（1979年3月），キューバ（1979年3月，1985年10月），チリ（1979年8月），アルゼンチン（1980年6月），ジャマイカ（1981年3月），ガイアナ（1981年5月），エクアドル（1982年11月，1985年4月，5月），ウルグアイ（1985年9月），パナマ（1985年10月），ニカラグア（1985年11月），ドミニカ共和国（1986年11月），ドミニカ国（1986年3月）
ヨーロッパ	ブルガリア（1979年6月），ポーランド（1980年9月），ウクライナ（1981年4月），ハンガリー（1981年12月），ベラルーシ（1982年9月），ユーゴスラビア（1983年9月），旧ソ連（1984年9月）

注：（＊1）開催年月不明。（＊2）開催月不明。UNESCO（1987a：18-29）より作成。
出典：市川（2013）より。

た具体的・実践的なものへと変遷していった。

　環境教育に関する人材育成は，国際的に大きな課題であった。コネクトの第1巻1号（UNESCO-UNEP 1976a）から第10巻4号（UNESCO-UNEP 1985）までに掲載されたセミナー，ワークショップ等の「集まり」の記事を分析した市川（1987）によると，「人員養成・訓練」が最も多く議題に上っていたことが明らかにされている。この課題に対しIEEPは，トレーニング・ワークショップ／セミナー等の名称の人材育成活動を行ってきた。それらはまず1978～80年に地域・サブ地域レベルで開かれた（UNESCO 1987a：18-29）（表2-4）。その後，各国内で国レベルのトレーニング・ワークショップが開催され，1987年までに，アフリカ地域13回，アジア地域6回，アラブ地域6回，ラテンアメリカ・カリブ海沿岸地域15回，ヨーロッパ地域7回（UNESCO 1987a：18-29）が行われている（表2-5）。その他，国際レベルとして，チェコスロバキア（1982年9月）で14カ国からの参加者が集まったトレーニング・コースが開かれている（UNESCO 1987a：18）。

　モスクワ会議開催後の1987年以降では，エジプトで大学教育の一般教育に関

するトレーニング・セミナー（1990年7月），インドで教育プランナー・管理者対象のトレーニング・セミナー（1990年4月），マルタで初等学校カリキュラム（1991年5月），エジプトで中等学校カリキュラムに関するトレーニング・セミナー（1991年6～7月）が開かれている（UNESCO 1992：40-53）。こうしたトレーニング・ワークショップ／セミナー等の人材育成活動は，IEEP終盤の1995年までに，150以上が実施された（UNESCO-UNEP 1995a：2）。なお，1979年のアジア地域のトレーニング・ワークショップに日本からの参加者がいたことが記されているが（UNESCO 1987a：19），その他には人材育成活動に日本が関与した形跡は見られない。

（2）環境教育・訓練に関する国際会議（モスクワ会議）

「環境教育・訓練に関する国際会議」（モスクワ会議）は，1987年8月17～21日に旧ソビエト連邦（現ロシア）のモスクワにおいて開催された。モスクワ会議には，80ヵ国からの代表者と15のNGOなどからのオブザーバーを合わせて約300人が参加した[5]（UNESCO-UNEP 1987：1）。

日本からの参加者については，記載された文献が見つからないので不明である。しかし，UNESCO-UNEP（1988）の地図に掲載されているリストでは，日本からも報告が行われたことが記されていることから，参加者がいた可能性がある。日本からではないが，ユネスコ教育局次長（当時）であった千葉杲弘はユネスコの立場で参加していた（UNESCO-UNEP 1987, 千葉 1993, 1998a）。

モスクワ会議のねらいは，トビリシ会議後の10年間の環境教育の進展と課題を明らかにすることと次の10年間，つまり1990年代に焦点とすべき活動課題を明らかにすることであった。会議には次の6つの資料が提出されたほか，参加各国に対しカントリーレポートの提出が要請された（市川 1989）。

① 環境教育・訓練分野における国際的活動戦略アウトライン（UNESCO 1987b）
② 国際的科学研究プログラムの環境教育・訓練への貢献（UNESCO 1987c）
③ 環境の現状：教育・訓練の意味するもの（UNESCO 1987d）
④ 現代の環境に対する国際的理解と問題：環境教育の役割（UNESCO 1987e）

第2章　国際的な環境教育の普及（1980年代）

⑤　国際環境教育プログラム（1975-1987）（UNESCO 1987a）
⑥　環境情報・環境教育を促進するための従来のメディアと新しいコミュニケーション・テクノロジーの役割（UNESCO 1987f）

　モスクワ会議の主要な成果は『環境教育・訓練分野における1990年代の国際的活動戦略』（UNESCO-UNEP 1988）である[6]。同戦略は，1990年代の活動を「情報の利用」「研究と実験」「教育プログラムと教材」「人材育成」「技術・職業教育」「一般大衆の教育」「大学の一般教育」「専門家の訓練」「国際・地域協力」の9つの分野に整理し，それぞれの目標と活動内容を明記している。
　市川（1989）は，各分野の目標，活動内容の要点を整理し，当時の動向として次の7点を指摘している。
①　環境教育の理念に関しては，基本的にはトビリシ勧告の立場が踏襲されていること。
②　環境教育の理念やカリキュラム構成の原理に「持続可能な開発」概念が導入されようとしていること。
③　環境教育国際情報サービス，地域アドバイザー，教材教具開発センター等の環境教育専門機関の確立，人員配置が行われようとしていること。
④　ゲーム・シミレーション等の新しいメディアの利用が重視されてきていること。
⑤　技術・職業教育，大学の一般教育における環境教育の重要性が高まってきていること。
⑥　社会科学の導入，とりわけ環境経済学との結びつきが重視されてきていること。
⑦　「環境教育のための10年」が提唱され，環境教育の発展がめざされていること。

　つまり，モスクワ会議は，トビリシ勧告を基盤とした環境教育の発展を描きつつ，「持続可能な開発」という新しい概念を視野に入れて動き始めていたと言える。このことは，1992年の環境と開発に関する国連会議（地球サミット）で採択された「アジェンダ21」へのIEEPの対応とも関連し，1990年代の環境

教育の質的拡張へとつながっていく。ただし,残念ながら『環境教育・訓練分野における1990年代の国際的活動戦略』で提唱された「環境教育のための10年」は予算化されず,実現しなかった。また日本では,当時モスクワ会議の報告はほとんど見られず,国内への影響はなかったと言っても過言ではない。

第2節 「持続可能な開発」概念と「アジェンダ21」

すでに見たように,ストックホルム会議では,先進国が環境保全を唱えて開発途上国の工業発達,経済成長を妨げようとしているとの途上国側の疑念があり(中山 1993:12),開発と環境(保全)は,あたかもシーソーゲームのようにとらえられていた。これに対して,両者は対立するものではなく,相互補完の関係にあることを示すものとして「持続可能な開発(Sustainable Deveropment)」概念が提唱された。1990年代以降,この概念は環境教育の理念や方向性に大きな影響を与えた。

「持続可能な開発」概念を最初に提起したのは,1980年の「世界環境保全戦略(World Conservation Strategy: WCS)」[7]である。WCS は,国際自然保護連合(International Union for Conservation of Nature and Natural Resources: IUCN),国連環境計画(United Nations Environment Programme: UNEP),世界野生生物基金(World Wildlife Fund: WWF)[8]の三者共同で発行された。その「1.序論:持続可能な開発のための生物資源の保全」において,「人間と生物圏(生命を包含し,維持している地球の薄い外郭)との関係は,新しい国際経済秩序が達成され,新しい環境倫理が採用され,人口が安定し,持続可能な開発様式が例外的なものではないルールとなるまで悪化し続けるであろう。持続可能な開発は,生物資源保全の前提条件の1つである」(IUCN-UNEP-WWF 1980:1)との表現で「持続可能な開発」との語が用いられた。WCS は続けて,「ここでは開発を,人間生活の質の向上と人間のニーズを満たすための,生物圏の改変と人的資源,財政的資源,生物・非生物資源の利用と定義する」,「ここでは保全を,人間による生物圏の利用の管理と定義する。それは将来世代のニーズと希望を満たし得る可能性を維持しつつ,現在の世代に大きな持続的恩恵をもたらすものである」(IUCN-UNEP-WWF 1980:1)と,開発と保全を定義した上で次のように述べている。

> 5．保全は開発と同様人々のためのものである。しかし，開発が生物圏の幅広い利用を通じて人類の目的達成をねらいとしているのに対し，保全はその利用の継続を保証することを通じて人類の目的達成をねらいとしている。管理と持続可能性という保全の関心は，生物資源の本質（更新性と破壊性）に対する理性的反応であり，「私たちは地球を私たちの両親から相続したのではなく，私たちの子孫から借りている」との信念で表現される倫理的命令でもある。

出典：IUCN-UNEP-WWF（1980：1）より筆者訳。

WCS の考え方は，次のように整理し得る。
　○生物圏の利用（開発）と利用の管理（保全）は，ともに人間のためのものであるが，管理無き利用，無制限な利用は地球を破壊し，資源の利用を継続することができない。
　○利用を継続し，将来世代も現在世代と同様に，地球の資源を利用できるようにするためには，適切な利用の管理（保全）が前提となる。
　○つまり，生物圏の利用（開発）を持続可能なものとするために，適切な利用の管理（保全）を前提として，利用（開発）をしなければならない。

　このような考えから，「持続可能な開発」概念が提起されたのである。「持続可能な開発」概念は，1984年に国連決議により発足した「環境と開発に関する世界委員会（World Commission on Environment and Development: WCED）」[9]で検討され，1987年の同会議の報告書『我ら共有の未来（*Our Common Future*）』[10]において端的な表現で明確化された。同報告書では，「持続的な開発〔持続可能な開発〕とは，将来の世代の欲求を充たしつつ，現在の世代の欲求も満足させるような開発をいう」（大来監修 1987：66）と定義されている。また「持続可能な開発」概念は，「何にも増して優先されるべき世界の貧しい人々にとって不可欠な「必要物」の概念」「技術・社会的組織のあり方によって規定される，現在および将来の世代の欲求を満たせるだけの環境の能力の限界についての概念」の2つの鍵となる概念を含んでいるとされている（大来監修 1987：66）。概念規定そのものは，WCSと大きな違いはないととらえられるが，『我ら共有の未来』では，開発途上国の必要物，欲求の充足，言い換えれば途上国における開発の必要性を重視し，先進国との公平性が強調されている。WCSで明示

された世代間公正に加えて，南北間公正の考えが盛り込まれたと言える。

こうして1970年代にはシーソーゲームととらえられていた「環境」と「開発」の問題を解く考え方として，世代間公正，南北間公正という環境倫理を背景とした「持続可能な開発」概念が明確化され，国際的に普及された。そして，この概念を基調として，1992年に「環境と開発に関する国連会議（United Nations Conference on Environment and Development: UNCED）」（地球サミット）が開催された。

地球サミットで採択された「アジェンダ21」で，教育（環境教育）に関して記述された第36章には，次のように記されている。

> アジェンダ21　第36章　教育，意識啓発及び訓練の推進
> 行動の基礎
> 36.3.　公式の教育，意識啓発及び研修を含んだ広義の教育は，人類と社会が最大限の可能性を達成するうえでの一過程として認識すべきものである。教育は持続可能な開発を推進し，環境と開発の問題に対処する市民の能力を高めるうえで重要である。基礎的な教育が，環境や開発の教育に当たっての支柱を提供するとしても，後者の必要性も学習上欠くことができない部分として教育に組み入れる必要がある。公式及び非公式な教育は，人間の態度を変化させるために必要不可欠のものであり，これにより持続可能な開発を評価し達成することができる。教育は，また持続可能な開発と調和した「環境及び道徳上の意識」，「価値観や態度」，「技術や行動」を成し遂げ，かつ意思決定に際しての効果的な市民の参加を得るうえで重要となる。教育が効果的なものとなるためには，環境と開発に関する教育が物理的，生物学的，社会経済的な環境と，人類（精神的な面も含む）の発展の両面の変遷過程を扱い，これがあらゆる分野で一体化され，伝達手段として公式，非公式な方法及び効果的な手段が用いられるべきである。

出典：環境庁・外務省監訳，国連事務局監修（1993：408）より。

ここには環境教育が「持続可能な開発」を推進し，環境と開発の問題に対応する能力を高める上で必須のものであることを位置づけ，「環境及び道徳上の意識」「価値観や態度」「技術や行動」を身につけ，意思決定に参加し得る市民の育成の重要性が謳われている。つまり，環境教育の大きな方向性として「持続可能な開発」の推進を位置づけたのである。このことが，環境教育の概念的・内容的枠組みの拡大へとつながっていくこととなる。

注

1) この間のIEEPの活動に関する研究としては、市川（1989, 2013）、千葉（1993）、佐藤ほか（2008）、佐藤（2012）が見られるが、ここでは、最も包括的な研究である市川（2013）を参照し、普及時代の展開をとらえていく。
2) 筆者はコネクトの受け取り者の1人であり、その全号を保有している。
3) 9団体とは、①岐阜大学理学部生態学研究室、②愛媛大学環境保全学科、③国際協力事業団（JICA）、④九州大学農学部森林学科、⑤鳴門教育大学、⑥信州大学理学部諏訪水圏施設、⑦日本自然保護協会、⑧東京農業大学、⑨鳥取大学農学部環境科学科、である。
4) 『環境教育用語集』は、著作権者の了解を得ていないとした上で、(財)日本環境協会から翻訳が発行されている（日本環境協会 1988a）。
5) UNESCO-UNEP（1988）によると「100カ国から300人以上」の参加者と書かれている。
6) 『環境教育・訓練分野における1990年代の国際的活動戦略』は、(財)日本環境協会（1988b）において全訳が、伊藤（1992）において抄訳が公表されている。
7) 世界自然資源保全戦略とも訳されている（日本環境協会 1980）。
8) 世界野生生物基金は、1986年に世界自然保護基金（World Wide Fund for Nature）に名称変更したが、略称は現在もWWFを用いている。
9) ノルウェーの首相（当時）のブルントラント氏が委員長を務めたため、ブルントラント委員会とも呼ばれる。
10) 『我ら共有の未来（*Our Common Future*)』は、大来佐武郎監修（1987）『地球の未来を守るために』(福武書店）との翻訳書が出版されている。

第3章
国際的な環境教育の枠組み拡大
(1990～2000年代)

　本章では，環境教育の国際的な概念的・内容的枠組み拡大の時代として，地球サミットから「持続可能な開発のための教育の10年 (Decade for Education for Sustainable Development: DESD)」(2005～14年) の開始までの史的展開を取り上げる。この時期には，国連環境教育プログラム (IEEP) は「アジェンダ21」に対応して，環境教育に「持続可能な開発」概念を盛り込む方向で活動を進め，1994年から「人間開発のための環境・人口教育と情報 (Environment and Population Education and Information for Human Development: EPD)」を開始し，1995年に終焉を迎えた。その後もユネスコは EPD を継続し，「環境と社会：持続可能性に向けた教育とパブリック・アウェアネス」国際会議（テサロニキ会議, 1997年）の成果である「テサロニキ宣言」において，環境教育は「環境と持続可能性のための教育」(UNESCO 1997c，市川 1998, 千葉 1998b，堀尾・河内編 1998b，阿部ほか 1999) と表現された。つまり，環境問題や環境保全だけではなく，貧困や人口問題といったグローバルな課題を包括する方向へと環境教育の概念的・内容的な枠組みが拡大された。こうした国際的動向に応じて，日本においても，中央環境審議会答申 (1999)[1]において，環境教育は持続可能な社会の実現をめざすものと方向付けられた。21世紀に入ってからは，環境教育は「持続可能な開発のための教育 (Education for Sustainable Development: ESD)」へ展開することとなった。ここでは，「アジェンダ21」への IEEP の対応，概念的・内容的枠組みの拡大を明確化したテサロニキ会議，そして DESD へ至る環境教育の枠組み拡大の時代の史的展開をとらえていく。

第1節　地球サミット以後の国際的動向

(1) アジェンダ21への IEEP の対応

　IEEP は1987年のモスクワ会議以後も，普及時代と同様に「情報と経験の交

換」「調査研究・実践」「人材育成」「教材・出版物」の活動区分において，国際的な環境教育の推進に取り組んでいた。その IEEP に対し，「アジェンダ21」の第36章の5節(g)において，地球サミットの決定への対応が求められた。

行動　36.5　(g)

　国連システムは，2年以内に優先事項の再評価や資源の再配分を行うため，研修や公衆の意識啓発を含めた形での教育計画の包括的な審査に着手すべきである。UNESCO（国際連合教育科学文化機関）／UNEP（国連環境計画）による国際環境教育計画は，国連の適切な組織，政府，非政府組織等と連携して，地球サミットの決定を異なる水準及び環境下において教育者の需要に適合されている現在の国連の枠組みに統合するための計画を2年以内に策定すべきである。地域機関や国の機関についても，それぞれ環境開発教育の必要性を評価し対処していくために，異なる分野に携わる住民をいかに参加させていくかという分析を行うことにより，国連の場合と同趣旨の並行計画や機会づくりを進めることが要請される。

出典：環境庁・外務省監訳，国連事務局監修（1993：411）より。

　上記の「アジェンダ21」への対応を協議するため，IEEP の第8フェーズ（1992～93）[2]にあたる1993年9月13-14日にユネスコは，IEEP の活動として国連諸機構，国際組織，NGO を招集し，第4回機構間協議会を開催した（UNESCO-UNEP 1993：1）。そして続く2年間（1994～95）は，「人間開発のための環境・人口教育と情報（EPD）」へと展開した[3]。

　EPD の目的は，「内容固有型，問題解決型の研究と行動を強調しつつ，人口，環境，人間開発という相互に絡み合った課題を総合的に取り扱うためにデザインされた，教育，訓練，情報活動を開発すること」（UNESCO-UNEP 1994：2）とされている。そしてその実施戦略は，「知識的基盤の改善と行動の枠組みの開発」「新しい方針又は再検討された方針に沿った教育，訓練，情報プログラム，教材の開発と，加盟国の実施能力の強化」「プロジェクトの活動に賛同する国際，地域，国レベルの意思決定者やオピニオンリーダーの支援活動」の3つの主要原則に基づくものとされている（UNESCO-UNEP 1994：2-3, 佐藤ほか 2008）。

　21世紀の大きな課題の1つとして貧困の撲滅が挙げられている。貧困問題は，人間開発，人口問題，環境問題と密接に関係し，相互に絡み合っている。「持

続可能な開発」(または「持続可能性」) といった観点からすれば,環境保全や環境問題だけに対応する教育ではなく,より幅広い「持続可能な開発のための教育」(または「持続可能性のための教育」) が求められ,EPDによって環境教育は貧困や人口問題といったグローバルな課題を包括する方向へと展開した。しかしながら,IEEPそのものは,1987年のモスクワ会議に沿った活動を継続・展開し,1995年にUNEPからの資金提供が終わるとともに活動を終えた。IEEPの枠組みでのEPDは2年間であったが,ユネスコはその後もEPDの活動を継続し,次に述べるテサロニキ会議によって,環境教育の枠組み拡大を決定づけた。

(2) 環境と社会：持続可能性に向けた教育とパブリック・アウェアネス国際会議 (テサロニキ会議)

「環境と社会：持続可能性に向けた教育とパブリック・アウェアネス」国際会議 (テサロニキ会議) は,1997年12月8〜12日,ギリシャのテサロニキにおいて開催された。この会議はIEEP終了後であり,ユネスコとギリシャ政府が主催し,UNEPは主催者に入っていない。また,「UNEPの資金協力なしには,これまでのような大規模な政府間会議を開催することは無理で,テッサロニキ会議は一般的な国際会議の形式で開催された」(千葉 1998a) とされ,テサロニキ会議は政府間会議ではなかった。しかしながら「84カ国からおよそ1200人の専門家が参加した」(UNESCO 1997a, 阿部ほか 1999) とされ,参加者数から見れば会議の規模は大きいものであった。佐藤ほか (2008) では「アジア太平洋地域からの参加は10人以下であった」と記されているが,会議のプログラム (UNESCO and the Greek Government 1997) に記されている各セッションの議長,副議長,報告者等には日本人の名前は見られず,日本からの参加者は不明である。

テサロニキ会議の目標は,次の4点であった (UNESCO 1997a)。
① 持続可能性の達成における教育とパブリック・アウェアネスの重要な役割を強調すること。
② 環境教育の重要な貢献を検討すること。
③ 国連持続可能な開発委員会 (UNCSD) 作業計画の一層の発展のための諸要素を提供すること。

④ 国際的，国家的，地域的活動を促進すること。

会議へは『持続可能な未来のための教育：協調的な活動のための学際的ビジョン』(UNESCO 1997b) と題するユネスコの資料が提出されたほか，各セッションの報告者が資料を提出した。会議は，開会・閉会時の全体会，以下の6つの課題フォーラムのほか，革新的実践フォーラム（5セッション），ワークショップ・セッション，エクスカーション，ポスターセッションで構成された (UNESCO and the Greek Government 1997)。

① 持続可能な未来のための教育：活動の弾み台としての国際的合意
② 持続可能性に向けた学校教育の再構築
③ 一般大衆の理解と認識：変化の原動力
④ 持続可能なライフスタイルへの移行：生産と消費の変化
⑤ 教育への投資：持続可能な経済の貢献
⑥ 持続可能性の達成における倫理，文化，公正

テサロニキ会議の主要な成果は，テサロニキ宣言である。その第10項で「持続可能性という概念は，環境だけではなく，貧困，人口，健康，食糧の確保，民主主義，人権，平和をも包含するものである」とし，続く第11項で「環境教育を「環境と持続可能性のための教育」と表現してもかまわないといえる」と述べていることは重要である。これが今日の「持続可能な開発のための教育 (ESD)」へとつながった。つまり，テサロニキ会議は，トビリシ会議を基盤とした上で，環境教育を「持続可能性のための教育」へと方向づけたと言える。そして，このテサロニキ宣言の方向づけは，1999年の中央環境審議会答申に影響を与え，2000年代の日本の環境教育を方向づけることとなる。

テサロニキ宣言（一部抜粋）[4]

10. 持続可能性という概念は，環境だけではなく，貧困，人口，健康，食糧の確保，民主主義，人権，平和をも包含するものである。最終的な分析では，持続可能性は道徳的・倫理的規範であり，その規範には敬意を払われるべき文化的多様性や伝統的知識が内在している。
11. 環境教育は，トビリシ政府間会議の勧告の枠内で発展し，進化し，「アジェン

第Ⅰ部　環境教育の国際的展開

> ダ21」や他の主要な国連会議で議論されるグローバルな問題の中で幅広く取り上げられてきたが，それは同時に，持続可能性のための教育として扱われ続けてきた。このことから，環境教育を「環境と持続可能性のための教育」と表現してもかまわないといえるであろう。

出典：UNESCO（1997c：2）より筆者訳，市川（1998）より。

　UNESCO-UNEP の IEEP は1995年に終了し，97年のテサロニキ会議までは，その延長線上として取り組まれていたが，これ以降 UNESCO の環境教育活動は低下する。国際的な環境教育の情報誌として発行されていたコネクトは，1997年の第22巻1号から『ユネスコ国際科学・技術・環境教育ニュースレター』へと衣替えし，2006年の第31巻3・4号（合併号）で発行を終了している。コネクトは，テサロニキ会議以降も発行されてはいたが，科学・技術教育との合併となり，環境教育専門の情報誌ではなくなってしまった。2000年代に入ると環境教育は，概念的・内容的枠組みの拡大として ESD に包含される形となり，中核的組織（国際的なセンター機能）や情報流通の仕組みがなくなり，環境教育独自の展開は低調となっている。けれども，2007年には UNESCO も主催者に入って，トビリシから30年と題して「第4回　環境教育国際会議」（インド，アーメダバード）が開催されているように，環境教育の展開が完全に止まってしまったわけではない。

第2節　「持続可能な開発のための教育の10年」への歩み

　前述のとおり IEEP は，1994年から EPD を開始し，1995年に活動を終了した。ユネスコは，その後も EPD を継続し，テサロニキ会議で「持続可能性のための教育」へと環境教育の枠組みを拡大した。そして，「持続可能な開発のための教育の10年（Decade for Education for Sustainable Development：DESD）」（2005～14年）が，2002年8月26日～9月4日，南アフリカのヨハネスブルグで開催された国連「持続可能な開発に関する世界首脳会議（World Summit on Sustainable Development：WSSD，ヨハネスブルグ・サミット）」において勧告され，第57回国連総会（2002年12月）において決定された。この DESD 決定の背景には，日本の NGO の動きがあった。

第3章　国際的な環境教育の枠組み拡大（1990〜2000年代）

　ヨハネスブルグ・サミットに向けて，2001年11月「ヨハネスブルグ・サミット提言フォーラム（略称：提言フォーラム）」が，NGO・市民のネットワーク団体として設立された。ここには「56のNGOと120名を超える個人が参画」した（関口 2004）。提言フォーラムはヨハネスブルグ・サミットのアジア太平洋地域準備会合（2001年11月，カンボジア，プノンペン）で，「国連・環境教育の10年」を提案したが，この時点では採択されなかった。同フォーラムは，翌2002年3月の外務省と環境省による議長ペーパー（世界実施文書）への意見募集に提案し，採用された。同年5月の第3回準備会合（アメリカ，ニューヨーク）において，日本政府代表団がDESDを提案し，議長ペーパーに採用され（開発教育協会 2003）[5]，ヨハネスブルグ・サミットの「実施計画」において採択された。

持続可能な開発に関する世界首脳会議実施計画（和文仮訳）[6]
124. あらゆるレベルにおける以下の緊急行動を通じることを含め，持続可能な開発を促進するために教育を活用することを支援する。
　(a)地方及び都市双方の地域社会によるアクセスを確保するため，情報通信技術を学校のカリキュラム策定に組み込み，また特に開発途上国に対し，そうした技術に必要とされる適切な機会を与える環境を整備するための支援を行うこと。
　(b)すべてのパートナーが裨益する経験と能力の交換を推進するために，先進諸国の大学や研究機関における開発途上国の学生，研究者，エンジニアに対する，プログラムへの安価で拡充されたアクセスを推進すること。
　(c)持続可能な開発のための教育に関する持続可能な開発委員会の作業計画の実施を継続すること。
　(d)2005年から始まる持続可能な開発のための教育の10年を採択することを検討するよう国連総会に勧告する。

　この「実施計画書」に基づいて，日本政府は第57回国連総会（2002年12月）に「持続可能な開発のための教育の10年」に関する決議案を提出した。先進国と途上国の双方を含む47ヵ国が共同提案国となり，満場一致で採択された[7]。

第57回国連総会決議の内容
(1)2005年1月1日から始まる10年を「国連持続可能な開発のための教育の10年」

(以下,「教育の10年」) と宣言する。
(2)ユネスコをリード・エージェンシーとし,ユネスコが関連国連機関等と協力して,「教育の10年」の国際実施計画案を策定する。
(3)各国政府はユネスコが作成する国際実施計画を考慮し,2005年までに「教育の10年」を実施するための措置をそれぞれの教育戦略及び行動計画に盛り込むことを検討する。
(4)第58回国連総会の仮議題に「教育の10年」を含むことを決定する。

　こうして日本の NGO・市民による提言フォーラムが提案した DESD が,日本政府の提案となり,ヨハネスブルグ・サミットを経て国連総会で決定,実施されることとなった。リード・エージェンシーに指名されたユネスコは DESD の国際実施計画を策定し,活動に取り組んでいる。日本においては,2005年に DESD 関係省庁連絡会議[8]が設置され,2006年に ESD 国内実施計画の策定（2011年改定）が行われ,日本ユネスコ国内委員会と関係省庁連絡会議が取り組んでいるほか,民間団体である「持続可能な開発のための教育の10年」推進会議（Japan Council on the UN Decade of Education for Sustainable Development: ESD-J)[9]が活動を行っている。
　以上見てきたように,1980年代に「持続可能な開発」概念が明確化され,90年代に入って以降は「持続可能性」との観点から,環境教育の概念的・内容的枠組みが拡大され始めた。1992年の地球サミットで採択された「アジェンダ21」に対応して,IEEP は,環境教育に「持続可能性」の観点を盛り込む方向で活動を進め,94年から EPD を開始し,95年に終焉を迎えた。IEEP 終了後ではあるが,ユネスコとギリシャ政府の主催により,「トビリシから20年」として,1997年にテサロニキ会議が開催され,同会議の宣言において,環境教育は「環境と持続可能性のための教育」と位置づけられた。1990年代以降の環境教育の概念的・内容的枠組み拡大は,テサロニキ宣言によって決定的なものとなった。そして,テサロニキ宣言の文言は,日本の環境教育に大きな影響を与えることとなる。2000年代に入ると国際的な環境教育の展開は ESD に包含される形となっていく。しかしながら,IEEP という中核的な組織（国際的なセンター機能）や情報流通の仕組みがなくなったことにより,環境教育独自の展開は低調となってしまったと言わざるを得ない。

注
1） 中央環境審議会，1999，『これからの環境教育・環境学習 ―持続可能な社会をめざして―』http://www.env.go.jp/council/former/tousin/039912-1.html（2013年12月14日取得）。
2） IEEPの活動フェーズは，表1-1を参照。
3） 「人間開発（Human Development）」は，社会の豊かさや進歩を経済指標だけではかるのではなく，「「人間が自らの意思に基づいて自分の人生の選択と機会の幅を拡大させること」を開発の目的とし，そのためには「健康で長生きすること」「知的欲求が満たされること」「一定水準の生活に必要な経済手段が確保できること」をはじめ，人間にとって本質的な選択肢を増やしていくこと」（UNDP 2003：5）といった，これまで数字で現れなかった側面も考慮に入れようという考え方である。国連開発計画（United Nations Development Programme：UNDP）は，この考え方に基づき，1990年から毎年『人間開発報告書』を発行している。
4） テサロニキ宣言の全文訳は，千葉（1998b），堀尾・河内編（1998b：537-540），阿部ほか（1999）に見られる。
5） 「上條直美「ヨハネスブルグ・サミット報告会用資料」2002より一部抜粋・再構成」とされている。
6） 外務省：http://www.mofa.go.jp/mofaj/gaiko/kankyo/wssd/pdfs/wssd_sjk.pdf, pp. 65-66（2013年12月25日取得）。
7） 外務省：http://www.mofa.go.jp/mofaj/gaiko/kankyo/edu_10/10years_gai.html（2013年12月25日取得）。
8） 内閣官房副長官を議長とし，外務省，文部科学省，環境省のほか，総務省，農林水産省，経済産業省，国土交通省の審議官，局長クラスがメンバーとなっている。内閣官房：http://www.cas.go.jp/jp/seisaku/kokuren/konkyo.html（2013年12月25日取得）。
9） 2003年6月21日設立。2004年12月10日特定非営利法人。2010年に国税庁より認定NPO法人に認定。ESD-J：http://www.esd-j.org/（2013年12月25日取得）。

第Ⅱ部
日本における環境教育の展開

第4章
環境教育の登場以前

　本章では，環境教育登場以前の環境問題・環境保全の概略史[1]，および公害教育，自然保護教育について概括する。今日用いられている意味での用語「環境教育」は，1970年9月14日付の『日本経済新聞』の〔本立て〕「進む米の"環境教育"」と題するコラムにおいて，"Environmental Education"の訳語として用いられたのが最初の使用例である（日本経済新聞 1970，市川 1999a，今村 1999，2001，2005，市川・今村 2002）。そこで，環境教育は1970年に登場したと位置づけておく。1970年以前から存在し，環境教育に密接に関係する教育論として，公害教育，自然保護教育が挙げられる。例えば，鈴木善次（日本環境教育学会第2代会長，元大阪教育大学（理科教育））は，「環境教育という言葉が登場する前，我が国でしばしば「自然保護教育」とか「公害教育」という言葉が聞かれた」（鈴木 1994：166）と述べている。近年，こうした環境教育登場以前の教育論は，環境教育の源流と称されるようになってきている（大森 2005：32，降旗・高橋 2009b：13）。環境教育の源流に関しては，多くの場合，公害教育と自然保護教育の2つが挙げられる。これらに野外教育を含めた3つとする論（降旗 2012：4），さらに自然教育（自然学習）を含めた4つとする論（阿部 1991：160）も見られるが，本章では，一般的に取り上げられることの多い公害教育，自然保護教育の2つを環境教育の源流として取り上げる。

第1節　環境問題・環境保全の概略史

(1) 公害問題

　日本の公害問題は，19世紀後半の足尾銅山鉱害問題（鉱毒害）に始まると言われている。1878年には「渡良瀬川（栃木県）で足尾鉱山の排水，煙による被害」（地球環境経済研究会 1991：92）が著しくなったとされ，「日本資本主義最初の大規模な公害」（神岡 1987：5）とされている。銅は当時，電線や電気機器の

基本材料として需要があり，日清，日露戦争で需要が伸びていた。古河鉱業は1885年に洋式精錬法を導入し銅の増産を行ったが，同時に排煙・廃水も増産してしまうこととなった。排煙中の亜硫酸ガスその他の有毒ガスによる被害に加え，排水中の鉱毒被害が生じた。さらに，銅山で使う木材を得るため山林を伐採したことが，渡良瀬川流域の洪水を招き，鉱毒を含んだ排水を広範囲に流出させることとなり，農地の汚染，魚類等への被害を拡大させた。この対策として渡良瀬川と利根川の合流点に近い谷中村に遊水池を作ることとなり，谷中村は1906年に廃村となった（神岡 1987：17-29，国立教育会館社会教育研修所 1995：12）。

　殖産興業のスローガンの下，工業化を推し進めていた当時の社会状況において，別子銅山（新居浜（愛媛県））の亜硫酸ガス問題（1885年），浅野セメント工場（深川（東京））の降灰問題（1885年）などの公害問題が表面化した（地球環境経済研究会 1991：92）。1911年に工場の立地や操業を監督・規制する「工場法」が制定されたが，経済の拡大が急がれていたこと，技術的手段が未発達であったことから，有効な対策は講じられなかった。対策としては「被害者との示談や和解，場合によっては被害者側の移転であり，さらには，被害者の泣き寝入り」（環境庁20周年記念事業実行委員会 1991：3）ということもあった。一方，1914年に日立鉱山で当時世界一とされた156メートルの煙突が作られ，煙害を防止するという対策も見られた（神岡 1987：44）。日本は明治，大正期の工業化，日清，日露戦争，第1次世界大戦による需要の増大の時代を経て，太平洋戦争開戦，そして敗戦，戦後復興という時代を歩み，その中で工業化が促進されると同時に公害も拡大していった。

　1953年に熊本県水俣市で「手足が不自由で，言葉がすらすらいえない，耳が聞こえない視野狭窄など四重苦に悩む原因不明の奇病（のちに水俣病と認定）」（神岡 1987：111）があらわれた。これが水俣病の最初の事例であるが，公式発見は「水俣保健所に脳症状を主とする原因不明の患者の入院が報告」（環境庁20周年記念事業実行委員会 1991：5）された1956年5月1日となっている。水俣病はメチル水銀が蓄積した魚介類を食べることにより，中枢神経が冒される公害病で，手足の麻痺，言語障害，視聴力障害，歩行障害，運動失調等の病状を呈し，死亡者も続出した。メチル水銀の排出源に関しては，早期からチッソ水俣工場の排水が疑われていたが，国が「チッソ水俣工場の排水が原因」と認めた

のは，1968年であった（神岡 1987：242，細野 1992：44）。

　1964年に新潟県阿賀野川流域でメチル水銀中毒患者が発生していることがわかった（新潟大学から県衛生部へ連絡されたのは1965年）。これは昭和電工鹿瀬工場の排水が原因であった（神岡 1987：240-242）。熊本の水俣病と原因物質，症状が類似であることから，第2水俣病，あるいは新潟水俣病と言われている。

　1956年に三重県四日市市で石油コンビナートの建設が始まり，1959年に第1コンビナートが完成，本格稼働を始めた。コンビナートが本格稼働を始めた1959〜60年頃からぜんそく患者が多発した。疫学的研究から，コンビナートの排煙による高濃度の二酸化硫黄が原因であることが明らかとなった（地球環境経済研究会 1991：28-29，細野 1992：43-44）。

　富山県神通川流域では，全身に激しい痛みを感じ「いたい，いたい」と悲鳴を上げる病気が，「原因不明の特異な地方病として同川流域の富山県婦負郡婦中町及びその周辺に発生」（環境庁20周年記念事業実行委員会 1991：6）していた。骨が歪んだり，もろくなったりし，重傷では咳をしたり，身体を動かしたりしただけで骨が折れるというものであった。この病気は，1955年になって初めて医学会でイタイイタイ病として報告された。1961年には婦中町の医師により，原因がカドミウムであり，三井金属鉱業神岡鉱業所から排出されたものと明らかにされていたが，国が正式にイタイイタイ病の原因は三井金属鉱業神岡鉱業所の排出したカドミウムであるとする見解を発表したのは1968年であった（環境庁20周年記念事業実行委員会 1991：6，神岡 1987：126）。熊本水俣病，新潟水俣病，四日市ぜんそく，イタイイタイ病の4つの公害問題は，1967〜69年に相次いで訴訟が提起されたことから，一般に四大公害訴訟（または四大公害裁判）と言われている。

　この頃の公害問題は，工場等の排出する煤煙（大気汚染）と廃水（水質汚濁）による地域住民の生活・健康への被害が問題の中心であった。被害住民対企業（公害発生源工場）という構図を呈し，住民運動は，国に対しては企業（公害発生源工場）の取り締まり（規制）の強化を，企業（工場）に対しては抜本的公害防止対策を求めていった。それが，ある場合には1958年の「江戸川の製紙工場排水による漁業被害をめぐる漁民と工場との乱闘事件」（環境庁20周年記念事業実行委員会 1991：9）のような激しい衝突を起こした例もある。一方，1963年に静岡県が「沼津市・三島市・清水町にまたがって，石油工場や発電所

や石油化学工場を誘致する計画」(福島 1993：31)を明らかにしたことに対し住民の反対運動が起こり，コンビナート建設が中止されるといった例も見られるようになった。この沼津・三島の住民運動や，それに先立つ熊本，四日市の住民運動とともに，1960年代後半に公害教育が始まっていく。

　1950年代に入って激化した大気汚染，水質汚濁を主とした公害問題に対して，1958年に「公共用水域の水質の保全に関する法律」「工場排水等の規制に関する法律」の水質2法，及び1962年に「ばい煙の規制等に関する法律」が制定された。また，1963年に通産省企業局公害対策課，1964年に厚生省環境衛生局公害課が行政部局として設置された。

　水質2法に関しては，「ここで，国があわてて水質二法の制定を急いだのはなぜか。それは，条例できびしい規制をされては，公害発生源企業に過重の負担がかかることをおそれたからにほかならない。そこでザル法といわれる水質二法を制定した。同時に憲法第九四条の「地方公共団体は……，法律の範囲内で条例を制定することができる。」という条項を逆読みして，「法律の範囲外では条例を制定することができない」ことにして，自治体の工場公害にたいするきびしい条例の規制をおさえた」(神岡 1987：184)という指摘がなされている。また，「「公共用水域の水質の保全に関する法律」は，国民の健康の保護と生活環境の保全とともに産業の相互協和を目的としており，公害規制の観点が十分に貫かれたものとは言い難いものであった」(環境庁20周年記念事業実行委員会 1991：12)，「工場排水規制法は，"公害防止法ではなく，公害から企業を守る保護法"と批判された」(神岡 1987：185)とも指摘されているように，公害を規制・防止する法律とは言えなかったとされている。

　「ばい煙の規制等に関する法律」に関しては，「「すすその他粉じん」及び「亜硫酸ガス又は無水硫酸」の排出が緩やかながらも規制される」こととなり，「集じん装置の設置が進み，折からの石油へのエネルギー転換とあいまって降下ばいじんなど目に見える公害は軽減された」(環境庁20周年記念事業実行委員会 1991：11)と公害の規制に役立ったとする見方がある。その一方で，「これは，文字どおりばい煙防止法で，亜硫酸ガス(のちに硫黄酸化物とあらためた)野放し法であった」(神岡 1987：186)とし，大気汚染物質である硫黄酸化物の規制にはならなかったとする見解もある。

　1950年代の終わりから60年代初めに，大気汚染，水質汚濁に関する個別法が

作られ，行政部局（課）ができたが，個別の法律ではなく，国の基本的な姿勢や考え方，対策の方向を示す法律の制定を求める声が高まっていった。1964年「公害対策連絡会議」が政府内に設けられ，公害対策基本法の検討が進められた。そして，1967年5月「公害対策基本法案」が閣議決定され，第55回国会に提出，一部修正の上，7月に可決成立し，同年8月3日に公布，即日施行された（環境庁20周年記念事業実行委員会 1991：13-14）。「公害対策基本法」は，対象とする「公害」を定義し，「環境基準」の設定，その達成に向けた排出規制や下水道・廃棄物処理施設等の整備，特定地域での公害防止計画の策定，被害者救済措置等を規定した。調和条項に関しては，法の目的規定の第2項に「生活環境の保全に当たっては，経済の健全な発展との調和」を図ると留意事項的に規定された。そして1969年に環境基準の第1号として，「いおう酸化物に係る環境基準」が閣議決定され（地球環境経済研究会 1991：95-96，環境庁20周年記念事業実行委員会 1991：14），規制型の環境行政の取り組みが始まった。

（2）自然保護

自然保護に関連する早期の法制として，1873年の「鳥獣猟規則」（太政官布告）が挙げられる。同規則は1895年の「狩猟法」へと連なるが，これらは「狩猟秩序の維持という側面が極めて強いもの」（環境庁20周年記念事業実行委員会 1991：4）であった。その後の1918年「狩猟法」で「有用鳥獣等の保護蕃殖を図るため禁猟区や禁猟期間を定めるなど，鳥獣の保護に関する規定が一応とり入れられていた」（環境庁自然保護局 1981：15）が，やはり狩猟者の便宜や狩猟の危険防止に重点が置かれていた。鳥獣保護の立場が鮮明にされたのは1963年の「鳥獣保護及狩猟ニ関スル法律」になってからである。開発等から自然環境を保護する法律として，1897年の「森林法」において，「保安林の制度が導入され，保安林の一種として，神社，名所旧蹟の風致保存のための風致林の制度」（環境庁自然保護局 1981：4）が取り入れられた。また，都市の無計画・無秩序な拡大を防止する都市計画の法律として1919年に「都市計画法」が制定され，「都市内の公園，緑地の整備や風致地区制度」（環境庁自然保護局 1981：4）が導入された。

1919年，「わが国のすぐれた風景や名勝さらには学術上貴重な動植物，岩石，地形，地質などを統一的な法体系の下に保護，保存することを目的として作ら

れた画期的な制度」(環境庁自然保護局 1981：4) と評される「史跡名勝天然記念物保存法」と同法に基づく史跡，名勝，天然記念物の指定制度が導入された。その後，1950年に同法と，国宝保存法及び「重要美術品等保存ニ関スル法律」が統合強化されて「文化財保護法」が制定された (環境庁自然保護局 1981：17)。

「史跡名勝天然記念物保存法」は，特定の対象物 (史跡，名勝，天然記念物) を指定して保護，保存するもので，「その周辺地域がギリギリの限界線まで開発される」(環境庁自然保護局 1981：6) おそれがあった。こうしたスポット (点) 的な保護ではなく，「すぐれた自然景観や貴重な学術資料を周辺の地域とあわせて一定の地域的ひろがりをもった施設として面的にとらえてその景観や学術資料などの保護の強化を図るとともに，その区域内の道路や宿泊，休憩などの施設などを整備して国民の保健休養のための場として利用することを目的とする国立公園制度」(環境庁自然保護局 1981：6) の導入が提唱されるようになった。そして，1931年に「国立公園法」，その後，1957年に「自然公園法」が制定され，国立公園，国定公園，都道府県立自然公園の3つの種類の自然公園という体系となった。スポット (点) 的ではない面的な自然保護制度が導入され，一定の区域を対象とした自然の保護・保存という自然保護行政の取り組みが始まった。

(3) 公害国会と環境庁の設置

1967年に「公害対策基本法」が制定され法整備が進められた。しかし，公害が改善されない状況に対して，より強い政府のリーダーシップを求める声が高まっていった。その世論の高まりが，1970年の公害国会 (第64回国会 (臨時会)) や環境庁の設置へとつながった。

1970年7月，内閣総理大臣を長とし，20人程度の専任の職員を擁する「公害対策本部」が設置された。同年8月，少数の関係閣僚からなる「公害対策閣僚会議」が発足し，「公害対策基本法」の全般的再検討の是非など公害対策の基本的な問題について検討が行われた (環境庁20周年記念事業実行委員会 1991：15)。こうして1970年11月末に「公害国会」と称される，第64回国会 (臨時会) が招集されるに至った。同国会での議論の焦点として，次の6点が挙げられている。

表4-1　第64回国会で制定・改正された環境関連法

制定	・廃棄物の処理及び清掃に関する法律 ・人の健康に係る公害犯罪の処罰に関する法律 ・公害防止事業費事業者負担法 ・海洋汚染防止法 ・農用地の土壌の汚染防止等に関する法律 ・水質汚濁防止法
改正	・公害対策基本法　　　　・道路交通法 ・騒音規制法　　　　　　・下水道法 ・農薬取締法　　　　　　・大気汚染防止法 ・自然公園法　　　　　　・毒物及び劇物取締法

出典：地球環境経済研究会（1991：97）より。

---

① 1967年の公害対策基本法で留意事項的に盛り込まれた「生活環境の保全に当たっては経済の健全な発展との調和」を図るといういわゆる調和条項の削除。
② 典型公害への土壌の汚染の追加，及び水質の汚濁への「土壌以外の水の状態，または，水底の底質の悪化」の明定。
③ 規制の強化。大気汚染，水質汚濁に関しては，未汚染地域を含め全国を規制対象地域とし，規制対象物質項目の範囲が拡大された。
④ 自然環境保護の強化。公害対策基本法において，公害の防止に資する自然環境の保護に関する政府の責務が明定された。
⑤ 事業者責任の明確化。「公害防止事業費事業者負担法」制定により，公害防止事業における事業者の費用負担義務が具体化された。
⑥ 地方公共団体の権限の強化。「大気汚染防止法」，「水質汚濁防止法」で，地方公共団体に法律に上乗せする規制権限が明確化された。

出典：環境庁20周年記念事業実行委員会（1991：15-16）より抜粋・要約。

第64回国会では環境関連14法案の制定・改正が行われ（表4-1），「公害対策基本法」の改正においては調和条項の削除等が行われた。そしてさらに，公害対策を強力に推進していくための，常設の行政機関の設置を必要とする考えが広まっていった。佐藤栄作内閣総理大臣（当時）は，「同国会開会中の12月5日，野党提案の環境保全省に関し「しばらく模様を見たら」と答弁した」ものの，同月10日には，「環境保全省……については，……もっと前向きに検討すべき時期にきているのではないか」（環境庁20周年記念事業実行委員会　1991：16）と答弁した。また，「自然保護行政の分野についても，自然破壊が現に進行し

ていることから，公害対策と併せて強力に対策を推進していくことの認識」
（環境庁20周年記念事業実行委員会 1991：16）が高まっていた。こうした経緯を経
て，1970年末，環境庁の設置が決定され，1971年7月1日，環境保全行政の実
施官庁であると同時に，総合調整官庁としての性格を有する環境庁が発足した。

第2節　環境教育の源流

（1）公害教育

　公害教育（公害学習）が環境教育の源流であるとする見解を，最も強く論じ
ているのは藤岡貞彦（元一橋大学）である。例えば藤岡は，「わが国において，
環境学習は環境破壊に抵抗する教育，すなわち公害教育として出発した。それ
は，1960年代半ばのことであった」，「一見，公害学習とは無縁にみえる自然学
習もまた，公害の激化によって自然がとらえなおされたところに生じた教育実
践なのであって，環境学習は公害学習の成立と発展の文脈のなかで理解されね
ばならない」（藤岡 1985：133），「日本の環境教育の淵源は自然保護教育にある
とする論者がいる。官製環境教育論者の無知や歴史の偽造をみとめることはで
きない」，「現代日本で，環境学習が一九六〇年代後半の公害教育実践に発した
ことはあきらかである」（藤岡 1988：52-53）など，強い口調で公害教育源流論
を述べている。現職教員として公害教育に関わった福島達夫（中学・高校の社
会科（地理）教員，のちに日本福祉大学）は，「日本の環境教育は，公害教育
として成立したことを，総括して国際的な会議で報告したのは，この日本学術
会議が主催した国際環境保全科学会議報告であった」[2]（福島 1993：15）と述
べ，藤岡と同様の立場を記している。また，佐島群巳（元東京学芸大学（社会
科教育））は，「わが国の環境教育は，公害防止の対処療法的教育から始められ
た」（佐島 1992：12），「わが国の環境教育は，公害学習から始まったといって
よい」（佐島 1994：3）と述べている。

　これらの記述は公害教育を環境教育の源流とする見解ではあるが，指し示し
ている公害教育には相違がある。藤岡，福島が指している公害教育は，1960年
代中盤あたりからの民間教育（研究）運動としての公害教育である。それに対
して佐島が指している公害教育は，1968（昭和43）年版学習指導要領に公害が
取り上げられ，1970年の公害国会とその後の学習指導要領の一部改訂等を経て，

国や自治体の教育委員会が主導した公害教育である。後述する自然保護教育源流論の立場の沼田眞（日本環境教育学会初代会長，元千葉大学（生態学））は，「わが国では一九六八年に国会で質問があったのをきっかけに，文部省は"公害教育"を推進しているが，これはもちろん環境教育そのものではなく，その一部にすぎない」（沼田 1982：5），「わが国では国会での質問をきっかけとして，公害教育という形で，主として社会科の環境教育がスタートした」（沼田 1982：12）と述べ，佐島と同様，国・教育委員会主導の公害教育を環境教育の契機の1つに挙げている。

福島はこの両者に関して，「公害教育の本当の不幸は，公害教育は民間教育として成立し，官許の教育と断絶し，相互のりいれの関係がなかったことにある」（福島 1993：16）と述べ，民間の公害教育と国・教育委員会主導の「官許」の公害教育との断絶を記している。後者の公害教育，すなわち1970年以降に国・教育委員会によって進められた公害教育に関しては章を譲ることとし，ここでは1970年以前について，藤岡，福島が挙げている公害教育を概観しておきたい。

1960年代半ばからとされている公害教育の始まりに関しては，「四日市」「沼津・三島」「水俣」の3つの事例が報告されている（藤岡 1985，西岡 1985，藤岡 1988，福島 1993，藤岡 1998，髙橋 2002，朝岡 2009）。これら3つの事例について詳しく記されている福島（1993）を参照しつつ，公害教育の経緯をとらえていく。

三重県四日市市では，1950年代後半からの石油化学コンビナート（塩浜地区臨海部）の操業に伴い，深刻な公害（大気汚染）にみまわれ，「四日市ぜんそく」として知られている健康被害（公害病）が発生した。塩浜小学校では，1963年から「「公害にまけない体力づくり」という公害対策教育を行い，空気清浄機を設置」（福島 1993：24）することになった。翌1964年，四日市市立教育研究所が「公害対策教育」の研究を開始した。3年間の研究を経て，1967年3月に『公害に関する学習』[3]が作成されたが，四日市市長の「偏向教育」発言により，「一六五頁の『公害に関する学習』は配布されず」（福島 1993：28）に終わった。『公害に関する学習』は，82頁に削減され，同年9月に『公害に関する指導資料』（四日市市教育委員会発行）として，市内の小・中学校に配布された。これは「日本で最初の官許の公害教育指針」（福島 1993：28）であ

り，「「偏向教育」という市長発言によって，半分に削られたもぬけの殻」（福島 1993：28）と言えるもので，「悪名高い」（藤岡 1988：50）と評されている。福島は，この経緯に関して「公害対策教育は許容されても，公害そのものに触れる教育は拒否された」（福島 1993：28）と論じている。

1963年，静岡県は「沼津市・三島市・清水町にまたがって，石油工場や発電所や石油化学工場を誘致する計画を明らかに」（福島 1993：31）したが，これに対し住民の反対運動が起こった。その住民運動に高等学校教員が関わり，地域の環境調査に高校生が関わった。沼津工業高校の生徒が文化祭（1964年1月）において，コンビナート予定地の風景等やコンビナート関係の資料を展示した。牛乳瓶を用いた海流測定も行った。また，同校の教員であった西岡昭夫の呼びかけにより，「約300名が鯉のぼりによる気流調査に参加」（西岡 1985：161）した[4]。その他，西岡自身も，逆転層や気流などの地域の環境調査を行った。住民運動の中で行われた調査の報告[5]は，政府の『沼津・三島地区産業公害調査報告書』（1964年7月）[6]を反故にする力となった。政府の報告書は「国会で問題となり，政府が「不十分な調査報告書だった」と答弁してなきもの」（福島 1993：34）となった。そして，1964年，沼津・三島コンビナート建設は中止となった。「環境教育の古典」（小川 1992b：1）とも言われるこの事例は，住民運動と，高校生を含めた地域住民の学習が結びついた例である。

1968年11月20日，田中裕一は，熊本市教育委員会主催の研究会において，熊本市立竜南中学校3年生の社会科，日本の経済の諸問題の学習として，「日本の公害 —水俣病—」の研究授業を公開した（田中 1973：48，田中 1993：62，福島 1993：61）[7]。この授業の単元計画は，第1次「日本の公害の実情と問題点」，第2次「熊本の公害（水俣病）」，第3次「公害についての整理的討論」で，公開授業は第2次（1時間）であった。授業の大まかな展開は次のとおりである（田中 1973：48-49，朝岡 2009：85）。

　　○水俣病の実態を知る。
　　○水俣病認定までの経過を知る。
　　○どこに原因があり，責任があるのかを考える。
　　○どのように処理したらよいのかを考える。

この実践を高橋（2002：23）は，「水俣病の悲惨な現実に子どもたちの目を向

けさせ，また企業の水銀排出と被害の因果関係を否定し続けてきた企業の態度の社会的背景を明らかにさせ，現実分析を通して日本の社会と自然，地域のあるべき姿を考えさせようとした」ものと述べている。しかし，「この公開研究授業を参観した三浦保寿熊本大学教授（地理学）は「悲惨な写真をならべて強烈な刺激を与えることが正しい判断力を養うと考えるのは危険」だと評し，熊本市教育委員会の指導主事高瀬邦男氏の「なまなましい資料を直接生徒にぶっつけ，しかも水俣病といった特定の一部分を拡大し，それを社会全体に及ぼすのは，社会全体に対する不信感を芽生えさせるおそれがある」との見解が地元の各紙で紹介」（福島 1993：61）されるなどの批判が行われた。

　これら3つの事例以外にも公害発生地での実践が報告されている。その後，公害に関わる教育実践に取り組んでいた教員たちが集まる機会が作られ始め，公害教育の理論と実践が形成されていく。その最初のものが，1967年12月16日に四日市市三泗教育会館で開かれた第1回「公害と教育」研究集会（三重県教組主催，公害訴訟を支持する会・三泗地区労後援）であった（藤岡 1975：18）。そして，公害教育に関わってきた各地の教員が全国レベルで集まったのが，1971年1月，東京での日本教職員組合教育研究集会（日教組教研集会）における「公害と教育」分科会であった（藤岡 1975：21）。この分科会を契機として，1971年8月「公害と教育」研究会が設立された（国民教育研究所 1975：208）。

　「公害と教育」研究会の規約第2条（目的）[8]には，以下のように記され，この研究会が，日教組の教研集会と結合しつつ，公害のない国土に向けて，地域に根ざす教育をめざして研究・実践するものであることが明記されている。

「公害と教育」研究会規約（第2条）
　この会は，公害から子どもを守り，公害のない国土をよみがえらせるための教育をすすめる全国の教師や市民によってつくられる。この会は，教研活動と結合しながら，なによりも，地域にたち現れている公害の諸実態を科学的に明らかにしつつ，綱領にそって，地域に根ざす教育をめざして研究し実践することを目的とする。

出典：国民教育研究所（1975：215）より。

　そして同研究会の綱領（1974年8月21日制定）の「三　公害教育実践上の視点」には，「生存権的基本権の確立を柱とし，公害反対住民運動・被災者のた

たかい・公害地域での地域住民の学習にふかくまなんで、公害教育に実践的にとりくむ」（国民教育研究所 1975：210）とした上で、以下の4項目が記されている。

「公害教育実践の視点」（「公害と教育」研究会綱領）
① 公害の現実を具体的な事実にもとづいて正しく把握させ、自然と社会のメカニズムにたいする科学的な認識をやしなう。
② 生命・健康・生活をまもることの尊さをてっていしておしえ、健康・自然・環境への権利にもとづいた人間尊重の態度をやしなう。
③ 環境問題が現代の人間にたいしてもつ重要な意味を理解させ、環境破壊の真の原因を歴史と事実にそくしてあきらかにさせ、生存権・環境権の思想史的意義を理解させる。
④ 環境の保護・住みよい地域社会建設への努力をまなばせ、住民としての権利を自覚させ、主権者としての態度をやしなう。

出典：国民教育研究所（1975：211）より。

また、福島（1976）は、「公害に関する教育」と「公害に反対する教育」を対峙させ、日本の環境教育はどちらなのかと問いかけた後、「公害に反対する公害教育をつくりだしてきたのは「公害と教育」研究会に参加する教師たちである」と述べている。こうした記述から、民間教育（研究）運動として始まった公害教育は、公害をなくす、公害に反対する教育であると言うことができよう。

「公害と教育」研究会綱領の「一　本会の沿革」には、「本会は公害を教育の場からとらえ、その本質を究明し、環境破壊とたたかうことを目的とした、全国で最初の民間教育研究団体である」（国民教育研究所 1975：208）と述べられており、自らを「民間教育研究団体」と位置づけている。以後、民間教育（研究）運動の立場での公害教育（公害学習）は、毎年開かれる日教組教研集会の分科会と、「公害と教育」研究会の全国研究集会ベースとして取り組みが展開されていく。

同研究会は、1989年に「環境と公害」教育研究会と名称を変え、2000年に終了している（福島 1993：78、関上 2005：68）。1980年代に公害教育から環境教育へと展開（変遷）していくが、その契機として藤岡は、チェルノブイリ原発事

故 (1986年) を挙げ, それ以前とは公害・環境問題が変化してきたことを指摘している (藤岡 1988：55, 藤岡 1998：29)。また, 関上哲は1971～2002年の『日本の教育』(全日本教職員組合編, 一ツ橋書房),『日本の民主教育』(教育研究全国集会実行委員会編, 労働旬報社) 掲載の環境教育実践事例報告の名称を分析し (関上 2003), 1980年代終わり頃, つまり「公害と教育」研究会が名称変更をした頃は, 公害教育よりも環境教育の名称が多用されるようになった時期に該当するとしている (関上 2005：57)。

(2) 自然保護教育

沼田眞は, 先に述べたように国・教育委員会主導の公害教育を環境教育の契機の1つに挙げつつも,「わが国の環境教育はふつう公害教育から始まったといわれているが, それより前をたどってみると, 自然保護教育の形でスタートしたことが分かる」(沼田 1982：18) と述べている。沼田は, 1951年に尾瀬ヶ原の自然保護問題をきっかけに日本自然保護協会が発足したこと, 1951年版高等学校学習指導要領「生物」に,「生物資源を保護したりふやしたりするにはどうすればよいか」との項目があったこと (1960年まで続いて削除されたと書かれている) などの例を挙げて, 自然保護教育が公害教育に先駆けて存在し, それが環境教育の源流であるとの見解を示している (沼田 1982：18)。また沼田は, 元国際生物科学連合会長のフェグリ博士 (ノルウェー, ベルゲン大学教授) の「日本の学校教育での環境教育が公害教育から始まったのは不幸な出発であった」との指摘を紹介し,「自然教育は環境教育にとってのベースラインというべきもの」(沼田 1987b：i) と論じている。

明治時代の生物の教科書に関して沼田は,「環境という用語自身は明治時代から生物の教科書などで使用されてきたし, 日常語の中にも登場していた。しかし生物の教科書の中であつかわれた環境は, もっぱら植物や動物の環境であって, 人間の環境ではなかった。「生物と環境」とか「生物の分布と環境」といった章が教科書の中にはいつものっていたのであるが, これは今日の環境教育でいうところの環境ではなかった」(沼田 1982：2) と記している。しかしながら管見するところ, 藤井健次郎著『普通教育 植物学小教科書』の「山林と洪水との関係」, および八田三郎著『新選 動物学教科書』の「海獣」に, 以下の記述が見られる。「山林と洪水との関係」は, 洪水 (災害) 防止, 水源か

ん養といった森林の機能や，森林と海との関係について記述している。「海獣」は，野生生物の個体保護だけではなく，繁殖地を含む生息地（生息環境）の保護について記述している。どちらも今日の環境教育の立場から見て先駆的と思える記述である。しかしながら，この事例に関する報告は見当たらない。

> 「山林と洪水との関係」
> 　山林は腐植土などあるによって林底に雨水などを吸収して，よく久しきを保ち，霖雨には洪水の憂なからしめ，干魃には水源の枯るゝを防ぐ。されば山林を濫伐したるため，年々洪水の害を受くるに至れる地方少なからず。なお延ひて，その沿岸の海藻を枯死せしめ漁業にさへ損害を及ばせる著しき例もあり。

出典：藤井（1907：117）より。

> 「海獣」
> 　海獣は重要なる海産物なり，鯨類の海獣は，その習性を調査したる成績によりて捕獲するに止る。鰭足類中の「らっこ」と「をっとせい」とは，その優良なる毛皮のために最も貴重せらる。されど「らっこ」は現今多いに少なくなり，わが邦に於ける原産地たるオホーツク海沿岸及び北千島の太平洋沿岸にて，年々稀少の頭数を獲るのみ。「をっとせい」も減少するのみにして，増殖の徴認め難し。されば，この二種の海獣は，法を設けて十分に保護し，その増殖を助けつゝあり。海上にての濫獲をせいするも保護の一手段なれど，この獣類の蕃殖地を区域とし，母獣，幼獣の捕獲を厳禁して，増殖並に発育を保護するに若かず。本邦に於ける「をっとせい」の保護区として知られたるは樺太の海豹島なり。

出典：八田（1910：203-204）より。

　自然保護教育の始まりに関して，沼田は1951年の日本自然保護協会の発足を挙げている。鈴木善次も，「自然保護教育については一九五一年に発足した日本自然保護協会がその必要性を論じ，すでに一九五七年に「自然保護教育に関する陳情」を行っている」（鈴木 1994：166）と述べ，やはり日本自然保護協会の発足を自然保護教育の始まりとしている。環境教育と関連させた形で，自然保護教育に関して主要な論述を著している小川潔（元東京学芸大学）[9]は，「世界で環境教育という用語がはじめて用いられた1960年代，日本では同じ意味で自然保護教育という概念が形成されつつあった」（小川 2002：8）と述べており，

自然保護教育は1960年代に形成されていったと論じている。近年,「自然保護教育には,中西悟堂を中心とした日本野鳥の会が普及に貢献した民間レベルでの野外の自然観察と,下泉重吉を中心とする伝統的生物教育とその生態学重視への革新の流れが出発点としてあった」(伊東・小川 2008：38)との研究成果が見られる。小川潔は,この研究成果も含めて小川ほか編著『自然保護教育論』(小川ほか 2008)を出版している。同書の第1章「自然保護教育の歴史と展開」では,「下泉重吉の自然保護教育」「中西悟堂と日本野鳥の会」「三浦半島自然保護の会」「東京教育大学野外研究同好会」「自然観察会の取り組み」が取り上げられている(小川・伊東 2008)。ここでは,『自然保護教育論』第1章(小川・伊東 2008),伊東・小川(2008),その他小川の論述等を参照し,史的展開との観点から,早期の事例から順に自然保護教育の経緯をとらえていく。

日本野鳥の会は1934年3月に設立された民間団体である。創設者として中西悟堂の名前が挙げられ,同会の目的については「自然にあるがままの野鳥に接して楽しむ機会を設け,また野鳥に関する科学的な知識及びその適正な保護思想を普及することにより,国民の間に自然尊重の精神を培い,もって人間性豊かな社会の発展に資することを目的とする」(定款第3条より)[10]とされている。同会は,野鳥を対象とし,科学的な知識と保護思想の普及を通して,自然尊重の精神の啓培を目的とする団体である。

日本野鳥の会は設立間もない1934年6月に日本最初の探鳥会を富士山麓で行っている[11]。この当時の野鳥は,「飼う」「捕まえる」「食する」対象であったが,中西は「野鳥は,一個人の所有物ではなく,国民の感情生活に潤いを与えるものとして,自然の中での生態を考えるように」なり,「野鳥は野に」との主張の下,「最終的には採集を伴わない自然観察法を日本野鳥の会の活動の中で確立」(小川・伊東 2008：12)した。こうした中西の理念と日本野鳥の会の活動から伊東・小川(2008：33)は,「中西は自然保護教育を支える文化的基盤と方法づくりに大きな貢献をした実践者と位置づけることができる」と述べている。今日ではバードウォッチング(探鳥会,野鳥観察会)という自然の中で野鳥を観察し,自然に接するという方法や,野鳥を採集してはいけないとの考えは,ごく一般的なものとなっている。なお,「探鳥」「探鳥会」は,中西の造語とのことである(小川・伊東 2008：12)。

日本自然保護協会は,1949年発足の尾瀬保存期成同盟を母体として,1951年

に設立され，1960年に法人化した[12]（金田 1987：23）。一方，1955年に三浦半島自然保護の会が，金田平，柴田敏隆[13]を中心に結成された。両団体の関係に関しては，「のちに自然保護教育と呼ばれた自然観察を主とする活動は，1950年代半ばに，「三浦半島自然保護の会」により始められ，1970年代以降は「財団法人日本自然保護協会」を中心として，自然の生態学的側面と自然接触のし方（フィールドマナー）の普及というかたちで市民によってすすめられた」（東京学芸大学環境教育実践施設 2005：2）とされている。三浦半島自然保護の会の自然観察活動は，のちに日本自然保護協会を舞台に展開していった。そして金田・柴田は，日本自然保護協会において自然観察会活動や自然観察指導員養成の中心的存在として活動した。

　三浦半島自然保護の会は，金田・柴田が「生物教育のグループが，掠奪的な採取・採集行為によって三浦半島の自然を荒らし回る状況を目のあたりにして，自然を守るための教育活動の必要性」を強く感じたことを背景に，「採集ではなく自然を観察するという方法論」による教育活動を行った（小川 2002：8）。発足当初から「採らない・殺さない・持ち帰らない・私物化しない」を前提とした自然観察会を行い，「見る」ではなく「観る」というキャッチフレーズを作った（伊東・小川 2008：35）。同会は，「子どもを主な対象とした野外での自然観察活動を定期的に行うとともに，日常的観察行為を重視し，会員の日々の観察記録を掲載する「自然のたより」を発行」（小川 2002：8）し，自然観察活動を中心とした活動を展開した[14]。

　1957年11月6日に日本自然保護協会は「自然保護教育に関する陳情」を行った。この陳情は，「日本国民の自然に関する教養は審美的側面においてはかなり高いが，自然（特に野生動植物）に対する愛護精神は著しく遅れている」との認識の下，「自然を尊重し愛護する精神は，幼少時に養うことが緊要であり，かつ効果的である」との考えから，小・中学校の学習指導要領において，「具体的単元を明確に制定」し，積極的に強調するよう要望したものである（金田 1981：39）。また，1963（昭和58）年の高等学校学習指導要領改訂に際し，1960年5月「高等学校教科課程の自然保護教育に関する陳情」として，高等学校の教育課程，特に生物と地学に自然保護教育を盛り込むよう提言した（金田 1981：39）。これらは「自然保護教育」との用語を用いて，国にその必要性を訴えた早期の事例である。

三浦半島自然保護の会が発足した頃，下泉重吉（元東京教育大学教授，日本生物教育学会初代会長，元都留文科大学学長（生態学））は，「金田と接点を持って，1960年ころから自然保護教育」（小川 2009：70）を唱えた。下泉は，1957年の日本生物教育学会設立に携わり，「生物教育の歴史を受け継ぎつつ，自然保護教育に生態学を導入して自然科学教育と接点を持つものとして初めて顕在化させる役割」（伊東・小川 2008：34）を果たし，「自然保護教育の先駆者」（小川・伊東 2008：10）と評されている。下泉が初代会長を務めた日本生物教育学会は，1970年に「生態系保全や感性の育成を盛り込んだ自然保護教育の要請」を国に提出している（小川 2009：70, 日本生物教育学会 1971）。下泉は，「自然保護教育はその内容を自然環境保全教育と理解すべきで，……自然のしくみを深く正しく理解することが基礎として必要であろう。それには生態学が重要な役割を占める」，「自然保護教育の基本的考え方としては，生態系の理解を基礎とすべきなのである」（下泉 1971）と述べ，自然環境に対する科学的（生態学的）探究と生態系の理解が自然保護教育の基礎であるとの考えを示し，「わが国の教育界も積極的に自然保護教育と取組む必要がある」（下泉 1971）と自然保護教育の推進を唱えている。

1957年から78年まで東京教育大学の学生サークルである東京教育大学野外研究同好会が活動した。当初は長野県大町市山岳博物館を拠点に1966年まで年1回，北アルプスの自然を学ぶ「山の自然科学教室」を行い，その後，東京都立高尾自然科学博物館（東京都八王子市，高尾山）に拠点を移し，1975年まで「高尾自然教室」との名称で活動を展開した。同会の目的は「日本の自然を美しいままに守る」ことであり，「生態学的自然の見方の普及」活動が主であった。1970年以降，自然の中で遊べない子どもが顕在化する状況の中で，「子どもの自然体験を重視する方向」へと転換していった（小川・伊東 2008：15-17, 小川 2002：10-11）。

1967年に，渡り鳥の飛来地であった東京湾の新浜干潟（千葉県行徳地先）埋め立てに反対する「新浜を守る会」がつくられた。新浜を守る会という市民による自然保護運動から，親子の自然観察会活動をするグループとして「自然観察会」[15]が生まれていった（小川 2002：9, 小川・伊東 2008：18-19）。「自然観察会」は，1968年に神奈川県厚木市の緑ヶ丘という新興住宅団地で，「2ヶ月に1度，「自然観察会」のメンバーが世話役となり，地域の子どもと親たちを集

め，身近な自然を観察して歩く野外活動」（小川 2002：9）として始められ，1976年まで続いた（小川・伊東 2008：19）。また同年（1968年）秋，東京都調布市児童館の児童サークル「自然体験隊」が発足し，「自然観察会」のメンバーが指導を引き受けたことから調布市でも活動が始まり，2年半にわたり活動を行った（小川・伊東 2008：19）。同会の活動理念は，「①身近な自然に目を向ける，②自然の仕組みを理解する，③フィールドマナーを養う」（小川 2002：10）の3点であり，三浦半島自然保護の会の影響を強く受けていた。しかしながら，会の目的に「自然保護を考える」と表現したものの，自らを自然保護団体と規定するには至らなかった（小川・伊東 2008：19）。

　上述のように自然保護教育は，古くは日本野鳥の会の探鳥会（1934年）までさかのぼれるとしても，概ね1950年代半ばから始まったととらえられる。1957年の日本自然保護協会による「自然保護教育に関する陳情」は「自然保護教育」との用語を用いた早期の事例である。そして，「1960年代，自然保護という概念が形成されつつあった」（小川 2002：8），「民間の自然保護団体を中心に行われてきた野外活動は，野外の自然を現場でみる，生態学的な自然のしくみを知る，野外道徳を身につける，という柱をもって1960年代後半以降急速に普及した」（小川 1982：7）とされているように，自然観察活動等の実践を通して，1960年代に自然保護教育が形成されていったと言える。しかしながら，小川が1977年の論文で「自然保護教育と言っても確立された体系があるわけではないし，それぞれの試みはすべて，試行錯誤的実験と言うべきだろう」（小川 1977：63）と述べ，1982年の論文で「自然を知るということが主となっていた自然保護教育のあり方に対して，自然を守るにはどうすればよいかという視点が1970年代に提起」（小川 1982：7）されたと述べているように，自然保護教育の確立は1970年代に入ってからととらえられる。

　金田は1975年の論文で，自然教育と自然保護教育は異なるとし，「自然教育では，自然を知るのが目的なのですが，自然保護教育では，自然を保護するのが目的」（金田 1975：187）と両者の目的の違いを述べている。そして，自然保護教育では，まず「自然に関する知識」が必要であり，次いで「自然に対する価値観」を身につけ，自然保護を基調とした「自然に接する態度」の育成が必要であると述べている（金田 1975：189）。青柳昌宏は，何人かの論を分析・整理し，自然保護教育に関して「(1)自然保護教育と自然教育とは重要な関連はあ

るが同一ではない。(2)知的理解の基盤には生態学が必須である。(3)自然保護教育は自然保護の思想と行動力とを持った人間を創る総合教育である」との3点を挙げている（青柳 1975：4, 伊東・小川 2008：34)[16]。また，自然保護教育を担う自然観察指導員のためのハンドブックである『フィールドガイドシリーズ 自然観察指導員ハンドブック』の「(1)自然保護教育のねらい」には，「自然保護思想を普及し啓発することが，自然保護教育のねらいだ。そのためには自然に親しませ，自然を理解させ，そして自然を守る態度を身につけさせることがまず必要である」（金田 1978：81）と記されている[17]。

　1970年代に入って明確化された自然保護教育の理念は，自然を守る人を育てることを目的とし，その基盤として，自然観察等により自然を観て，自然に親しみ，生態系を主とした自然のしくみを知り，理解することを位置づけたものであると言えよう。自然教育から自然保護教育へと理念が明確化されていった背景には，1950〜70年代の公害問題，自然破壊といった環境問題の顕在化，自然保護運動の台頭，自然保護思想の重要性などの社会的状況があったと考えられる。

注
1）　環境問題・環境保全の概略史は，市川（1992），市川・今村（2002）を参照しつつ，それらの引用原典を用いて論述する。
2）　国際環境保全科学会議とは，1975年11月17〜26日に京都で開催された日本学術会議主催の国際会議のことである。
3）　藤岡（1988：50）によると，『小・中学校における公害に関する学習 ―社会・保健指導計画試案―』（1967年3月『研究調査報告』第104集）とされている。
4）　複数の地点で，鯉のぼりの尾の方向を観察することで風向を調べ，地域の気流（風のながれ）を地図化した。沼津工業高校の他，沼津東高校の生徒も参加したとされる（藤岡 1998：15, 朝岡 2009：84）。
5）　松村清二（国立遺伝学研究所）を団長とした「松村調査団」（三島市長から委嘱された「公害予防調査員」）が1964年5月に出した「中間報告」のことである（福島 1993：35）。
6）　1963年静岡県が通産省に「学問的な調査」を依頼し，「沼津・三島畜産業公害調査員」として任命された「黒川調査団」（黒川真武（気象学）団長）の報告書のことである。なお，沼津・三島に先立ち，1963年に厚生省・通産省が委嘱した「四日

市地区大気汚染特別調査団」を「黒川調査団」と称したが，沼津・三島においても同名称で呼ばれたとのことである（福島 1993：33-34）。
7） 田中裕一は，当時，同校の教員であった。実践学年について，藤岡（1985：140），高橋（2002：22）では，中学2年生と記されているが，田中（1973：48）によると中学3年生である。
8） 1971年8月19日制定，1974年8月21日一部改正の規約。
9） 管見するだけでも，小川（1977，1982，2002，2009），小川・伊東（2008）が見られる。
10） 日本野鳥の会：http://www.wbsj.org/about-us/summary/about/（名称・目的等）（2014年2月14日取得），および，伊東・小川（2008）。
11） 日本野鳥の会：http://www.wbsj.org/about-us/summary/history（沿革）（2014年2月14日取得），および，伊東・小川（2008）。
12） 日本自然保護協会：https://www.nacsj.or.jp/nacs_j/feature.html（2014年2月12日取得）。
13） 伊東・小川（2008）によると，当時金田は高校教員（生物），柴田は中学校教員（理科）であった。
14） 三浦半島自然保護の会は，2014年現在も活動を継続しているとのことである。
15） 「自然観察会」との名称は，同会の固有名詞としながらも独占使用しなかった。その後，各地に「○○自然観察会」といった名称の会や活動が現れ，一般名詞として使用されている（小川・伊東 2008：19）。本章では一般名詞との区別のため「自然観察会」と記す。
16） 青柳（1975）の論文は，『日本生物教育学会　研究紀要』に収録されているが，同学会の発行記録には存在しておらず，国立国会図書館にも所蔵されていない。筆者は，小川潔氏のご厚意により原本をお借りすることができ，原典確認をするとともに複写させていただいた。たいへん貴重な資料である。
17） この記述は簡略化して，「親しむ」「知る」「守る」と称されている。

第5章
環境教育の創成（1970年代）

　本章では，1970年代の日本の環境教育について，これまで明確には位置づけられていなかった3つの時期に区分し，史的展開を明らかにする。

　第1節では，用語「環境教育」の登場，および国内の研究者が「環境教育」を使用し始めた1970～73年を第1の時期と位置づけ，いつ，誰が，どのような意味内容で「環境教育」を用いたかを明らかにする。このことは「環境教育」概念の成立過程，あるいは環境教育論の成立過程の解明に通じるものである[1]。

　第2節では，第2，第3の時期の環境教育の展開を取り上げる。まず1970年代の環境保全に係る社会状況，公害教育，自然保護教育の動向を明らかにする。そして「環境教育」の名の下に研究や実践の組織・団体が構成され，活動を開始した1974～75年を第2の時期と位置づけ，環境教育の展開を明らかにする。

　この時期には，①文部省科学研究費特定研究「環境教育カリキュラムの基礎的研究」（代表：沼田眞）の開始，②環境教育国際シンポジウムの開催，③「環境教育研究会」設立準備の開始，④国立教育研究所科学教育研究センター共同研究員による報告書『環境教育のための基礎研究』（国立教育研究所 1975）の発行，⑤全国小中学校公害対策研究会の全国小中学校環境教育研究会への名称変更，⑥信濃教育会の『第3集　環境教育の展望と実践』（信濃教育会 1974）の発行，といった動向が見られる。つまり第2の時期は，国内に環境教育が広まり始めた時期である。

　続く1976年以降には，ベオグラード憲章の環境教育の目的・目標が報告されるとともに，1977（昭和52）年の学習指導要領改訂とも相まって，環境教育が学校教育実践現場に広まっていく。ここでは1976年から1980年代初頭までを第3の時期と位置づけ，環境教育の展開を明らかにする。

第5章　環境教育の創成（1970年代）

第1節　用語「環境教育」の登場

（1）「環境教育」の最初の使用

「環境教育」の原語である "Environmental Education" は，1947年のグッドマン兄弟による『コミュニタス：生活と生き方』で最初に使用され，次いで，1948年の国際自然保護連合（IUCN）設立総会で，トマス・プリチャードによって使用された。しかし「今日的な意味」，すなわち「環境の質」や「総体としての環境」，「人間と環境とのかかわり」といった観点を含んだ "Environmental Education" の使用は，1960年代半ば以降であった。

日本における用語「環境教育」の最初の使用例について，阿部治は，小金井正巳の「理科教育は公害問題にどのように対処すべきか」（小金井1972）であるとしている（阿部1991）。また，中山和彦（元文部省学術国際局学術調査官，のちに筑波大学）は，1981年の時点では自身の1973年の雑誌記事「環境教育」（中山1973）を最初の例としていたが（中山1981），後年の中山（1993：27）において修正し，やはり自身の「第六章　環境破壊と自然保護」（国際環境問題研究会『人間環境問題とは何か ―ストックホルム会議の理解のために―』）（中山1972）を最初の例に挙げている。しかしながらこれらは最初の使用例ではない。

日本での用語「環境教育」の最も早い使用例は，1931（昭和6）年の松永嘉一著『人間教育の最重點　環境教育論』である[2]。"Environmental Education" の最初の使用が1947年だとすると，日本での「環境教育」の使用はそれより16年ほどさかのぼることになる。けれども，この書の「環境教育」は，今日用いられている「環境教育」とは意味を異にするものである。

同書の緒論には，「近頃初等教育界に環境教育なるものが盛んに唱道されてきた」〔現代仮名づかいに修正。以下同じ〕（松永1931：4）と書かれている。また後詞に「本論を草したのはK子が入学の年であったが，いよいよ公刊することにしたのは，それから6年目の……」（松永1931：563）と書かれていることから，同書の草稿は1925（大正14）年頃である。つまり，大正末期～昭和初期に「環境教育」との用語が使われていたことがわかる。しかしながら，同書冒頭の著者の写真の横には，「環境は人をつくる」と書かれ，後詞の「その

2」に「環境のもつ教育価値をあらゆる方向から考察し，その機能をまっとうすべく試みたのが本書である」(松永 1931：564) と書かれている。つまり，同書の「環境教育」は，「教育環境」(または「教育的環境論」) を意味している。

今村光章は，松永 (1931) の「環境教育」は「教育（的）環境論」であって，「現在の環境教育とは異なると解すべきであろう」と述べた後，教育（的）環境学の流れを整理し，「環境について教育学上の諸論議があったのは，大正デモクラシーから第二次世界大戦前の時代」で，「この時代に教育（学）において「環境」が主題化され，専ら環境による教育といった点で心理学的な研究法が存在した」(今村 2001) と述べている。つまり，松永が同書を著した当時，環境が人間形成に与える影響（環境の教育的価値）に関する議論があったということである。

安藤聡彦は，「実際には，「環境教育」という言葉自身は，日本の教育界にとって決して新しいものではない。一九二〇年代から三〇年代にかけての教育再編期に，それはドイツ教育環境学派の用語の訳語として紹介され，また「学校の教育力」のほか「自然の教育力」や「家庭の教育力」等に注目する教育理論として主張された」(安藤 1993)[3] と述べ，当時，ドイツの「教育環境学」の影響を受けて「環境教育」との語が用いられていたことを記している。

また，市川昭午，大野連太郎，川野辺敏の 3 氏は，国立教育研究所・環境教育研究会編『学校教育と環境教育』[4] の「刊行にあたって」において，「人間形成に及ぼす環境の影響については，教育関係者は昔から強い関心をいだいており，その問題を研究する環境教育学が既に半世紀も前に成立していた。その反面，環境に及ぼす人間の影響については関心が乏しく，環境に対する人間の責任を教える環境教育はこれまで不釣り合いなほど軽視されてきた」(市川ほか 1981：1) と記しており，松永の「環境教育」と今日の「環境教育」は異なるものであることを述べている。さらに同書において市川昭午は，「遺伝学や，優生学などに比べて教育環境の研究は後発的であり，環境教育学 (Pädagogische Milieukunde) が成立をみたのも，僅か半世紀前のことでしかない」(市川 1981：17)，「環境教育 (Environmental Education) は，その意味ではごく新しい問題であり，……ここ十年余りの間に急速に重大な教育課題として認識されるに至ったものである」(市川 1981：25) と記しており，松永の「環境教育」と今日の「環境教育」は原語が異なることを明示している。

以上の検討から，松永（1931）は，「環境教育」の日本での最初の使用例ではあるが，今日用いられている「環境教育」とは異なるものと結論づけられる。

（2）訳語としての「環境教育」の登場

　今日用いられている「環境教育」は，英語の"Environmental Education"の訳語として1970年に登場した。しかしその少し前，1960年代末に「環境教育」が用いられたとの報告がある。中内敏夫は「……わたしたちの研究対象が，「公害教育」の名のもとにあらわれはじめたのは，この六〇年代の末期のことであった。当時，この先駆的な実践をおこなった教師のひとり田中裕一は，自分のこの実践を，そのころ，「環境教育学」ともよんでいる。田中「環境教育学の可能性をめざして」，同「公害，環境破壊と人間の関係 —環境教育学あるいは生態系の哲学の可能性について—」，いずれも謄写版刷りプリントなどがそれである」（中内 1985：191）と記している。中内の記述に登場する田中裕一は，日本の公害教育の先駆者の1人である。田中は当時，熊本市の竜南中学校教員であり，1968年11月に「日本の公害 —水俣病—」の授業を公開し，それを『水俣病とその授業研究』[5]との冊子にまとめている（福島 1993：60-61）。田中が1960年代末，水俣病の実践と同時期に「環境教育学」との用語を用いたとすれば，"Environmental Education"の訳語として登場した「環境教育」よりも早い使用例である。しかし，中内が挙げている謄写版刷りプリントは所在不明のため，田中が「環境教育学」との語を用いたかどうか，またどのような意味・観点でその語を用いたかは確認できない。

　では，英語の"Environmental Education"を翻訳した「環境教育」は，いつ頃から日本で使われ始めたのだろうか。これまでのところ，1970年9月14日付日本経済新聞「本立て」欄の「進む米の"環境教育"」（コラム）が最初の使用例であることが明らかにされている（日本経済新聞 1970，市川 1999a，今村 1999，2001，2005，市川・今村 2002）。上述の田中の資料は限定的な配布物であるので，一般に誰もが目にすることのできる文献・資料（公刊物）においての「環境教育」の使用例は，この日経新聞の記事が最初である。このコラムは，1970年11月5日に出版された『ニクソン大統領　公害教書』（坂本ほか訳編 1970）の「第12章　環境教育」の概略を紹介したものである。翻訳書の出版は11月だが，9月の日経新聞コラムの頃には翻訳がほぼ終わっていたのであろう。その点から

すれば，コラムと翻訳書を同時の最初の使用例として良いであろう。つまり，今日用いられている「環境教育」は，1970年に"Environmental Education"の訳語として登場したのである。

日本経済新聞「本立て」欄の「進む米の"環境教育"」は，14文字×83行のコラムである。その大部分に相当する68行分が『ニクソン大統領　公害教書』の「第12章　環境教育」の紹介である。文中に訳語としての「環境教育」が何度も登場するが，興味深いのはコラムのむすびの部分である。そこには「以上ひるがえって日本をみると，公害では不名誉な"先進国"といわれ，環境破壊の度合いもひどい。もっと公害教育に力を入れる必要がありはしないか」（日本経済新聞 1970）と書かれている。本文では「環境教育」の語を用いているにもかかわらず，むすびでは「公害教育」を用いている。このことは，コラムの著者（署名がないため著者は不明）が「公害教育」と「環境教育」を同義，または類義語ととらえていたからであろう。

コラムの元である『ニクソン大統領　公害教書』は，1970年8月10日にニクソン大統領（当時）がアメリカ議会に提出した『大統領教書』および『環境報告』と，1970年2月の『環境汚染防止に関する教書』を翻訳・掲載したものである。「第12章　環境教育」は，『環境報告』の中の1つの章である（坂本ほか 1970）。この『環境報告』は，1970年の「国家環境政策法」に基づいて設置された「環境問題委員会（Council on Environmental Quality）」の第1回年次報告で，原題は「The first Annual Report of the Council on Environmental Quality」である。邦題では「公害」の語が使われているが，原題は「環境の質」である。邦題の付け方からすれば，当時の日本では環境の質や環境汚染に関わる議論は，公害の議論と受け止められていたと言える。

第12章の冒頭では，「環境教育の意味するもの」として，次のように述べられている。

> 環境が悪化していること，虫害が米国全土をおおっていること，大気が汚染され，河川が廃棄物を含んで流れていることに人びとが気付いたとき，まず最初にひらめいたものは教育に対する疑問であった。われわれの教育制度は，環境の質の低下に対し無防備になっていた。教育制度は，社会の他のどの部分よりも，崩壊に対して施すすべも持たなかった。今や挑戦に直面して，教育制度は拡大され，環境教育と

第 5 章　環境教育の創成（1970年代）

> いう新しい概念を含むべき段階に来たのである。
> 　「環境教育」によってわれわれが意味しているものは何だろうか。誰も確実には言えない。これまで適切に定義されたことはない。

出典：坂本ほか（1970：411）より。

　ここには，教育が環境の質の低下に対応してこなかったことが問題であるとして，環境教育の必要性を唱える一方で，環境教育の定義や理念は確立されていないとされている。しかしながらこの文章は，逆に言えば，環境の質の低下に対応する教育が環境教育であると示唆しているともとらえられる。

　また続けて，「環境の中に生きて行かねばならない人間は，環境に対して時に危険な働きをする力について学ばねばならない。環境教育はしがたって，この世界を住める世界にするカギである」（坂本ほか 1970：412）と述べられている。環境教育は，環境の質の低下に対する人間の影響，あるいは，環境の質の改善に対する人間の役割を学ぶものとの示唆が含まれている。さらに，次のような記述が見られる。

> 　環境教育は単に「自然保存教育」であってはならない。最近国民の関心をとらえている汚染反対という態度の集大成でもない。「環境問題について理解している」個人とは，人間，文化，そして物理的かつ自然的環境で構成されているシステムの自分が一部であることを理解している人間である。彼は，人間自身の行動が，このシステムに対する人間の関係を変えられることを知っているのだ。彼はまた，あるていどまで，環境を制御し，保存し，しかも破壊できる人間の能力を理解している。彼はまた，その環境の状況に対する自己の責任を知っている。しかしこのことは，それについて彼がどうすべきかを知っていることを意味しない。
> 　地球上の生命保持系統を単に科学的に研究するだけでは不十分である。環境についての意思決定は，経済的，政治的要因と社会的圧力や文化的価値にもとずいて行われるべきである。

出典：坂本ほか（1970：413）より。

　ここには，環境の質の低下に対する人間の影響や，環境の質の改善に対する人間の役割のみならず，自分自身が環境の一部であることの自覚と責任感，そして意思決定を学ぶことの重要性が明示されている。環境教育の定義はないとしながらも，環境の質，人間の影響や役割，責任感や意思決定といった環境教

育の理念に関係することが記されている。なお，同年（1970年）10月に全米環境教育法が制定され，同法では「環境教育とは，人間を取り巻く自然及び人為的環境と人間の関係を取り上げ，その中で人口・汚染・資源の配分と枯渇・自然保護・運輸・技術・都市やいなかの開発計画などが人間環境に対してどのようなかかわりを持つかを理解させる教育のプロセスである」（榊原 1976）と定義されている。

以上のように「環境教育」は，1970年に訳語として登場した。しかし，環境庁『国連人間環境会議の記録』では「環境に関する教育」と訳されているように（環境庁長官官房国際課 1972a：171，1972b：170），すぐに定訳として使用されるようになったわけではない（市川・今村 2002）。

（3）訳語以後の初期の使用

訳語としての「環境教育」登場以後の初期の使用例を表5-1に整理した[6]。1974（昭和49）年度以降は文部省科学研究費特定研究「環境教育カリキュラムの基礎的研究」（代表：沼田眞）が開始されたことも関係して「環境教育」の使用例が増加するので，1973年までを初期の使用例と位置づけた。文献収集は，国立情報学研究所（NII）論文情報ナビゲータCiNiiによる検索，国立国会図書館蔵書検索，および，環境教育に関連が深いとされる社会科，理科，保健体育科，家庭科の教育系雑誌（『社会科教育』（明治図書），『理科の教育』（東洋館），『理科教育』（明治図書），『理科教室』（国土社），『体育科教育』（大修館），『家庭科教育』（家政教育社））に加え，文部省編集の『初等教育資料』『中等教育資料』の関連記事・論文を調べるとともに，各記事・論文等に記されている引用文献リストを参照して行った。

なお，『環境白書』を見ると，「環境教育」は『環境白書（昭和52年版）』（環境庁編 1983：153）の本文中で使用され，『環境白書（総説）（昭和61年版）』（環境庁編 1986a：107-108）において項目として用いられた。初期の使用例よりも10年以上後である。また，『我が国の文教施策（教育白書）』での「環境教育」の使用は1991（平成3）年度（文部省編 1991b：264-265）で，『環境白書』よりさらに遅い。

表5-1の文献の著者（編者）の所属・専門分野を見ると，主に理科・科学教育関係者である。当時の所属を文献から拾い上げると，大内正夫，藤田哲雄

表 5-1 訳語の登場以後の初期の使用例[7]

年／月	著者・編者	題目・掲載誌（書名・出版社）等
1971年5月	大内正夫	「環境科学教育の当面の課題」，『京都教育大学理科教育研究年報』，第1巻，pp. 47-54.
1972年1月	溝上泰	「環境教育の課題」，『国際理解』，(1), pp. 30-35.
1972年3月	小金井正巳	「理科教育は公害問題にどのように対処すべきか」，『理科の教育』，21(3), pp. 23-26.
〃	溝上泰	「「環境教育」への要請（個人研究発表，日本社会科教育研究会第20回研究大会）」，『社会科教育論叢』，19, pp. 41-42.
1972年6月	中山和彦	「第六章 環境破壊と自然保護」，国際環境問題研究会『人間環境問題とは何か ―ストックホルム会議の理解のために―』，日本総合出版機構，東京，pp. 220-242.
1972年9月	大内正夫	「理科教育の現代的課題と環境教育」，『京都教育大学理科教育研究年報』，第2巻，pp. 29-38.
〃	藤田哲雄，大内正夫	「環境教育に関する研究（Ⅱ）日本の公害教育の現況について」，『京都教育大学理科教育研究年報』，第2巻，pp. 17-28.
〃	須之部淑男	「市民・国民・人類の課題としての環境教育」，『日本教育学会大會研究発表要項』，31, p. 236.
〃	岡田真，原田信一，奥藤恭弥，井田範美	「環境教育に占めるヒューマン・エコロジーの古典研究の重要性」，『日本教育学会大會研究発表要項』，31, pp. 230-231.
1972年12月	糸賀黎	「人間環境と自然保護 ―世界国立公園会議の討論から―」，『中等教育資料』，(291), pp. 16-21.
1973年1月	羽賀貞四郎	「理科と環境教育」，『理科の教育』，22(1), pp. 36-40.
1973年2月	榊原康男	「11. 公害教育の問題点と環境教育」，文部省特定研究科学教育総括班『環境科学教育で取り上げる問題と自由討議 1973.2.9～11. 環境科学教育会議記録』，pp. 57-58.
1973年4月	榊原康男	「環境教育への展望」，『内外教育』，2446号（4月6日），pp. 2-7.
1973年5月	渡部景隆	「理科と環境教育」，『理科の教育』，22(5), pp. 14-17.
〃	小林学	「環境教育と理科」，『理科の教育』，22(5), pp. 18-23.
〃	大内正夫	「理科教育における環境問題」，『理科の教育』，22(5), pp. 24-27.
〃	下泉重吉	「自然保護と生物教育」，『理科の教育』，22(5), pp. 28-31.
〃	小金井正巳	「アメリカの環境教育とその現状」，『理科の教育』，22(5), pp. 45-50.
1973年9月	中山和彦	「環境教育」，『教育展望』，9月号，pp. 46-51.
1973年11月	梶哲夫，加藤章，寺沢正巳編	『公害問題と環境教育にどう取り組むか ―社会科を中心に―』，明治図書，東京，319p.
〃	一条中学校	『国際理解と平和のための教育「環境教育」研究集録』，栃木県宇都宮市立一条中学校，1973年11月27日，115p.
1973年12月	小金井正巳	「アメリカにおける環境教育の動向」，『中等教育資料』，(308), pp. 73-76.

は京都教育大学（理科教育），溝上泰は長崎大学（社会科教育），小金井正巳は東京学芸大学（理科教育），中山和彦は文部省学術国際局学術調査官（専門は科学教育，教育工学），羽賀貞四郎は所属の記載がないが専門は地学教育[8]，榊原康男は文部省初等中等教育局教科調査官（社会科），渡部景隆は東京教育大学理学部地質学教室，小林学は文部省初等中等教育局教科調査官（理科），下泉重吉は東京教育大学名誉教授（専門は生態学，生物教育），梶哲夫は東京教育大学（元文部省教科調査官（社会科）），加藤章はお茶の水女子大学附属高等学校（社会科），寺沢正巳は東京学芸大学附属高等学校（社会科）で，溝上，梶，加藤，寺沢以外は理科・科学教育関係者である。

　大内正夫の「環境科学教育の当面の課題」（大内1971）は，題目では「環境科学教育」を用いているが，本文中で「環境教育は先進国でも現在模索の段階にあり」と，わずか1カ所ではあるが「環境教育」を用いている。訳語以後の「環境教育」の使用例としては，これが最も早い例である。この論文の冒頭には，「1970年は人類史上，環境問題に本格的に取組んだ最初の年といえよう。それはアメリカ合衆国議会あての1970年8月，「大統領の環境報告」によって開始された，と認められる業績の価値判断からである」と書かれ，引用文献に『ニクソン大統領　公害教書』が挙げられている。大内はこの論文の執筆時点で『ニクソン大統領　公害教書』を読んでいたことがわかる。大内はその翌年に「理科教育の現代的課題と環境教育」（大内1972）として，題目に「環境教育」を用いた論文を著している。題目に「環境教育」を用いた使用例としては，これが最も早い例である。同年，同誌に，藤田哲雄，大内正夫の連名で「環境教育に関する研究（II）　日本の公害教育の現況について」（藤田・大内1972）を著している。藤田・大内（1972）の注には，「今後の分類・整理の便宜上，環境教育に関する研究（I）は，本誌Vol. 1（1971）の「環境科学教育の当面の課題」をあてる」と記されており，年代をさかのぼって大内（1971）を環境教育に関する研究の第1報と位置づけている。当時，京都教育大学理科教育教室にいた大内，藤田は，大内（1971）を皮切りとして環境教育の研究を開始した[9]。そして，2人が「環境教育」を用いたきっかけは『ニクソン大統領　公害教書』であった。

　大内，藤田は「環境教育」をどのような意味で用いたのであろうか。大内（1972）は，『ニクソン大統領　公害教書』に「環境教育の適切な定義はない」

第5章　環境教育の創成（1970年代）

と記されていることを引用し，環境教育のあり方を理論的に追求する必要性を唱えている。また，公害教育について「当面の公害にどう対処するかという，応急策の面が強く」，「地域的観点での発想がその特色である」と述べたのち，「今日の公害の実態とその特性とは地域をこえ，全世界に及び，かつ，経済や文化と関係し，更に人類の基本的な存在，すなわち生命そのものにかかわる重大な問題に直接かかわっている。そういう認識にまで深めて行き，その基本理念から，どういう目標を設定するか，またその目標を達成するためにどんな内容を選択し，どういう方法で教る〔原文ママ〕か，という問題が環境教育で扱う領域である」と述べている（大内 1972）。また大内は，「環境教育は早急に始めなければならぬので，上述の公害教育をまず推進しながら，次第にその理解を深めて行くという方法が，現在の日本では最も有効適切ではないかと考える」（大内 1972）とも述べている。これらの記述から大内は，環境教育の理念の明確化は今後の研究課題としつつ，公害教育は「応急対処的」，「地域的」なものであるのに対し，環境教育は「人間の生存（生命）」に関わり，「全世界的」であるとし，公害教育よりも幅広い概念ととらえていたと考えられる[10]。

その一方で，藤田・大内（1972）には「環境悪化の実情を正しく捉えて，適切に対処しなければならぬ公害・環境教育の現況はどうなっているであろうか」と記されており，「公害・環境教育」との語が用いられ，「公害教育」と「環境教育」を類義語のように用いている側面も見られる。ここには，公害教育が先行していた当時の状況において，「環境教育」を用いてはいるが，その意味は明瞭ではなかったことがうかがえる。けれども理科教育研究者であった大内，藤田は，公害教育が社会科や保健体育の範疇ととらえられていた状況において，公害・環境問題への理科教育の対応との観点から環境教育をとらえ，「環境教育」を「理科教育における公害・環境問題に関する学習」の意味で用いたと考えられる。

溝上泰の「環境教育の課題」（溝上 1972a）は，この時期の論文としては興味深いものである。それは，溝上は社会科教育研究者であるが「公害」，「公害教育」を用いていない点，当時ミシガン州立大学におり，その後，UNESCO-UNEP国際環境教育プログラム（IEEP）の最初のディレクターを務めたスタップ（Stapp, William B.）の論文（Stapp et al. 1969）[11]を引用し，それを参照して環境教育を論じている点，においてである。溝上は「はじめに」で「環境破

壊という一般的状況のなかで，人類はみずからの生存すら脅かされるにいたった」，「七〇年代は，……「人間と環境」との新しい倫理の確立が期待される一大文化革命期にさしかかっている」と述べ，世界的な環境問題と人類の危機的状況を述べている。そして，環境教育は生態学的立場をとるものとし，「保護教育」と「環境教育」を対比して，環境教育は「市民教育の立場」に立ち，「「社会科」的方法，ならびに生態学的方法」を採用し，「地球的，都会的，宇宙的範囲」を対象とし，「土着的関心から，そして，人間中心的立場から試みられる」ものと論じている。現在からすれば幾分疑問を感じる部分もあるが，溝上（1972a）は後述するストックホルム会議の観点からの環境教育，つまり人間環境の問題，環境の質の問題，人間と環境のかかわりといった観点から環境教育を論じていると言える。なお，溝上（1972b）は口頭発表要旨のため判然としない部分はあるものの，概ね溝上（1972a）と同様である。

　小金井正巳の「理科教育は公害問題にどのように対処すべきか」（小金井1972）は，『理科の教育』（日本理科教育学会編，東洋館）の1972年3月号の特集「公害問題と理科教育」の1つとして掲載されたものである[12]。『理科の教育』のこの特集は，大内，藤田の問題意識と同じ路線，すなわち，公害・環境問題への理科教育の対応との観点からのものである。このことは，同特集に際して行われた「座談会　公害問題と理科教育」[13]で，工業化，都市化を背景に生じてきた公害，自然破壊の問題に対して，科学技術や自然・自然保護を取り扱っている理科教育がどのように対応するかについて議論されていることからもわかる。

　小金井は，「〔公害教育の〕わが国での動向は，まさに公害に対する対症療法的なアプローチであり，根本的な治療法とは縁遠いものということができよう。このようなわが国での動向と比較しながら，アメリカ合衆国での"環境教育"の動向を紹介し，今後のわが国での課題を考える手がかりとしたい」（小金井1972）と述べ，当時の公害教育の状況を「対症療法的」とし，それとは異なるものとしてアメリカの「環境教育」を紹介している。そして，「1969年ごろから，雑誌『理科の教師』（*The Science Teacher*，全米理科教員協会NSTAの機関誌）を中心に，"環境教育"（environmental education）に関する論文や実践報告が特に目を引くようになった」（小金井1972）と述べ，続けてNSTAの「環境保全及び環境研究に関する委員会」のワークショップの内容を紹介している。

第5章　環境教育の創成（1970年代）

その後，1970年10月の全米環境教育法の成立にふれている。小金井は，まとめに相当する部分で，「アメリカ合衆国での環境教育は，わが国での公害教育とは……きわめて大きなへだたりがある。これは，空間的にも大きな広がりをもつアメリカでの公害の考え方や，伝統的な環境保全の施策など，その背景や国情の違いによるものであろう」（小金井 1972）と述べている。この記述からは，小金井が公害や環境破壊，環境問題に関わる教育をアメリカでは「環境教育」，日本では「公害教育」と称しているととらえ，「環境教育」の方が幅広いものであるととらえていたことがうかがえる。

中山和彦の「第六章　環境破壊と自然保護」（中山 1972）は，上述の大内，藤田，小金井とは路線を異にする。中山（1972）は，国際環境問題研究会『人間環境問題とは何か　―ストックホルム会議の理解のために―』（1972）との書に納められている。この書は1972年6月5〜16日に開催された国連人間環境会議（ストックホルム会議）に向けて，同会議の日本政府代表の中心的人物の1人であり，第1回準備委員会から準備作業に関わってきた金子熊夫を執筆代表として，会議直前の6月1日に発行されたものである。金子は「「人間環境」問題とは何か　―序にかえて」において，「欧米では科学者の間だけではなく，政治家，外交官や一般市民の間でも「人間環境」という問題意識を強くもっているのに，そして，これが早晩国際的にきわめて重要な問題に発展することは明らかだというのに，わが国では依然「公害」という狭い発想の域を脱しきれず，このままでは環境外交の面で重大な遅れとなるのではないかという不安と焦り」を感じたと述べている（金子 1972b：4）。また，「わが国の人々が「公害」と「人間環境」を混同し，ストックホルム会議を公害会議と誤解している」（金子 1972b：5）とも述べ，ストックホルム会議についての「正しい知識と情報を広める最善の方法」として本書を執筆したとしている。ストックホルム会議は，6つの問題領域，すなわち，①人間居住問題，②天然資源問題，③国際的環境汚染（公害），④教育，情報問題，⑤環境と開発問題，⑥国際的機構問題，という「人間環境」に関わる幅広い問題（金子 1972b：6）を取り上げていたにもかかわらず，それを公害の視点だけからとらえていた当時の日本の状況は，金子には矮小化と写ったのであろう。中山（1972）は，こうした土俵の上で書かれたものである。

中山は公害教育について次のように述べている。

第Ⅱ部　日本における環境教育の展開

> 　現在日本の高等学校レベル以下の学校教育では，公害教育として環境問題がとりあげられ，社会科，理科，保健体育などの各教科の中で教えられている。それらの教科では「われわれの健康で文化的な生活を確保するために，公害を防止し，人間環境を保全することの重要性を認識させるとともに，将来それらの問題に主体的にかつ積極的に対処しうる人間を養成すること」を目的に指導が行われている。

出典：中山（1972：241）より。

　そして，この目的に沿って思考した場合，「生徒がつねに環境とのかかわりあいのなかにおいて，全体の中での人間や他の生物の位置づけを理解できるようにしよう」ということであると述べた上で，次のような文章で「環境教育」を用いている。

> 　地域の環境問題に目をとめさせ，どのような要因によって環境の悪化が生じたかを考えさせ，ある要因を変化させると，どのように環境の質が変化するかを考えさせるというように，生徒自らが教育活動に積極的に参加するという形での授業が必要であろう。このような形で環境問題について生徒自らが積極的にとりくむようにさせるとき，これはいままでの教科の枠から飛び出した新しい形の環境教育という教科が必要になるかもしれない。

出典：中山（1972：241）より。

　中山（1972）は，アメリカや日本といった国レベルではなく，国際レベル（ストックホルム会議の観点）から見て，環境教育は公害という問題状況だけを取り上げるのではなく，「人間環境の質」や「人間と環境のかかわり」を幅広く取り上げ，人間の責任と役割を理解させるような教育であると述べていると解することができる。この環境教育のとらえ方は，ストックホルム会議からベオグラード会議，トビリシ会議へと続く国際的な流れの中で明確化された環境教育の理念と軌を一にするものである。

　理科教育研究者であった大内，藤田，小金井は，公害・環境問題への理科教育の対応という観点から，アメリカの環境教育を参照しつつ，「理科教育における公害・環境問題に関する学習」という意味で「環境教育」を用いたのに対し，中山はストックホルム会議の観点から，「人間の責任と役割を理解させるような教育」という意味で「環境教育」を用いたのである。

第5章　環境教育の創成（1970年代）

　糸賀黎の「人間環境と自然保護　―世界国立公園会議の討論から―」（糸賀1972）は，世界初の国立公園であるアメリカのイエローストン国立公園が誕生して100年目として，同公園で世界国立公園会議が開かれ，「環境教育」について報告があったことを会議の成果の1つとして記述している。ここではアメリカの国立公園における環境教育プログラムが紹介されているが，「環境教育」の意味までは記されていない。また，須之部淑男の「市民・国民・人類的課題としての環境教育」（須之部1972）は，4大公害等の公害・環境問題を挙げ，それに対応した環境教育の基本項目を記していることから，「環境教育」と「公害教育」を同義ととらえていたことがうかがえる。岡田真ほかの「環境教育に占めるヒューマン・エコロジーの古典研究の重要性」（岡田ほか1972）は，本文では「エコロジー教育」を用い，公害・環境問題を挙げながら，人間と環境との基礎的関係の理解に対する古典派ヒューマン・エコロジー研究の重要性を主張している。これは他の文献とは性格を異にするものであり，「環境教育」の意味にふれた記述も見られない。

　1973年に入るとストックホルム会議に触れつつ，「環境教育」を用いた例が見られるようになる。羽賀貞四郎の「理科と環境教育」（羽賀1973）は，アメリカの "Environmental Studies Project" を紹介し[14]，日本の理科教育と環境教育について論じたものである。本文中でストックホルム会議の開催にふれているが，会議の中身は記されていない。羽賀（1973）は，理科において資源の開発・利用と同時に環境保全の大切さを知らせる必要があると述べ，環境破壊に伴う事象の実態を知り，本質（原因）を探究するとともに，公害から身を守る方法，公害をつくらない方法を学ぶことが重要であると論じている。ストックホルム会議に触れてはいるものの，この論文も大内，藤田，小金井と同様，「理科教育における公害・環境問題に関する学習」との意味で「環境教育」を用いたものととらえられる。

　榊原康男は，1973年2月の文部省特定研究科学教育総括班「環境科学教育で取り上げる問題と自由討議」に出席し，ストックホルム会議にふれ，「日本だけのようですが，今とにかく公害教育という言葉が盛んに使われています。そういった意味で今非常にたいせつなことは，環境教育というものを正しく軌道にのせることです」，「環境教育の体系づけというものをできるだけ急いでしていただきたいのです」（榊原1973b）と，環境教育の推進を唱えている。しかし，

榊原（1973b）にはストックホルム会議の成果は記されていない。同年榊原は，『内外教育』に「環境教育への展望」（榊原 1973a）との論述を記し，ストックホルム会議の成果である「人間環境宣言」「行動計画（勧告）　第96項」「アメリカ環境教育法」を紹介し，環境教育の「ねらいをつきつめると，環境に対して強い責任感を持ち，環境をよくするために身をもって行動する人間を育成することにあるということができよう」（榊原 1973a）と述べている。

さらに「環境教育の究極のねらいは，結局，人間の自己改造にあるということができよう」（榊原 1973a）とし，「人間がこれまで長い間持ち続けてきた価値観や生活意識，さらに人間が無意識あるいは習慣的に繰り返してきた行動には大きな問題があることを深く認識したうえで，改めるべきは改めなければならない」（榊原 1973a）と述べている。この榊原の記述は，ストックホルム会議からベオグラード会議，トビリシ会議へと続く国際的な流れの中で明確化された環境教育の理念と同路線のものである。榊原（1973a）は，環境教育に関わるストックホルム会議の成果を紹介した最初のものであり，今日の環境教育において位置づけられている環境に対する価値観の変革や責任ある行動の重要性を論じたものである。

1973年5月，『理科の教育』（日本理科教育学会編，東洋館）は「理科と環境教育」を特集した。管見するところ，教育系の雑誌で特集のタイトルに「環境教育」を用いたのは，これが最も早い。ちなみに社会科教育関係の雑誌『教育科学　社会科教育』（明治図書）は，1969年9月号で「産業学習と公害問題の扱い方」，1971年2月号で「公害問題の教材化と公害授業の方法」と公害（問題）を取り上げた特集を行っているが，「環境教育」の特集は1976年5月号の「環境教育と新しい授業の構想」まで見られない。

『理科の教育』の特集「理科と環境教育」には8編の論文が掲載されているが，そのうち題目または本文に「環境教育」が用いられているのは5編である[15]。以下，5編の論文について，記述内容と「環境教育」の観点・意味について論述する。

大内正夫の「理科教育における環境問題」（大内 1973）は，ストックホルム会議にふれてはいるものの，大内（1971，1972）とほぼ同様に，公害・環境問題への理科教育の対応との観点で書かれている。小金井正巳の「アメリカの環境教育とその現状」（小金井 1973a）は，小金井（1972）の続編のような論文で，

ストックホルム会議にはふれておらず、題目どおりアメリカの環境教育の状況について報告・紹介している。これら2編は、大内（1971，1972），小金井（1972）と同じ観点で書かれており、「環境教育」の意味も同様である。発行年月順の表5-1では最後になっているが、小金井正巳の「アメリカにおける環境教育の動向」（小金井 1973b）も、小金井（1973a）と同様、ストックホルム会議にはふれておらず、アメリカの環境教育プロジェクトの紹介である。

渡部景隆の「理科と環境教育」（渡部 1973）は、地球科学の立場から環境問題のとらえ方を論じ、「自然環境の将来を予測する地球科学的思考を身につけること」を期待するとした後、理科における環境教育について述べている。渡部（1973）は、論文の最後の部分で「小中学校で何をどう教えたらよいか」の構想は自分自身まとまっていないとした上で、「具体的事実に立脚する探究の中に、公害と呼ばれる実用的知識をどのように扱えば、適切な知識となって育っていくのか、そこがまだ私にはよくわからない。環境教育は今後の理科教育の大きな課題である」と述べている。地球科学の立場が強調されているものの、公害・環境問題への理科教育の対応との観点に近い。

小林学の「環境教育と理科」（小林 1973）は、ストックホルム会議の「人間環境宣言」の第1項、3項を引用し、「人間と環境とのかかわりあい」、「科学技術と環境破壊」について論じている。小林（1973）は、「〔環境問題の〕特質は、一面においては不用意な文明の所産であり、このことはすべての人間がその加害者であり、同時に被害者であるということである。ここに環境教育に対する一つの立場が考えられるように思われる」と述べ、環境問題に対する人間の責任について論じている。また、「人間環境としての地球の認識を得させるものとして、理科に課せられた責務は大きいものと考える」、「今後の理科の学習においては、このような自然を全体的、総合的に一つの系としてみる自然観の育成につとめることがきわめて肝要である」と述べ、環境教育は人間環境を取り扱い、環境全体をとらえるべきことを論じている。その上で、「環境保全と理科教育」として、「閉じた系としての地球」「自然における物質循環」「自然界の平衡」について論じている。小林（1973）においては、環境保全、人間環境、環境問題、環境破壊といった言葉は使われているが、公害は使われていない。小林がどのような意味で「環境教育」を用いたかは明確には記述されていないが、公害・環境問題への理科教育の対応、あるいは理科教育における公

害・環境問題の学習という観点・意味というよりも,「人間環境の質」,「人間と環境とのかかわり」というストックホルム会議の観点から,「環境教育」を用いているととらえられよう。

　下泉重吉の「自然保護と生物教育」(下泉 1973) は,本文中に「環境教育」を用いているが,主として自然保護の概念,生態系の概念について述べている。下泉 (1973) は,「今日ほど環境という言葉が無意識とさえ思えるようにつかわれている」とし,「欧米では近年とくに環境教育 Environmental Education の重要性が強調されている。この場合の環境は,生態学上の環境概念が基盤になっている」と述べている。下泉がどのような意味で「環境教育」を用いたかは明確には記述されていないものの,上述の記述から察するところ,生態学的な環境に関する学習,より絞って言えば,生態系に関する学習の意味と推察することができ,下泉にとっては「環境教育」と「自然保護教育」が類義語であったようにとらえられる。

　これら5編の論文には「環境教育」が用いられているものの,その意味に統一性は読みとれない。公害・環境問題への理科教育の対応との観点での論述と,ストックホルム会議の成果に沿った論述とが混在している。つまり,当時はまだ「環境教育」の意味や理念に関する共通理解は出来ておらず,また,ストックホルム会議や,その成果を報告した榊原 (1973a) がすぐに「環境教育」の意味を規定したわけでもない。しかしながら,少なくとも小林 (1973) からはストックホルム会議の影響が読みとれるように,1973年以降,国際的な環境教育の議論に呼応した著述が見られるようになった。

　梶哲夫,加藤章,寺沢正巳編『公害問題と環境教育にどう取り組むか —社会科を中心に—』(明治図書) (梶ほか 1973) は,社会科教育の立場から,公害 (問題) と環境教育にどう取り組むかとの観点から書かれたものである。書名に「環境教育」を用いた書籍は,松永 (1931) を除き,これが最初と思われる。同書「まえがき」で梶は次のように述べている。

> 　一九七二年六月に,スウェーデンのストックホルムで開催された国連人間環境会議は,「人間環境宣言」を採択した。この宣言は,人間環境 (human environment) についての認識の重要性を訴え,環境教育 (Environmental Education) の考え方を示唆している。自然と人間との関係や資源などに関する正しい見方や考え

第5章 環境教育の創成（1970年代）

> 方を養うことを重視する環境教育の観点は，公害に関する教育を定着させていくうえでたいせつな意味をもっている。このような認識を背景として，いかなる産業・経済活動も，環境を汚染し破壊して，地域住民の生命，健康を侵害し犠牲にすることは許されないことを明らかにするとともに，産業・経済のあり方や個人の日常活動，消費生活のあり方などもあらためて考え直すことが必要な時期にきていることを明確にすべきである。

出典：梶ほか（1973：2）より。

同書は「付　資料・文献」の中に榊原（1973a）を再掲しており（梶ほか 1973：285-292），梶は第1章の座談会の中で，榊原の環境教育の重要性の提案に対して「基本的にこの考えに賛成」（梶ほか 1973：19）であると述べている。また，梶は座談会の冒頭で次のように述べている。

> 今日は国際的にいっても，環境教育ということばが使われだしてきた。私，やっぱりそれは意味があるんじゃないかと思います。つまり環境教育というとらえ方というものは，もっと環境というものに関心を持って，それと人間とのかかわり合い，そういうことについてしっかりとみつめなおしていく，そういうような観点から，教育の問題として考えていこうというわけですね。

出典：梶ほか（1973：11）より。

　これらの記述から，同書はストックホルム会議をふまえて書かれたものであることがわかる。公害も含めて幅広く人間環境の問題としてとらえ，人間環境に関わる教育，人間と環境とのかかわりに関する教育として環境教育をとらえている。そして，社会科における公害問題の取り扱いに対して，環境教育の視点からアプローチしていこうとの趣旨が読みとれる。同書以前の初期の「環境教育」使用例は，理科・科学教育関係者の論述において見られたが，ここに至って社会科教育関係者の中からも，「環境教育」を用いる例が出てきた。その背景にはストックホルム会議による国際的な議論があった。なお，梶は同書の企画は約3年前に遡る旨を記しているが（梶ほか 1973：3），企画時点から書名に「環境教育」を用いて著述するつもりであったかどうかは定かではない。
　上述した使用例は研究者レベルであるが，実践者レベルの事例も見られた。それは宇都宮市立一条中学校の実践研究（一条中学校 1973）である。宇都宮市

立一条中学校は，1956年からユネスコ共同学校（現ユネスコ・スクール）に指定されており，国際理解教育に取り組んできた学校である。ユネスコの資料や1971年のユネスコ会議（於ソウル）から1973年度の研究テーマを「環境教育」に決定し，「研究主題：中学校における「環境教育」の扱い方の実践研究」を設定し，1年間の実践研究に取り組んだ。一条中学校（1973）は，同年11月27日の公開研究会での配付冊子（報告書）である。同校は，「現在日本においてはもちろん，世界各国においても環境教育の理念等一般的な考え方については書物が見うけられるが，何のために，何をどのように，どこまで指導するかの実践的なものは見うけられない」（一条中学校 1973：7-8）との立場から，中学校における実践的な環境教育研究に取り組むこととし，各教科等の環境教育に関連する項目を選び出し，社会，保健体育，理科，技術家庭の各教科，道徳，生徒会や学校行事等の特別活動において，年間指導計画を作成して実践研究に取り組んだ。

報告書冒頭の宇都宮市教育委員会教育長，および学校長の「あいさつ」の中に，榊原康男への謝辞が記されていることから，この実践研究は榊原の指導助言を受けていたと推察し得る。また，「世界人権宣言と国連環境宣言の理念を理解させ……」（一条中学校 1973：6）や「Only One Earth への態度」（一条中学校 1973：7）など，随所にストックホルム会議の影響が読みとれる。ユネスコ共同学校であったこと，榊原の指導助言を受けたこと，人間環境宣言に関連する記述が見られることから，本実践研究はストックホルム会議の考え方を土台として環境教育に取り組んだものと言える。一条中学校（1973：8）は，環境教育の目標に関して「人間が個人として守るべき環境は身近な環境であり，単なる知識や理論でなく，人間の日常生活や行動によって守られる」，「この観点から「他人に迷惑をかけない人間」の育成が重要であり，今までの価値観や生活意識を再検討して人間が無意識にあるいは習慣的にくりかえしてきた行動の中に大きな問題があることを深く認識して改善すべきは改める態度が必要」，「一口でいえば人間の意識の改造であり，自己改造であり，環境を保全するだけでなく，さらに積極的に行動できる人間の育成であると思う」と記している。この環境教育の目標は，榊原（1973a）とほぼ同じである。しかし，実践的なねらいとして「人間尊重を優先する考えを養う」→「環境保全と人間環境の向上をめざす資質を養う」→「他人に迷惑をかけない。他人を尊重する人間を育成

する」との3つの段階を設定し，矢印を用いてステップ・アップの形で記している点には，独自性が見られる。管見するところ一条中学校の研究は，学校における実践的環境教育研究として日本初であり，世界人権宣言と人間環境宣言を結びつけ，人権の観点を取り入れた先駆的な実践研究と言える。

　以上とらえてきたように，訳語の登場以降の「環境教育」の初期の使用例は，主に理科・科学教育関係者の論述において登場した。公害・環境問題への理科教育の対応との観点からアメリカの"Environmental Education"が参考とされ，「公害教育」と「環境教育」が類義語のように用いられる様子も見られたものの，環境教育は公害教育よりも幅広いものととらえられ，「理科教育における公害・環境問題に関する学習」というような意味で用いられた。その所以は，理科が科学技術，自然・自然保護を取り扱う教科であり，工業化，都市化を背景とした公害・環境問題，自然破壊への対応が理科教育の課題と認識されたからである。

　ストックホルム会議直前および会議以後，国際的な動向に沿って，人間環境の問題，環境の質の問題，人間と環境のかかわりといった観点から「環境教育」を用いた論述が見られるようになった。この観点からの論者は，当時文部省に所属していた中山和彦，榊原康男，小林学，そして文部省から大学へ異動した梶哲夫であった。このことからすれば，ストックホルム会議の観点からの環境教育は文部省関係者からもたらされたとも言えるが，当時文部省本体は環境教育について何らの文書も公表していない。

　ストックホルム会議以後，国際的動向に沿った論述が見られ始めたものの，1973年頃は論者によって「環境教育」のとらえ方に違いがあり，共通理解を得られた意味は付与されていなかった。環境教育の理念（概念）が共通理解を得るのは，ストックホルム会議（1972年）からベオグラード会議（1975年），トビリシ会議（1977年）へと続く国際的な議論の成果が日本に紹介された1970年代後半以降である。

第2節　創成時代の国内の展開

（1）環境保全に係る動向

　1970年の公害国会において満場一致で環境庁の設置が決められ[16]，1971年7

月1日に同庁が発足した。同時にそれまで分かれていた公害行政と自然保護行政の連携を図るため，「厚生省国立公園部が所管していた自然公園，国民公園及び温泉行政，林野庁が所管していた野生鳥獣保護及び狩猟行政等」（環境庁20周年記念事業実行委員会 1991：33）が環境庁自然保護局へ移管された。こうして環境庁は企画調整局，自然保護局，大気保全局，水質保全局の4局と長官官房の5つの部局構成で発足した。環境庁の発足に伴い，1969年から発行されていた『公害白書』は，1972年から『環境白書』（環境庁編 1972）と名称を変えた。この頃，諸外国においても，例えば1967年にスウェーデン環境保護庁，1970年にアメリカ環境保護庁，およびイギリス環境省，1971年にフランス環境省が設置されている（環境庁20周年記念事業実行委員会 1991：17）。

環境庁発足当初に起こったのが，尾瀬道路問題であった。当時，風景地の観光開発の一環として観光道路の建設が進められており，自然環境保全の観点から問題視されていた。尾瀬自動車道路は，1967年の「尾瀬を守る計画」により，もともとの計画路線を変更し着工されていた。尾瀬沼畔にある長蔵小屋の経営者平野長英の長男，平野長靖が大石武一環境庁長官（第2代）に工事の中止を訴え，長官の尾瀬視察が実現した。長官の現地視察を経て，この道路の工事中止を方針として固めた環境庁は，関係各県，各省と折衝を開始し，最終的に，自然保護の見地から尾瀬自動車道路の工事は中止された（環境庁自然保護局 1981：176-179）。この尾瀬自動車道路の工事中止は，他の観光道路開発にも影響し，美ケ原ビーナスライン，石鎚スカイライン，南アルプススーパー林道などでも路線変更や再検討などが行われた。また，1972年には「自然環境保全法」が制定され，同法により政府は「自然環境保全基本方針」を定めることとなった。「公害対策基本法」と「自然環境保全法」という基本法の性格を有する2つの法律が揃い，環境庁によって公害対策行政と自然保護行政が進められることとなった。

民間団体においても自然保護に関する取り組みが活発化し，1974年に自然保護憲章制定国民会議によって「自然保護憲章」が制定された。この憲章は1966年の第8回国立公園大会（大山隠岐国立公園鏡ヶ成で開催）において要請され，日本自然保護協会が事務局となって草案作成等の準備を行ったものである（環境庁自然保護局 1981：153，金田 1981：40）。環境庁も憲章制定を支援し，第1回の国民会議準備会には三木武夫環境庁長官（第4代）も出席した。そして1974

第5章 環境教育の創成（1970年代）

年6月5日に「全国各界から参集した四二八名の協議員により自然保護憲章制定国民会議が開かれ，議長に森戸辰男（全日本社会教育協会会長）を選び，準備委員会で用意した憲章草案を審議した上，これを満場一致で採択」（環境庁自然保護局 1981：199-201）した。国民会議の名称のとおり，幅広い層の多くの人達が関わって憲章が制定された。また，同憲章は自然保護の基本的な考え方や精神を格調高く唱えたものである。以下に憲章全文を引用するが，第4項目に教育（自然保護教育）に関する記述がある。

自然保護憲章

　自然は，人間をはじめとして生きとし生けるものの母胎であり，厳粛で微妙な法則を有しつつ調和をたもつものである。

　人間は，日光，大気，水，大地，動植物などとともに自然を構成し，自然から恩恵とともに試練をも受け，それらを生かすことによって，文明をきずきあげてきた。

　しかるに，われわれは，いつの日からか，文明の向上を追うあまり，自然のとうとさを忘れ，自然のしくみの微妙さを軽んじ自然は無尽蔵であるという錯覚から資源を浪費し，自然の調和をそこなってきた。

　この傾向は近年とくに著しく，大気の汚染，水の汚濁，みどりの消滅など，自然界における生物生存の諸条件は，いたるところで均衡が破られ，自然環境は急速に悪化するにいたった。

　この状態がすみやかに改善されなければ，人間の精神は奥深いところまでむしばまれ，生命の存続さえ危ぶまれるにいたり，われわれの未来は重大な危機に直面するおそれがある。しかも，自然はひとたび破壊されると，復元には長い年月がかかり，あるいは全く復元できない場合さえある。

　今こそ，自然の厳粛さに目ざめ，自然を征服するとか，自然は人間に従属するなどという思いあがりを捨て，自然をとうとび，自然の調和をそこなうことなく，節度ある利用につとめ，自然環境の保全に国民の総力を結集すべきである。

　よって，われわれは，ここに自然保護憲章を定める。

　自然をとうとび，自然を愛し，自然に親しもう。
　自然に学び，自然の調和をそこなわないようにしよう。
　美しい自然，大切な自然を永く子孫に伝えよう。

一　自然を大切にし，自然環境を保全することは，国，地方公共団体，法人，個人を問わず，最も重要なつとめである。

二　すぐれた自然景観や学術的価値の高い自然は，全人類のため，適切な管理のも

> 　とに保護されるべきである。
> 三　開発は総合的な配慮のもとで慎重に進められなければならない。それはいかなる理由による場合でも、自然環境の保全に優先するものではない。
> 四　自然保護についての教育は、幼いころからはじめ、家庭、学校、社会それぞれにおいて、自然についての認識と愛情の育成につとめ、自然保護の精神が身についた習性となるまで、徹底をはかるべきである。
> 五　自然を損傷したり、破壊した場合は、すべてすみやかに復元につとめるべきである。
> 六　身ぢかなところから環境の浄化やみどりの造成につとめ、国土全域にわたって美しく明るい生活環境を創造すべきである。
> 七　各種の廃棄物の排出や薬物の使用などによつて、自然を汚染し、破壊することは許されないことである。
> 八　野外にごみを捨てたり、自然物を傷つけたり、騒音を出したりすることは、厳に慎むべきである。
> 九　自然環境の保全にあたつては、地球的視野のもとに、積極的に国際協力を行うべきである。

出典：環境庁自然保護局（1981：513）より。

　上述の自然保護の取り組みと同じ頃、鹿児島県の志布志湾開発に反対する住民運動が起こった。新全国総合開発計画で想定された大規模工業基地開発拠点の1つとして、志布志湾沿岸が取り上げられた。沿岸住民や一部の知識層から、工業基地化反対の運動が生じ、大規模な重化学工業コンビナートの建設による地域振興をめざす県との対立を生んだ。この住民運動の中から「スモッグの下でのビフテキより、青空の下での梅干しを」という言葉が生まれた（環境庁自然保護局 1981：181-182）。この言葉は、工業化によってもたらされる物質的・経済的豊かさと、それに付随してもたらされる環境問題に対して、それよりも良好な自然、生活環境を優先するという住民自らの価値観を明確に表現したものと評され、後世に伝え続けられている言葉として有名である[17]。

　環境庁は、公害対策基本法に明記されている典型7公害（大気の汚染、水質の汚濁（水質以外の水の状態又は底質が悪化することを含む）、土壌の汚染、騒音、振動、地盤の沈下及び悪臭）に対応して、公害・環境関連法の整備、環境基準・規制基準（排出基準、排水基準等）の設定、被害者補償制度の整備などを行った。法律や基準等に基づく規制・監督行政の推進によって、公害・環

境問題の改善が図られていった。環境庁発足から，のちに環境行政の後退と言われる契機となった二酸化窒素の環境基準改定（1978年）までの主要な施策を以下に列記する。

中央公害対策審議会発足（1971.9.14）
水質汚濁に係る環境基準設定（1971.12.28）
浮遊粒子状物質環境基準設定（1972.1.11）
悪臭防止法施行（1972.5.31）
自然環境保全法公布（1972.6.22）
無過失責任制度の導入（1972.6.22）
NO_2（日平均値0.02ppm以下），光化学オキシダント環境基準設定（1973.5.8）
二酸化硫黄の環境基準改定（1973.5.16）
第1回環境週間（1973.6.5-11）
窒素酸化物排出基準設定（1973.8.10）
公害健康被害補償法公布（1973.10.5）
国立公害研究所発足（1974.3.15）
大気汚染防止法の一部を改正する法律（硫黄酸化物の総量規制導入）公布（1974.6.1）
PCBを水質汚濁防止法の規制対象物質に追加（1975.1.27）
自動車レギュラーガソリンの無鉛化開始（1975.2.1）
水質汚濁に係る環境基準改正（PCB追加）（1975.2.3）
新幹線騒音に係る環境基準設定（1975.8.29）
振動規制法公布（1976.6.10）
自動車排出ガスの量の許容限度の一部改正〔昭和53年度規制〕（1976.12.18）
都道府県が出す光化学スモッグ注意報の発令基準を0.15ppmから0.12ppm，重大緊急報を0.5ppmから0.4ppmへ改正（1977.3.28）
NO_Xの環境基準を「1時間値の1日平均値が0.04〜0.06ppmのゾーン内またはそれ以下」に改定（1978.7.11）

出典：寺部編（1991）より筆者抜粋。

規制行政が功を奏した例として，比較的良く挙げられるものの1つに自動車の排出ガス規制がある。アメリカでは，1970年にマスキー上院議員が自動車排出ガスを厳しく規制する「1970年大気清浄法改正法案」（いわゆる「マスキー法」）を提出していたが，自動車メーカーの反対によって，その実施が後退していた[18]。日本においても自動車排出ガスについて「「マスキー法」なみの

「51年度規制」が検討されたが，当初その達成は不可能とした自動車メーカーが多かったものの，世論の厳しい批判に会い，結局，当初の予定より2年遅れて」（細野 1992：53）大気汚染防止法に基づく自動車排出ガス許容限度（1976（昭和51）年12月告示）により「昭和53年度規制」として導入された。この規制により「乗用車の排出ガスの許容限度は，例えば窒素酸化物については未規制時の8％まで削減」（細野 1992：53）された。アメリカに先駆けて規制を導入し，エンジンの改良等の技術開発を行ったことが，日本車の燃費の良さ（低燃費）や信頼性につながったとされる。

公害国会を節目として，1970年代には自然保護運動，公害反対（住民）運動が活発化し，「国民の期待を担って誕生した官庁」（地球・人間環境フォーラム 1991：4）と評される環境庁も，こうした動きに呼応しつつ，公害・環境問題対策，自然保護行政を推進した。そして，「激甚」と言われた公害・環境問題は徐々に改善されていった。1972年にはストックホルム会議が開かれ，大石武一環境庁長官を代表として45人の代表団が参加した。同会議では，人間環境宣言や勧告が出されたほか，日本とセネガルの共同提案により6月5日を世界環境デー（World Environment Day）とすることが定められ，環境保全をアピールし，実践する日とされた。日本では1973年から6月5〜11日を環境週間とし，環境保全に関する意識啓発活動を行う期間とされた。その後，1991年からは6月を中心とした約1ヵ月間が環境月間とされているほか，1993年の「環境基本法」では6月5日が「環境の日」と定められた。

しかしながら，1978年環境庁は，二酸化窒素の環境基準を「1時間の1日平均値が0.02ppm以下」から「0.04〜0.06ppmのゾーン内またはそれ以下」に改定した。この改定に対しては，「「基準値のレベルが健康保護のためには緩すぎる」，「目標を緩和することにより実際の規制も後退し，汚染改善が遅れるのではないか」とする批判」（環境庁20周年記念事業実行委員会 1991：58）がなされ，その妥当性をめぐって激しい議論や動きが展開された。背景には，いわゆるオイル・ショック（第1次：1973年，第2次：1979年）による経済の低迷と経済界のまきかえしもあり，これ以降，環境行政（政策）の後退，冬の時代などと称される時代へと移行していくことになる（地球・人間環境フォーラム 1991：4-5，宮本 1987：17，神岡 1987：172-174，久野 2005：246）。

第5章　環境教育の創成（1970年代）

(2) 公害教育，自然保護教育の動向

　1970年の訳語としての「環境教育」登場以降，国内の研究者によって「環境教育」が用いられるようになった。しかし，1974年においても，水野寿彦（大阪教育大学（理科教育）（当時））が「うかつにも環境教育などという用語が流行しているとは知らなかった」（水野 1974）と述べているように，環境教育がすぐに広まったというわけではない[19]。当時，公害教育，自然保護教育が広まりを見せており，環境教育の導入に対して批判があったとの複数の論述が見られる。

　1970年代の3つの国際会議（ストックホルム，ベオグラード，トビリシ）に出席した中山和彦は，「この言葉〔環境教育〕を使用することについて，「公害教育として定着してきているのに，環境教育という言葉を導入して公害の現実から目を背けさせようとしている。」との強い批判すら受けた」（中山 1993：8）と述べている。自然保護教育に関わってきた小川潔は「当初は，公害や自然破壊を国民の目から遠ざけるために，環境教育という用語を使うのではないかとの懸念がもたれたのも事実である」（小川 1992a：2）と述べている。榊原康男は，「このような転換〔公害学習から環境教育への転換〕は，公害問題から目をそらそうとするものだとの批判が一部にあるなどして，順調には進まなかった」（榊原 1978：75）と述べている。また，東京学芸大学環境教育実践施設の報告書では，「自然保護教育や公害教育がなかなか全国的展開を見せずに伸び悩んでいるうちに，1970年代半ばから，英語の直訳とみられる「環境教育」という用語が使われ始めた。これに対して，公害教育の担い手からは，公害から目をそらさせ，公害教育を排除するものだと批判があり，自然保護教育側からは，学校教育で失敗した公害教育の装いだけを変えたものだという冷ややかな視線が投げかけられた」（東京学芸大学環境教育実践施設 2005：2）と記されている。そこでここでは，当時の公害教育，自然保護教育の状況を概観しておく。

　藤岡貞彦，福島達夫らが進めてきた民間教育（研究）運動の立場での公害教育（公害学習）は，「公害と教育」研究会をベースとして活動を展開していた（国民教育研究所 1975：208）。同研究会は，1971年1月の日本教職員組合教育研究集会（日教組教研集会）（東京）の「公害と教育」分科会を契機（藤岡 1975：21）として同年8月に設立され，1989年に「環境と公害」教育研究会と名称を変え，2000年に終了した（福島 1993：78，関上 2005：68）。その間，毎年

開かれる日教組教研集会の分科会や「公害と教育」研究会の全国研究集会において，実践報告などを行っていた。一方，公害国会のさなか，「一九七〇年一二月一二日，参院公害関連法案連合審査会で，坂田文部大臣が「公害基本法改正の趣旨に照らして，学習指導要領や指導書の不十分な記述は修正する」と答弁した」（藤岡 1988：52）ことをきっかけとして，1971年1月20日，小学校（1968（昭和43）年改訂），中学校（1969（昭和44）年改訂）の学習指導要領，および小・中学校指導書（社会科編）が一部改正され，公害に関する記述が修正・加筆された（文部省編 1971：84-88）[20]。

　当時の状況に関して福島達夫は，『環境白書（昭和47年版）』に「公害に関する教育については……」（環境庁編 1972：326）と記されていることを挙げたのち，「公害に反対する〔傍点原文ママ〕公害教育を作りだしてきたのは「公害と教育」研究会に参加する教師たちである」（福島 1976）と，国・自治体ベースの「公害に関する教育」と民間教育（研究）運動としての「公害に反対する教育」を対峙させている。また，「公害教育の本当の不幸は，公害教育は民間教育として成立し，官許の教育と断絶し，相互のりいれの関係がなかったことにある」（福島 1993：16）とも述べている。福島の論述を勘案すると，1970年代は民間教育（研究）運動としての公害教育（「公害に反対する教育」）と，公害国会以後の国・自治体ベースの公害教育（「公害に関する教育」）が並存状態にあった，あるいは国・自治体ベースの公害教育が覆い被さるように普及されたととらえられるのではないだろうか。

　自然保護教育に関する状況を見ると，1970年代前半には，環境庁発足当初の尾瀬道路問題等の出来事や自然保護憲章の制定に見られるように，開発から自然を保護する自然保護運動が活発化していた。こうした社会情勢の中で自然保護教育の理念が確立されていった。三浦半島自然保護の会を立ち上げ，日本自然保護協会の理事を務めた金田平は，自然教育と自然保護教育の違いについて「自然教育では，自然を知るのが目的なのですが，自然保護教育では，自然を保護するのが目的」（金田 1975：187）と両者の目的が異なることを述べている。そして，自然保護教育では，まず「自然に関する知識」が必要であり，次いで「自然に対する価値観」を身につけ，自然保護を基調とした「自然に接する態度」の育成が必要であると述べている（金田 1975：189）。

　日本自然保護協会は，1978年度から「自然観察指導員」という資格制度を作

り，指導員養成に取り組み始めた。自然観察指導員のための『フィールドガイドシリーズ　自然観察指導員ハンドブック』の「(1)自然保護教育のねらい」には，「自然保護思想を普及し啓発することが，自然保護教育のねらいだ。そのためには自然に親しませ，自然を理解させ，そして自然を守る態度を身につけさせることがまず必要である」（金田 1978：81）と記されている。この記述に従って「自然に親しむ」→「自然を知る」→「自然を守る」（より簡略化して「親しむ」→「知る」→「守る」）との3つが，自然保護教育の3段階とされるようになった。1970年代に自然保護教育は，自然観察を基盤としつつ，自然保護思想の普及・啓発，自然を守る人を育てるという理念を形成していったと言えよう。

(3) 創成時代中盤の環境教育の動向

　1970年の訳語としての「環境教育」の登場以後，国内の研究者によって「環境教育」が使われ始めたが，それは一部の関心のある人達によるもので，公害教育，自然保護教育の立場から環境教育の導入に対する批判も見られ，環境教育がすぐに広まったわけではない。民間教育（研究）運動としての公害教育と国・自治体ベースの公害教育が並存し，自然保護運動と関係しつつ自然保護教育が形成されていった1970年代にあって，環境教育はいつ頃から広まりを見せ始めたのであろうか。一般的には1970年代半ばからとするのが通説である。例えば，「日本では，公害教育や自然保護教育という用語が1960年代から用いられていたが，環境教育が1970年代半ば以降，より広い包括的概念として広まっていった」（小川 1992a：2），「公害学習から環境教育への転換が一般化したのは，筆者の見解によれば，ほぼ昭和50年以降のことである」（榊原 1978：75）との見解が見られる。また鈴木善次は，①1975年に全国小中学校公害対策研究会が全国小中学校環境教育研究会と改称したこと[21]，②1974年に環境教育国際シンポジウムが開かれたこと[22]，③1977年に環境教育研究会（事務局は東京学芸大学）が発足したこと[23]を挙げ，1970年代半ば頃に「環境教育という言葉が我が国でも定着するようになる」（鈴木 1994：169）と述べている。

　ところが近年，高橋正弘は，環境教育の制度化の観点から，1968（昭和43）年版小学校学習指導要領での「公害」の文言の記載，および71年の小・中学校学習指導要領一部改正を取り上げ，「この前後において公害教育の制度化が完

了して公的な制度となり，そしてこの制度化以降，公害教育という呼称で学校教育のなかに環境教育が公式に取りあげられ開始されるようになった」（高橋2013：83）と論じている。つまり高橋は1970年前後に「公害教育」を「呼称」として「環境教育」が始まったと位置づけている。また原田智代は，佐島（1992：10-11），環境庁編（1988：3）の1977（昭和52）年の小・中学校学習指導要領改訂に関する記述を引用した上で，「つまり，学校教育において「環境教育」という言葉自体は公に用いられなかったものの，1977年より「公害教育」から「環境教育」に移行していったとみれるであろう〔原文ママ〕」（原田2000：238）と述べ，1977年の学習指導要領改訂を区切りと論じている。

　まず高橋に関しては，①用語の違いを「呼称」と位置づけて，環境教育の始まりを論じている点に疑問を感じること，②1973年までの用語「環境教育」の使用は一部の人達に限られていたこと，の2点から1970年前後を区切りとするのは時期が早いと考える。原田に関しては，③1975年の全国小中学校公害対策研究会の改称が考慮されていないこと，④1977年発足の「環境教育研究会」の準備が1975年1月から始まっていること（環境教育研究会 1978a），から1977年を区切りとするのは時期が遅いと考える。

　筆者は，創成時代（1970年代）における環境教育の広まりに関して，3つの時期が指摘できると考える。第1の時期は，用語「環境教育」が使用され始めた1970～73年頃である。この時期の展開については用語「環境教育」の登場において，すでに述べたとおりである。第2の時期は，「環境教育」の名の下に研究や実践の組織・団体が構成され，活動を開始した1974～75年頃である。第3の時期は，ベオグラード会議の報告がなされて環境教育の目的・目標が共有され始め，学習指導要領改訂と相まって環境教育が学校教育現場に広まっていく1976年以降である。筆者が1974～75年頃を区切りとして第2の時期ととらえる理由は，以下の史実からである。

① 1974年4月から文部省科学研究費特定研究「環境教育カリキュラムの基礎的研究」（代表：沼田眞）が開始されていること。
② 1974年6月に環境教育国際シンポジウムが開催されていること。
③ 1975年1月から「環境教育研究会」の設立準備が始まっていること。
④ 1975年1月に国立教育研究所科学教育研究センター共同研究員の長沢衍が報告書『環境教育のための基礎研究』（国立教育研究所 1975）をま

第5章 環境教育の創成（1970年代）

とめていること。
⑤ 1975年に全国小中学校公害対策研究会が全国小中学校環境教育研究会と改称していること。
⑥ 加えてこれらの主に首都圏での動きだけではなく、1974年11月に信濃教育会が『第3集 環境教育の展望と実践』（信濃教育会 1974）を発行していること[24]。

以下、国際的な動向との関連性、環境教育の定義や目的・目標に関する記述に注目しつつ、第2の時期、すなわち1974〜75年頃における環境教育の展開を論じる。

文部省科学研究費補助金（科研費）特定研究「科学教育」は、1968年度から開始された。同研究の総括班（主査：大塚明郎）は、1973年2月に「環境科学教育で取り上げる問題と自由討議」を行った（文部省特定研究科学教育総括班 1973）。主査の大塚明郎は、自由討議記録の「まえがき」で「公害、生物の種保存、環境保全というよういわゆる環境科学の問題であり同時に社会科学の問題も未解決のことは未解決として、しかしここにも科学の方法があることを示しながら、教育の場にもちこむことは、教育を生き生きとさせる意味でも重要であろう」とし、こうした考えから環境科学を科学教育研究の対象として取り上げたと記している（文部省特定研究科学教育総括班 1973：2-3）。この自由討議にはストックホルム会議に出席した中山和彦、榊原康男も参加しており、榊原は「環境科学教育に関する自由討議」の「11 公害教育の問題点と環境教育」において、環境教育の推進を唱えている（榊原 1973b）。そして1974年度から3年間、当時千葉大学理学部にいた沼田眞を中心に、1つの研究班として「環境教育カリキュラムの基礎的研究」が行われた。大塚（1975）は、環境教育が「総括班会ではじめてとりあげられてから、研究班の構成に至るまでに2年間かかり」としていることから、1972年頃には環境教育が話題に上がっていたととらえられる。特定研究「科学教育」には、日本理科教育学会会員が関わっていたと考えられ、1973年5月に『理科の教育』（日本理科教育学会編）が「理科と環境教育」を特集したことは、特定研究と呼応する動きであったと推定できよう。

前述の1974年6月8、9日の東京（帝国ホテル）での「環境教育国際シンポ

ジウム」は，特定研究「科学教育」総括班，および「環境教育カリキュラムの基礎的研究」班の枠組み内において開催されたものである。同シンポジウムは，5〜6月の国際植生学会の研究旅行（エクスカーション）とシンポジウム[25]に合わせて，その終了後に開催された。出席者は「海外より15カ国42名，国内より約120名」であり，「23の論文が発表」されている（中山 1974）。国内参加者が約120名いたことは，環境教育が広まっていく一因となったであろう。

「環境教育カリキュラムの基礎的研究」の研究目的に関して沼田（1975）は，「科学教育の中で環境教育をどう位置づけ，具体的に組織していくかは教育上の最も緊急を要する課題の一つ」とし，環境教育が「本来何を目標とし，具体的にどんな内容を備えるべきであるかを，小・中・高校から大学までの一般教育の立場で明らかにしていきたい」と記している。しかし，3年目の報告（沼田 1977）では，「僅か3年間の短期間の研究」で，「内容も多岐にわたり，学校教育の範囲も小学校から大学にわたって具体的な提案をすることはとても無理」で，「第3年度は高校教育」に焦点を絞ったと記している。つまり，当初の研究目的は十分に達成されなかったということである。

この研究に対して小川（1977：65）は，1974，75年度の報告書（沼田編 1975，1976）では「個々の学科で何を教材とするかは実にこまかく書かれているが，環境教育の目的とそれにみあう方法や教材という位置づけはほとんどない。わずかに加藤氏が人間のあり方をとりあげて，「環境教育とは環境問題に対処するための正しい知識と判断力を養う教育」と指摘しているだけである」と述べ，沼田（1975）が当初の研究目的に挙げていた環境教育が「本来何を目標」とするものであるかは明確にされていないと指摘している。たしかに小川が指摘しているように，環境教育の定義や目的・目標に関わる論述は，小川の挙げている加藤辿（日本放送協会（NHK）（当時））（沼田編 1975：16）の他，小川がとらえていない1976年度の報告書の半谷高久（東京都立大学理学部（当時））の「環境教育の目標は，環境を一つの全体として把える眼を育てることにある」（沼田編 1977：5）との論述が見られる程度である。3冊の報告書をつぶさに分析することは避けておくとして，この研究が日本で最初の組織的な環境教育研究であることに鑑み，若干主観的になるが環境教育論の観点からいくつかコメントしておきたい。

同研究班のメンバーは，ほとんどが理学部や研究施設（例えば，気象研，微

第 5 章　環境教育の創成（1970年代）

生物工業技術研，人口問題研，農技研，文化庁など）に所属する理系の研究者である。それゆえ，生態学（生態系），環境科学，人間環境という観点からの論述が色濃く，教育（学）的な観点からの論述はほとんど見られない。「公害」「公害教育」という用語は，全くといってよいほど使われていない。また，理科，社会科，家庭科，保健科の学習指導要領の内容分析があるが，環境教育をどうとらえているか，何を判断基準にして環境教育の内容をピックアップしているかは書かれていない。研究の2，3年目には高等学校における環境教育の内容に焦点化されていくが，このことは研究班メンバーが自然科学（一部は社会科学）の専門研究者であったためであり，小・中学校教育に言及し得なかったという限界性が見てとれる。しかしながら，理科を中心に高等学校の環境教育に関しては，具体的な提案がなされている。

　「環境教育カリキュラムの基礎的研究」は，研究目的には「本来何を目標とし，具体的にどんな内容を備えるべきであるか」と書かれているが，前者の環境教育の目的・目標よりも，後者の環境教育の学習内容，言い換えればカリキュラムに力点が置かれた研究であった。ストックホルム会議に言及した論述が見られるが，研究期間内に開催されたベオグラード会議（1975年）には言及されておらず，国際的な環境教育の議論とはあまり関連づけられていない。この研究は，環境教育の普及には一役買ったが，環境教育の目的・目標を明確化するものではなかったととらえられよう。なお，この特定研究に続いて1977～79年度の3年間，文部省総合研究「環境教育の方法論に関する研究」（研究代表：沼田眞）が行われている（沼田編 1978, 1979, 1980）。総合研究には現職教員もメンバーに入り，学習指導案の提案もなされ，特定研究よりも具体的，実践的なものとなっている。1977年に学習指導要領が改訂されたため，新しい指導要領に基づいた議論や提案がなされている。けれども，ベオグラード会議やトビリシ会議には触れられておらず，国際的な環境教育の動向との関連性は見られない。

　1976年1月に「環境教育研究会」の準備会が発足した。「環境教育研究会の発足の経過」（環境教育研究会 1978a）によると，1974年8月に有志メンバーが環境教育の重要性について話し合ったとされているので，発端は74年にさかのぼることができるが，準備会の発足は76年1月とされている。そして，1977年12月に東京学芸大学に事務局を置く「環境教育研究会」が発足した[26]。同会は，

第Ⅱ部　日本における環境教育の展開

1978年10月28日に「環境教育研究会大会」を開催，同日『環境教育研究』の第1巻1号を発行した。同会は，「研究者や教員などを中心とした小規模な団体」（東京学芸大学環境教育実践施設 2005：2）とされるが，名称に「環境教育」を用いた最初の全国的研究団体である。環境教育の目的に関して同会の案内は，アメリカ環境教育法（1970年法），ストックホルム会議の勧告96項[27]を引用した後，「環境教育は，環境科学と深いかかわりあいを持ちながら，人類の生存にとって最もよい環境の在り方を探り，次代を担う青少年や教師および社会人などに広く知らせ，その実現に向かって主体的，積極的に行動し得る人間を育成することを目的とするものである」（環境教育研究会 1978b）と述べている。この観点・立場は，ストックホルム会議を基にしているととらえられる。同会案内は1978年3月に作成されており，75年のベオグラード会議より後年であるが，ベオグラード会議やベオグラード憲章にはふれられていない。一方，同会案内，および大森暢之の巻頭言（大森 1978）には，「公害」「公害教育」の語は見られず，同会は発足当初から「環境教育」を志向していたととらえられる。なお，同会は約10年間活動し，1988年に解散した。

　1974年10～12月に国立教育研究所科学教育研究センターの共同研究員であった長沢衍[28]が「環境教育のための基礎研究」を行い，1975年1月に報告書『環境教育のための基礎研究　—環境に関する教育の調査報告，および文献抄録—』をまとめた（国立教育研究所 1975）。この研究は，第1部が各都道府県の教育（理科・科学）センター・教育研修所・教育研究所の生物教育研究室長宛の「環境に関する教育の調査」（1974年10～11月実施），第2部が国内外の文献抄録の作成である。「まえがき」[29]で，長沢は「環境保全，公害防止に関わる学術的研究や施策は盛んに行われて」おり，研究資料等は多いが，環境教育に関しては「その必要性が強調されているほどには，具体的資料が少なく，それをまとめたものもほとんどみたらない」とし，「本研究は，こうした要求に応えるための，最初の第一歩」と記している。つまり，この研究は，日本の自治体における環境教育，あるいは「環境に関する教育」の状況把握がねらいであった。また長沢は，「環境教育という概念規定を行なうことは現段階としては尚早であったため，〔調査では〕常識的な判断に委ねた」（「まえがき」）と記している。調査としてはややあいまいさが残ると思われるが，長沢がこの当時，環境教育の定義や目的・目標は明確化されておらず，環境教育はまだ普及していないと

第 5 章　環境教育の創成（1970年代）

とらえていたことは，環境教育がまだ広がりを見せていなかったことを表していると言えよう。

　同報告書の「総括概要」には，「国連人間環境宣言」「かけがえのない地球」との言葉や，「物質の輪廻（サイクル）とか，生命維持に関する連鎖について自覚しなければならない」，「破壊と建設，生産と消費，汚染と浄化等，閉じられた系としての環境の保全をしなければならない」，「将来の人間環境としての地球に対する価値をもう一度見なおさなければならない」（国立教育研究所 1975：12）といった文言が見られることから，長沢はストックホルム会議の影響を受けていたと察せられる。しかし，長沢自身の環境教育の定義や目的・目標を記した文言は見られない。

　長野県の信濃教育会は，1971年に公害教育研究調査委員会を発足させ調査研究を開始した。第1，2集では『公害教育をすすめるために』と題し「公害教育」を用いていたが，1974年11月発行の第3集で『環境教育の展望と実践』（信濃教育会 1974）と「環境教育」を用いた。第3集に記されている1973（昭和48）年度の調査委員会名（奥付に記載）は，公害教育研究調査委員会となっているので，冊子の編集・発行段階，つまり1974年頃に用語を「環境教育」に変更したと推察し得る[30]。冊子には，第1集は「公害教育の意義とねらいを明らかにして公害教育の啓蒙」を企図し，第2集は「公害教育をどのように考え，扱えばよいかなどその全貌を解説」し，第3集は「第1・2集の発展であると同時に，実践と反省の積み重ねであり，資料の活用をはかった指導例の集積」であり，「第1集からの続刊として，また，独立した冊子としての性格を備えている」（信濃教育会 1974：7）と述べられている。つまり，第3集は続刊としての指導例の蓄積であると同時に，独立した冊子と位置づけられている。冊子には「環境教育指導の立場」「環境教育の学習内容と指導計画」「資料を教材化した指導例」が記されており，長野県内の小・中学校向けの指導資料というような性格を有したものと言える。第3集から環境教育としたことに関して冊子は，「〔公害教育研究調査委員会は発足当時より（筆者補足）〕公害をいわゆる公害問題のみでなく，自然破壊などを含めて今日の社会問題としてとらえてきた」，「公害教育は単に特異な現象や被害，特定な地域のできごとを対象に研究を進めるのではなく，自然との調和の中で生きていく人間のあり方そのものを深く考える場として位置づけていかなくてはならない。こう考えて，むしろ，

125

環境教育として進められてきたといったほうが適切であろう」（信濃教育会 1974：7）と言い表している。つまり、「公害教育」から「環境教育」へ転じたのではなく、そもそも信濃教育会（公害教育研究調査委員会）が考えていた公害教育は幅広いものであり、環境教育という方が適切であったと述べているのである。

この論述からは、大内（1972）、小金井（1972）らと同様の、公害教育を地域的、対症療法的ととらえ、環境教育を全世界的（地球的規模）、根本療法的ととらえる思考が読みとれるが、異なる点は本冊子の編集・発行がストックホルム会議以後であり、その影響を受けていることである。例えば、「環境問題は、国境を越えた国際間の問題であり、全人類の英知を傾注する問題でもある。人間環境宣言の中では、教育の担うべき役割の大きいことを説き、特に若い世代にいち早く教育していくことの急務と重要性を強調している」（信濃教育会 1974：6）や、「このこと〔公害、環境問題、自然破壊、エネルギー資源などの問題が生じていること（筆者補足）〕は、とりもなおさず「かけがえのない地球」を本来の地球にとりもどそうという世界的な連帯感をもつことであり、日本人の育成にかかわる教育の根源につながる課題でもあろう。これは人間形成の根底をなす命題ともいえよう」等の表現から読みとることができる。同冊子には環境教育の定義や目的・目標を明確に記した記述は見られないが、環境教育の総括的視点として「児童・生徒が、愛情と連帯感をもって、環境問題が将来に及ぼす影響を考え、人間生活と自然との調和をはかるための行為ができるようになる」（信濃教育会 1974：14）ことを挙げている。

全国小中学校公害対策研究会は、東京都小中学校公害対策研究会から始まる。東京では、スモッグや煤塵（すす）、悪臭や航空機騒音、化学工場からの排煙等の公害が発生していた。全国小中学校公害対策研究会第4代会長（改称前後の1973年4月〜1981年3月の会長）の立石喜信は、東京都小中学校公害対策研究会の発足に関して「「給食のミルクの中にすすが落ちて困る。プールにたまるすすは害がないのか。」など昭和三五年頃から話しあってきた現場の教師達が、肺気腫の子が死亡したというような事態に直面して、横の連絡と対策のために研究会をつくったのが三九年。文字どおりふりかかる火の子は払わねばならないと、公害対策研究会と名づけたのである」（立石 1981）と当時の状況を述べている。東京都小中学校公害対策研究会発足大会は、1964年9月10日、小

第 5 章　環境教育の創成（1970年代）

学校29校，中学校10校の参加により，千代田区立錦華小学校で開かれた（杉本 1987）。そして，1967年 2 月，全国小中学校公害対策研究会が発足した。沿革史には「東京・大阪・四日市・北九州・神奈川・千葉・釜石」（全国小中学校環境教育研究会・東京都環境教育研究会 1977）と記されており，これらの自治体の小・中学校が加わって全国組織が発足したととらえられる[31]。

　同研究会は，1968年11月27日に第 1 回学校公害研究大会を開催し，1973年 2 月20日の第 6 回公害研究大会まで「公害」との言葉を用いて大会を開いた（第 5 回は「学校公害教育研究大会」と「公害教育」を用いている）。1975年 2 月の第 7 回大会（東京，日本青年会館）において，テーマを「公害教育から環境教育へ」，大会名を「環境教育研究全国大会」とし，同年 4 月に全国小中学校環境教育研究会へと改称した（立石 1981，全国小中学校環境教育研究会・東京都環境教育研究会 1977）。改称に向かう動きの発端として杉本（1987）は，1972年10月10日発行の機関誌『碧い空』12号の巻頭言（中島定吉会長（当時））と，立石喜信事務局長（当時）の文章に「公害教育のねらいは公害防止を通じて人類発展のためのよりよい環境づくりをめざすのだから，公害教育という言葉より環境教育という方がふさわしいという旨のこと」が書かれたことを挙げている。ほぼ同じ文が立石（1981）にも記されている。若林（1982）は，「受け身の公害対策から，より積極的な生存のための生活環境の創造に子ども達自らが取り組む資質や能力の啓培を目ざす環境教育を志向して」改称したと述べている。

　改称の発端である1972年には， 6 月にストックホルム会議が開かれており，「人類発展のためのよりよい環境づくり」との考えは人間環境宣言にも示されている。しかし当時の中島定吉会長や立石喜信事務局長が，人間環境宣言に基づいて研究会の方向性を考えたかどうかの確証は得られていない。とは言うものの，1975年の改称の発端は72年にさかのぼることができ，同研究会が「公害対策」ではなく「環境教育」を用いて会の名称を変更したのは，「人類発展のためのよりよい環境づくりをめざす」立場からであったことは確認できよう。

　学校外の活動ではあるが，1975年に愛知県豊橋市でごみゼロ運動が始まった。 5 月30日を語呂合わせで「530：ごみゼロ」と読み，空き缶その他の散乱ゴミの回収，地域清掃という環境美化行動の日とした。環境庁は，1983年から「環境美化行動の日」の設定を呼びかけ， 5 月30日前後や環境週間（現在は環境月間）の活動として，全国で環境美化活動が行われている。一方1977（昭和52）

年の小学校学習指導要領改訂に伴って,特別活動に「勤労・生産的行事」が加えられ[32],その例として「校内美化活動」「校庭の除草活動」が挙げられた(文部省 1978:6-7, 103)。環境美化活動は環境教育として始められたものではないが,その後,学校教育に浸透し,現在では環境教育の1つとして実践されている。

以上述べてきたように,1974〜75年頃には「環境教育」の名の下に研究や実践の組織・団体が構成され,活動を開始し,環境教育が研究者レベルから実践レベルへと広まっていった。この時期の特徴は,ストックホルム会議の影響を受け,人間環境の問題,人類全体の生存の危機へと視野が広がっていく中で,環境教育が注目されてきたことである。けれども環境教育の定義や目的・目標に関しては明確化されていなかった。1976年以降は,1977(昭和52)年の学習指導要領改訂も影響して環境教育は広く知られるようになり,ベオグラード会議の報告とともに定義や目的・目標が定式化されていく。

(4) 創成時代後半の環境教育の動向

学習指導要領の改訂作業が進められていた1976年,社会科教育関係の雑誌『社会科教育』(明治図書)は5月号において「環境教育と新しい授業の構想」との特集を組んだ。同誌は,1969年9月号で「産業学習と公害問題の扱い方」,1971年2月号で「公害問題の教材化と公害授業の方法」と公害(問題)を取り上げた特集を行っていたが,1976年に至って「環境教育」を用いた特集を行った。その中に榊原康男の「環境教育の基本的性格と人類史的意義」がある(榊原 1976)。先に筆者は,創成時代(1970年代)の環境教育の広まりに関して3つの時期を指摘しておいたが,榊原(1976)は第3の時期,すなわち,ベオグラード会議の報告がなされて環境教育の目的・目標が共有され始め,学習指導要領改訂と相まって環境教育が学校教育現場に広まっていく時期の区切りになるものととらえている。

榊原(1976)では,「ア　環境教育の定義の例」として1970年のアメリカ環境教育法,「イ　環境教育の目的の例」としてストックホルム会議の勧告96項,およびベオグラード憲章の環境教育の目的・目標が,翻訳・紹介されている。以降,アメリカ環境教育法,ストックホルム会議勧告96項,ベオグラード憲章の3つの文献が,環境教育の定義や目的・目標のスタンダードとなっていく[33]。

1970年代にトビリシ会議の勧告が報告されなかったこともあって[34]，これら3つの文献を用いて環境教育を論じる傾向は90年代前半まで続き，環境庁の環境教育懇談会報告（環境庁編 1988：3-5），文部省の環境教育指導資料（文部省 1991a：6-7，文部省 1992：6-7，文部省 1995：6-7）においても同様となっている[35]。環境教育の理念の定式化という観点からは，榊原（1976）は重要な意味を持つものであり，歴史的な1つの区切りと位置づけられよう。榊原自身の環境教育の目的観に関しては，「よりよい生きざま（way of thinking; way of life）を追求し，究極的には「私」の自己改革をめざすこと」（榊原 1976）との記述があり，「環境教育の究極のねらいは，結局，人間の自己改造にあるということができよう」とした榊原（1973a）とほぼ同様である。なお，榊原は，榊原（1980a，1980c，1981a，1981b，1981c）その他においても，3つの文献の環境教育の定義や目的・目標について論述している。

この頃に，環境教育を「道徳教育」とする論考が見られる。柴田（1976）は，教育的環境論の展開をたどったのち，自然破壊，環境破壊によって人類が危機に直面している状況にあって，環境教育は「人類が生き残るための教育」であり，「環境問題に関わる道徳教育であり，又環境の科学教育でもなければならない」と論じている。古谷（1978：13）も道徳教育との言葉を用いて，「環境教育は，現在発展してきた環境科学のうえに行う道徳教育であり，理科では，主として生態学を基にした道徳教育である」と述べている。両者ともに人間環境宣言やベオグラード憲章等にはふれていないが，環境教育を「道徳教育」ととらえる視点は，ストックホルムからトビリシに至る国際会議において，環境倫理の重要性，価値観の変革が唱えられてきたことと類似性があるととらえられよう。

小・中学校の学習指導要領が改訂されたのと同じ1977年，環境保全意識の高揚をめざす環境庁所管の公益法人として，財団法人日本環境協会が発足した[36]。日本環境協会は，1970年代末から80年代初頭にかけて，学校教育における環境教育に関して，2つの重要な取り組みを行っている。1つは『環境教育の研究』（日本環境協会 1981），もう1つは『学校教育における環境教育実態調査』（日本環境協会 1982，1983）である。後者の実態調査は後述するとして，ここでは前者の『環境教育の研究』について記しておきたい。同研究は，平塚益徳（元国立教育研究所長）を代表として，国立教育研究所のスタッフを中心に環

境教育研究会を作って行われたものである。1981年3月の報告書『環境教育の研究』とほぼ同じ内容で、同年11月に『学校教育と環境教育 ―カリキュラム編成の視点―』（国立教育研究所・環境教育研究会編 1981）が出版されている。同研究会は、1978年4月〜79年2月に活動し、報告書『環境教育の研究』をまとめた（国立教育研究所・環境教育研究会編 1981：2）。

平塚は、報告書の発行と同年の「環境教育について ―その理念と課題―」において、「現下最重要と言っても決して過言でない環境教育は、甚だ不十分であると断ぜざるをえない」（平塚 1981）と述べ、1970年代末になっても日本の環境教育は不十分であると論じている。そしてその要因として、例えば「トビリシ会議へのわが国からの派遣人員は僅かに二名に過ぎなかった。たとえ有能な専門家たちであったとはいえ、二名の代表で事すまそうとした日本側の低い関心度はあらためて猛省されるべきである」とし、国際会議に対する日本（政府）の関心が低く、対応が低調であったことを批判している。平塚や同研究会メンバーからすれば、1970年代の環境教育は始まったばかりで、まだ十分に普及・発展しておらず、日本政府（文部省）はしっかりと対応していないととらえられていたと言える。本報告書および書籍には、国際的な動向や環境教育の目的・目標を記した榊原（1981b, 1981c）や、教育的環境論と環境教育論の違いを明確にし、環境問題に対する教育の役割を論述した市川（1981）のほか、諸外国の環境教育の状況、環境教育カリキュラムの指針、環境教育振興への提言などが取り纏められている。史的展開の観点からすれば、この研究は環境教育の創成時代（1970年代）をしめくくるような研究成果と位置づけられよう。

これまで見てきたように、環境教育は1970年代中盤から徐々に広まりを見せ始め、研究者レベルから、実践者レベル、実践現場へと広まっていった。けれども、若林真一（全国小・中学校環境教育研究会事務局担当、東京都台東区立西町小学校（当時））が、「今もって「環境教育って、何をするんですか」と反問する学校現場の仲間が多い」（若林 1982）と記しているように、1982年の段階でも、環境教育が学校教育実践現場に広く浸透していたと言い切ることはできない。このことは、後述する当時の実態調査結果からも明らかである。

そして1980年代には、学校における環境教育の実践が、ベオグラード憲章、トビリシ勧告の環境教育の理念に沿って深められ、進展していくことが期待されたが、現実的にはそうはならず、逆に低迷していくこととなる。

第5章 環境教育の創成(1970年代)

注
1) 第1節の用語「環境教育の登場」に関しては,学位取得後に一部抜粋,加筆・修正等を行い市川(2016a)において公表した。本書では,学位論文,および市川(2016a)に基づいて,さらに加筆・修正し,より詳細に論述している。
2) 松永(1931)に関しては,安藤・新田(1996),市川(1999a),今村(1999, 2001, 2005),市川・今村(2002)に用語「環境教育」の最初の使用例として報告されている。また,今村(1999, 2001, 2005)において,用語「環境」の系譜や,大正から昭和初期に至る「教育(的)環境学」の潮流,松永(1931)の教育学上の位置づけについて明らかにされている。
3) 同記述は今村(2001)でも引用されている。
4) 『学校教育と環境教育』は,(財)日本環境協会の支援を受けた国立教育研究所・環境教育研究会の報告書を公刊したものである。報告書は,(財)日本環境協会から『環境教育資料 環境教育の研究』(日本環境協会 1981)として発行されている。
5) この冊子は入手できていないが,田中裕一の授業記録は,田中裕一,吉田三男『公害と教育研究資料2 水俣病の教材化と授業』,明治図書,1973年に掲載されている(田中・吉田 1973)。
6) 溝上(1972b),須之部(1972),岡田ほか(1972)は口頭発表要旨で,須之部(1972),岡田ほか(1972)には「環境教育」の意味内容は記されていないこと,溝上(1972b)は溝上(1972a)と同内容であることから,本文では言及しない。
7) 羽賀貞四郎に関しては,1973年当時の所属はわからないが,立見・羽賀ほか(1955)では東京都立小松川高等学校教官と書かれていることから,元都立高校の地学の教員であったことがわかる。
8) 筆者作成。学位論文,市川(2016a)の表の形式のみを修正した。
9) 筆者は京都教育大学理科教育教室の出身であるが,大内は筆者が入学する以前に定年退官していた。藤田は在職中で,筆者の卒業研究指導教官ではなかったものの,環境教育に関して多くの教示を得た。卒業後であったが,日本経済新聞(1970)のコピーも藤田からもらったものである。
10) 大内の公害教育は大内(1971)からもわかるとおり,1970年の公害国会を契機として国・教育委員会主導で推進された公害教育を指している。藤岡貞彦,福島達夫や,前述の田中裕一らが「公害と教育」研究会(1971年発足(国民教育研究所 1975:208))を中心に推進した公害教育とは異なるものである。後述する小金井(1972),中山(1973)が記している公害教育も,大内と同じものである。
11) 溝上(1972a)は *Outlines of Environmental Education,* 1971, Edited by Clay Schoenfeld に再掲されたものを引用している。
12) 同特集には藤田(1972),小林(1972)の論文があるが,題目,本文ともに「環

13)「座談会 公害問題と理科教育」は継続掲載となっており,『理科の教育』の1972年4月号にそのIIが掲載されている(理科の教育編集部 1972a, 1972b)。

14) Environmental Studies Project(略称ES)に関しては,市川(2011)を参照願いたい。

15)『理科の教育』22(5)(特集「理科と環境教育」)には,表5-1の5編の他に,高木(1973),本吉(1973),秋山(1973)の論文が掲載されているが,題目,本文ともに「環境教育」は用いられていないため,表から除外した。

16) 省庁設置で満場一致は初めてとのことである(地球・人間環境フォーラム 1991:4〔鈴木章雄(東京新聞)の発言より〕)。

17) 志布志湾埋め立て(開発)問題は,20年以上に渡る反対運動,訴訟,政府等の計画変更の結果,埋め立て面積を当初の計画の10分の1程度に縮小する等の決着を見て,埋め立て,石油備蓄会社の操業が行われた(大久保 1999)。

18) 一般財団法人環境情報センター EICネット「日本版マスキー法」: http://www.eic.or.jp/ecoterm/?act=view&serial=2063, 2014年4月26日取得。

19) 水野(1974)は『理科の教育』の2月号に掲載されている。脱稿から掲載までの時間を考えると,水野が「知らなかった」のは1973年の段階と推定される。

20)「公害」の文言は,一部改正前の1968(昭和43)年改訂の小学校学習指導要領,1969(昭和44)年改訂の中学校学習指導要領に,すでに記述されていた。

21) 市川・今村(2002:37)で「1970年」と記しているのは誤りである。

22) 1974年6月8,9日に東京(帝国ホテル)で開かれたシンポジウム。国際植生学会の研究旅行とシンポジウムに合わせて開かれたもの(沼田 1982:15-17,中山 1974,大塚 1975)。

23) 鈴木(1994:169)で「1976年」としているのは誤植と思われる。

24) 信濃教育会は,第1集,第2集は「公害教育をすすめるために」と題した冊子を発行しており,第3集で「環境教育」を用いている。

25) 沼田(1982:15-17)では研究旅行とシンポジウムは5月15日～6月3日とされ,沼田(1974)では植生学会のシンポジウムは6月5～7日とされている。

26) 会則(案)作成は1978年3月とされている(環境教育研究会 1978a)。

27) 翻訳文から,榊原(1973a)の引用と見られる。

28) 長沢は当時富山県科学教育センター研究主事で,1974年10～12月の3カ月間,国立教育研究所科学教育研究センター共同研究員として,本研究を行った。「まえがき」には所員の森川久雄の名前も記されている。

29) 国立教育研究所(1975)の「まえがき」にはページ番号が付けられていない。

30) 第4集『美しい郷土づくりの実践 ―指導の場と場に応じた指導事例―』(1977)

以降は環境教育研究調査委員会とのことである（2014年5月7日，信濃教育会博物館からの電子メールにより確認）。
31) 全国組織発足後も東京都公害対策研究会は解散していない。また，東京都，全国ともに会員は個々の教員ではなく，学校単位である。
32) 中学校に関しては小学校より早く，1970年の特別活動指導書に勤労・生産的行事の例として「全校美化行事」が挙げられている（文部省 1970：190）。
33) 例えば，平塚益徳監修『増補・改訂　世界教育事典資料編』（1980）には「環境教育国際会議」の項目（榊原 1980d）があり，ストックホルム会議からトビリシ会議までの動向が記され，資料編に「人間環境宣言」，「ベオグラード憲章」等が掲載されている。また「環境教育」の項目（市川 1980）も，国際会議の成果を参考に記述されているととらえられる。
34) 榊原は，榊原（1978，1980a，1980c）においてトビリシ会議の概要や個人的所見を記しているが，同会議の勧告に記された環境教育の目的・目標は報告していない。トビリシ勧告に関しては，市川（1995），堀尾，河内編（1998a）まで報告された形跡は見られない。
35) 国立教育政策研究所教育課程研究センター（2007：6）では，トビリシ会議勧告が位置づけられている。
36) 筆者は1990年4月から94年6月の間，日本環境協会の職員であった。

第6章
環境教育の普及（1980〜90年代）

　本章では，1980年代の証言や全国調査から環境教育の低迷を描き出し，そこから普及へ向かう契機を明らかにするとともに，急激な環境教育ブームとなった普及時代（1990年代）の展開を明らかにする。1970年代に環境教育は，公害国会，環境庁の設置といった社会情勢の下，理科・社会科関係者を中心に，研究者レベルから実践者レベルへと普及していった。けれども，「今もって「環境教育って，何をするんですか」と反問する学校現場の仲間が多い」（若林1982）との証言にも見られるように，まだ十分普及したとは言えない状況であった。環境教育の実質的な普及は1980年代に持ち越され，進展が期待されることとなった。ところが1980年代初めから中盤にかけての環境教育は，期待されたような進展を見せることはなく低迷していく。その主な要因は，環境行政の後退と，それに伴う環境教育に対する関心の低下である。低迷の時期の存在が，日本の環境教育の展開と普及を遅らせたことは明白である。しかしその後，地球的規模での環境問題（地球環境問題），および都市部を中心とした生活型の環境問題（都市・生活型公害）の顕在化に伴う環境問題への関心の高揚，環境庁，文部省の施策の展開などにより，1980年代終わり頃から90年代にかけて，環境教育はブームと言ってよいほど，急激に普及することとなった。

第1節　環境教育低迷の時期

（1）環境行政の後退と環境教育の低迷

　環境行政後退の契機は，石油危機（オイル・ショック）にあったとされる。ストックホルム会議代表団の主要メンバーの1人であった金子熊夫は，「この戦争〔中東戦争〕がもたらした石油危機とそれにつづく世界的な経済不況は，せっかくストックホルム会議が世界に定着させたと思われた「量よりも質を」，「開発よりも環境保全を」の思想を，あたかも満開の桜を一夜にして散らす風

第6章　環境教育の普及（1980〜90年代）

のように，吹きとばしてしまったといってよい」とし，「世界的に環境問題は長い冬眠の時代に突入したのである」と回顧している（金子 1982）。鈴木章雄（東京新聞（当時））は，「昭和48年，昭和52年の2次にわたる石油ショックで高度成長の経済が減速した。そして財界がこれではたまらん，もう公害問題はとにかく二の次，三の次にしてくれなければ経済そのものが駄目になるということで，いわゆる公害行政に対する巻き返しが財界から起こった」とし，環境行政は「冬の時代」に入ったと述べている（地球・人間環境フォーラム 1991：4）。また，久野武（元環境庁職員）は，「環境庁制定前後の数年間，劇的な規制強化を遂行，産業公害が沈静する一方でオイルショック（一九七三）が起き，環境熱は急速に冷えていった」，「九〇年頃までを「環境行政冬の時代」とか沈滞期とか呼ぶ評価が一般的である」と述べている（久野 2005：246）。

　こうした環境行政の後退を示す史実として4つが挙げられる。その第1は，二酸化窒素環境基準の改定である。1978年環境庁は，二酸化窒素の環境基準を「1時間の1日平均値が0.02ppm以下」から「0.04〜0.06ppmのゾーン内またはそれ以下」に改定した。この改定に対しては，「「基準値のレベルが健康保護のためには緩すぎる」，「目標を緩和することにより実際の規制も後退し，汚染改善が遅れるのではないか」とする批判」（環境庁20周年記念事業実行委員会 1991：58）がされた。

　第2は，『環境白書』の記述である。『環境白書（昭和55年版）』では，「環境汚染はその深刻な状況を脱するとともに，……　環境汚染は全般に改善傾向を示すこととなった」（環境庁編 1980：1）と記された。そして，翌昭和56（1981）年版では「環境汚染は一時の危機的状況を脱するとともに，……　環境汚染は全般的には改善傾向を示すこととなった」（環境庁編 1981：1）と，「一時の危機的状況を脱する」との言葉が用いられた。この部分は「一時期の危機的状況からは一応脱することができ」（環境庁編 1982：1，1983：1），「一時の危機的状況からは一応脱し」（環境庁編 1984：1）と言葉は若干異なっているが，1981（昭和56）〜84（昭和59）年の4年間，継続して記述された。このことが「公害・環境問題は終わった」ととらえられ，環境問題の終息宣言と受け止められた。

　第3は，環境影響評価法案（環境アセスメント法案）の廃案である。1981年に国会に提出された環境影響評価法案は，継続審議を重ねたものの83年に廃案となり，結局，84年に閣議決定という形で終わった[1]。このことについて鈴木

章雄は,「その後〔二酸化窒素環境基準改定の後〕に起こったのが,環境庁が発足当初からその成立を悲願としていた環境影響評価法,環境アセスメント法が国会でつぶされていく過程です。環境行政は冬の時代を迎えました」と評している(地球・人間環境フォーラム 1991：5)。

第4は,公害健康被害補償法の第一種指定地域の解除である。1987年に公害健康被害補償法の一部改正が行われ,翌88年に第一種指定地域(大気汚染)の指定が解除された。公害健康被害補償法とは,その名称どおり,公害被害者を救済するための法律である。指定解除に関しては,財界の要望に沿った「公害患者の切り捨て」であり,「国民の期待する環境行政に根本的に対立し,公害の加害者である財界の意のままになる環境庁。つまり,環境庁が,環境庁としての生命を失ったのである」(神岡 1987：189)とも評されている。岡崎洋(環境庁事務次官(当時))は,「患者さんに気の毒だ,患者さんを切り捨てるのか,という心情的側面を強調するマスコミ,学識経験者および政党からの批判,非難が強く吹きつけて参りました。一刀両断,環境行政の後退と決めつけられて,行政の基本姿勢まで疑われる状況でした」(岡崎 1990：89)と回顧している。

石油危機(オイル・ショック)と経済不況を背景とし,これら4つの史実を典型として,環境行政は後退し,公害・環境問題への関心が薄れ,環境教育への関心も低下した。宮本憲一は,「七〇年代末になって,政府の環境政策は後退をはじめた」,「政治経済のみならず科学や教育をふくむあらゆる分野で環境問題への関心が低調になり……」(宮本 1987：17)と述べ,環境行政(政策)の後退と環境教育への関心の低下を指摘している。

環境教育関係者も異口同音に環境問題への関心の低下と環境教育の低迷状態を述べている。奥井智久(文部省教科調査官(小学校理科)(当時))は,「喉元過ぎれば熱さを忘れるというが,国内の各方面の多大の努力によって公害対策が進み,環境の清浄化が実現するにつれて,環境問題への注目は,一時ほど強くはなくなったように感じられる。このような状況を反映して,学校教育の内容へ環境教育的要素をもっと多く導入すべきであるとの主張は,やや弱くなったように思われるこのごろである」と述べ,「今日の我が国の学校教育の中で,環境教育にかかわる実践がどのくらい進められているかを概観すると,その実情は誠に寒心に堪えないものがある」(奥井 1985)と環境教育の低迷状況を指摘している。のちに環境庁環境教育懇談会の座長となる加藤一郎(環境庁

顧問,成城学園長(当時))は,「わが国では,環境教育の必要性が説かれながら,実際にはあまり進んでいないように思われる」(加藤 1985)と述べている。また,公害教育を主導してきた藤岡貞彦は,「一九八〇年代初頭,公害の風化が叫ばれ,公害行政の後退,企業のまきかえしも目立ってきた。たしかに SO_2 による大気汚染・水質汚濁など激甚地の様相は一変した。集会参加者も激減した。ブームは去ったのである」(藤岡 1988:54)と,公害教育への関心の低下を指摘している。東京学芸大学環境教育実践施設のレポートでは,「環境冬の時代と言われたオイルショック以後の10年間,日本の環境教育にとっても逆風があった。学校教育のなかでは,「公害は終わった」という理由で環境の位置付けは小さくなっていった」と総括されている(東京学芸大学環境教育実践施設 2005:2)。加えて,環境教育が普及の時代を迎える1990年代の初め,沼田眞は季刊誌『環境情報科学』に「ふたたび期待の高まる環境教育」との巻頭言を記している(沼田 1992)。この巻頭言のタイトルは,1980年代の環境教育への関心の低下を示していると言える。沼田は,「学校教育での環境教育だけではなく,学校外教育における青壮年あるいは壮老年教育(成人教育)のなかでの環境教育が実効をもたらすことを期待したい」(沼田 1992)と結び,環境教育進展への期待を記している。

　この他にも1980年代前半の環境教育の低迷についての記述は数多く見られる。こうした数々の証言だけではなく,後述の全国調査結果や雑誌記事からも環境教育の低迷状況を見ることができる。

(2) 低迷の時期の環境教育の動向

　1980年代初めから中盤にかけて,環境教育への関心の低下と低迷状況が訪れていたとしても,環境教育の取り組みがまったくなかったわけではない。環境教育としての位置づけや意識は低下していたかもしれないが,学校教育では1977年学習指導要領改訂で盛り込まれた環境教育関連単元・内容の指導・実践が行われていた。1975年に改称した全国小中学校環境教育研究会,1977年に発足した環境教育研究会や,「公害と教育」研究会,日本自然保護協会などは,継続的に環境教育,公害教育,自然保護教育に関わる活動を行っていた。ここでは,低迷の時期に行われた環境教育プログラム開発や学校外での取り組み,公害教育,自然保護教育の展開,文部省教育研究開発学校の事例をとらえてい

く。

　京都教育大学理科教育教室は，1984年3月に『市街地の小・中学生に対する環境教育教材モジュール集』（京都教育大学理科教育教室 1984）を発行した[2]。その主旨として，理科において開発されている環境教育教材には，豊かな自然の中での野外学習を主体にしたものが多く，市街地の学校では適当な教材が見当たらないのが実情であることから，市街地の小・中学校で実践できる実験・実習を中心とした教材として21のモジュールを作成した旨が記されている（京都教育大学理科教育教室 1984：3-4）。各モジュールには，テーマ，意義，要約，実験，教師向けの解説が記されている。21のモジュールのテーマは，生物地図，ツバメの巣の分布調査，車の排気ガス，川の水質，洗剤のウキクサへの影響，土の呼吸，草地と裸地と舗装地などの自然環境に関わるもの（理科的テーマ）だけではなく，家庭から出るゴミ，古紙の再生，生活の中で使っている物の一生など生活環境に関わるものも開発されている。なお，モジュールの研究開発は文部省科学研究費補助金（昭和58年度，研究代表：藤田哲雄）を受けて行われたものである[3]。

　日本環境協会は1983（昭和58）～85（昭和60）年度にかけて，「環境教育に関するカリキュラム開発の実証的研究」（日本環境協会 1986a）を行い，『環境教育カリキュラム ―社会科・理科の10単元―』（日本環境協会 1986b）を発行した。同研究開発は，研究委員会を構成して行われ，委員長は奥井智久であった。研究開発の目的は，「全国の小・中学校で現行の教育課程のままでも実践可能な環境教育のカリキュラムを開発すること」であり，1983年度末までにカリキュラムを作成し，翌84年度に「全国の小・中学校27校」で実践を行い，改善を加えたとのことである（奥井 1986）。開発されたものは，社会科が「みずとわたし」「学校のまわりの昔さがし」「森林とわたしたち」「東南アジア」「個人の生活と地域社会」，理科が「いきものたんけん」「イチョウの色づくころ」「草木が育つ土」「川の汚れ」「金魚鉢の世界の探究」の各5単元（計10単元）であった。同研究開発は，単元の指導過程（プログラム）を開発したもので，各時の学習指導の展開や配布するワークシートまで細かく作成されている。そのまま実践に用いることができるものをめざしたととらえられる。完成したカリキュラムは「現場教師，都道府県政令都市教育委員会，研究所，公害部局など989箇所に配布」（日本環境協会 1997：29）されている。なお，この研究開発は日本

船舶振興会の補助を受けて行われたものである。

　日本環境協会の研究開発において興味深いのは委員構成である。社会科専門委員は東京学芸大学関係者のほか，東京都内の教員，理科専門委員は全員が滋賀県の教員・教育委員会職員であった。日本環境協会の事務所が東京であることからすれば，社会科の委員構成は理解できるが，理科の委員構成が全員滋賀県であったことは興味深い。滋賀県は，1976年に小学校編，77年に中学校編の環境教育実践事例集を発行し，80年には環境教育副読本『あおいびわ湖』（小・中・高校）を発行，そして83年にはフローティングスクール「湖の子」を就航させていた（滋賀県教育委員会 1988：67）。日本環境協会の委員構成は，こうした滋賀県の状況によるものと言える。地方自治体レベルで見た場合，公害教育がクローズアップされた時代には，四日市，水俣，沼津・三島，東京等が熱心であったが，1970年代半ば以降，そして80年代の低迷の時期においては，他の自治体に比べ滋賀県が環境教育に熱心であった。このことは環境教育の史的展開において一筆しておくに値しよう[4]。

　1985年8月19〜24日，東京で「世界環境教育会議」が開かれた。この会議は，「日本学術会議自然保護研究連絡委員会のもとに設けられたワーキンググループ」が準備を行い（東京学芸大学環境教育実践施設 2005：2），世界環境教育会議組織委員会によって，15カ国110人の参加者で開催された。会議は「環境教育の理念」「校内教育と校外教育」「自然保護」「沿岸地域の開発と保全」「行政の政策と役割」の5つのセッションに加え「その他の報告」の6セッションで構成された（佐島 1986）。同会議は，教育全体のプログラムの再編，日本環境教育センターの設立などを謳った「東京1985世界環境教育会議宣言」を出している。そこには「新しい教育〔環境教育〕は，地域的諸問題，地球規模の諸問題の解決に寄与できる環境的能力，そして生態学的に持続可能な社会（ecologically sustainable society）の発達に寄与できる環境的能力を学習者に付与しなければならない」[5]と記されている。この会議は「環境教育の求心力となった」（東京学芸大学環境教育実践施設 2005：2）と評されている。しかしながら，同会議に関しては，佐島（1986）と英語のプロシーディングス（Organizing Committee for the World Conference on Environmental Education 1987）が見られるだけで日本語の報告書等は見当たらないことから，上述の宣言や会議の成果が広まったとは考えにくい。

1980年代には，環境庁を中心に自然，大気，水，廃棄物に関わる学校外での環境教育（普及啓発）活動も行われていた。1984年に第3回自然環境保全基礎調査の一環として，一人ひとりがモニタリングに参加する「第1回身近な生きもの調査」が実施された。この調査は，1990年の第4回自然環境保全基礎調査においても，「第2回身近な生きもの調査」として実施された。また，一人ひとりの自然とのふれあいを大切にするという視点から，環境庁は「自然観察の森」整備事業に着手（1984年）し，1990年度に全国10カ所のモデル整備を終えた。1989年からは「ふるさといきものふれあいの里（自然環境保全活動拠点）」の整備事業も開始した。水環境の保全に関しては，1984年から「全国水生生物調査」が開始された。これは，身近な河川の水質を評価する試みとして，さらに意識啓発（環境教育）の一環として，環境庁と都道府県の協力の下で実施された。大気環境の保全に関しては，星空をながめて大気の状態を観察し，大気環境の保全に関心をもつことを目的に，1987年夏に「星空の街コンテスト」が行われ，88年度から年2回の「全国星空継続観察（スターウォッチング・ネットワーク）」が開始された。廃棄物に関しては，1975年に愛知県豊橋市で始まったごみゼロ運動（5月30日）と関連して，1983年から環境庁が「環境美化行動の日」の設定を呼びかけ，5月30日前後や環境週間（現在は環境月間）の活動として環境美化活動を広めた。

　主に環境庁によって推進された学校外での環境教育（普及啓発）活動は，自然とのふれあい，自然体験，水・大気の環境調査，学校や地域の美化清掃といった活動を通して，人間と環境とのかかわりを学ぶ取り組みである。これらはその後，学校教育において，環境教育の学習活動ととらえられるようになっていった。

　環境教育の源流の1つとされる公害教育は，1980年代には環境教育として展開されるようになっていく。藤岡貞彦は，「私たちは，二つの道をもとめはじめた。一方は，公害学習から環境学習への道であり，他方は，地球規模での環境汚染への視野の拡大の道である」，「公害学習から環境学習への転化は，公害の風化の中で起こったことではない。……　地球規模で公害・環境破壊が普遍化し，公害激甚地のみでなく，日常生活のすみずみにまで汚染が及びつつあるなかでの，必然の方向であったといいうるだろう」（藤岡 1988：54-55）と総括し，契機としてチェルノブイリ原発事故（1986年）を挙げている（藤岡 1998：

29)。こうした展開の中で「公害と教育」研究会は，1989年に「環境と公害」教育研究会と名称を変え，2000年に終了している（福島 1993：78，関上 2005：68）。関上哲は，1971〜2002年の『日本の教育』（全日本教職員組合編，一ツ橋書房），『日本の民主教育』（教育研究全国集会実行委員会編，労働旬報社）掲載の環境教育実践事例報告の名称を分析し（関上 2003），1980年代終わり頃には，公害教育よりも環境教育の名称が多用されるようになったとしている（関上 2005：57）。

環境教育のもう1つの源流とされる自然保護教育は，環境教育と密接な関係を維持しつつ，現在も自然保護教育との語を用いて取り組みが行われている。金田平（日本自然保護協会理事（当時））は，「日本自然保護協会では「自然保護教育」という語を使っているが，今国際的に使われている「環境教育」と内容的には同じものであるとの認識を持っている」，「環境教育は，公害教育のことであるとの解釈がある。当協会〔日本自然保護協会〕では，あえて「環境教育」の語を無視して，「自然保護教育」を使い続けている」（金田 1987：23）として，環境教育と自然保護教育は考え方や中身が同じであることから，自然保護教育を用いると述べている。今日では，環境教育か，自然保護教育かといった議論は皆無と言ってよく，両者は密接な関係を維持しつつ展開している。

文部省の教育研究開発学校の例ではあるが，1980年代前半に「環境科」が作られた事例がある。1983（昭和58）年度から3年間の指定を受けた岡山大学教育学部附属小学校は，小学校低学年に「環境科」を設置した（岡山大学教育学部附属小学校教育研究会 1986，武村 1985）。また，1982（昭和57）年度から3年間の指定を受けた石川県加賀市立動橋小学校は，小学校低学年に「生活環境科」，3〜6学年に「地域環境科」を設置した（花市 1985）。これらは1989（平成元）年の学習指導要領改訂で設置された「生活科」に向けた研究開発で，環境教育を意図した研究開発ではない。けれども，日本の学校教育に「環境」を用いた教科が設置された事例として記しておきたい。なかでも石川県加賀市立動橋小学校の「地域環境科」は興味深い事例として明記しておきたい。

第2節　環境教育の低迷から普及へ

（1）環境庁『環境教育懇談会報告』の発行

　1980年代の環境教育の低迷の時期には，一部の関心のある組織・団体やそのメンバー，例えば，東京学芸大学を中心とした環境教育研究会，モジュール開発に取り組んだ京都教育大学理科教育教室，全国小中学校環境教育研究会や日本環境協会などが，環境教育に取り組んでいたという状況であった。しかし転機が訪れる。1986年の『環境保全長期構想』を発端として，1988年に『みんなで築くよりよい環境を求めて　―環境教育懇談会報告―』（環境庁編 1988）が発行されたことによって，環境教育は低迷から普及へと展開していく。

　1986年12月9日，環境庁は昭和60年代の環境政策推進の指針として『環境保全長期構想』を決定した（環境庁編 1986b）。その「7　環境政策基盤の強化」の「（1）広報・教育の推進」に次のように記された。

> ［1］今後，都市・生活型公害など国民生活に起因した環境問題への対応，快適な環境づくりや良好な自然環境の保全などに向けて国民に期待される役割はますます大きくなっていくとみられる。こうしたことから，国民一人ひとりが人間と環境のかかわりについての理解を深め，正しい知識に基づいて，望ましい環境の形成に向けて行動することが求められている。また，次代の環境保全を担う青少年に対する環境教育も重要である。このため，環境に関する広報・教育を積極的に推進していく必要がある。
> ［2］〔略〕
> ［3］また，青少年に対する環境教育については，知識の伝達に偏らず，良好な自然や身の回りの環境の中での学習や，環境保全のための実践活動への参加などの実際の体験の中から理解を得ることが重要である。
> 　学校における教育については，学習指導要領に基づく学習の充実を図るため，環境教育の指導計画を策定するなど，地域の実態に応じ，環境教育の一層の充実を図る。さらに，地域社会や家庭においても，環境保全に資するよう，公共心の育成や，しつけなどを行っていくことが期待される。

出典：環境庁編（1986b：56）より。

　ここには，環境に関する広報・教育の積極的推進，青少年に対する環境教育，

学校での環境教育の充実が環境行政の課題として位置づけられている。『環境白書』の項目に初めて「環境教育」が用いられたのも，昭和61（1986）年版であった（環境庁編 1986a：107-108）。環境庁は『環境保全長期構想』を受けて，1986年5月，加藤一郎（環境庁顧問，成城学園長（当時））を座長として環境教育懇談会を発足させた。そして，当初の計画より1年遅れて（吉本 1990），1988年3月に『みんなで築くよりよい環境を求めて ―環境教育懇談会報告―』（環境庁編 1988）を発行した。

日本の政府機関が，環境教育に関する文書を発行したのはこれが最初で，1972年のストックホルム会議から実に16年が経過していた。1980年代初め〜中盤の環境教育の低迷も影響しているであろうが，75年のベオグラード会議，77年のトビリシ会議に行政担当を含めた政府代表を送らず，87年のモスクワ会議にも政府代表を送らなかった日本は，世界的に見れば環境教育の分野で立ち後れていたと言えよう。環境教育を担当するポジションとして，環境庁に環境教育専門官（企画調整局企画調整課内（当時））を設置したのも，この環境教育懇談会のさなかであり（吉本 1990），専門担当者の設置という点でも政府の対応は遅かった。なお，環境庁は1987年度に，北海道，宮城県，石川県，和歌山県，宮崎県の5自治体に対し「地域環境教育カリキュラム策定調査」を委託しているが（北海道 1988，宮城県 1988，石川県 1988，和歌山県 1988，宮崎県 1988），懇談会の経過と検討内容（環境庁編 1988：20）を見ると，これらが議論に反映された形跡は見られない。

懇談会報告は，「1．環境教育の動向」の中で，主に環境庁（環境庁設置以前の動向も含む）の環境教育に関連する取り組みについて記述し，国際的動向としては，ストックホルム会議，ベオグラード会議とベオグラード憲章，トビリシ会議，UNEP管理理事会特別会合（ナイロビ会議，1982年），環境と開発に関する世界委員会などに触れている（環境庁編 1988：1-6）。そして，「2．環境教育の必要性」においては，生活雑排水やゴミ問題，自動車による大気汚染などの都市・生活型公害，都市化の進展に伴う自然環境の喪失や野生生物の種の保存の問題，オゾン層の破壊や気候変動，海洋汚染，熱帯林の減少などの地球的規模の環境問題といった環境に関わる諸問題の顕在化を挙げ，こうした問題への対応として環境教育の必要性を述べている（環境庁編 1988：7-9）。その上で懇談会報告は，環境教育の理念について次のように述べている。

第Ⅱ部　日本における環境教育の展開

> 　環境教育とは，人間と環境とのかかわりについて理解と認識を深め，責任ある行動がとれるよう国民の学習を推進することである。
> 　すなわち，国民一人ひとりが環境と環境問題に関心・知識を持ち，人間活動と環境とのかかわりについて理解し，環境への配慮を欠いた人間の活動は環境の悪化をもたらすという認識を深め，生活環境の保全や自然保護に配慮した行動を心がけるとともに，より良い環境の創造活動や自然とのふれあいに主体的に参加し，健全で恵み豊かな環境を国民共有の資産として次の世代に引き継ぐことができるよう国民の学習を推進することである。

出典：環境庁編（1988：10）より。

　懇談会報告は，続けて，「環境教育の理念・学習の内容を具体的に挙げれば」として，次の5点を挙げている。
　① 環境資源の有する価値についての認識を育むこと。
　② 環境とのふれあいを通じ，環境モラルを涵養し，豊かな感性と自然を慈しむ心を育むこと。
　③ 人間活動の環境に及ぼす影響についての認識を徹底すること。
　④ 人間活動と環境容量との調和について社会的合意の形成を図っていくこと。
　⑤ 国民一人ひとりが，学習活動を通じ，自主的に実践活動に乗り出し，よりよい環境を築いていくようにすること。

　懇談会報告の環境教育の理念に挙げられている，人間と環境のかかわりや環境への影響の理解，責任ある行動の実践，より良い環境の創造活動への主体的参加，自然とのふれあいへの主体的参加，等の環境教育の考え方は，今日では一般化している。しかしながら，これらの考え方は1970年代の終わり頃，つまり環境教育の創成時代の終わり頃とほぼ同様であり，約10年さかのぼって，改めて明確に示したという程度である。1980年代初めから中盤の低迷により，理念的な醸成（熟成）が不十分であったと言える。また，懇談会報告においても，ベオグラード憲章は引用されているが，トビリシ勧告にはふれられていない。この点も1970年代に十分な報告がなされなかったことが影響しており，世界の趨勢から遅れをとっていたと言えよう。

以上のように、環境教育の始まりは1970年代であったが、日本政府が環境教育の考え方を明確にし、本格的に推進に取り組み始めたのは、『環境保全長期構想』を発端として具現された懇談会報告以降である。1970年代の環境教育の登場から今日まで、時間的には40数年間が経過しているものの、実質的な展開から見れば、環境教育の歴史は10年程度短いと言えよう。

 懇談会報告後、環境庁は、同年、第1回環境教育シンポジウムを開催し、以降環境教育に関する数多くの事業を展開している。例えば、『環境にやさしい暮らしの工夫』（環境庁編 1989a）の発行、第1回エコライフフェア（1990年）の開催（以後、継続実施）、1989年には環境にやさしい商品を示すマークとして、エコマーク制度を開始した[6]。また、1991年度から3年間、（財）日本地域開発センターに委託して「子供達に対する環境教育の充実に関する体系的調査」（座長：中川志郎（元上野動物園長））を行い（日本地域開発センター 1991, 1992a, 1992b, 1993）[7]、93年度の報告書は、『環境学習のための人づくり・場づくり』として出版された（環境学習のための人づくり・場づくり編集委員会 1995）。1995年からは「こどもエコクラブ」事業[8]、96年からは「環境カウンセラー」登録制度[9]を開始し、同年、東京の国連大学の施設内に「地球環境パートナーシッププラザ」[10]を開設した。

（2）文部省『環境教育指導資料』の発行

 文部省は1991年に中学校・高等学校編、92年に小学校編、95年に事例編の3つの『環境教育指導資料』を発行した（文部省 1991a, 1992, 1995）。環境庁が環境教育懇談会報告を発行し、国の取り組みが始まったが、省庁の所掌の関係から、学校教育への影響力は十分とは言えなかった。文部省が環境教育指導資料を発行したことで、学校教育における環境教育が推進されていくこととなる。

 『環境教育指導資料』の冒頭部分、すなわち「環境とその保全」「環境教育の意義と役割」の部分は、章・節の区切りは若干異なるものの、3冊でほとんど同じ文章が使われている。「環境とその保全」では、1990年代の社会情勢と、地球的規模の環境問題、都市・生活型公害について述べられている。「環境教育の意義と役割」では、そうした問題が日常生活に起因しており、一人ひとりが人間と環境とのかかわりについて理解・認識を深めること、責任ある行動をとることの重要性が記述され、環境教育の目的に関して、次のように述べられ

ている。

> ここで環境教育とは,「環境や環境問題に関心・知識をもち,人間活動と環境とのかかわりについての総合的な理解と認識の上にたって,環境の保全に配慮した望ましい働き掛けのできる技能や思考力,判断力を身に付け,より良い環境の創造活動に主体的に参加し環境への責任ある行動がとれる態度を育成する」ことと考えることができよう。

出典:文部省(1991a:5,1992:6,1995:8)より。

　この文は,中学校・高等学校編と小学校編は同文で,「ここで環境教育とは」で始まっているが,事例編は「環境教育の目的は」で始まり,それ以下は同文となっている。後年になって明確に「目的」と表現したことからすれば,文部省はこの記述を位置づけ直し,「環境教育の目的」として明確化したと言える。

　ところで,この記述の起草者は山極隆(文部省初等中等教育局視学官(当時))であると見なし得る事実がある。山極は『中等教育資料』1990年9月号から「学校教育における環境教育」を19回に渡って連載している[11]。その(3)において「筆者は,環境教育の目的を次のように表してみた」と述べた上で,上記の記述と2カ所の軽微な違いがあるだけのほとんど同一の文を記している[12](山極 1990a)。3冊の指導資料の作成協力者,オブザーバー(環境庁環境教育専門官),文部省編集担当者を見ると,すべてに名前が挙がっているのは山極のみである。山極だけが3冊の編集に関わったことは偶然であったかもしれないが,すべてに関わっていたからこそ山極の影響力は大きかったと推察し得る。つまり,今日,文部科学省(旧・文部省)の「環境教育の目的」規定として一般に流布している一文は,山極が起草したものであったと見なし得る。

　内容を見ると,「環境問題への関心・知識」「人間と環境とのかかわりの理解」「環境保全活動への主体的参加」「責任ある行動」が挙げられており,基本的な考え方は環境庁の環境教育懇談会報告と同じである。やはり1970年代の終わり頃の考え方とほぼ同様と言える。

　各指導資料は,冒頭の共通する部分以降は,中学校・高等学校編,小学校編においては,それぞれの学校種の特性に応じて,環境教育の視点や目標,育成すべき能力等を記述し,1989(平成元)年改訂学習指導要領の環境教育関連内

容・単元の一覧表や,環境教育の観点を盛り込んだ当該単元の学習指導計画の例を掲載している。また,事例編では,教科内容と関連したもの,環境教育に関する教材・教具を活用したもの,体験的な活動を重視したもの,家庭や地域と連携したもの,学校全体での取り組みのものに区分して実践例・実践提案を掲載している。こうした文部省の動きとも関係して,各自治体で教員向けの指導資料や児童・生徒用の副読本作成などが活発化することとなった。例えば,『環境白書(平成6年版)』(環境庁編 1994a：271)によると,副読本の作成は20団体,環境教育モデル校の指定は11団体(123校),シンポジウム等は27団体(計36回)となっている[13]。なお,中学校・高等学校編発行後,小学校編発行までの間に,文部省初等中等教育局中学校課課長補佐が環境教育専門官を兼務する形となり,環境庁と同様に文部省にも環境教育の担当者が置かれることとなった。

　文部省は,1991年6月に『環境教育指導資料(中学校・高等学校編)』を発行して以降,環境教育に関する数多くの事業を展開し始めた。例えば,1991年11月18～21日に滋賀県大津市で第1回「全国環境教育シンポジウム・研究協議会」(滋賀県と共催)を開催した。同事業は「全国環境教育フェア」(第1回は1994年埼玉県・浦和市),「全国環境学習フェア」(第1回は1998年兵庫県・神戸市)と行事の名称は変更されたが,毎年開催されている。また,1993年から「地球環境問題や都市・生活型公害などの環境問題の解決へ向けて,学校・家庭・地域が一体となった環境教育の推進に取り組む市町村」(文部省初等中等教育局中学校課 1993)を指定する「環境教育推進モデル市町村」の指定事業を始めた(2003年度から「環境教育実践モデル市町村」に事業名変更)。モデル市町村指定事業では,その実施方法において「実践協力校」の設定を義務づけていることから,学校教育での環境教育推進を含めた事業となっている。1994年から「環境教育担当教員講習会」[14]を開始し,環境教育の指導者養成として教員研修に取り組み始め,95年から,児童生徒が参加する取り組みとして「環境のための地球学習観測プログラム(Global Learning and Observations to Benefit the Environment: GLOBE)」[15]を開始した。さらに,環境教育の担当者が置かれた初等中等教育局だけではなく,大臣官房文教施設部で「環境を考慮した学校施設(エコスクール)の整備について」の調査研究を行い(環境を考慮した学校施設に関する調査協力者会議 1996),1997年から「エコスクールパイロット・モ

デル事業」を開始した。

（3）日本環境教育学会の設立

　日本環境教育学会の設立準備は，1988年9月24日の第1回世話人会から始められた。世話人会は，その後，準備会（1989年5月20日に第1回開催）へと展開し，1990年5月18～20日に東京学芸大学において創立大会が開かれ，日本環境教育学会が設立された（日本環境教育学会 2001：55-56）。創立大会は，のべ1000人超（所属がわかっているのは347人）の参加があり，約1年後の1990年6月2日時点では，正会員271人，団体会員11であった（日本環境教育学会広報委員会編 1990）。10周年記念誌に掲載されている会員アンケートでは，「学会員1703名に発送」（日本環境教育学会 2001：45）とされており，会員数は10年間に6倍以上に増加した。このことも1990年代の環境教育の普及状況を表している。

　日本環境教育学会の設立趣意書から，段落ごとに設立の背景や考え方，目的にかかわる記述を抜き出してみる。

趣意書

日本環境教育学会設立に向けて

1989.9.24

　1972年のストックホルムにおける人間環境会議で環境教育が全世界にアピールされて以降，……〔略〕……環境教育は，21世紀への人類の生存をかけた選択を決める重要な教育課題と言われています。

　日本においては，すでに公害や自然観察の学習として1950年代から熱心な実践活動が行なわれてきました。……〔略〕……第一次産業の衰退，身近な自然の減少，家族や社会構造の変化から，それまで子供たちに自然に身についていた生活能力（生活文化）を，体験学習などの教育を通して伝えなければならない状況も生まれています。……〔略〕……

　一方，自然や歴史的環境の減少とは裏腹に，国民の自然や文化遺産への関心は高まり，……〔略〕……こうした国民的規模のアウトドアー志向のもとで，自然観察や野外教育の指導を職とする者も生まれてきました。また今日では，日々の生活を支える食品の安全性，資源・エネルギーの問題などをめぐって生活習慣（ライフスタイル）が問われる時代となっています。

　このような社会的要請に対し，環境教育の専門家の養成は全く不十分な状態です。

第6章　環境教育の普及（1980〜90年代）

> 　環境教育の実践は全国的にはさまざまに行なわれているものの，相互交流はほとんどなく，そのため，すぐれた実践もその場限りで，他の活動に生かされたり活動の批判と積み上げがなされることが困難となっています。
> 　こうした状況を克服するために，日本でも1985年に世界環境教育会議が東京を中心に開かれ，……〔略〕……
> 　私たちは今，環境教育に関する学会を設立することを提案します。環境教育に関わる理念と実践を集め紹介し，批判・検討をし，過去の実践の上に新たな研究と実践を積み上げ，普及をはかる情報センターとして，また，研究や実践を発表し，評価を受ける場として，学会の存在は必要不可欠のものです。……〔略〕……
> 　環境教育の分野・領域については特に限定することは考えていません。環境は自然科学のみならず人文・社会科学も関係しています。環境汚染や公害問題，自然保護はもとより，歴史的環境，衣食住にかかわる生活環境，地域やコミュニティも環境教育が扱う範囲でしょう。……〔略〕……野外教育は環境教育の重要な部分となるでしょう。また，人間の成長過程と自然との関係など，教育学，心理学，医学などがかかわる必要もあるでしょう。
> 　多くの方々の賛同を心よりお待ちします。

出典：日本環境教育学会（2001：56）より。

　趣意書に見られる学会設立の背景としては，「体験学習の必要性の高まり」「自然観察や野外教育の進展」「ライフスタイルの問い直し」の3点が挙げられている。これらは環境庁環境教育懇談会報告，文部省環境教育指導資料が取り上げていることと同様である。ただ，「野外教育」との言葉が使われている点には，後述の「清里フォーラム」との関係が見受けられる。日本環境教育学会の世話人会・準備会と「清里フォーラム」実行委員は，人物の重複が見られることが影響していると考えられる。

　学会の必要性に関しては，「実践の交流と蓄積」「研究と実践の積み上げと普及」「研究と実践の評価を受ける場」を挙げている。環境教育研究の推進を含みつつも，どちらかと言えば，実践の蓄積・普及・推進に資することに学会の特徴・性格を置いていた。「情報センター」との表現からも察せられるように，環境教育関係者のネットワークを意識していたととらえられる。環境教育の学際性を意識し，環境教育研究の内容・分野を広範囲にとらえていることもネットワークを意識していたことと関連していたであろう。

　日本環境教育学会の設立により，環境教育の普及に向かう国の政策・行政レ

149

ベルの基盤に加えて，研究（者）レベルの基盤が整ってきたと言えよう。

（4）自然体験型環境教育の普及

環境庁の環境教育懇談会報告においても自然とのふれあいが重視されていたように，環境教育においては，自然体験を通して，人間と自然とのかかわりや生態系を学ぶことの重要性が挙げられてきた。1987年から，自然体験を基盤とした環境教育（自然体験型環境教育）に関心のある人たちが集まる場として，「清里フォーラム」（第2回から「清里環境教育フォーラム」）が開始された。第1回清里フォーラムの開催趣意書（1987年7月25日付）には次のように記されている。

現在私たちがかかえている環境との係わりに関する様々な問題に対して，自然とのコミュニケーションの中に，その解決の糸口を見いだそうとする活動が最近非常に盛んになってきています。

こうした活動は，あるいは［自然教育］・［自然保護教育］と呼ばれ，あるいは［環境教育］と呼ばれ，またあるいは［野外教育］などと呼ばれているようです。さらにこれらの［自然・環境・野外］の3つのキーワードの組み合わせによる表現もあるようです。

〔中略〕

しかし，現在それぞれの団体・活動主体の横の連絡・つながり及研究成果の発表は決して充分に行われているとは言えず，それぞれの団体・活動主体が同じ様に自然環境と人間とを結びつけて行くことを目標にしているにもかかわらず，それぞれが個別の経験的なノウハウに頼り，そのノウハウが特殊化し，広く他に伝わって行かないのが現状のようです。

〔中略〕

こうした現状をふまえて私たちは，ここに［第1回清里フォーラム］の開催を呼びかけます。このフォーラムは，全国のあらゆる［自然・環境・野外教育活動］にたずさわる，現場の実践者たちが集う広場です。この広場は，今後継続的に開催されて行きます。この広場は，あくまでも運動体ではなく交流・研究の場です。交流・研究の結果産み出されたものは，ひとつの形にまとめられていきます。そしてまとめられた成果は公表され，広く各団体・活動体に利用されるべきものと考えます。

出典：清里フォーラム実行委員会（1988：4）より。

第 6 章　環境教育の普及（1980～90年代）

　この趣意書には，環境教育に特化せず，広く自然環境に関わる教育活動に取り組んでいる人たちを想定し，「運動体」としてではなく「交流・研究の広場」としてフォーラムを開催する旨が記されている。

　第 1 回清里フォーラムは1987年 9 月28～29日の 1 泊 2 日で，山梨県北巨摩郡高根町清里（現，北杜市清里）の財団法人キープ協会・清泉寮で開催された。参加者は93人で，「全国より，国立公園・サンクチュアリのレンジャー，博物館の学芸員，大学の野外活動施設の先生，自然保護団体の職員，行政の自然保護担当者等」（清里フォーラム実行委員会 1988：5）が集まった。実行委員は以下のメンバーで，参加者も実行委員も，主に自然環境，自然体験に関わる教育活動の実践者であった。

```
委員長：茅野達一郎（財団法人　キープ協会専務理事）
委員：岡島成行（読売新聞社会部記者）
　　　小河原孝生（財団法人　日本野鳥の会保護部部長）
　　　川嶋直（財団法人　キープ協会・キープ清里サンクチュアリ）＝［事務局］
　　　北沢克巳（環境庁自然保護局計画課）
　　　瀬田信哉（環境庁自然保護局計画課長）
　　　横山隆一（財団法人　日本自然保護協会主任研究員）
　　　吉田正人（財団法人　日本自然保護協会主任研究員）
　　　渡辺隆一（信州大学教育学部附属志賀自然教育研究施設）［アイウエオ順］
-----〔以下は第 2 回より実行委員〕
　　　阿部治（筑波大学環境科学研究科講師）
　　　稲本正（ドングリの会・オークビレッジ代表）
　　　北野日出男（東京学芸大学教育学部附属野外教育実習施設長）
```
注：所属はいずれも当時。
出典：清里フォーラム実行委員会（1988：79）より[16]。

　「清里フォーラム」は，第 2 回から「清里環境教育フォーラム」と名称を変更して 2 泊 3 日で開催され，当初から 5 カ年プロジェクトとされていたとおり，1991年11月17～19日の第 5 回をもって終了した。そして， 5 年間の成果を『日本型環境教育の「提案」』（清里環境教育フォーラム実行委員会 1992）として出版した。第 1 回から 5 回までの参加者数は，のべ762人，通算約400人とされている（清里環境教育フォーラム実行委員会 1992：420）。フォーラムの名称に環境教育

を入れたことについて，第2回の開催趣意書（1988年7月1日付）は「よりテーマがわかりやすいように」したことを挙げ，「「環境教育」を，自然教育・野外教育等の概念も含めて非常に広い範疇」でとらえていると説明されている（清里環境教育フォーラム実行委員会 1989：13）。つまり，第1回趣意書の「自然，環境，野外の3つのキーワードの組み合わせによる教育活動」を包括する概念として環境教育を看板に掲げたのである。このことは，当時の実行委員の環境教育のとらえ方を反映していると言えよう。

清里環境教育フォーラムは5年間で終了したが，参加した人たちからの継続を求める声に応じて，1992年に任意団体として「日本環境教育フォーラム」が発足した。そして同年から年1回の「日本環境教育フォーラム・清里ミーティング」が継続されている[17]。当初任意団体として設立された「日本環境教育フォーラム（Japan Environmental Education Forum: JEEF）」は，1997年に社団法人，2010年に公益社団法人となり，日本の環境教育を担う主要団体の1つとして活動している。

清里環境教育フォーラムに集まった全国各地の人たちの中から，各地域で環境教育ミーティングを開催する気運が高まり，関西（1994年），北海道（1995年），九州（1997年），中・四国（1998年），東北（1998年），中部（1998年），関東（2005年）で地域レベルの環境教育ミーティングが開催されるようになった[18][19][20]。こうした環境教育ミーティングに集まった人たちのネットワークやお互いの学び合いは，日本の環境教育，とりわけ学校外での自然体験型環境教育の普及を促進した。また，日本環境教育フォーラムは1996年に「自然学校宣言」を発するとともに第1回集会を開き，「自然を背景とした体験教育」の場としての「自然学校」の取り組みを全国に広げる活動を開始した（日本環境教育フォーラム 1996）。

1987年から5年間の「清里（環境教育）フォーラム」，それを契機として始まった各地の環境教育ミーティング，そして「清里（環境教育）フォーラム」後の日本環境教育フォーラムの活動は，自然体験型環境教育の発展と実践者のネットワーク形成に大きく貢献するとともに，環境教育の普及に貢献したと言えよう。

第6章　環境教育の普及（1980〜90年代）

第3節　普及時代の国内の展開

（1）環境保全に係る動向

　1980年代の終わり頃から2つの環境問題がクローズアップされ始めた。1つは地球的規模での環境問題（地球環境問題）であり，もう1つは都市・生活型公害と言われる環境問題である。これらの問題は，『環境白書（昭和58年版）』で，すでに「家庭生活等に起因するものが問題となっており」，「地球的規模での諸問題が提起されている」（環境庁編 1983：1）といった表現で取り上げられていたが，明確にこれらの問題と環境教育の関係が記されたのは，『環境白書（平成元年版）』である。具体的には，「環境教育の推進」の項目において，「近年，環境問題においては，都市・生活型公害や地球的規模の環境問題の比重が高まるとともに，身近な自然とのふれあいや快適な環境の保全・創造を求める国民のニーズが増大している」，「国民一人ひとりが人間と環境との関わりについて理解と認識を深め，環境に配慮した生活・行動を行っていくことが求められており，環境教育の推進が一層重要となっている」（環境庁編 1989b：175-176）との表現で，地球環境問題，都市・生活型公害と環境教育の関係が記されている。

　国境を越える広域的な環境問題（大気汚染）や二酸化炭素濃度の上昇，フロンガスによるオゾン層の破壊といった「①被害，影響が一国内にとどまらず，国境を越え，ひいては地球規模にまで広がるような環境問題」，「②わが国のような先進国も含めた国際的な取組みが必要とされる開発途上国における環境問題」のいずれか，または両方を満たす環境問題を地球環境問題と呼んでいる（柳下 1992：8-9）。具体的には，①オゾン層の破壊，②地球の温暖化，③酸性雨，④森林の減少，⑤野生生物種の減少，⑥砂漠化，⑦海洋の汚染，⑧有害廃棄物の越境移動，⑨開発途上国の環境問題，の9つが挙げられている（柳下 1992：8-9）。これらの地球環境問題は，国際的な取り組みが必要とされると同時に，オゾン層破壊の原因となるフロンガスの排出や，地球温暖化の主要原因とされる二酸化炭素の排出，酸性雨の原因となる二酸化窒素の排出などは，日常生活や社会経済活動と関係しており，一人ひとりの意識と行動の変革が求められることとなった。

この頃よりも前から，例えば「オゾン層保護のためのウィーン条約」(1985年)，長距離越境大気汚染防止条約に基づく「ヘルシンキ議定書」(1985年)，「オゾン層を破壊する物質に関するモントリオール議定書」(1987年)などの採択・締結が行われ，地球環境問題への対応がなされてきていた。環境庁も「地球温暖化問題に関する検討会」を1988年に設置するなどの取り組みを行っていた。地球環境問題が世間一般の関心を集めるきっかけとなった象徴的な出来事がある。それは，アメリカの『TIME』誌の1989年1月2日号の表紙を，"Planet of the Year"として，縄で縛られた地球儀の写真（Endangered Earth）が飾ったことである。『TIME』誌の年初号の表紙は，"Person of the Year"として時の人が選ばれるが，特殊な例として"Planet of the Year"とされた。これが国際的な関心を集め，1989年を地球年とか，地球環境元年と称する報道が見られた。地球環境問題に関連して，「地球が危ない」，「地球環境の危機」といったテーマで雑誌の記事や特集，数多くの出版物が見られた。

　1990年には，アメリカの動きに呼応して「アースデイ」(4月22日)が呼びかけられ，日本各地で行事が開催された[21]。また環境庁は1991年から，それまでの環境週間（6月5〜11日）を環境月間（6月）へと拡張した。その他，国，地方自治体，市民団体等のさまざまな取り組みや出版物がみられ，1992年の「環境と開発に関する国連会議」（ブラジル，リオ・デ・ジャネイロ。通称：地球サミット）へと向かっていった。地球サミットで採択された『アジェンダ21』，締結された「気候変動枠組み条約」や「森林原則声明」なども，国内の環境保全活動，とりわけ地球環境問題に対する取り組みや世間一般の意識の高揚に影響を与えた。

　一方，テレビ・冷蔵庫の大型化，全自動洗濯機の普及，OA機器の普及等によるエネルギー消費の増大，外食産業やレジャーの進展に伴うカップや割り箸等の使い捨て用品の使用増人，OA機器の普及に伴う紙の使用量の増大といった生活の変化によって，資源・エネルギーの消費や生活排水，廃棄物の増大という問題が生じてきた。また，都市化の進展に伴う自動車交通による交通公害や二酸化窒素を中心とした大気汚染の問題，リゾート，野外レジャー，レクリエーションの普及と施設等の開発に伴う自然環境の破壊や圧迫の問題，ゴルフ場の農薬や新たな化学物質等による問題などが生じてきた（環境庁20周年記念事業実行委員会 1991：86-103）。これらの問題は，都市部を中心とした生活の変化に

伴って生じたものであることから，都市・生活型公害と称されている。こうした都市・生活型公害と言われる環境問題は，「一人ひとりが公害の被害者であるだけでなく，加害者でもある」(環境庁20周年記念事業実行委員会 1991：106)という状態にある。それゆえ地球環境問題と同様，その解決に向けて一人ひとりの意識と行動の変革が求められることとなった。

　環境庁は，都市・生活型公害の解決に向け，1988年に「暮らしと環境に関する研究会」を設置し，『環境にやさしい暮らしの工夫』(環境庁編 1989a)を発行した。同年，エコマーク制度が発足し，環境に配慮した商品を認定して，アルファベットの"e"の形に両腕で地球を抱いた図案と「ちきゅうにやさしい」とのロゴを用いたエコマークが付けられるようになった。また環境庁は，1990年からエコライフフェア（第1回：1990年6月8〜13日）を開催し始めた。同じ頃アメリカでは，1989年に出版された"50 SIMPLE THINGS YOU CAN DO TO SAVE THE EARTH" (The Earthworks Group 1989) がベストセラーとなっており，その翻訳本が『地球を救うかんたん50の方法』として出版された（ジ アースワークス グループ，土屋京子訳 1990）。その後，国内の団体・個人が執筆した「地球を救う○○の方法」に類した書籍が数多く出版され，雑誌等に特集記事も掲載された。こうした動向から「環境にやさしい暮らし」，「地球にやさしい暮らし」，「エコロジカルなライフスタイル」や省略形の「エコライフ」といった言葉が広く用いられるようになっていった。その内容は，家庭や職場（オフィス）での省資源やリサイクル，省エネルギーに関わるものが中心であった。当時流行っていた朝に温水で髪の毛をシャンプーする「朝シャン」や，土産物などの「過剰包装」に対して環境保全の観点から問題提起をしたり，エコマーク商品の購入のように購買行動への提案をしたりする書籍や雑誌記事等も見られた。

　こうしたライフスタイルの提案は，当初は都市・生活型公害に関わるものが主であったが，徐々に地球環境問題と関連づけたものが見られるようになる。例えば，割り箸の使用が森林の破壊につながるとして「マイ箸」を推奨するとか，フロンガスを使っていないスプレー製品（ノンフロンスプレー）の購入・使用がオゾン層の破壊を防ぐことにつながるといった論調が見られた。1990年代後半になると，「地球温暖化防止　→　二酸化炭素の排出削減」が課題となり，電気の使用が二酸化炭素の排出につながり，地球温暖化と関係することか

ら，省エネルギーに関わる提案の比重が高まってきた。また，ライフスタイルを見直す手法・活動として「環境家計簿」や，環境保全の観点からの生活チェックリストも見られるようになった。「環境家計簿」は盛岡通（元大阪大学）が提案し，1981～82年度に滋賀県の大津生協有志グループが「くらしの点検表」として試行して作り上げられてきたものである（盛岡 1986：40-47）。1980年代初期には登場していたが，普及したのは90年代のライフスタイルを見直す活動と関連してであった。環境庁は1996年に，日常生活で使った電気，ガス，水道，灯油，ガソリン，アルミ缶，スチール缶，ペットボトル，ガラスビン，紙パック，食品トレー，ごみを二酸化炭素排出量に換算するタイプ[22]の「環境家計簿」（WEEKLY版，DAILY版）を発行した（環境情報科学センター編 1996a, 1996b）。当初は日常生活が環境に与える負荷を把握するものであったが，1990年代中盤には地球温暖化と関連づけて二酸化炭素排出量を減らすためのライフスタイルの見直しへと展開していった。

　地球環境問題や都市・生活型公害を中心とした環境問題の質的変化は，環境基本法制定の背景ともなった。環境基本法制定の必要性について環境庁は，「今日の環境問題は，人間の社会経済活動による環境への負荷の増大が環境の悪化をもたらすとともに，それが地球規模という空間的な広がりと将来の世代にもわたる影響という時間的な広がりを持つ問題ともなっている。さらに，国民の良好な自然環境へのニーズ等の新しい環境行政に対する要請にも応えていく必要がある」（環境庁企画調整局企画調整課 1994：61）として，それまでの公害対策基本法，自然環境保全法ではカバーできなくなってきたことを挙げている。そして，「公害・自然環境の両分野にまたがって生ずる」，「主として国民の日常生活，事業者の通常の事業活動から生ずる環境への負荷によって生ずる」ことに近年の環境問題の特質があるとし，「行政分野の総合化と行政範囲の国際化」「行政対象の拡大」「行政手法の拡大」のために基本法の制定が必要であるとした（環境庁企画調整局企画調整課 1994：61-71）。

　環境基本法は1993年に制定され，同時に公害対策基本法が廃止された。制定された環境基本法の第9条には，国民の責務として「国民は，基本理念にのっとり，環境の保全上の支障を防止するため，その日常生活に伴う環境への負荷の低減に努めなければならない」，「2　前項に定めるもののほか，国民は，基本理念にのっとり，環境の保全に自ら努めるとともに，国又は地方公共団体が

第6章　環境教育の普及（1980〜90年代）

実施する環境の保全に関する施策に協力する責務を有する」と定められた。そして，同法第25条に「環境の保全に関する教育，学習等」，第26条に「民間団体等の自発的な活動を促進するための措置」，第27条に「情報の提供」が明定された。第25条には次のように規定されている。

> （環境の保全に関する教育，学習等）
> 第二十五条　国は，環境の保全に関する教育及び学習の振興並びに環境の保全に関する広報活動の充実により事業者及び国民が環境の保全についての理解を深めるとともにこれらの者の環境の保全に関する活動を行う意欲が増進されるようにするため，必要な措置を講ずるものとする。

出典：環境庁企画調整局企画調整課（1994：254，376）より。

この第25条の規定により，国は環境教育の推進に取り組まなければならないこととなった。つまり，環境教育は法的根拠を得たのである。環境基本法に基づいて策定される『環境基本計画』には，環境教育に関する記述が盛り込まれ，環境教育に関する行政施策が講じられるようになっていく。そして国に準じて，地方自治体でも環境基本条例や基本計画が策定され，その中に環境教育に関する施策が盛り込まれるようになっていく。

環境基本法に基づいて，1994年12月に『環境基本計画』〔第1次〕が閣議決定された。その基本的な考え方は「循環」「共生」「参加」および「国際的取組」の4つのキーワードで示されている。このことについて，『環境基本計画』〔第1次〕の第3部「施策の展開」の冒頭に，次のように記されている。

> 　前記の環境政策の長期的な目標を実現するため，環境への負荷の少ない循環を基調とした経済社会システムを構築すること，健全な生態系を維持・回復しつつ自然と人間との共生を確保すること，それらを実現していくための基礎として，公平な役割分担の下でのすべての主体の参加による環境保全の具体的取組を展開すること，そして，国際的な取組を積極的に推進すること，という4つの考え方を，施策の展開すべき方向とし，かつ，各種の施策相互の有機的連携を図りつつ，総合的かつ計画的に施策を展開する。
> 　その際には，……〔略〕……，問題の性質に応じて，環境影響評価，規制的措置，経済的措置，社会資本整備，環境教育・環境学習，事業者・国民の積極的な取組の支援，科学技術の振興等の多様な施策手法を適切に組み合わせ活用することが重要

157

> である。

出典：環境庁企画調整局編（1994：17）より。

　当時はまだ「持続可能な社会」という言葉は使われてはいないが，環境保全型社会，循環型社会，低環境負荷型社会，共生型社会などの言葉で表現されていた社会像を4つのキーワードで整理したと言える。そして，環境教育は，環境行政施策の1つと位置づけられることとなったのである。
　以上のように，1990年代には，地球環境問題，都市・生活型の環境問題が注目を集め，それらが日常生活と密接に関係し，一人ひとりが被害者であると同時に加害者であることから，個々人の意識と行動の変革，ライフスタイルの見直しやエコライフの実践が強調された。そしてこうした考え方に基づいて，環境教育は，法的根拠を得ると同時に，行政施策の1つに位置づけられ，推進されるようになった。1997年の地球温暖化防止京都会議（通称：COP3）に向かう取り組みや京都議定書の採択，「地球温暖化対策の推進に関する法律」（1998年），全国温暖化防止活動推進センターの開設（1999年）などは，日常生活からの二酸化炭素排出への意識づけや省エネルギーの推進という面で環境教育に影響を与えてきた。また，廃棄物・リサイクルの問題に関しては，「再生資源の利用の促進に関する法律（リサイクル法）」（1991年）の制定から「容器包装に係る分別収集及び再商品化の促進等に関する法律（容器包装リサイクル法）」（1995年），「循環型社会形成推進基本法」（2000年）に至る一連のリサイクル関連の法律が，廃棄物の分別回収，省資源，3R（リデュース，リユース，リサイクル）を普及させるとともに，環境教育に影響を与えてきた。その他にも，環境ホルモンや，ごみ焼却施設からのダイオキシン排出といった化学物質の問題も見られた。1997年には学校の小型ごみ焼却施設の抑制・廃止が通知されたこととも関連して，当時，ごみの焼却とダイオキシン問題を取り上げた環境教育実践も見られた。

（2）普及時代の環境教育の動向

　1988年の環境庁『環境教育懇談会報告』，90年の日本環境教育学会設立，91，92，95年の文部省『環境教育指導資料』，92年の生涯学習審議会答申での現代的課題の充実の明記[23]，93年の環境基本法，並びに87年の清里フォーラムに端

第6章　環境教育の普及（1980〜90年代）

を発する日本環境教育フォーラムの設立（1992年）と自然体験型環境教育の広がりなど，80年代末から90年代初めにかけて，環境教育の普及へ向かう動きが活発化した。また1990年には「地域の環境保全に関する知識の普及・啓発事業など地域環境保全活動を継続的かつ着実に推進」（環境庁編 1994a：271）するため，都道府県・政令市（58ヵ所）に「地域環境保全基金」が設置され環境教育関連事業の財政基盤が整備された[24]。1993年には「地球環境基金」も造成された。

　行政レベル，研究（者）レベル，民間レベル，法的根拠，財政面の裏づけなどの基盤が整い，日本の環境教育は急激な進展，あるいはブームと言ってもよいような本格的な普及の時代を迎えることになる。例えば国会図書館蔵書検索で，「環境教育」または「環境学習」を書名キーワードとして検索すると，1990年代には108冊が見られる（国，地方自治体の行政報告書等を除いた市販書籍）。書名には「環境教育」「環境学習」の語を含まないが環境教育に関連するという書籍を含めればもっと多数になる。同じ方法による検索では，1970年代は2冊，80年代は7冊であったことと比べれば，大幅な出版数の増加であり，このことも環境教育ブームの到来を表していると言えよう。

　ところが環境教育の理念は，1970年代以降ほとんど進展を見せていなかった。環境庁『環境教育懇談会報告』，文部省『環境教育指導資料』は1970年代の国際的な議論，すなわちストックホルム会議（1972年）やベオグラード会議（1975年）に基づいて環境教育の理念や指針を論じている。1970年代に十分な報告がなされなかったトビリシ会議（1977年）の環境教育の理念（目的・目標等）は，90年代中盤まで明らかにされなかったため[25]，主としてベオグラード憲章を基盤として環境教育が論じられていた。「持続可能な開発」や「持続可能な社会」といった「持続可能性」の観点が，環境教育の理念に盛り込まれ始めるのは，1990年代中盤の『環境基本計画』〔第1次〕（環境庁企画調整局編 1994）あたりからである。しかしながら，明確な位置づけは1990年代末の中央環境審議会答申（1999年）まで待たなくてはならない。普及時代全般を通してみれば，「持続可能性」の観点は，まだ環境教育の理念に盛り込まれていなかったと言える。

　1992年の地球サミットは「持続可能な開発」を基調としていた。国際的には，1990年代に入って「持続可能性」の観点からの環境教育の概念的・内容的枠組

みの拡大が始まっていたことからすれば，日本の状況は世界の趨勢から10年程度遅れていたと言えよう。1980年代の低迷が影響し，環境教育の理念に関する議論や進展がなかったことが大きな要因と言える。

普及時代の環境教育は，地球環境問題の解決やライフスタイルの変革をねらいとする論調が主であったが，環境教育に関わっている人たちの間では，徐々に「環境教育は持続可能な社会へ向かうべきである」との考え方が広まり始めた[26][27]。そして，1999年の中央環境審議会答申において，環境教育は「持続可能な社会の実現」をめざすものと明確化された。そこには，1997年のテサロニキ会議も影響している。1999年の中央環境審議会答申は，2000年代の環境教育への橋渡しとなり，90年代よりむしろ2000年代に影響を与えたが，90年代の理念的変化をとらえる意味で，『環境基本計画』〔第1次〕と中央環境審議会答申の記述を見ておきたい。

『環境基本計画』〔第1次〕の第3章2節「各主体の自主的積極的行動の促進」に「1　環境教育・環境学習等の推進」があり，次のように記されている。

持続可能な生活様式や経済社会システムを実現するためには，各主体が，環境に関心を持ち，環境に対する人間の責任と役割を理解し，環境保全活動に参加する態度及び環境問題解決に資する能力が育成されることが重要である。このため，幼児から高齢者までのそれぞれの年齢層に対して，学校，地域，家庭，職場，野外活動の場等多様な場において互いに連携を図りつつ，環境保全に関する教育及び主体的な学習を総合的に推進する。

その際，自然の仕組み，人間の活動が環境に及ぼす影響，人間と環境の関わり方，その歴史・文化等について幅広く理解が深められるようにするとともに，知識の伝達だけでなく，自然とのふれあいの体験等を通じて自然に対する感性や環境を大切に思う心を育てることを重視する。特に，次世代を担う子どもに対しては，人間と環境の関わりについての関心と理解を深めるための自然体験や生活体験の積み重ねが重要であることに留意し，そのための施策の充実を図る。

出典：環境庁企画調整局編（1994：66）より。

冒頭に「持続可能な生活様式や経済社会システムを実現するためには」との表現で，「持続可能性」の観点が盛り込まれているが，「持続可能な社会」との語は用いられていない。1994年当時は，まだ「持続可能な社会」が一般化して

いなかったことを物語っていよう。続けて、「人間と環境のかかわり」や「環境に対する人間の責任・役割」、「環境保全活動への参加」などの1970年代の議論と成果を踏まえて記述されている。また、1986年の『環境保全長期構想』で、「知識の伝達に偏らず……体験の中から理解を得ることが重要である」（環境庁1986b：56）と記されていたことを踏襲して、ここでも「自然体験や生活体験」といった「体験」を重視する考え方が記されている。つまり、環境教育は「人間と環境のかかわり」や「環境に対する人間の責任・役割」を理解し、環境保全活動に「参加」する態度や能力を、「体験」を通して学ぶことが示されたと言える。もちろん背景には、『環境白書（平成元年版）』（環境庁編 1989b）その他で示されているように、地球環境問題、都市・生活型公害等の環境問題があり、「一人ひとりが人間と環境との関わりについて理解と認識を深め、環境に配慮した生活・行動を行っていくこと」（環境庁編 1989b：175-176）が求められるとの認識があったことは言うまでもない。

『環境基本計画』〔第１次〕では、「（１）学校における環境教育」において、次のように記されている。

（１）学校における環境教育
　学校における環境教育は生涯学習の一環であり、その基礎的部分として重要である。
　初等中等教育においては、各教科、道徳、特別活動等を通じた学校教育全体の中で、相互の連携を図りながら、環境教育を総合的に推進する。特に、児童生徒の主体的な体験活動を通じて価値観を形成していく過程を重視する観点から、自然とのふれあいや環境保全活動への参加などの体験活動を積極的に推進する。

出典：環境庁企画調整局編（1994：66-67）より。

ここには社会、理科といった個別の教科名は挙げられておらず、道徳、特別活動を含めた学校教育全体で総合的に推進すると記されている。『環境白書（各論）（平成６年版）』まで「社会、理科、体育、保健体育を中心に」（環境庁1994b：47）とされていた部分が、翌年の『環境白書（各論）（平成７年版）』では、「各教科、道徳、特別活動等の相互の連携を図りながら、学校教育全体の中で環境教育を総合的に推進する」（環境庁編 1995：386）と変更されている。白書の記述の変更は、『環境基本計画』〔第１次〕の影響と察せられる。自然と

のふれあい，環境保全活動といった自然・環境問題に関わる「体験」が強調されている点は，1980年代末以降の関連文書と同様である。

中央環境審議会答申『これからの環境教育・環境学習 ―持続可能な社会をめざして―』(中央環境審議会 1999)[28]は，タイトルですでに持続可能な社会をめざすことを示しているが，「3　環境教育・環境学習の基本的な考え方」の「(1) 環境教育・環境学習の基礎」において，「環境教育・環境学習は，持続可能な社会の実現を指向するものである。言い換えれば，持続可能な社会の実現に向けた全ての教育・学習活動やそのプロセスは環境教育・環境学習と言える」との端的な表現で，環境教育の方向性を明記している。

同答申の「2　今，なぜ環境教育・環境学習か」の「(1) 環境教育・環境学習の意義」および「(2) 持続可能な社会と環境教育・環境学習」には，以下のように記述されている。

---

(1) 環境教育・環境学習の意義

　今日の環境教育・環境学習を，環境基本計画の趣旨にのっとり整理すると，「環境に関心を持ち，環境に対する人間の責任と役割を理解し，環境保全活動に参加する態度や問題解決に資する能力を育成すること」を通じて，国民一人ひとりを「具体的行動」に導き，持続可能なライフスタイルや経済社会システムの実現に寄与するものと位置付けられる。

(2) 持続可能な社会と環境教育・環境学習
　〔略〕
　以上をまとめれば，環境教育・環境学習は，人間と環境との関わりについての正しい認識にたち，自らの責任ある行動をもって，持続可能な社会の創造に主体的に参画できる人の育成を目指すものと言えよう。

出典：中央環境審議会答申 (1999) より。

これらの記述は，1970年代の成果を基盤とした「人間と環境のかかわり」や「環境に対する人間の責任・役割」，「責任ある行動」を位置づけると同時に，「持続可能な社会の実現をめざす」との環境教育の方向性を示した。この1999年の中央環境審議会答申は，2000年代の環境教育への橋渡しともなったが，筆者はこの答申の中に問題点が潜んでいると考えている。同答申は，学校教育だ

けに目を向けているのではないことに留意すべきではあるが,「行動」や「参加」が強調されすぎているように受け止められることである。このことは上記の引用にも表れているが,他の部分に,より鮮明に表れている。例えば,「2 今,なぜ環境教育・環境学習か」の「(2) 持続可能な社会と環境教育・環境学習」には,「環境保全が必要だという理解は進んでも,それが環境保全のための具体的な行動に結びつきにくいことが指摘されている」ことが挙げられ,環境教育はその「重要なツールとなり得るもの」と述べられている。また,「3 環境教育・環境学習の基本的な考え方」の「(1) 環境教育・環境学習の基礎」には,「持続可能な社会の実現に向け,日常生活や社会活動のすべての過程に,環境問題の本質的な解決に結びつく具体的な行動・活動を組み込んでいくことが必要である」と述べられている。環境教育において,環境に対する責任ある行動や,環境保全活動への参加は1970年代から挙げられていたことである。しかし,「行動」や「参加」に結びつけるためのツールとして環境教育をとらえている点には,「行動」を強調しすぎる傾向が見られる。環境への関心や,人間と環境のかかわりの理解,環境を保全する態度,能力の育成が,目標ではなく通過点(プロセス)とされてしまっているとの問題点を指摘し得る。

環境教育の理念に関しては,1980年代の低迷の影響により,90年代初めには70年代とほとんど変わらなかったが,90年代を通じて進展し,90年代末にようやく「持続可能な社会の実現をめざす」と明定された。しかしながら,環境教育は『環境基本計画』〔第1次〕で環境行政施策の1つの手法と位置づけられ,「行動」の過度の強調を生んでいったと言える。この傾向は2000年代の環境教育に影響を及ぼしていると考えられる。

一方,学校教育に関して1つの転換点が訪れる。それは「総合的な学習の時間」の設置を唱えた1996年の中央教育審議会答申である。1996年の中央教育審議会答申『21世紀を展望した我が国の教育の在り方について(第一次答申)』(中央教育審議会 1996)[29]は,「生きる力」を看板に掲げ,「総合的な学習の時間」の設置を唱えたものであり,1998(平成10)年の学習指導要領改訂の基盤となったものである。

環境教育に関しては「第5章 環境問題と教育」に記述されているが,その前の第1章(1)の「[5] 横断的・総合的な学習の推進」の中でも環境教育が登場する。同項目では,「今日,国際理解教育,情報教育,環境教育などを行う

社会的要請が強まってきている」ことが挙げられ，「総合的な学習の時間」の学習活動として，「国際理解，情報，環境のほか，ボランティア，自然体験などについての総合的な学習や課題学習，体験的な学習等が考えられる」と例示的に記述されている。つまり，「総合的な学習の時間」の設置を唱えると同時に，その学習活動の例示として「環境」を挙げたのである。

「第5章　環境問題と教育」の「[1]　環境問題と教育」では，地球環境問題，都市・生活型公害の解決が重要な課題となっていることを述べ，社会経済システムやライフスタイルを「環境への負荷が少ないものへと変革することが重要」で，「一人一人が『宇宙船地球号』の乗組員の一員であるという全地球的な視野を持つと同時に，人間と環境とのかかわりについて理解を深め，自然と共生し，いかに身近なところから，具体的な行動を進めるかが極めて重要な課題となっている」として，環境教育が必要であると述べている。そして，「環境から学ぶ」，「環境について学ぶ」，「環境のために学ぶ」の3つの視点を提示している。「[2]　環境教育の改善・充実」では，学校における環境教育について「率直に言って，その取組の歴史は浅く，まだ各学校が十分な実践の経験を持っているとは言えない」と述べ，1980年代の低迷をひきずった状態にあることを指摘し，学校における環境教育の推進に関して次の3点を提示している。

その第1は，「各教科，道徳，特別活動などの連携・協力を図り，学校全体の教育活動を通して取り組んでいくことが重要」であるということである。この記述は『環境基本計画』〔第1次〕とほぼ同様である。学校全体で取り組むべきであるとしているものの，ここにはまだ「総合的な学習の時間」は明記されていない。教育課程上の環境教育の位置づけに関して「総合的な学習の時間」が記されたのは，1998年の教育課程審議会答申[30]においてである。教育課程審議会答申では，「環境問題への対応」の項目において，「環境教育は，現在，小学校，中学校及び高等学校を通じて，社会科，公民科，理科，技術・家庭科，家庭科や保健体育科を中心に各教科等の特質等に応じ，また，それらの連携を図りつつ，環境問題や環境と人間とのかかわりに対する理解を深めることとされている。今後は，各教科，道徳，特別活動及び「総合的な学習の時間」のそれぞれにおいて，……」と，「総合的な学習の時間」における環境教育の実践をより明確に記述している。

第2は，「環境や自然と人間とのかかわりについて理解を深めるとともに，

第6章　環境教育の普及（1980～90年代）

環境や自然に対する思いやりやこれらを大切にする心をはぐくみ，さらに，自ら率先して環境を保全し，よりよい環境を創造していこうとする実践的な態度を育成することが大切」であるということである。ここには「人間と環境のかかわり」，「環境を大切にする心」，「環境保全への実践的態度」が記されており，文部省『環境教育指導資料』の考え方が踏襲されている。

第3は，「体験的な学習が重視されなければならない」ということである。「体験」の重視は，環境庁の『環境保全長期構想』や『環境教育懇談会報告』，『環境基本計画』〔第1次〕と同一の考え方であり，1980年代末以降，今日に至っても強調され続けていることである。

1996年の中央教育審議会答申は，「総合的な学習の時間」の設置を謳い，その学習内容に「環境」を記述した。これが1つの契機となって，教育課程審議会答申，学習指導要領改訂を経て，「総合的な学習の時間」における環境教育実践へ向かっていくこととなった。この時点では「持続可能な社会」への指向性は明確ではなく，環境教育の理念は1970年代と大きな違いは見られなかった。また，「体験」を重視する論調は，同答申以前の文書と同様であった。

行政レベルの動きが始まったことから，1990年代には国・地方自治体において数多くの事業（行政施策）が行われ，民間団体等の活動も活発化した。ネイチャー・ゲーム（Nature Game）[31]，PLT（Project Learning Tree）[32]，プロジェクト・ワイルド（Project WILD）[33]などのアメリカのプログラムが普及されたり，全国学校ビオトープ・コンクールというビオトープづくりに関する民間の事業が開始（1999年）されたりといった動向も見られた。しかしながらここで多様な取り組みを羅列的に記述することにあまり意味はない。そこで以下では，1990年代に開始され，今日も継続されているとともに，小・中学校の環境教育に影響を与えた事業として「こどもエコクラブ」「環境のための地球学習観測プログラム（Global Learning and Observations to Benefit the Environment: GLOBE）」（通称：「グローブプログラム」），「エコスクールパイロット・モデル事業」の3つを取り上げて，その内容をとらえておきたい。

環境庁「こどもエコクラブ」事業は1995年に開始された[34]。この事業は，兵庫県西宮市が1992年から実施していた「わが町の環境ウォッチング事業」を範として企画されたものである。西宮市の事業は，愛称を「2001年・地球ウォッチングクラブ・にしのみや」と称し，"Earth Watching Club" の頭文字をとっ

てEWCと略称している（小川 1993）。「こどもエコクラブ」はEWCが原点であると言っても過言ではない。「こどもエコクラブ」は，初期は，最低2人の小・中学生（クラブ員）と1人の大人（サポーター）で1つのエコクラブを構成することになっていたが，現在では3歳以上の幼児，高校生もクラブ員となることができるように変更されている。また，高校生はクラブ員，サポーターのどちらにもなれるようになっている。高校生を含めるようになったのは，小・中学生の頃に「こどもエコクラブ」の活動をした子どもたちが，高校生になっても活動に参加できるようにということからである。また幼児は，小学生が弟や妹（幼児）と一緒に参加する場合などへの対応である。最低人数（またはそれ以上）が集まれば，こどもエコクラブ地方事務局（初期は市町村の環境行政担当課）を窓口として，全国事務局に申請することで，1つのエコクラブとして登録される仕組みになっている（全国事務局は日本環境協会内に置かれている）。登録は単年度なので，毎年登録する必要がある。集まる子どもたちに制限はなく，家族，ご近所といった小規模なものから，地域の子供会，スポーツ少年団といったものや，1学級，1学年，1つの学校全体のように，学校・地域で集まる多様なエコクラブがある。クラブ名はそれぞれが自由に付けて良いことになっている。登録すると，手帳やニュースレターなどの活動に役立つグッズが送られてくる。

　「こどもエコクラブ」の活動は，「エコロジカルあくしょん」と「エコロジカルとれーにんぐ」の2つに分かれている。「エコロジカルあくしょん」は，各クラブが自分たちで環境活動を考えて取り組むもので，内容も方法も自由である。つまり，自主性，主体性に任されているということであり，逆に言えばメンバーの自主性，主体性を引き出すことによって「エコロジカルあくしょん」が成り立っているということである。「エコロジカルとれーにんぐ」は，「こどもエコクラブ」ウェブサイトに掲載されている活動を選んで取り組むものである。現在では，「自然」「生き物」「水」「空気」「まち」「くらし」の6つの分野で22のトレーニング・プログラムがある。1995年の開始当初の「エコロジカルとれーにんぐ」は，①クラブに参加すること（自分との出会い），②地球と仲良くなるための自分と仲間の目標を決めること（自分との出会い，仲間との出会い），③自然との出会い，④人との出会い，⑤町との出会いの5つで，③〜⑤は，最初にもらえる手帳ではなく，あとから随時送られてくるニュースレタ

ーに書かれていた（こどもエコクラブ全国事務局 1995：20-23）。「エコロジカルとれーにんぐ」の活動を行い，報告すると「アーススタンプ」がもらえる。このスタンプを5つ集めるとアースレンジャー認定証がもらえる。3年継続してアースレンジャーに認定されると銀バッジ，5年継続すると金バッジがもらえるという仕組みになっている。その他，自分たちが考え，行った「エコロジカルあくしょん」を発信し，全国のクラブと学びあったり，壁新聞を作り選抜されると，こどもエコクラブ全国フェスティバルに参加して他地域のクラブと交流したり，活動に対する専門家のアドバイスを受けることができるような仕組みも作られている。

「こどもエコクラブ」は，子どもたちの自主性，主体性を重視していること，子どもたちにとっては「アースレンジャー」という目標が設定されていること，学校・地域のつながり，子どもたちと大人（サポーターなど）のつながりを作る機会となっていることなどの点に特徴がある。

文部省「環境のための地球学習観測プログラム（Global Learning and Observations to Benefit the Environment：GLOBE）」（通称：「グローブプログラム」）は，1994年の「アースディ」に，当時のアメリカのアル・ゴア副大統領によって提唱されたプログラムで，日本も1995年から参加・開始している[35]。2010年12月で111カ国が参加している世界的なプログラムである（グローブ日本事務局は，東京学芸大学環境教育研究センター内）。「グローブプログラム」は，「全世界の幼児，児童，生徒，教師および科学者が相互に協力して環境観測や情報交換を行う学校を基礎とした国際的な環境教育プログラムと定義」（山下 2014：1）され，3つの目的が挙げられている。それらは，①人々の環境に対する意識の啓発，②地球に関する科学的理解の増進，③生徒の理数教育のレベルを高めるための支援となること，とされている（山下 2014：1）。

「グローブプログラム」の参加校には，「グローブ指定校」（2年間）に指定された小・中・高等学校と，指定後も活動を継続する「オープン参加校」がある。このプログラムは，観測を行うもので，プロトコルと呼ばれる観測項目・方法に従って測定データを出すものである。観測項目は，GPS測定，大気／気候（雲，降水量，降雪量，最高・最低・現在気温，エアロゾル，気圧），水（透明度，水温，溶存酸素，pH），土壌（土壌水分，土壌温度），土地被覆／生物，生物季節といった，科学的な測定である（観測項目は，1つの学校がすべ

てを行うのではなく，学校が選ぶようになっている）。これらの測定データはインターネットを使って報告するが，プログラム開始当初の1995年頃には，まだインターネットが国内の学校に十分に普及していなかったため，ファックス等で学校から報告されたデータを日本事務局が入力するという苦労話も聞かれた。世界各国から報告されたデータは，アメリカの本部事務局で集積・解析され，国際的な観測結果として公表されている。グローブ参加校（指定校とオープン参加校の双方を含む）は，インターネットを介して互いに交流できるほか，「グローブ日本　生徒の集い」も開催されている。

「グローブプログラム」は，科学的な方法で地球環境の測定を行うこと，児童生徒にとっては科学的方法を学ぶ機会，世界的な地球環境測定に参加しているとの実感を得る機会となっていること，測定結果から地球環境の状態や変化を学ぶことができること，国内・世界の児童生徒の交流の機会となっていることなどに特徴がある。

文部省「エコスクールパイロット・モデル事業」は，1997年度から開始された[36]。この事業は1993〜94年度に文部省が社団法人日本建築学会に「環境を考慮した学校施設（エコスクール）の在り方に関する調査研究」を委託したことに端を発する（日本建築学会 1994, 1995）[37]。この調査の後，1994年に「環境を考慮した学校施設に関する調査協力者会議」が設置され，96年3月に『環境を考慮した学校施設（エコスクール）の整備について』と題する報告書が出された（環境を考慮した学校施設に関する調査協力者会議 1996）。この報告書を受けて，1997年度からモデル事業がスタートした。

同事業は，文部科学省だけではなく，経済産業省，農林水産省，国土交通省，環境省も関わっている。この事業は大臣官房の文教施設部局が担当していることからもわかるように，学校施設の環境に対する負荷の低減（改修）が基本で，太陽光発電の導入，新エネルギーの導入，地域の木材の導入などのメニューが用意され，それぞれに国からの補助率が異なっている。しかしながら，エコスクールの基本的な考え方として「施設面」「運営面」「教育面」の3つの視点が提示され，環境教育が盛り込まれている。「施設面」は「子どもたち等の使用者，地域，地球に対し「やさしく造る」」，「運営面」は「建物，資源，エネルギーを「賢く・永く使う」」，「教育面」は「施設，原理，仕組みを「学習に資する」」と説明されており，3つの円が相互に交わりを持つベン図で表現され

ている(文部科学省大臣官房文教施設企画部施設助成課 2010)。この考え方は，当初の委託事業報告書ですでに提示されていたものである(日本建築学会 1994：9-11)。事業の仕組みは，文部省(文部科学省)が各学校からの申請を審査し，モデル校を指定する指定制度である。国からの補助は全額ではないので，学校設置者(市町村)が残りを負担する。申請時にどのような改修を行うか(事業のタイプ)を記すことになっており，1つではなく複数のタイプを選ぶことも可能となっている。

　環境省では2003年度から，このモデル事業の1つとして「学校エコ改修と環境教育」事業[38]を開始し，指定を受けた学校への環境教育の支援を行っている。「エコスクールパイロット・モデル事業」は，学校施設の環境に対する負荷の低減が主眼ではあるが，指定を受けた学校では「エコスクール」を合い言葉に自分たちの学校のエコスクール像を描いたり，環境への負荷やエネルギー問題を学習したりしている。また，改修後の維持管理に児童生徒が関わったり，完成した施設(例えば太陽光発電パネル)を利用した環境教育に取り組んだりしている。この事業は，環境への負荷を中心とした学習，児童生徒が具体的な施設・設備を目にし，環境保全の実感のわく学習の機会となっていることに特徴がある[39]。

　以上見てきたように，1990年代の環境教育は，国の行政レベル，研究(者)レベル，民間レベル，法的根拠，財政面の裏づけなどの基盤が整い，急激な普及と進展を見せた。その背景には，地球環境問題，都市・生活型公害に代表されるような，一人ひとりが加害者であると同時に被害者であるとの環境問題の質的変化が唱えられ，個々人の意識と行動の変革，ライフスタイルの変革が求められたことがある。そして環境教育は，環境行政施策の1つと位置づけられて推進されるようになった。同時に，自然体験，社会体験等の「体験」も強調されてきた。環境教育の理念に関しては，1970年代と大きな違いは見られなかったが，90年代を通じて，徐々に「持続可能な社会の実現」が目的化され，90年代末には明確に位置づけられることとなった。他方，こうした1990年代の展開の中で，「行動」が過度に強調される傾向も見え始めた。

注
1) 環境影響評価法は，後の1997年に制定された。

第Ⅱ部　日本における環境教育の展開

2）　筆者は京都教育大学理科教育教室で卒業研究の指導を受け（指導教員は広木正紀助教授（当時）），1983年3月に卒業した。このモジュール集は筆者の卒業後であり，筆者は関与していない。
3）　京都教育大学理科教育教室では，1985（昭和60）～86（昭和61）年度の科研費により『地域の水系に着目した環境教育教材モジュール集』（1987年3月）も開発している（研究代表：藤田哲雄）。
4）　現在も滋賀県は，琵琶湖・水環境を中心とした環境教育に熱心である。筆者は1999年4月から滋賀大学に勤務しているが，滋賀県教育委員会や県の行政とは何ら利害関係はない。あくまで史的展開として記していることをお断りしておく。
5）　Organizing Committee for the World Conference on Environmental Education (1987), "the World Conference on Environmental Education PROCEEDINGS" より筆者が翻訳した。佐島（1986）にも日本語が掲載されている。ここに「生態学的に持続可能な社会（ecologically sustainable society）」との表現が見られる。これは「持続可能な社会」との用語の早期の使用例と考えられ，非常に興味深い。
6）　日本環境協会エコマーク事務局ウェブサイト（http://www.ecomark.jp/, 2014年8月29日取得）を参照のこと。
7）　筆者は1993年度のみ委員として参加し，報告書の一部を執筆した（市川 1993）。
8）　こどもエコクラブウェブサイト（http://www.j-ecoclub.jp/, 2014年8月29日取得）を参照のこと。
9）　環境省環境カウンセラーウェブサイト（https://edu.env.go.jp/counsel/, 2014年8月29日取得）を参照のこと。なお，筆者は本制度設計を行った「環境カウンセラー制度に関する検討会」に委員として参加した。
10）　地球環境パートナーシッププラザウェブサイト（http://www.geoc.jp/geoc, 2014年8月29日取得）を参照のこと。
11）　山極の論述は1990年9月号（571号）から連載されているが，毎号掲載ではない。また，目次上は「各教科等の研究」の「理科」とされているなど，見つけにくい文献である。
12）　山極（1990a）では「環境や環境問題……人間とそれを取り巻く環境とのかかわりについての総合的な……思考力及び判断力を身に付け……」と書かれている。この2カ所の軽微な違いだけで，他は同じである。
13）　ここでの「団体」とは，「都道府県・政令市」を指し，当時は47都道府県，11政令市の58団体であった。
14）　当初は，中・高等学校教員の研修を東京学芸大学，小学校教員の研修を那須甲子少年自然の家が行っていた。1998年から東部地区，西部地区と地区割りで小・中・

第 6 章　環境教育の普及（1980〜90年代）

　　高校の教員対象となった。2004年度から「環境保全のための教育の推進のための指
　　導者の養成を目的とした研修」，その後「環境教育指導者養成研修」と名称を変え，
　　独立行政法人教員研修センターの事業へと変遷してきた。
15）　グローブ日本事務局（東京学芸大学環境教育研究センター）ウェブサイト
　　（http://www.fsifee.u-gakugei.ac.jp/globe/, 2014年8月29日取得）を参照。
16）　第2回報告書（清里環境教育フォーラム実行委員会 1989：165）では実行委員に
　　杉浦嘉雄（東京立正女子短期大学），塚本忠之（環境庁自然保護局施設整備課・利
　　用指導専門官），降旗信一（ナチュラリスト環境教育センター代表）の3名も加わ
　　っている。
17）　筆者は，1990年の第2回清里環境教育フォーラムに参加し，その後，清里ミーテ
　　ィングにも数回参加したが，実行委員（主催者）には入っていない。
18）　日本環境教育フォーラムウェブサイトより（http://www.jeef.or.jp/about/in
　　dex.html, 2014年7月30日取得）。
19）　ミーティングの主催は実行委員会形式のところ，任意団体を発足させたところな
　　ど多様である。ミーティングの名称も多様であるが，「環境教育」は使われている。
　　なお，すでに開催されていない地域ミーティングもある。
20）　筆者は，中・四国環境教育ミーティングの実施母体であった中国四国環境教育ネ
　　ットワーク（任意団体）の運営委員を務め（1998〜2009年度，そのうち1998〜99年
　　度および2004〜09年度は代表），毎年実行委員としてミーティングの主催に携わっ
　　た。なお，中・四国環境教育ミーティングは2009年で終了し，同年中国四国環境教
　　育ネットワークも解散した。
21）　「アースデイ」は1970年4月22日にアメリカで始められた取り組みである。詳細
　　は，Earth Day Tokyo（http://www.earthday-tokyo.org/, 2014年8月18日取得）
　　を参照。
22）　例えば，電気は0.12 kg/kWh，都市ガスは0.64 kg/m^{3}のような係数を提示し，
　　使用量に係数をかけ算して，二酸化炭素排出量（炭素換算重量）に換算するもの。
23）　1992年7月29日の生涯学習審議会答申「今後の社会の動向に対応した生涯学習の
　　振興方策について」において現代的課題の充実が挙げられた。そこには，「例えば，
　　生命，健康，人権，豊かな人間性，家庭・家族，消費者問題，地域の連帯，まちづ
　　くり，交通問題，高齢化社会，男女共同参画型社会，科学技術，情報の活用，知的
　　所有権，国際理解，国際貢献・開発援助，人口・食糧，環境，資源・エネルギー
　　等」と記され，生涯学習の課題としても環境教育が取り上げられることとなった
　　（http://www.mext.go.jp/b_menu/hakusho/nc/t19920803001/t19920803001.html,
　　2011年2月8日取得）。
24）　1989（平成元）年度補正予算で設置された基金。47都道府県と11政令指定都市に，

25) トビリシ会議の勧告に記された環境教育の目的・目標に関しては，市川（1995），堀尾，河内編（1998a）まで報告された形跡は見られない。
26) 「持続可能な社会」は英語では "Sustainable Society" であるが，それを片仮名表記した第1回「サステイナブル・ソサエティ」全国研究交流集会（実行委員長：宮本憲一）が，1994年3月19～21日に兵庫県神戸市で開かれている。実行委員会の主張に基づいて，日本語では「持続可能な社会」ではなく「永続可能な社会」とされている。この集会は，日本でのこの用語の初期の使用例であり，環境教育の分科会も設定されている。筆者も集会および環境教育分科会に参加した。
27) 例えば，市川（1995）はトビリシ会議の成果を詳細に分析・報告し，「より端的に言えば，環境教育の目的は「持続可能な社会」を担い得る主体者の育成にあるということができよう」と結んでいる。
28) 環境省：http://www.env.go.jp/council/former/tousin/039912-1.html （2013年12月14日取得）
29) 文部科学省：http://www.mext.go.jp/b_menu/shingi/old_chukyo/old_chukyo_index/toushin/1309579.htm （2014年8月25日取得）
30) 1998（平成10）年7月29日付教育課程審議会答申『幼稚園，小学校，中学校，高等学校，盲学校，聾学校及び養護学校の教育課程の基準の改善について（答申）』（http://www.mext.go.jp/b_menu/shingi/old_chukyo/old_katei1998_index/toushin/1310294.htm, 2001年1月11日取得）。
31) 公益社団法人日本シェアリングネイチャー協会ウェブサイト（http://www.naturegame.or.jp/, 2014年8月30日取得）を参照のこと。
32) 特定非営利活動法人 ERIC 国際理解教育センターウェブサイト（http://eric-net.org/plt01.html, 2014年8月30日取得）を参照のこと。
33) Project WILD（一般財団法人公園財団）ウェブサイト（http://www.projectwild.jp/index.html, 2014年8月30日取得）を参照のこと。
34) こどもエコクラブウェブサイト（http://www.j-ecoclub.jp/, 2014年8月29日取得）を参照のこと。
35) グローブ日本事務局（東京学芸大学環境教育研究センター）ウェブサイト（http://www.fsifee.u-gakugei.ac.jp/globe/, 2014年8月29日取得）を参照のこと。文部省（現・文部科学省）の指定校が中心だが，環境庁（現・環境省）の「こどもエコクラブ」の参加もあり得る（山下 2014：4）。
36) 文部科学省「環境を考慮した学校施設（エコスクール）の整備推進」ウェブサイト（http://www.mext.go.jp/a_menu/shisetu/ecoschool/, 2014年8月31日取得）

を参照のこと。
37) 筆者（日本環境協会事業課長（当時））は，1993年度の調査研究（エコスクール小委員会）にメンバーとして参加した。
38) 環境省「学校エコ改修と環境教育」事業（eco flow）ウェブサイト（http://www.ecoflow.go.jp/，2014年8月31日取得）を参照のこと。なお，モデル校は2009（平成21）年度までしか掲載されていない。
39) 2015年度に筆者のゼミの学生が行った調査（エコスクールに認定された2011〜14年度の小学校，12〜14年度の中学校を対象とした卒業研究）によると，施設を利用した学習活動に取り組んだことがあるのは，回答のあった学校の42.7％であった。

第7章
環境教育の枠組み拡大（2000年代）

　本章では，「持続可能な社会の実現」をめざすことが環境教育の目的（理念）とされ，概念的・内容的枠組みが拡大され始めた1990年代末から2010年頃までの史的展開を明らかにする。1990年代には地球環境問題，都市・生活型公害を背景として，一人ひとりの意識と行動の変革，ライフスタイルの変革が課題とされ，環境教育はブームとも言えるような普及を見せた。2000年代には，地球温暖化，廃棄物・リサイクルが主要課題となっていくが，これらは省資源・省エネルギーの面から日常生活と密接に関わっており，ライフスタイルの変革や環境保全行動がより一層強調されるようになる。

　1999年の中央環境審議会答申において明確化された「持続可能な社会の実現」をめざすとの環境教育の目的（理念）は，2000年代の『環境基本計画』〔第2次〕（環境省編 2001a），『環境基本計画』〔第3次〕（環境省編 2006）においても基調とされている。また，2003年7月に成立した「環境の保全のための意欲の増進及び環境教育の推進に関する法律」（略称：環境保全活動・環境教育推進法），同法に基づいて策定された2004年の「環境保全の意欲の増進及び環境教育の推進に関する基本的な方針」[1]，2007年の国立教育政策研究所『環境教育指導資料（小学校編）』（国立教育政策研究所教育課程研究センター 2007：6）においても同様である。

　2002年のヨハネスブルグ・サミット（南アフリカ，ヨハネスブルグ）において，「持続可能な開発のための教育の10年（Decade for Education for Sustainable Development: DESD）」（2005〜14年）が勧告され，第57回国連総会（2002年12月）において決定された。これを受けて，日本においても「持続可能な開発のための教育（Education for Sustainable Development: ESD）」の取り組みが開始された。国際的には1990年代に始まった環境教育の概念的・内容的枠組みの拡大が，日本においても始まっていく。

　学校教育においては「総合的な学習の時間」が2002年度から本格的に導入さ

れた。環境教育は,「各教科,道徳,特別活動及び「総合的な学習の時間」のそれぞれにおいて」(1998年教育課程審議会答申)[2]実践されることとなった。2005年から日本でもESDが進められていくが,本研究の対象期間である2010年頃までにおいては,まだ小・中学校に広まっているとはとらえられない。

第1節　枠組み拡大時代の環境保全に係る動向

　1990年代には,地球環境問題,都市・生活型公害がクローズアップされた。地球環境問題として挙げられた9つの環境問題が解決したわけではないが,2000年代には地球温暖化問題が主要課題とされるようになる。その所以は,この問題が産業・経済の発展や日常生活と密接に関係しており解決が難しいこと,影響が計り知れないことはもちろんであるが,京都議定書の発効問題とも関係している。

　京都議定書には,①55カ国以上の締結,②締結した附属書Ⅰ国[3]の1990年の二酸化炭素排出量が全附属書Ⅰ国の排出量の55％以上,という2つの発効条件があり,これらを満たしてから90日後に発効するとされていた(環境省 2005:3)。日本は2002年に締結していたが,排出量の多いアメリカ,ロシアなどが締結していなかったため,発効条件の②が満たされず,発効が遅れていた。2004年にロシアが批准したことで発効条件が整い,2005年2月16日に京都議定書が発効した。これにより日本は,温室効果ガスの排出量を1990年比で6％減らすこととなった。同年から「チーム・マイナス6％」「クールビズ」のキャンペーン活動が始められた。その後地球温暖化問題は,『環境・循環型社会白書(平成20年版)』(環境省編 2008)で「低炭素社会の構築に向け転換期を迎えた世界と我が国の取組」として大きく取り上げられ,「低炭素社会」という言葉が使われるようになってきた。

　都市・生活型公害に関しては,1990年代には生活排水による水質汚濁,自動車排出ガスによる大気汚染とともに廃棄物・リサイクル問題が挙げられていた。生活排水や自動車排出ガスなどの問題が解決したわけではないが,2000年代には廃棄物・リサイクル問題が主要課題とされるようになる。その所以としては,2000年の循環型社会形成基本法制定,2001年の省庁再編で環境庁が環境省となったことが挙げられる。循環型社会形成基本法には,リデュース,リユース,

リサイクルのいわゆる3Rの考えが盛り込まれた。これらは「リデュース：廃棄物等の発生抑制」「リユース：再使用」「リサイクル：再生利用」と説明されている（環境省編 2003a：4）。環境庁は省庁再編で環境省となったが，その際，所掌業務に廃棄物行政が加えられ，組織規模が拡大された。つまり，環境省は循環型社会形成基本法に係る行政施策も担当することになった。2003年3月に「循環型社会形成推進基本計画」が閣議決定されたことを受けて，環境省は『環境白書』に加え，『循環型社会白書』を発行し始めた[4]。2005年にはノーベル平和賞受賞者のワンガリ・マータイ（ケニア）が「「MOTTAINAI」（もったいない）キャンペーン」を提唱し，廃棄物・リサイクルに関わる環境教育において「もったいない」が標語のように用いられるようになった。

このような動向から，環境行政課題としては，低炭素社会，循環型社会との言葉で表される地球温暖化問題，廃棄物・リサイクル問題がクローズアップされることとなった。そして，主に環境行政が行う啓発活動や環境教育活動において，これらが主要課題とされるようになり，学校教育における環境教育に対しても影響を与えてきた。

「持続可能な社会」に関しては，2000年12月に閣議決定された『環境基本計画〈環境の世紀への道しるべ〉』〔第2次〕に，次の5点が挙げられている（環境省編 2001a：24-25）。

　　○「再生可能な資源」は，長期的再生産が可能な範囲で利用されること
　　○「再生不可能な資源」は，他の物質やエネルギー源でその機能を代替できる範囲内で利用が行われること
　　○人間活動からの環境負荷の排出が環境の自浄能力の範囲内にとどめられること
　　○人間活動が生態系の機能を維持できる範囲内で行われていること
　　○種や地域個体群の絶滅など不可逆的な生物多様性の減少を回避すること

『環境基本計画』〔第1次〕（1994年）には「持続可能性」の観点は盛り込まれてはいたものの，「持続可能な社会」の社会像は明確には記されていなかった。「健全で恵み豊かな環境を維持しつつ，環境への負荷の少ない持続的発展が可能な経済社会」（環境庁企画調整局編 1994：82）という部分が，「持続可能な社会」の社会像に最も近いものであるが，抽象的な表現にとどまっていた。上記

の『環境基本計画』〔第2次〕では，資源・エネルギーの観点が明確にされるとともに，環境への負荷の許容範囲，共生の意味を明確に記している。端的に言えば，人間は，地球環境が支え得る範囲内において，生活し，社会を営まなくてはならないという考えが明確にされた。

2006年4月に閣議決定された『環境基本計画』〔第3次〕では，序章に「目指すべき持続可能な社会の姿」として社会像の明確化が試みられている。そこには次のように述べられている。

> このようなことを考え合わせれば，本計画で目指すべき"持続可能な社会"とは，"健全で恵み豊かな環境が地球規模から身近な地域までにわたって保全されるとともに，それらを通じて国民一人一人が幸せを実感できる生活を享受でき，将来世代にも継承することができる社会"であり，そのためには，多様化する国民の期待が実現する社会の基礎としての環境が適切に保全されるとともに，経済的側面，社会的側面も統合的に向上することが求められると言えます。

出典：環境省編（2005：5）より。

かつて，「環境と開発に関する世界委員会」は，1987年の報告書『我ら共有の未来』において，「持続可能な開発」とは「将来の世代の欲求を充たしつつ，現在の世代の欲求も満足させるような開発」であると規定した。そして，「持続可能な開発」には，「何にも増して優先されるべき世界の貧しい人々にとって不可欠な「必要物」の概念」と「技術・社会的組織のあり方によって規定される，現在及び将来の世代の欲求を満たせるだけの環境の能力の限界についての概念」の2つの鍵となる概念を含んでいると述べた（大来監修 1987：66）。『環境基本計画』〔第2次〕，〔第3次〕で記された社会像は，『我ら共有の未来』が明確にした考え方を「持続可能な社会」という社会像へと展開させたと言えるが，20年程度の時間を要してしまった。しかし，『環境基本計画』〔第3次〕の文は，日本的な美辞麗句，抽象的表現となっており，何をなすべきかがわかりにくい。むしろ〔第2次〕の5つの観点の方が具体的であり，私たちが何を基準にライフスタイルの変革を考え，何をなすべきかがとらえやすい。地球温暖化，廃棄物・リサイクルといった個別の問題解決も重要であるが，将来の社会を担っていく児童・生徒に対しては，『環境基本計画』〔第2次〕に記されたような基準について考えさせ，自らの価値観を育むことが重要であろう。

第2節　枠組み拡大時代の環境教育の動向

　「持続可能な社会」の社会像が明確化され，地球温暖化，廃棄物・リサイクル問題が環境行政の主要な課題とされる中で，環境教育は「持続可能な社会の実現」をめざすとの方向づけと，ESDの提唱に伴って概念的・内容的枠組みが拡大され始めた。同時に環境教育は，環境行政の一手法としての色合いが濃くなるとともに，「体験」「行動」が過度に強調されるようになる。こうした環境教育の枠組み拡大や「体験」「行動」の強調は，『環境基本計画』〔第2次〕「（3）環境教育・環境学習」の記述に見られる。

> 　環境教育・環境学習の内容については，従来から行われている環境汚染や自然保護の枠にとどまらず，消費，エネルギー，食，住，人口，歴史，文化などの多岐にわたる要素を含めた持続可能な社会実現のためのものへと幅を広げるとともに，知識蓄積型ではない，「体験を通じて，自ら考え，調べ，学び，そして行動する」という過程を重視した環境教育・環境学習への拡大を推進していきます。

出典：環境省編（2001a：33）より。

　『環境基本計画』〔第2次〕では，「持続可能な社会」の観点として5点が挙げられていた。そうした社会像と，環境教育は「持続可能な社会の実現」をめざすとの中央環境審議会答申（1999年）の位置づけから，上記のような記述がなされたと言える。1990年代の小・中学校の実践においても，「消費，エネルギー，食，住，人口，歴史，文化」といった内容は，「人間と環境とのかかわり」の学習との観点から，主に地域を題材として実践されていたが，2000年代には「持続可能な社会の実現」という方向性から，環境教育の枠組みの拡大という中で位置づけられるようになった。また，「体験」「行動」の強調が読みとれると同時に，「自ら考え，調べ，学び」との記述には「総合的な学習の時間」とも呼応する考え方を読みとることができる。なお，この時点では，まだESDは登場していない。

　他方，『環境基本計画』〔第2次〕には，次のような記述も見られる。

第7章　環境教育の枠組み拡大（2000年代）

> 　さらに，環境教育・環境学習に関する施策により，いかなる行動が導かれたか，いかなる環境改善効果がもたらされたかという観点で施策を評価する手法は今後の課題です。このため，具体的な事例を継続的に追跡調査することによって，効果を的確に把握することのできる評価手法の検討を行う必要があります。

出典：環境省編（2001a：70）より。

　環境基本法を背景として，1994年の『環境基本計画』〔第1次〕によって，環境教育が環境行政施策の1つの手法と位置づけられた。そのことによって環境教育関連の行政施策が講じられるようになり，環境教育が普及・進展してきたことは間違いない。しかしながら，すでに指摘しておいたように，「行動」を強調しすぎる傾向が見て取れる。環境に対する責任ある「行動」（環境配慮行動とも言われる）は1970年代から重視されてきたことであり，環境教育の結果・成果としての「行動」を否定するわけでない。しかし筆者は，「行動」を強調しすぎる傾向が，小・中学校の実践現場において「行動に結びつかなければ環境教育ではない」というような理解を招き，好ましくない影響を与えているととらえている。

　2003年に「環境の保全のための意欲の増進及び環境教育の推進に関する法律」（略称：環境保全活動・環境教育推進法）が成立した。環境教育は，1993年の環境基本法によって法的根拠を得ていたが，環境保全活動・環境教育推進法という個別法の制定で，その基盤が強化された。同法は，第1条（目的）において「健全で恵み豊かな環境を維持しつつ，環境への負荷の少ない健全な経済の発展を図りながら持続的に発展することができる社会（以下「持続可能な社会」という。）」[5]として，「持続可能な社会」の定義を記している。そして，第2条（定義）の第3項において「この法律において「環境教育」とは，環境の保全についての理解を深めるために行われる環境の保全に関する教育及び学習をいう」として，環境教育を「環境の保全に関する教育」と定義しているが，これは環境基本法第25条と同じで，この部分には史的な変化は見られない。第3条（基本理念）には，次のように記されている。

> （基本理念）
> 第三条　環境保全活動，環境保全の意欲の増進及び環境教育は，地球環境がもたら

す恵みを持続的に享受すること，豊かな自然を保全し及び育成してこれと共生する地域社会を構築すること並びに循環型社会を形成し，環境への負荷を低減することの重要性を踏まえ，国民，民間団体等の自発的意思を尊重しつつ，持続可能な社会の構築のために社会を構成する多様な主体がそれぞれ適切な役割を果たすこととなるように行われるものとする。
2　環境保全活動，環境保全の意欲の増進及び環境教育は，森林，田園，公園，河川，湖沼，海岸，海洋等における自然体験活動その他の体験活動を通じて環境の保全についての理解と関心を深めることの重要性を踏まえ，地域住民その他の社会を構成する多様な主体の参加と協力を得るよう努めるとともに，透明性を確保しながら継続的に行われるものとする。
3　環境保全活動，環境保全の意欲の増進及び環境教育は，森林，田園，公園，河川，湖沼，海岸，海洋等における自然環境をはぐくみ，これを維持管理することの重要性について一般の理解が深まるよう，必要な配慮をするとともに，国土の保全その他の公益との調整に留意し，並びに農林水産業その他の地域における産業との調和，地域住民の生活の安定及び福祉の維持向上並びに地域における環境の保全に関する文化及び歴史の継承に配慮して行われるものとする。

出典：「環境の保全のための意欲の増進及び環境教育の推進に関する法律」（旧法）[6]より。

　第1項には，「循環」と「共生」「環境負荷の低減」が記されているが，これらは「持続可能な社会」に内包される概念である。つまり，「持続可能な社会の実現」をめざすということと同義である。第2項では，「自然体験活動その他の体験活動」が記されており，「体験」重視の考えが明記されていると同時に，「参加と協力」との言葉で「行動」重視の考えも読みとれる。第3項では，「地域における環境の保全に関する文化及び歴史の継承」との言葉で，地域の歴史・文化に触れている。同法の第1～3条の基本部分には，環境教育の枠組み拡大と「体験」「行動」の強調が読みとれる。第4条以降は，国や地方公共団体の責務，行政施策，人材認定等事業の登録などが記されており，環境教育の理念や内容，あり方に関わる記述は見られない。

　環境教育に関わる個別法が制定されたことは意義があると考えられるものの，学校教育に対する影響には疑問がある。その例として『環境白書』の項目立てが挙げられる。『環境白書（平成15年版）』には「学校教育における環境教育」（環境省編 2003b：212）との項目があるが，翌年の『環境白書（平成16年版）』（環境省編 2004）以降，学校教育に関わる項目が消え，本文の記述も見られな

第7章　環境教育の枠組み拡大（2000年代）

くなった。『環境白書』の学校教育に関する環境教育の項目と記述をふりかえってみれば，『公害白書（昭和46年版）』に「小・中・高等学校における公害に関する指導」（総理府編 1971：387）との項目が登場したことに始まる。

　その後，項目ではなく本文中の記述となり，『環境白書』の昭和47, 48 (1972, 73) 年版では「その他」，昭和49 (1974) 年版では「公害に関する教育等」，昭和50 (1975) 年版では「公害に関する教育及び学術研究」，昭和51 (1976) 年版で「環境保全に関する教育及び学術研究」と「公害」から「環境保全」に変わり，昭和54 (1979) 年版まで同項目，昭和55～57 (1980～82) 年版では「環境保全に関する教育」と題する項目において記述されている。昭和58 (1983) 年版で「学校における環境保全に関する教育」と項目に「学校」が明記され，昭和63 (1988) 年版まで同項目である。平成元 (1989) 年版で一旦「学校における環境教育」と項目に「環境教育」が登場するが，平成2～7 (1990～95) 年版では「学校における環境保全に関する教育」に戻り，その後，平成8～15 (1996～2003) 年版では「学校教育における環境教育」との項目において，学校教育での環境教育に関して記述されてきた。それが平成16 (2004) 年版以降，項目も本文中の記述もなくなってしまった。平成17 (2005) 年版からはESDが登場し，以降平成26 (2014) 年版においても記述されている[7]。

　このように『環境白書』を見ると，環境保全活動・環境教育推進法以降，学校教育についての項目がなくなり，本文の記述も見られなくなった。多少辛辣に言うならば，環境保全活動・環境教育推進法により環境省の主導性が高まると同時に，文部科学省の腰が引けたとも言えよう。なお，同法は2011年に改正され，法律の名称が「環境教育等による環境保全の取組の促進に関する法律」（略称：環境教育等促進法）[8]となり，環境教育の観点が強められているものの，学校教育への行政施策が強化されたとはとらえられない。

　環境保全活動・環境教育推進法に基づいて，2004年9月に「環境保全の意欲の増進及び環境教育の推進に関する基本的な方針」[9]が閣議決定された。同方針の基本的な考え方は，環境保全活動・環境教育推進法を踏襲している。端的に言えば「持続可能な社会の実現」に向けて，一人ひとりの意識と行動を変えるためには，どのようなことが必要か，という考え方である。同方針では「環境教育の目指す人間像」について，次のように記述している。

第Ⅱ部　日本における環境教育の展開

> 環境教育の目指す人間像
> 　環境教育については，知識の取得や理解にとどまらず，自ら行動できる人材をはぐくむことが大切です。環境教育を通じて，人間と環境との関わりについての正しい認識に立ち，自らの責任ある行動をもって，持続可能な社会づくりに主体的に参画できる人材を育成することを目指します。
> 　こうした人材は，家庭や地域社会の一員としての責任を持って環境に配慮した生活や活動を進め，また，事業又は仕事として環境問題に積極的に取り組むことが期待されます。

出典：「環境保全の意欲の増進及び環境教育の推進に関する基本的な方針」(2004)[10]より．

　これまで環境教育の必要性，目的・目標については，国際的な文書を引用しつつ論じられる程度で，日本としてのめざすべき人間像は語られてこなかった。同方針で人間像が記されたことは，史的展開から見て重要である。しかしながら，上記の記述そのものは，「持続可能な社会づくり」が記されている以外は，1990年代の行政文書の環境教育の目的に関する記述とほとんど変わりがない。学校教育における環境教育実践を考える時，ねらいとする人間像を具体的に示すことはすこぶる重要である。例えば，各学校の環境教育全体計画には，当該校のねらいとする「子ども像」が描かれることが一般的である。その点からすれば，上記の人間像は具体性を欠いている。人間像との観点から環境教育の理念が語られ始めたことには意義があるが，その中身に関しては不十分なものと言えよう。このことは，日本において環境教育の理念が十分に議論，熟成されてこなかったことを物語っている。

　同方針は，人間像に続けて，「環境教育の内容」として，4点を挙げている。すなわち，「人間と環境との関わりに関するものと，環境に関連する人間と人間との関わりに関するもの，その両方を学ぶことが大切であること」「環境に関わる問題を客観的かつ公平な態度でとらえること」「豊かな環境とその恵みを大切に思う心をはぐくむこと」「いのちの大切さを学ぶこと」の4点である。第1の点に「環境に関連する人間と人間との関わり」が盛り込まれたところに，環境教育の枠組み拡大が見られる。同方針は，「学校における環境教育」について次のように記している。

第7章　環境教育の枠組み拡大（2000年代）

> **学校における環境教育**
> 　学校においては，教育活動の全体を通じて，児童生徒の発達段階に応じた環境教育を行うこと，各教科間の関連に配慮しながら進めることが必要です。このためには，各学校において環境教育に関する全体的な計画等を作成し，総合的な取組を進めること等が大切です。また，この際，異なる学年や小学校，中学校，高等学校等の間の連携，地域社会等との連携に配慮しながら進めることが大切です。
> 　平成14年度から順次実施されている新学習指導要領においては，社会科，理科，家庭科等の各教科等における環境に関わる内容を一層充実しています。また，新設された総合的な学習の時間において，環境についての教科横断的・総合的な学習が実践されています。

出典：「環境保全の意欲の増進及び環境教育の推進に関する基本的な方針」(2004)[10]より。

　ここには，全体的な計画の作成と総合的な取り組みの推進が記され，2002（平成14）年度から実施されている学習指導要領に基づき「総合的な学習の時間」における環境教育実践に触れている。その他に目新しい記述は見られない。
　環境保全活動・環境教育推進法に基づいて2004年に基本方針が策定されたが，その内容において見るべきは，「持続可能な社会の実現」への指向性が明確に記されていることと，人間像や人と人のかかわりが記されたことくらいで，1990年代末の考え方をとりまとめて記述したという程度のものである。なお，2011年に環境教育等促進法に改正されたことに伴い，同方針も改正され，新たに「環境保全活動，環境保全の意欲の増進及び環境教育並びに協働取組の推進に関する基本的な方針」[11]が2012年6月に閣議決定されている。
　『環境基本計画』〔第3次〕が2006年4月に閣議決定された。その「8　環境教育・環境学習等の推進」の「（1）学校教育における環境教育・環境学習」には，次のように記されている。

> 　社会科，理科，家庭科等の各教科における取組に加え，総合的な学習の時間においては，教科横断的・総合的な学習の実践を推進します。この際，各学校において環境教育・環境学習に関する全体的な計画等を作成するよう努め，総合的な取組を進めるよう努めるほか，体験的・問題解決的な学習を重視して，正しい理解を深め，責任を持って環境を守るための行動がとれるように努めます。

出典：環境省編（2006：111）より。

この記述は2004年の基本方針とほぼ同じである。逆に言えば，2004年の基本方針を踏襲したと言える。これらの2000年代の環境行政に関わる文書は，基本的に1999年の中央環境審議会答申の考え方を踏襲しており，それ以後の新しい展開は見られていないと言えよう。

一方，学校教育に関しては「総合的な学習の時間」が，移行期を経て2002年度から本格導入された。また，2006年の教育基本法改正，2007年の学校教育法一部改正において，条文に環境教育に関する記述が盛り込まれた。国の教育の基本を定めた教育基本法，および小・中学校の教育に直結する学校教育法に環境教育に関する記述が盛り込まれたことは，学校教育の立場からすれば環境保全活動・環境教育推進法の制定よりも大きな意味がある。

具体的には，教育基本法の第2条（教育の目標）第4項に「生命を尊び，自然を大切にし，環境の保全に寄与する態度を養うこと」[12]が明記された。これに基づいて，学校教育法の第21条第2項に「学校内外における自然体験活動を促進し，生命及び自然を尊重する精神並びに環境の保全に寄与する態度を養うこと」[13]と明記された。教育基本法と学校教育法の相違点は，学校教育法に「自然体験活動の促進」が明記されている点である。学校教育法第21条は義務教育の目標に関する条文であることから，小・中学校においては自然体験活動が推進されることとなった。これに対応して文部科学省は，2008年度から「小学校長期自然体験活動支援プロジェクト」（自然体験活動指導者養成事業，小学校自然体験活動プログラム開発事業）を開始している。

こうした法律の改正とは直接的な関係はないが，2007年に『環境教育指導資料（小学校編）』が発行されている（国立教育政策研究所教育課程研究センター2007）。1992年に『環境教育指導資料（小学校編）』が発行されてから15年を経て，改訂版が発行されたのである。この2007年の小学校編は，1998（平成10）年の学習指導要領改訂に対応した改訂版であるが，1年後の2008年に学習指導要領が改訂されていることからすれば，遅きに失したと言っても過言ではない。また同指導資料は，文部科学省本体ではなく，国立教育政策研究所教育課程研究センターが編集・発行している。文部科学省が編集・発行しなかった点には，同省の消極的姿勢がうかがえる。2007年『環境教育指導資料（小学校編）』は，2003年の環境保全活動・環境教育推進法，2004年の基本方針を踏まえ，「持続可能な社会の実現」をめざすとの考え方でとりまとめられており，2005年から

始まっている DESD にも触れられている。同指導資料には，環境教育の目的に関して，次のように記されている。

> 　環境教育とは，「環境や環境問題に関心・知識をもち，人間活動と環境とのかかわりについての総合的な理解と認識の上にたって，環境の保全に配慮した望ましい働き掛けのできる技能や思考力，判断力を身に付け，持続可能な社会の構築を目指してよりよい環境の創造活動に主体的に参加し，環境への責任ある行動をとることができる態度を育成すること」と考えることができる。

出典：国立教育政策研究所教育課程研究センター（2007：6）より。

　この部分を1991, 92, 95年の文部省『環境教育指導資料』（文部省 1991a：5, 1992：6, 1995：8）と対比して見ると，「持続可能な社会の構築を目指して」が加筆された点が異なるだけで，他は同文である。環境教育の目的についての文部省（文部科学省）の考え方は，「持続可能な社会の実現」をめざすこと以外には，1990年代当初から変わっていないと言える[14]。しかしながら，2007年『環境教育指導資料（小学校編）』には，小学校における環境教育のねらいとして，「①環境に対する豊かな感受性の育成」，「②環境に関する見方や考え方の育成」，「③環境に働きかける実践力の育成」の3点が挙げられ，環境教育で重視する能力と態度の例，環境をとらえる視点の例が記されており，1990年代当初よりも具体性が高まっている。環境をとらえる視点の例には，「循環」「多様性」「生態系」「共生」「有限性」「保全」の6点が挙げられ，環境基本計画に記されている「持続可能な社会」の社会像との関連づけが見受けられる。

　小学校編の改訂版は発行されたものの，中・高等学校編の改訂版は発行されていない。『環境白書（平成13年版）』に「学習指導要領の改訂に伴い，環境教育指導資料を改訂し刊行します」（環境省編 2001b：402）と記され，2000年度に中学校編の改訂作業が行われた経緯があるが，発行されずに終わった[15]。文部科学省は，環境教育に関する教員研修，環境学習フェア，グローブプログラムなどは継続実施しているが，学校教育における環境教育実践の指針となる『環境教育指導資料』の改訂，とりわけ中学校版の改訂には消極的であると言わざるを得ない。筆者は，中学校版の指導資料が改訂・発行されていないことが，中学校における環境教育の低調さに影響を及ぼしているととらえている。

注

1) 環境省：http://www.env.go.jp/policy/suishin_ho/basic.pdf（2005年12月12日取得）。

2) 1998（平成10）年7月29日付教育課程審議会答申『幼稚園，小学校，中学校，高等学校，盲学校，聾学校及び養護学校の教育課程の基準の改善について（答申）』（http://www.mext.go.jp/b_menu/shingi/old_chukyo/old_katei1998_index/toushin/1310294.htm, 2001年1月11日取得）。

3) 附属書Ⅰ国には，EU（15カ国），アメリカ，日本，カナダ，ハンガリー，ポーランド，クロアチア，ロシア，ニュージーランド，ウクライナ，オーストラリアなどが入っている（環境省 2005：4）。

4) 『環境白書』と『循環型社会白書』は，平成15（2003）～平成18（2006）年版の4年間は別冊であったが，平成19（2007）年版から合冊となっている。

5) 環境省：http://www.env.go.jp/policy/suishin_ho/03.pdf（2009年3月2日取得）。

6) 2011年6月に同法が改正されたため，上記注5）のウェブサイトは削除されているが（2015年12月6日確認済み），引用条文は改正後も同じである。

7) 環境省：http://www.env.go.jp/policy/hakusyo/past_index.html（2014年9月18日取得）および，原典を確認。

8) 総務省法令データ提供システム・イーガブ：http://law.e-gov.go.jp/htmldata/H15/H15HO130.html（2014年5月26日取得）。

9) 環境省：http://www.env.go.jp/policy/suishin_ho/basic.pdf（2005年12月12日取得）。

10) 2012年6月に新しい基本方針が策定されたため，上記注9）のウェブサイトは削除されている（2015年12月6日確認済み）。

11) 環境省：http://www.env.go.jp/policy/suishin_ho/basic-policy_20120626.pdf（2012年10月22日取得）

12) 総務省法令データ提供システム・イーガブ：http://law.e-gov.go.jp/htmldata/H18/H18HO120.html（2014年9月16日取得）

13) 総務省法令データ提供システム・イーガブ：http://law.e-gov.go.jp/htmldata/S22/S22HO026.html（2014年9月16日取得）

14) 2014年に『環境教育指導資料【幼稚園・小学校編】』（国立教育政策研究所教育課程研究センター 2014）が発行されているが，環境教育の目的に関する記述は姿を消している。

15) 筆者は，2000年4～12月の期間，文部省初等中等教育局長名で，環境教育指導資料（中学校編）の作成協力者の委嘱を受け，原稿を提出した経緯がある。

第Ⅲ部
小・中学校における環境教育の展開

第8章
創成時代の小・中学校環境教育（1970年代）

　本章では，1970年代の日本の小・中学校における環境教育の展開を明らかにする。すでに述べたように，1970年に訳語としての「環境教育」が登場したのち，70年代を通じて環境教育が広まりを見せた。その展開は1970～73年，74～75年，76年以降の3つの時期に区分できる。

　すなわち，第1の時期には，用語「環境教育」が登場し，国内の研究者が「環境教育」を使用し始めた。第2の時期には，①文部省科学研究費特定研究「環境教育カリキュラムの基礎的研究」（代表：沼田眞）の開始，②環境教育国際シンポジウムの開催，③「環境教育研究会」設立準備の開始，④国立教育研究所科学教育研究センター共同研究員による報告書『環境教育のための基礎研究』（国立教育研究所 1975）の発行，⑤全国小中学校公害対策研究会の全国小中学校環境教育研究会への名称変更，⑥信濃教育会の『第3集　環境教育の展望と実践』（信濃教育会 1974）の発行，といった事例に見られるように，「環境教育」の名の下に研究や実践の組織・団体が構成され，活動を開始した。第3の時期には，ベオグラード憲章の環境教育の目的・目標が報告され，1977（昭和52）年の学習指導要領改訂とも相まって，環境教育が学校教育実践現場に広まっていった。

　しかしながら，1982年に至っても，「今もって「環境教育って，何をするんですか」と反問する学校現場の仲間が多い」（若林 1982）との指摘があったように，必ずしも実践現場に浸透したとは言い切れない状況であった。

　まず第1節では，実践現場に強く影響する学習指導要領上の環境教育の展開をとらえる。そして第2節では，全国的な環境教育調査結果から見た環境教育の広まり，教育系雑誌等の記事から見た実践状況について明らかにしていく。

第8章 創成時代の小・中学校環境教育（1970年代）

第1節　創成時代の学習指導要領

（1）1971（昭和46）年　学習指導要領一部改正

　1960年代後半からの公害・環境問題への関心の高まりによって，1968（昭和43）年改訂の小・中学校学習指導要領で，すでに「公害」が記されていた。1970年の公害国会において，「一九七〇年一二月一二日，参院公害関連法案連合審査会で，坂田文部大臣が「公害基本法改正の趣旨に照らして，学習指導要領や指導書の不十分な記述は修正する」と答弁した」（藤岡 1988：52）ことをきっかけとして，小・中学校学習指導要領（社会科），および小・中学校指導書（社会科編）が一部改正された（文部省編 1971：84-88）。

　昭和46（1971）年版『公害白書』には，「公害問題については，その重要性にかんがみ，従来から学校教育においても社会科を中心として指導を行なってきたが，経済発展との調和条項を削り，国民の健康の保護，生活環境の保全を図ることが重要であることを明確にした第64回国会における公害対策基本法の一部を改正する法律等公害関係諸法の制定に伴い，公害に関する指導がその趣旨に即していっそう適切に行なわれるように，昭和46年1月20日付けで小学校学習指導要領（昭和43年文部省告示第268号）および中学校学習指導要領（昭和44年文部省告示第199号）の社会科の内容のうち，公害に関する部分について改正を行なった」と記され，公害国会における公害対策基本法改正等の環境関連法の改正・制定，とりわけ経済との調和条項の削除を学習指導要領一部改正の主因に挙げている（総理府編 1971：387）。こうして1971（昭和46）年1月20日の文部省告示第4号によって，同改正が行われた。改正の新旧対照表を表8-1に示す（文部省編 1971：85）。

　この一部改正と関連して，自治体による公害教育の指導手引書や副読本等の編纂が活発化する。藤田・大内（1972）の調査のうち都道府県レベルに限定すると[1]，1971年12月時点で東京，静岡，富山，広島，大分の5自治体が発行済み，その前の9月20日時点の整理では，秋田，新潟，茨城，栃木，群馬，埼玉，千葉，神奈川，山梨，石川，愛知，島根，岡山，福岡，熊本，宮崎の16自治体が発行予定と回答している（37都道府県から回答）。

表8-1　小・中学校学習指導要領一部改正
(文部省告示第4号（昭和46年1月20日))

改　正	現　行
○小学校学習指導要領 　第2章第2節第2の〔第5学年〕2内容 (5)　……（略）…… ア　産業などによる各種の公害から国民の健康や生活環境を守ることがきわめてたいせつであることを具体的事例によって理解するとともに、地域開発と自然や文化財の保護に関連した問題なども取り上げ、これらの問題の計画的な解決が重要であることを考えること。	○小学校学習指導要領 　第2章第2節第2の〔第5学年〕2内容 (5)　……（略）…… ア　産業による公害などから生活環境を守る努力を続けている都市の事例、地域開発と自然や文化財の保護に関連した問題などを取り上げ、こうした問題の計画的な解決が今後ますます重要になっていくことを考えること。
○中学校学習指導要領 　第2章第2節第2の〔公民的分野〕内容 (3)　経済生活 　……（略）…… エ　日本経済の現状と課題 　……（略）…… 　さらに、国民生活の向上や福祉の増大のためには、生産の集中が進む中での消費者保護、住宅・生活環境施設の整備、雇用と労働条件の改善、社会保障制度の充実などを図ること、および産業などによる各種の公害を防止して、国民の健康の保護や生活環境の保全を図ることが必要であることを理解させる。その際、人間尊重や国民福祉の立場に立って、国や地方公共団体の役割を理解させるとともに、個人や企業などの社会的責任について考えさせる。	○中学校学習指導要領 　第2章第2節第2の〔公民的分野〕2内容 (3)　経済生活 　……（略）…… エ　日本経済の現状と課題 　……（略）…… 　さらに、国民生活の向上のためには、生産の集中が進む中での消費者保護、住宅・生活環境施設の整備、公害の防除、雇用と労働条件の改善、社会保障制度の充実などを図り、経済の発展と国民の福祉の増大とが結びつくことが必要であることを理解させる。その際、個人や企業などの社会的責任についても考えさせる。

注：下線は筆者による。
出典：小学校学習指導要領（昭和43年文部省告示第268号）及び中学校学習指導要領（昭和44年文部省告示第199号）新旧対照表（文部省編 1971：85）より。

（2）1977（昭和52）年　学習指導要領改訂

「公害」の文言は、1968（昭和43）年改訂の小学校学習指導要領、1969（昭和44）年改訂の中学校学習指導要領の社会科において記述され、その後、1971年の一部改正で該当部分が加筆・修正された。それに伴って自治体による公害教育の指導手引書や副読本等の編纂が活発化した。公害、自然保護、環境問題への関心の高まりや、ストックホルム会議の影響もあり、環境教育は、1970年代中盤から研究者レベルから実践レベルへと広まっていった。こうした状況の下、1977（昭和52）年に小・中学校学習指導要領が改訂された。

1976年12月18日の教育課程審議会答申の社会科,理科,体育・保健体育科の「改善の基本方針」には以下の記述がある[2]。

○社会科:「人間尊重の立場を基本とし,環境や資源の重要性についての正しい知識を育てること」

○理科:「小学校においては,自然の事物・現象についての直接経験を重視し,自然を愛する豊かな心情を培うこと,中学校においては,自然環境についての基礎的な理解を得させ,自然と人間とのかかわりについての認識を深めること」

○体育・保健体育科:「小学校においては,……　身近な健康生活に必要な知識を習得させること,中学校においては,……　健康は日常生活における行動や環境と深くかかわっていることについて理解させること」

1968,69年と1977年の学習指導要領（大蔵省印刷局編 1968, 1977a, 1977b, 帝国地方行政学会 1969）の環境教育に関連する記述を抜き出した（巻末資料参照）。抜き出した記述は,公害,環境問題,自然保護,健康,環境保全,人間と環境（自然）のかかわりに関するものの他,現在では環境教育に関連するととらえられている廃棄物,資源・エネルギー,食,災害,ライフスタイルなどを含めて,やや広めに設定している。

小学校の社会科では「水,電気,ガスなどの大切なはたらき」（1年）,「飲料水,用水,電気,ガスなどの確保,廃棄物の処理」（4年）,「環境の保全や資源の有効な利用」（5年）,「資源の有効な利用及び確保」（5年）,「各種の公害から国民の健康や生活環境を守ることが極めて大切である」（5年）などが記述された。理科では「生物に親しむ楽しさ」「自然に接する楽しさ」（1,2年）,「生物を愛護する態度」（3,4年）,「生命を尊重する態度」（5,6年）,「生物と環境の相互関係」（6年）,「自然の保護に関心をもたせる必要」（各学年にわたる内容の取り扱い）などが記述された。体育科の保健分野では「環境や生活行動が主な要因となって起こる病気の予防」（6年）,また道徳では,以前からの生命尊重に加え「自然愛護」が記述された。

中学校の社会科地理的分野では,「環境や資源の重要性」「自然と人間との関係が人間の活動によって絶えず変化していること」「国土の合理的な利用と保全」（「保全」が明記）,公民的分野では「公害の防止など環境の保全」「資源や

エネルギーの開発とその有効な利用」などが記述された。理科では，目標で「自然と人間生活との関係」とされていたものが「自然と人間とのかかわり」と変更され，第1分野に「資源やエネルギーが有効に利用されていること」「人間生活における資源やエネルギーの重要性」，第2分野に「自然界の事物・現象の間の関連性や調和を考察させ，それらと人間の生存とのかかわりを認識させて，環境保全に対する関心を高める」「生命を尊重する態度」が記述されるとともに，「人間と自然」との新単元が設置された。保健体育科の保健分野では，「廃棄物は，環境を汚染しないように，衛生的に処理する必要」「公害の健康との関係を取り扱うことも配慮」（内容の取り扱い）が記述された。また，道徳において「自然の人間とのかかわり合い」が記述された。

環境教育に関連する記述を俯瞰すると，社会科では「公害」「飲料水，用水，電気，ガス，廃棄物」「資源の有効利用」「開発と環境保全」が，理科では「人間と自然のかかわり」「資源とエネルギー」「生命尊重」が盛り込まれた。中学校理科に「人間と自然」との新単元が設置されたことや社会科に「自然と人間との関係」（地理的分野）が盛り込まれたことは，「環境教育は，人間と環境（自然）とのかかわりを学ぶことである」との環境教育のイメージを形作ったと考えられる。

「人間と環境（自然）とのかかわり」に関しては，1971年の中央教育審議会答申にも記されていた。答申の「1　今後の社会における人間形成の根本問題」には，「〔A〕自然界に生きる人間として，みずから自然の法則に適応して個体及び種族の生命を健全に維持発展させるとともに，自然と人間の関係を正しく理解し，自然と調和した豊かな生活を作り出せるようになること」（中央教育審議会 1971：6）と記されている。また，急激に変化する社会に関して，「ア　科学技術の進歩と経済の高度成長に伴い，自然と人間との間の不調和が人間生活の根底を脅かしつつある」（中央教育審議会 1971：7）とも記されている。後者のアの部分は，公害・環境問題を指していると解することができ，前者はそうした社会の状況に対する教育の対応の1つとして，「自然と人間の関係を正しく理解」することが位置づけられていると解することができよう。

つまり，歴史的に見れば，「人間と環境（自然）のかかわり」の学習は，1971年の中央教育審議会答申に端を発し，77（昭和52）年の学習指導要領改訂において社会科と理科に具現されたと言うことができる。今日，環境教育にお

いて「人間と環境（自然）のかかわり」の重要性に関する論述は枚挙にいとまがないが，近年の例で言えば，2011年に改正された「環境教育等促進法」[3]の第9条2に「国は，環境と人との関わりが総合的に理解できるよう……」と記されていることが挙げられる。1977年の学習指導要領改訂で盛り込まれた環境教育に関連する目標や内容は，後年の環境教育のイメージを形作っていったと考えられる。

　さらに加えて，小学校の特別活動の学校行事に「勤労・生産的行事」が新設され，行事の例として「飼育栽培活動，校内美化活動，学校園の手入れ，校庭の除草活動など」（文部省 1978：103）が記述された。ここで記された飼育栽培活動，美化活動は，今日では環境教育実践ととらえられている。つまり，特別活動においても，新しく盛り込まれた活動が後年の環境教育の実践内容につながっていったと言える。なお，中学校では飼育栽培活動は記述がなく，「全校美化行事」が1977年改訂以前から「勤労・生産的行事」として位置づけられている（文部省 1970：190）。

　1977年の学習指導要領改訂に関しては，「学習指導要領（昭52・53年版）の作成の仕事が始まったのは，……。ここでは，……，環境教育を大きく取り上げたことは，周知のとおりである」（関 1989）のように，環境教育に対応したものととらえられている。また，『環境白書（昭和53年版）』は，「公害や環境保全に関する教育については，その重要性にかんがみ，従来から学校教育においては社会科等を中心として指導を行ってきた。52年7月に小，中学校の学習指導要領を改訂したが，その中で，人間環境の保全を目指す教育を一層充実するように配慮している（新学習指導要領の施行は，小学校については55年度，中学校については56年度から）」[4]（環境庁編 1978：432）と述べており，1977年の学習指導要領改訂では環境教育への対応が考慮されたと言える。

第2節　創成時代の小・中学校環境教育の状況

（1）創成時代の全国調査に見る実践現場の状況

　学校教育実践現場の状況を把握できる情報として，全国的な環境教育調査が挙げられる。過去の全国調査は，調査の対象，方法，質問内容・項目等が異なっているため，直接的に結果を比較することはできない。けれども，各調査が

表8-2　創成時代の全国調査

調査主体	時期	対象
京都教育大学（藤田，大内）	1977年6月	小・中・高校の理科主任（小学校94校，中学校86校，高校20校，計200校）。
日本環境協会	1981年6月頃	小・中・高校の学校調査（小学校1581校，中学校707校，高校330校，校長宛）。

調査時点の状況を映し出していることは確かであり，その時期の状況を把握することは可能である。一方，各調査で共通性のあるものは，教員の関心や意識，実践率，実践体制などに限定される。そこで本研究では，各調査の質問内容・項目のうち，共通性のある教員の関心や意識，実践率，実践体制などに焦点を当て，実践現場の動向をとらえ史的展開を論じていく。なお，実践内容は，調査内容・項目に入っていないか，あるいは自由記述形式となっているものが多い。それゆえ，実践内容に関する調査結果が見られる場合は，事例報告等の他の情報と合わせて，実践状況として取り上げることとする。

環境教育が広まり始める1970年代中盤より前には全国調査は見られない。ここでは，1970年代後半及び80年代初頭に行われた2つの調査結果から，実践現場の状況把握を行う（表8-2）。

京都教育大学の藤田・大内（1978，1979）の調査は，47都道府県毎に平均して無作為抽出した小学校：94校，中学校：86校，高校：20校の計200校の理科主任を対象に，郵送による質問紙調査を行ったものである。調査期間として「1977年6月30日現在」と記されているが，郵送形式であることを考えると，この日付は集計した調査結果の締め切り日と想定される。学習指導要領改訂が1977年7月であることから，この調査は改訂前の状況を表している。また，調査対象が「理科主任」であることから，主に理科の状況を示していると言える。回収率は，小学校：40校（人）（42.6％），中学校：47校（人）（54.7％），高校：10校（人）（50.0％）である。

日本環境協会の調査は，1981，82年度に日本船舶振興会から補助を受けて行われた全国調査である。調査にあたっては，東京学芸大学のスタッフによる環境教育実態調査委員会が作られている。調査結果は，報告書『学校教育における環境教育実態調査報告書』（日本環境協会 1983），および，『学校教育における「環境教育の現状」（アンケート調査結果の概要）』（日本環境協会 1982）の他，

第8章 創成時代の小・中学校環境教育（1970年代）

表8-3 理科における実践率〈77調査〉

2．あなたは，理科で公害・環境問題についての教育をやっておられますか			
	回答数（人）	やっている （人（％））	やっていない （人（％））
小学校	40	16（40.0）	24（60.0）
中学校	47	31（66.0）	16（34.0）

出典：藤田・大内（1978）より。

表8-4 認知率，実践率〈81調査〉

QⅡ(1) 環境教育という言葉を知っていますか				
	回答数 （校）	知っている （％）	はじめて知った （％）	不明（％）
小学校	953	74.7	23.6	1.7
中学校	420	70	29.3	1
QⅡ(3) あなたの学校では，環境教育に関連して授業をしていますか				
	回答数 （校）	している （％）	していない （％）	不明（％）
小学校	953	50	<u>47</u>	<u>3</u>
中学校	420	46	<u>52</u>	<u>2</u>

注：表中の下線部はグラフから計測した推測値。
出典：日本環境協会（1982：14, 16）より。

調査委員会メンバーによる論文でも公表されている（小林ほか1983, 佐島ほか1983, 北野ほか1984, 片山ほか1984）。この調査は，全国の国公私立の小・中・高校の15分の1を抽出し，小学校：1581校，中学校：707校，高校：330校を対象に，学校長宛の郵送による質問紙調査を行ったものである[5]。質問紙は各学校に1枚であることから，記入した教員の回答ではなく，学校としての回答（学校調査）と言える。調査の実施は，回答締め切り日が1981年6月30日とされていることから，概ね1981年6月頃と考えられ，本研究で設定した創成の時代（1970年代）の終期に相当する。回答数は小学校：955校（60.4％），中学校：420校（59.4％），高等学校：203校（61.5％）であった。なお，この調査結果に関しては，グラフで示されている結果は，その多くに数値が記載されていない。報告書および委員会メンバーの論文の本文に数値が記載されているものもあるが，明確にはわからないものが多い。以下では，数値がわかるものは数値を，不明確なものはグラフの長さの計測や引き算によって推計し，下線を

第Ⅲ部　小・中学校における環境教育の展開

表 8-5　環境教育の実践体制〈81調査〉

QⅢ(1)　環境教育のカリキュラムを作っていますか					
学校種	回答数 (校)	作っている (％)	作っていない (％)	作成中 (％)	不明 (％)
小学校	953	4.6	90.9	3.5	1
中学校	420	4.2	92.9	1.9	1

注：表中の下線部はグラフからの計測および引き算による推測値。
出典：日本環境協会（1982：16）より。

表 8-6　実践上の課題〈81調査〉

QⅣ(1)　環境教育の情報について					
学校種	回答数 (校)	十分である (％)	不足している (％)	全然ない (％)	不明 (％)
小学校	953	7	81	10	2
中学校	420	6	83	10	1

注：表中の下線部はグラフから計測した推測値。
出典：日本環境協会（1982：23）より。

引き注記する。

　環境教育の実践率，認知率に関する結果を表8-3，表8-4に示す。なお，調査時期による違いを見やすくするため，調査年度に合わせて，藤田・大内の調査を〈77調査〉，日本環境協会の調査を〈81調査〉と表記する。

　創成時代の終わり頃に相当する〈81調査〉で見ると，用語「環境教育」は，小学校で約75％，中学校で約70％，言い換えれば4人のうち3人程度が知っているところまで広まった。しかし，初めて知ったとの回答も20～30％あり，実践現場全体に認知されるところまでは至っていない。実践率を見ると〈81調査〉で50％程度となっている。〈77調査〉は理科の教員に限定され，かつデータ数も少ないが，実践率は〈81調査〉と大きな差はない。環境教育の登場から約10年後には，半数程度の実践率となっていたととらえられよう。

　環境教育実践体制としてカリキュラム作成に関する結果，実践上の課題として情報に関する結果を，それぞれ表8-5，表8-6に示す。上記と合わせて言えば，環境教育に関連する授業は50％程度が行っているものの，環境教育のカリキュラムはほとんど作成されておらず（90％以上），環境教育の情報も不足している（80％以上）と言える。

　環境教育の推進に関して，「環境科」のような教科を設置するかどうかは，

第8章 創成時代の小・中学校環境教育（1970年代）

表8-7 教科の設置〈81調査〉

QⅢ(5) 環境教育は"従来の教科の中だけでやればよい"という考え方と、"テーマが広領域にわたっているので環境教育という新しい教科を設けるべきだ"という考え方があります。外国でも新しい教科として独立させている国もあります。どのようにお考えですか。					
学校種	回答数（校）	新しい教科として設けるべきだ（%）	従来の教科の中でやればよい（%）	どちらともいえない（%）	不明（%）
小学校	953	9.1	66.3	23.2	1.4
中学校	420	16.9	57.9	24	1.2

出典：日本環境協会（1982：21）より。

過去も現在も論点の1つとなっており、全国調査でも質問内容・項目に盛り込まれている例が多い。〈81調査〉の結果（表8-7）では、教科を設置すべきとする回答は少なく（小学校：約9%、中学校：約17%）、過半数は従来の教科の中で実践すれば良い（小学校：約66%、中学校：約58%）と回答している。「環境科」のような新教科の設置を望む声は少なかったと言える。

（2）創成時代の環境教育実践状況

次に、小・中学校における環境教育実践の状況を見ていく。環境教育の実践事例を取り纏めた資料は、地方自治体レベルで環境教育実践事例集を発行した例は見られるが、すべてを網羅することは不可能である。全国レベルの実践事例集としては、環境教育の普及時代に相当する1990年代に、日本児童教育振興財団編『環境教育実践マニュアル Vol. 1』（1995）、『環境教育実践マニュアル Vol. 2』（1996）、『環境教育実践マニュアル』（2003）[6]が見られる程度である。創成時代においては、実践事例集の類いは見られない。それゆえ、ここでは関連する雑誌記事等を情報源とする。

創成時代（1970年代）の環境教育実践の様相を把握するため、当時環境教育の主要教科とされた社会科、理科の月刊誌の記事を調べた。具体的には、『社会科教育』（明治図書）、『理科教育』（明治図書）[7]、『理科の教育』（東洋館）、『理科教室』（国土社）[8]を取り上げ、公害、環境問題、公害教育、環境教育など、環境教育に関連する特集号の記事と、特集号以外に掲載されている環境教育関連記事を調べた。1970～80年の特集号を整理したものを表8-8に示す。以下、特集号の記事を中心に、当時の環境教育実践の動向把握を行う。

第Ⅲ部　小・中学校における環境教育の展開

表8-8　社会科，理科月刊誌の環境教育関連特集タイトル（1）

年月	雑誌名	特集タイトル	巻（号）
1971年1月	理科教室	「公害」と自然科学教育	14 (1)
2月	社会科教育	公害問題の教材化と公害授業の方法	(78)
10月	理科教室	「公害」と自然科学	14 (10)
1972年3月	理科の教育	公害問題と理科教育	21 (3)
1973年1月	理科教室	「公害教育」と理科	16 (1)
5月	理科の教育	理科と**環境教育**	22 (5)
11月	社会科教育	公害問題をいかに授業構成するか	(112)
1974年2月	理科の教育	**環境教育**実践への提言	23 (2)
1976年3月	理科教育	環境問題の取上げ方とその教材化	8 (87)
5月	社会科教育	**環境教育**と新しい授業の構想	(146)
1978年2月	理科の教育	理科における**環境教育**の指導の改善・その1	27 (2)
3月	理科の教育	理科における**環境教育**の指導の改善・その2	27 (3)
1980年7月	社会科教育	環境・資源教材の今日的取り上げ方	(205)

注：同年発行は年を省略した。「環境教育」の語を太字で表記した。

　1973年5月号『理科の教育』の特集「理科と環境教育」以前の特集では，公害，公害問題，公害教育の語が使われており，環境教育も，環境問題も使われていない。特集のタイトルからも環境教育が広まり始めたのが1970年代中盤からであったことがわかる。1974年2月号の『理科の教育』の特集「環境教育実践への提言」には，「プランクトンと魚の関係」「プランクトンの増殖」を扱った小学校の事例（沼田正 1974），クラブ活動で「地下水，河川水の pH 測定」を行った中学校の事例（西野 1974），科学クラブで「BOD，視程の環境調査」を行った中学校の事例（越島・月岡 1974）が掲載されている。また，「環境を調べるいくつかの例」として大気汚染，水質汚濁，固体廃棄物，視程といった環境調査方法の例が紹介されている（山口 1974，田中 1974，平田 1974，小金井 1974）。ここには環境教育の実践例として，環境の問題（汚染）状況を調べる身近な環境調査が挙げられている。古谷庫造は，環境教育実践に関して「課外のクラブ活動としての公害，環境汚染，環境破壊などの実態調査を行ったものが多い」（古谷 1978：8）と述べているが，『理科の教育』（1974年2月号）で取り上げられている事例は，古谷の指摘と合致している。理科は実験・観察を重視する教科であり，当時の理科・科学教育関係者は環境教育を「理科における公害・環境問題の学習」ととらえていたことからすれば，環境の問題（汚染）状

況を調べる身近な環境調査が，環境教育の実践例として挙げられたことは当然とも言える。

　1976年3月号の『理科教育』の特集「環境問題の取上げ方とその教材化」を見ると，「新潟水俣病」を扱った中学校の事例（荒木 1976），「人間が及ぼす環境への影響（都市化による森林伐採の影響）（中3）」の事例（三浦 1976），「磯観察での生物の適応や食物連鎖（小学校高学年）」の事例（久野 1976）が紹介されている。これらは公害，人間の環境への影響，生物と環境のかかわりに関する事例である。

　1976年5月号の『社会科教育』の特集「環境教育と新しい授業の構想」には，「環境汚染と公害問題の取り上げ方」（久米 1976），「環境破壊と地域開発の取り上げ方」（矢花 1976），「環境保全と住民運動の取り上げ方」（西村 1976）の提案が掲載されている。そして，「ダム開発と立ち退き問題（小4）」「ごみの処理（小3）」の事例（池田 1976），「くらしのくふう（小1，社会・理科合科）」「近所の道と安全なくらし（小1）」「掃除のしかた（小2）」「こうばではたらく人（小2）」の事例（藤沢 1976），「大阪の騒音問題」を取り上げた小学校4年生の事例（高木 1976），「産業の発達と公害（水質汚濁）」を取り上げた小学校5年生の事例（楜沢 1976），「都市化と都市の公害」を取り上げた小学校6年生の事例（楜沢 1976），地域環境調査を取り入れ，「地域の環境問題の変遷」「地域開発・資源・人口と生活や環境問題との関係」を取り上げた中学校（地理的分野）の事例（田中 1976）が掲載されている。この特集に掲載されている論文，実践例は，公害・環境問題，人間の環境への影響，地域の環境調査（理科の環境調査とは異なる）を取り上げたものである。

　こうした1970年代中盤の実践例は，公害・環境問題そのものを取り扱った実践，地域の環境問題（汚染）や開発を調べる身近な環境調査の実践，人間の環境への影響を扱った実践であったととらえられる。

　これらの実践例は1977年の学習指導要領改訂以前のものである。学習指導要領改訂後を見ると，『理科の教育』（1978年2，3月号）で「理科における環境教育の指導の改善」その1，その2が，『社会科教育』（1980年7月号）で「環境・資源教材の今日的取り上げ方」が特集されている。『理科の教育』（1978年2，3月号）は，大学教員による指導の改善に関する提言が多く，具体的な事例はあまり掲載されていない。「理科における環境教育の指導の改善　中学校」

（伊藤 1978）に，「コケが環境汚染の指標となること」「生物の絶滅」「ツルグレン装置を用いた土壌動物の抽出」「人間と自然」の単元での「環境汚染の現状，原因と対策」「自分にできることは何か」といった事例が，また風車とモーターを用いた風力発電実験を取り入れた「自然エネルギー」の指導例（中学校）（寺島 1978）が掲載されている。「人間と自然」は1977年改訂で導入された単元である。また同改訂で「資源・エネルギーの有効利用」も盛り込まれた。上述の伊藤，寺島の事例は，学習指導要領改訂に沿った実践と言える。特集記事ではないが，「人間と自然」の早期の実践例として，琵琶湖の水の問題を取り入れた「京都市の上水道」の事例が，『理科教室』（1980年2月号）に掲載されている（郷原 1980）。

『社会科教育』（1980年7月号）の方は，赤かぶ栽培を通した「たいせつなみず（小1）」の事例（大野 1980），飲み水の水源としての「淀川の水の汚れ」「浄水場見学」を取り入れた「人びとのくらしと飲み水（小4）」の事例（中井 1980），「ゴミの種類と量の変化」「清掃工場見学とゴミの処理方法」「古紙回収」を取り入れた「くらしとごみ」「ごみの利用」の事例（北 1980），家庭での「省エネ」「資源問題（石油）」を取り上げた「わたしたちの国土を生かす（地下資源）（小5）」の事例（浜岡 1980），「公害と環境問題」「資源とエネルギー」を取り入れた「国民生活と福祉（中学校公民的分野）」の事例（山際 1980）が掲載されている[9]。

上述の実践例から創成時代の実践状況を史的展開として整理すると，1970年代前半は公害（問題），公害教育の時代であり，70年代中盤の環境教育の普及に伴って，公害・環境問題そのものを取り扱った実践，身近な環境や環境問題の調査，人間の環境への影響を扱った実践が見られ，77年以降は，学習指導要領改訂で盛り込まれた学習内容・単元における環境関連の実践が見られ始めたと言える。公害・環境問題という問題状況に焦点を当てた実践が主であったことが，創成時代の特徴であったと言える。

注
1) 藤田・大内（1972）の調査対象は，「46都道府県（沖縄県を除く）と，公害の影響が多いと推定される99市の教育委員会」とされている。
2) 1976年の教育課程審議会答申は『文部時報』（1977年2月号）（教育課程審議会

1976）に全文が，国立教育政策研究所（2005）に抜粋が掲載されている。
3）　『環境教育等による環境保全の取組の促進に関する法律』，2011（平成23）年6月15日改正，法律第67号（http://law.e-gov.go.jp/htmldata/H15/H15HO130.html，2014年5月26日取得）。
4）　ここで使われている「年」，「年度」は，「昭和」の年度である。
5）　同時に比較検討のため滋賀県の環境教育実践推進校（小学校20校，中学校10校，高等学校6校）も調査対象としている。
6）　日本児童教育振興財団の一連の『環境教育実践マニュアル』は，1992～2001年度に実施された「全国小学校・中学校環境教育賞」の受賞事例を掲載したものである。
7）　明治図書の『社会科教育』，『理科教育』は，正確には『教育科学　社会科教育』，『教育科学　理科教育』と「教育科学」が付いているが，他に同名の雑誌がないことから，一般に「教育科学」を抜いて記載されることが多い。本書でも一般的方法に準じて表記する。
8）　『理科教室』は，創刊から国土社，1973年5月号から新生出版，2001年4月号から星の環，2007年4月号から日本標準が発行している。
9）　中学校地理の「資源と産業」についての記事（河合 1980）も見られるが，指導計画・実践例が記されていないので割愛した。

第9章
普及時代の小・中学校環境教育
（1980～90年代）

　本章ではまず，1980年代初めから中盤にかけて，環境教育が低迷した時期の環境教育実践の状況を明らかにする。そしてその後，低迷から普及へと転じる中で改訂された1989（平成元）年版の学習指導要領の環境教育関連内容をとらえ，急激な環境教育ブームとなった普及時代（1990年代）の小・中学校における環境教育実践の展開を明らかにする。

　1970年代に環境教育が広まっていったが，実質的な普及は1980年代に持ち越され，進展が期待された。ところがすでに述べてきたように，1980年代初めから中盤にかけての環境教育は，期待されたような進展を見せることはなく低迷した。その主な要因は，環境行政の後退と，それに伴う環境教育に対する関心の低下であった。しかしその後，地球的規模での環境問題（地球環境問題），および都市部を中心とした生活型の環境問題（都市・生活型公害）の顕在化に伴う環境問題への関心の高揚，行政レベル，研究（者）レベル，民間レベルの活動，法的根拠（環境基本法），財政面の裏づけなどに伴い，環境教育は急激な普及の時代へと突入していく。

　1990年代においては，一人ひとりが加害者であると同時に被害者であるとの環境問題の質的変化が唱えられ，個々人の意識と行動の変革，ライフスタイルの変革が求められた。そして環境教育は，環境行政施策の1つと位置づけられて推進されるようになった。同時に，自然体験，社会体験等の「体験」も強調されてきた。環境教育の理念に関しては，1970年代と大きな違いは見られなかったが，90年代を通じて，徐々に「持続可能な社会の実現」が目的化され，90年代末には明確に位置づけられることとなった。こうして環境教育は，ブームと言ってよいほど急激に普及することとなった。

第9章　普及時代の小・中学校環境教育（1980〜90年代）

第1節　低迷の時期の小・中学校環境教育の状況

（1）低迷の時期の全国調査に見る実践現場の状況

　低迷の時期の実践現場の状況を表している全国調査として，高知大学環境教育研究会が1988年に行った調査がある（高知大学環境教育研究会 1989）。全国の小・中・高等学校から564校を抽出し（附属学校を除く），「小学校では1校あたり5部（回答者の条件指定なし），中学校では理科，社会，保健，技術，家庭科の教科担当者（5部／校），高校では理科，社会，保健，家庭科の教科担当者（4部／校）を対象」（高知大学環境教育研究会 1989：2）として行われた郵送形式の調査である。回収率は，小学校：46.4％，中学校：53.4％である。

　この調査は1988年7月に行われており，環境教育が低迷から普及へ転じる節目の頃，言い換えれば低迷していた時期の終わり頃に相当する。調査年度に合わせて，〈88調査〉と表記する。調査結果の全容は報告書を参照頂くとして，ここでは他の時代の調査と共通性のある質問内容・項目として，実践率（表9-1）と教科の設置（表9-2）の2つの設問から，低迷の時期の状況把握を行う。

　実践率（表9-1）を見ると，環境教育を十分意識して授業を展開しているのは，小学校で19.2％，中学校で34.4％である。日本環境協会の〈81調査〉では，環境教育に関連して授業をしているのは小学校50％，中学校46％と半数程度であった（表8-4参照）。調査方法，設問，選択肢等が異なるため直接的に数値を比較することはできないものの，〈81調査〉よりも低下傾向にあると言え，1980年代前半の環境教育の低迷を表しているととらえられる。

　教科の設置（表9-2）に関しては，「環境」のような新教科を設けるとの回答は，小・中学校ともに10％程度である。また，従来の教科の中で行うと回答したのは小・中学校ともに60％程度である。日本環境協会の〈81調査〉では，新教科の設置は小学校で約10％，中学校で約17％であり，従来の教科の中で行うとの回答は小学校で約66％，中学校で約58％であった。両調査の結果に大きな差は見られないことから，学校現場の教員は新教科の設置には否定的であったととらえられる。

表9-1 実践率〈88調査〉(高知大学環境教育研究会)

Ⅰ. 学習指導要領に環境保全に関連する記述がありますが，該当部分の授業についておたずねします。		
（選択肢）	小学校（％）	中学校（％）
環境教育を十分意識して授業を展開している。	19.2	34.4
とくに環境教育としての位置づけは考慮していない。	59.7	44.2
環境教育の意識はなく教科の目標達成に主眼をおいている。	17.3	15.2
その他	4.3	6

注：小学校：432人，中学校：467人。
出典：高知大学環境教育研究会（1989）より。

表9-2 教科の設置〈88調査〉(高知大学環境教育研究会)

Ⅵ. 正規の教科・領域で総合的な環境教育を系統的に導入するとした場合，その教科についてどのようにお考えですか。		
（選択肢）	小学校（％）	中学校（％）
新しい教科または領域（たとえば「環境」）を設ける。	9.6	10.4
分担を明確にすれば，従来の教科のなかでやればよい。	61.5	61.1
内容により左右されるのでどちらともいえない。	26.6	26.9
その他	2.2	1.4

注：小学校：406人，中学校：471人。
出典：高知大学環境教育研究会（1989）より。

（2）低迷の時期の環境教育実践状況

　1970年代中盤から90年代初めにかけての社会科，理科月刊誌の特集について，創成時代（1970年代）の実践状況把握と同じ方法で調べた（表9-3）。「環境教育」との語が用いられている特集は，創成時代の実践状況において述べた『理科の教育』の1978年2，3月号以降，88年8月の同誌の特集「環境問題と環境教育」までの約10年間，まったく見られない。『社会科教育』は，すでに述べた1980年7月の特集以降は，1991年1月の特集「環境教育 ―宇宙船地球号を授業する―」まで，やはり約10年間，環境教育に関連する特集を組んでいない。『理科教室』は，「自然と人間」（1983年1月），「人間と自然」（1989年1月）の特集を行っている他，環境問題に関する特集を数回行い，1991年8月に「環境教育 ―「地球SOS」を授業する―」，93年11月に「人類的課題と環境教育」との特集を組んでいる。家庭科関係の月刊誌『家庭科教育』（家政教育社）についても1970年から90年代前半まで調べたところ，1989年9月号で「廃棄物と家庭科教育」との特集を行っているが，「環境教育」と題した特集は見られない[1]。

表9-3　社会科，理科月刊誌の環境教育関連特集タイトル（2）

年月	雑誌名	特集タイトル	巻（号）
1978年2月	理科の教育	理科における**環境教育**の指導の改善・その1	27（2）
3月	理科の教育	理科における**環境教育**の指導の改善・その2	27（3）
1980年7月	社会科教育	環境・資源教材の今日的取り上げ方	（205）
1983年1月	理科教室	自然と人間	26（1）
1988年8月	理科の教育	環境問題と**環境教育**	37（8）
1989年1月	理科教室	人間と自然	32（1）
1990年7月	理科教室	環境破壊と科学教育	33（7）
8月	理科の教育	**環境教育**と理科	40（8）
1991年1月	社会科教育	**環境教育**　─宇宙船地球号を授業する─	（345）
8月	理科教育	**環境教育**　─「地球SOS」を授業する─	23（8）
8月	理科教室	原子力発電と環境問題	34（8）
1992年3月	社会科教育	「地域で環境学習」　─教材開発の着眼点─	（361）
8月	理科教室	どうとらえる「環境問題」	35（8）
1993年7月	理科の教育	理科を通しての**環境教育**	42（7）
11月	理科教室	人類的課題と**環境教育**	36（11）

注：同年発行は年を省略した。「環境教育」の語を太字で表記した。

　これらの雑誌特集からも，環境教育に対する関心の低下，低迷状況が見て取れる。

　1980年代初めから中盤にかけての低迷の時期における環境教育に関連する特集として，『理科教室』の「自然と人間」（1983年1月）が見られる。これは1977年の学習指導要領改訂で中学校理科に新設された「人間と自然」の単元に関わる特集で，「全自然史をゆたかにとらえる自然科学教育を」（黒田 1983），「教科書「人間と自然」の検討」（鷹取 1983），「自然保護教育へつながる地域の教材化」（浜岡 1983），「原子力問題をどう学習するか」（高橋 1983）が掲載されているが，これらは提案・提言であり，実践例ではない。実践例としては，「「水俣病」の学習」（高野 1983）が掲載されているが，これは水俣病を取り上げた高校の事例である。

　特集後の1985年に「人間と自然」の単元に関する3つの実践事例が見られる。本田（1985）は，「南松尾の概況」「南松尾の自然とその移り変わり」「人間は自然を変える」「南松尾の動物・今と昔」「南松尾の現状とその将来」を扱った授業を行っている。これは，学校の存する地域の環境を取り上げた実践である。

村瀬（1985）は，「(1)地球とは」「(2)物質の循環」「(3)ヒトの直系」「(4)人間の生活と資源」「(5)環境汚染・大気汚染」「(6)環境汚染・公害」「(7) NHK テレビ視聴」の7項目のテキストを作成し，授業を行っている。また，菅野（1985）は，「太陽系の星々」「人類の出現」「食糧問題」「エネルギー資源」「公害の多発」「近代の公害」の6項目を取り上げた授業を行っている。村瀬，菅野の両者は，理科の範囲を超え，資源，エネルギー，環境問題（公害）といった社会科の学習内容に関わるものまでを扱っており，「人間と環境（自然）とのかかわりの学習」という環境教育のテーマを盛り込んだ意欲的な実践事例と言える。

しかしながら，「この学習〔「人間と自然」の学習〕は，教科書では中学校3年生の最後に位置づけられている。そのために，授業時数がたらなくなっている状態だと教科書を"読んでおしまい"とされる先生も多い，と聞く」（村瀬 1985），「3年生の第2分野の最後にあたる「人間と自然」の単元は，生徒に言わせれば「受験にはほとんど出題されないから関係のないところ」であり，教師としても受験を前にしてサッと流しがちなところである」（菅野 1985）と，「人間と自然」の単元の学習指導に対する問題提起を記している。教育課程上の単元「人間と自然」の置き所の問題もあるものの，環境教育に対する学校現場の関心の低下を物語っているとも言えよう。

上記の他に『社会科教育』に掲載された吉田（1986）が見られるが，これも提案・提言であって，授業実践を報告したものではない。1980年代初めから中盤にかけての低迷の時期については，資料・情報が十分ではなく，当時の実践状況をとらえることが困難である。このことは逆に言えば，低迷していたがゆえに，資料・情報が少ないと解することができよう。高知大学環境教育研究会の〈88調査〉の実践率が示しているように，学習指導要領の環境教育に関連する学習内容・単元については実践されていたであろうが，環境教育を意識した実践は低調であったと言える。そしてこの低迷状況は，環境教育の進展，学校教育現場への普及・浸透にマイナスの影響を与えたと考えられる。

第2節　普及時代の小・中学校環境教育の状況

（1）1989（平成元）年　学習指導要領改訂

1989（平成元）年の学習指導要領改訂に関しては，『環境白書（各論）（平成

第9章　普及時代の小・中学校環境教育（1980～90年代）

2年版）』において「なお，平成元年3月に改訂した小，中，高等学校の学習指導要領においては，環境に関する指導内容の一層の充実を図ったところである」（環境庁 1990：40）として，環境教育に関して充実を図ったことが記されている。山極（1990b）は，小学校では生活科や道徳で「環境教育に関係する内容や考え方を一層重視している」と述べている。その他，「社会の変化に主体的に対応できる能力や態度」「思考力や判断力などを育成することの重要性」「体験的な学習や問題解決的な学習の充実」「豊かな人間性の育成」などが，環境問題の解決に必要な能力の育成につながるとし，「「関心」，「意欲」，「態度」と言った情意面」も環境教育に関わる態度の形成に通じると述べている。また，山極（1990c）は，「観察や実験，課題研究，調査活動，実習などの自発的活動を一層重視している」と述べている。

しかし山極（1990b, 1990c）の記述は，小学校の生活科と道徳を除けば，間接的に環境教育に資すると述べているだけで，具体的にどこをどのように充実させたかは見えてこない。例えば，中学校理科の「人間と自然」の単元は，学校教育現場では環境教育に関する単元と受けとめられていたが，これが削除された。このことは環境教育にとって後退を意味する。木本（1990）は，現職の中学校教員の立場から「現行の学習指導要領には，環境教育の視点はあまり見られない」，「「自然と人間」の単元が全面的に削除され，(6)大地の変化と地球の中の小単元「地球と人間」のみとなる。環境教育の核となるべき単元をなくして，どのように指導せよと言うのだろうか」と批判的に論じている。

1989年改訂と1977（昭和52）年改訂の学習指導要領（大蔵省印刷局編 1977a, 1977b, 1989a, 1989b）の環境教育関連内容を抜き出したものを巻末資料に示す。この改訂では小学校低学年の社会科，理科がなくなり，生活科が設置された。そこで巻末資料では，1977年改訂の低学年社会科，理科と，生活科を対比できるように作成した。

小学校について見ると，1977年の改訂では社会科に「公害」「飲料水，用水，電気，ガス，廃棄物」「資源の有効利用」「開発と環境保全」が盛り込まれたが，そのうち「資源の有効利用」（第5学年）が削除されている。「公害」に関する部分（第5学年）では，「極めて大切」とされていたところから「極めて」が削除された。一方，「森林資源」（第5学年）が新たに盛り込まれている。理科では，第4, 6学年の「生物とその環境」領域に「人」が導入され，「人の活

207

動と環境とのかかわり」(第4学年),「人としての特徴や環境とのかかわり」(第6学年)が盛り込まれた。「自然愛護」「生命尊重」についてはほぼ同様であり,その他に大きな変化はみられない。新設された生活科では,社会科第1学年にあった「水,電気,ガス」という「資源・エネルギー」に関わる内容が削除された。家庭科には,「不要品やごみを適切に処理できるようにする」(第5学年)と,新しく「廃棄物」が盛り込まれた。道徳に関しては,記述形式が変わってはいるが,「生命尊重」「動物植物愛護」「自然を大切にすること」は変わっていない。

　小学校に関しては,社会科の「資源の有効利用」がなくなったことは後退と受けとめられるが,「森林資源」が盛り込まれたこと,理科に「人と環境とのかかわり」が盛り込まれたこと,家庭科に新たに「廃棄物」が盛り込まれたことは,充実と受けとめられる。これらの点からすれば,小学校での環境教育に関わる学習内容は,どちらかと言えば充実されたととらえられよう。

　中学校社会科の地理的分野では,「人々の生活と環境」が新設されている一方で,「国土の合理的な利用と保全」が削除され,「保全」が消えている。公民的分野には大きな変化は見られない。理科では,まず目標から「自然と人間とのかかわりについて認識させる」が削除された。上述のように,理科第2分野の「人間と自然」の単元が削除され,代わって「(6)大地の変化と地球」に「ウ 地球と人間」が盛り込まれた。「(6)大地の変化と地球」の内容には「人間生存の場としての地球について総合的に考察させる」と記され,「資源・エネルギー」や,「自然界のつり合い」,「環境保全」が盛り込まれた。また,理科第2分野の「(5)生物のつながり」から「分解者」が削除されている。保健体育科の保健分野の「公害」の記述には変化はみられない。道徳も同様に大きな変化はみられない。技術・家庭科の住居分野において,新たに「資源の適切な使い方と廃棄物の処理」が盛り込まれ,小学校家庭科と対応させた形となっている。

　中学校に関しては,理科の変化が大きく,目標から「自然と人間のかかわり」が削除されたことや「人間と自然」の単元が削除されたことは,大きな後退と受けとめられる。技術・家庭科に「資源」「廃棄物」が盛り込まれたことは充実と受けとめられるものの,その他は変化がないことを勘案すれば,理科の後退が大きく,全体として環境教育に関わる学習内容が充実されたとは言い難い。なお,環境教育に関わる教科としては,『環境白書(各論)』(平成3年

第9章　普及時代の小・中学校環境教育（1980～90年代）

表9-4　普及時代の全国調査

調査主体	時期	対象
京都教育大学 （荒木ほか）	1993年	京都府内のすべての小・中学校及び，全国のおよそ7分の1の小・中学校，合計5500校。学校長宛の郵送調査。
国立教育研究所	1996年1月 1997年1月	青森，群馬，新潟，岐阜，東京，広島，高知，福岡の8県の公立小・中学校から各5校，計40校の学校調査と教員調査（校長，教頭を除く全教員）。
高知大学環境教育研究会	1996年10月 1997年2月	47都道府県の市部（原則として県庁所在地）の小学校16校，郡部の中学校16校の計752校の学校調査と教員調査。
東京学芸大学環境教育研究会	1998年3月	地方自治体の環境教育指定校，全国小・中学校環境教育賞参加校，小学校874校，中学校321校の計1195校。学校調査と教員調査。

版）』で「従来から社会，理科，体育，保健体育を中心に指導を行っている」（環境庁 1991：44）と体育，保健体育が追加されているが，家庭科，技術・家庭科は記されていない。家庭科教育関係の月刊誌『家庭科教育』（家政教育社）は，1989年9月号で「廃棄物と家庭科教育」[2]との特集を行っており，学習指導要領改訂に関連して特集されたものととらえられる。

1989（平成元）年の学習指導要領改訂は，『環境白書』や山極が環境教育の充実を図ったと述べている程には充実されたとは言えない。学習指導要領の改訂作業が行われていた時期は，環境教育が低迷していた時期に相当することを考えれば，充実とは名ばかりであると言っても過言ではないであろう。

（2）普及時代の全国調査に見る実践現場の状況

1990年代，すなわち普及時代に行われた全国的な環境教育調査として4つの調査が見られる。ここではその結果から，実践現場の状況把握を行う（表9-4）。

京都教育大学（附属環境教育実践環境総合研究センター）の調査は，小・中学校を対象とし，京都府のみ悉皆，残る数を全国の約7分の1の小・中学校に割り当て，学校長宛の郵送形式による質問紙調査を行ったものである（荒木ほか 1994）[3]。調査対象数は5500校と記されているが，京都府の数，その他全国の数，小・中学校別の数は記されていない。調査期間は，依頼状の日付が「平

成5年3月15日」,依頼文中の締切が「3月31日」とされているが,「回収は平成5年6月くらいにはほぼ止まった」(荒木ほか 1994) と記されており, 1992年度末から93年度初めにかけての調査である。調査票の発送・締切が1992年度であることから, この調査を〈92調査〉と記す。回収率は, 小学校：28%, 中学校：36%と記されている。悉皆調査である京都府の数が含まれているかどうかは記されていない。

国立教育研究所の環境教育実態調査[4]は, 学校調査と教師調査 (校長, 教頭を除く全教員) の2種類で, 郵送形式の質問紙調査である。調査対象は青森, 群馬, 新潟, 岐阜, 東京, 広島, 高知, 福岡の8都県の公立小・中学校から各5校を抽出した小学校：40校, 中学校：40校で, 調査は1996年1月末〜3月中旬に小学校, 1997年の同時期に中学校を対象に行われた。回収数は小学校が38校, 教員748人, 中学校が40校, 教員964人であった (国立教育研究所 1997, 1998)。この調査は2年度にわたって行われているため, 以下〈95-96調査〉と記す。

高知大学環境教育研究会の調査は, 47都道府県の市部 (原則として県庁所在地) と郡部にある小・中学校各16校 (1自治体あたり32校, 計1,504校) を全国学校総覧から無作為抽出し, 郵送形式で質問紙調査を行ったものである (高知大学環境教育研究会 1997, 真鍋・遠藤 1997)。調査は学校対象の調査 (調査A) と, 個々の教師対象の調査 (調査B) の2つであり, 1996年10月と1997年2月の2回に分けて行われた[5]。学校調査の回収数は小学校：388校, 中学校：382校であり, 教師調査の回収数は, 小学校：1782人, 中学校：1953人である。この調査は1996年度に実施されているので, 以下〈96調査〉と記す。

東京学芸大学環境教育研究会[6]の調査は, 地方自治体の環境教育指定校, 全国小・中学校環境教育賞参加校を対象とした郵送形式の質問紙調査である。調査は, 学校調査と教員調査 (各学校に質問紙5部を同封) の2種類である。調査対象は小学校：874校, 中学校：321校で, 回収数は小学校が463校, 教員1833人, 中学校が174校, 教員618人である。この調査は1998年3月に実施されており, 調査年度は1997年度であることから, 以下〈97調査〉と記す (東京学芸大学環境教育研究会 1999)。

これらの調査は1989 (平成元) 年改訂の学習指導要領に基づいた教育が行われていた時期であり,〈92調査〉は移行期直後,〈95-96調査〉は「総合的な学

習の時間」を提唱した中央教育審議会答申（1996）が公表される直前，直後，〈96調査〉，〈97調査〉は，同答申公表後の時期に相当する。後者の3つの調査は，「総合的な学習の時間」の設置見込みという情勢を受けている可能性がある。また，〈97調査〉は，調査対象が環境教育の指定校と全国小・中学校環境教育賞参加校で，環境教育を実践している学校であることに留意する必要がある。環境教育の普及に関連する設問として，文部省環境教育指導資料の認知度（読んだ教員の割合）と環境教育への関心度を表9-5～表9-7に示す。

環境教育指導資料の認知度は，小・中学校で違いはあるが〈95-96調査〉，〈96調査〉ともに15～20％程度である。〈96調査〉で見ると「まったく知らない」と回答した割合が小学校：32.4％，中学校：46.5％となっている。つまり，小学校教員の3分の1程度，中学校教員の半数程度は，文部省が『環境教育指導資料』を発行したことすら知らなかった。しかしながら，〈95-96調査〉の環境教育への関心度を見ると，小・中学校教員の25～30％程度が「おおいに関心がある」とし，「やや関心がある」とした割合を合わせると90％程度である。これらの結果から，1990年代中盤には多くの教員が環境教育に関心を持っていたが，文部省の『環境教育指導資料』はあまり普及していなかったと言える。

環境教育の実践率に関する設問は，4つの調査すべてに設けられているが，選択肢が大きく異なる。比較的類似性の見られる〈92調査〉と〈96調査〉，および，〈95-96調査〉と〈97調査〉を対比しやすい順に，表9-8～表9-11に示す。

表9-8と表9-9の1番目と2番目の選択肢を実践している割合として足して対比すると，〈92調査〉では小学校：59.2％，中学校：54.9％であり，〈96調査〉では小学校：78.4％，中学校：70.4％となる。表9-10と表9-11を見ると，〈95-96調査〉の「実践した」と「予定」，〈97調査〉の「十分に実践」と「まあまあ実践」をそれぞれ足した割合は40～50％程度となっている。これらを見ると，1990年代の前半から中盤にかけて環境教育の実践率は上昇し，90年代中盤には，低く見た場合で40％程度，最も高く見た場合では80％程度（表9-9の小学校の結果）と言える。平均化することはできないが，概ね50％程度の実践率であったととらえられよう。創成時代の〈81調査〉では，環境教育に関連して授業をしているのは50％程度であった（表8-4参照）。低迷の時期の〈88調査〉では，環境教育を十分意識して授業を展開しているのは，小学校：

表9-5　環境教育指導資料の認知度〈95-96調査〉

	読んだことがある (%)	読んだことはない (%)	無記入 (%)
小学校	16.6	82.6	0.8
中学校	19.4	79.6	1.0

Q6．文部省の『環境教育指導資料』を読んだことがありますか。該当するものを一つ選んで下さい。

注：小学校：748人，中学校964人。
出典：国立教育研究所（1998）より。

表9-6　環境教育指導資料の認知度〈96調査〉

設問B2．「環境教育指導資料」文部省—中・高等学校編，小学校編についてお尋ねします。

	読んだことがある (%)	まだ目を通していない (%)	まったく知らない (%)
小学校	20.2	47.4	32.4
中学校	15.5	38	46.5

出典：高知大学環境教育研究会（1997）より。

表9-7　関心度〈95-96調査〉

Q4．環境教育に関心がありますか。該当するものを一つ選んで下さい。

	回答数(人)	おおいに関心がある(%)	やや関心がある(%)	あまり関心がない(%)	関心はない(%)	無記入(%)
小学校	748	24.6	62.7	10.4	0.5	1.7
中学校	964	29.4	57.7	9.8	0.5	2.7

出典：国立教育研究所（1998）より。

19.2％，中学校：34.4％であった（表9-1）。これらを勘案すれば，低迷の時期を経て1990年代中盤には，創成時代の終わり頃とほぼ同程度の50％程度の実践率へと回復したととらえられよう。

学校行事での環境教育の実践に関する結果を表9-12に示す。これは環境教育に取り組んでいる学校を対象とした〈97調査〉の結果であるので，一般的な状況よりも高い値になっている可能性があるものの，小学校：76.9％，中学校：73.6％となっており，小・中学校の4校に3校は，環境教育と位置づけた学校行事を行っている。

第9章 普及時代の小・中学校環境教育（1980～90年代）

表9-8 実践率〈92調査〉

Ⅰ．学習指導要領に環境保全についての記述がありますが，貴校における環境教育に関する授業の現状は如何でしょうか。主なものを1つ選んで〇をおつけ下さい。		
	小学校（％）	中学校（％）
学校として関連教科で環境教育を計画的に進めている。	17.1	15.8
環境教育を意識して展開している授業もある。	42.1	39.1
むしろ各教科の目標達成に主眼をおいている。	28.1	31.0
その他	4.1	5.2
無記入	8.6	8.9

出典：荒木ほか（1994）より。

表9-9 実践率〈96調査〉

設問B3．各教科・道徳において，学習指導書の中で環境に関連する記述がありますが該当部分の授業についてお尋ねします。		
	小学校（％）	中学校（％）
環境教育を十分意識して授業を展開している。	6.4	10.1
十分ではないが，ある程度意識して授業をしている。	72.0	60.3
環境教育の意識はなく，教科固有の目標達成を優先している。	10.3	14.9
その他	1.7	2.9
該当なし	9.5	11.7

出典：高知大学環境教育研究会（1997）より。

表9-10 実践率〈95-96調査〉

Q14 あなたは今年度，環境教育に関係すると思われる学習指導を実践しましたか。または実践する予定がありますか。該当するものを一つ選んで下さい。					
	回答数（人）	実践した（％）	実践する予定である（％）	実践していないし，予定もない（％）	無記入（％）
小学校	653	33.4	5.1	52.8	8.7
中学校	839	41.8	6.1	49.8	2.3

出典：国立教育研究所（1998）より。

表9-11 実践率〈97調査〉

問11 あなたは，自分自身は環境教育をどの程度実践できていると思いますか。該当するものを1つ選んでください。					
	回答数（人）	十分に実践できている（％）	まあまあ実践できている（％）	あまり実践できていない（％）	ほとんど実践できていない（％）
小学校	1813	2.1	40.6	44.7	11.5
中学校	612	2.4	38.5	44.5	13.6

出典：東京学芸大学環境教育研究会（1999）より。

第Ⅲ部　小・中学校における環境教育の展開

表9-12　学校行事〈97調査〉

問4　貴校には，環境教育として位置づけている学校行事はありますか。				
	回答数（校）	している（％）	していない（％）	無回答（％）
小学校	463	76.9	22.2	1.9
中学校	174	73.6	24.1	2.3

出典：東京学芸大学環境教育研究会（1999）より。

　学校教育における環境教育の推進体制・方策に関する設問として，環境教育に関する目標・計画の設定状況，担当の設置（校務分掌，環境教育主任），研修に関する結果を見ていく。環境教育に関する目標・計画の設定状況を表9-13～表9-15に示す。

　目標設定率は，表9-13から小学校：57.9％，中学校：47.5％と，小学校で60％程度，中学校で半数程度となっている。表9-14の年間計画作成率は小・中学校ともに20％程度であるが，表9-15の学校全体計画作成率は小学校：67.8％，中学校：53.4％となっており，表9-14と表9-15では大きな差が見られる。年間指導計画と学校全体計画は計画の質が異なり，学校全体計画が作られていても，年間指導計画が作られていない可能性はある。しかしむしろ〈97調査〉の調査対象が環境教育モデル校，全国小・中学校環境教育賞参加校という，環境教育に取り組んでいる学校であることが影響しているととらえる方が妥当であろう。創成時代の〈81調査〉のカリキュラムの作成状況は，作成中を含めても10％未満であった（表8-5参照）。低迷の時期の状況はわからないが，その時期に環境教育の計画が作成されていたとは考えにくいことから，環境教育の計画作成については，創成時代よりも進展したととらえられよう。なお，目標設定率，計画作成率ともに，3つの調査に共通して，小学校よりも中学校の方が低くなっていることを指摘しておきたい。

　環境教育担当の設置（校務分掌，環境教育主任）状況を表9-16～表9-18に示す。ただし，表9-18に関しては，「環境教育主任」の項目のみに着目する。

　表9-17の割合が他の調査より高いのは，調査対象の影響と考えられる。また，〈95-96調査〉（表9-16）は調査対象学校数が少なく，〈96調査〉は設問・回答形式が異なる。これらを勘案すれば，環境教育担当の設置は，小学校では35～65％の間，概ね50％程度，中学校では24～56％の間，概ね40％程度であっ

第9章　普及時代の小・中学校環境教育（1980～90年代）

表9-13　目標設定率〈95-96調査〉

Q1　貴校では、今年度の教育目標や重点目標などに、環境教育に関する内容が示されていますか。				
	回答数（校）	はい（％）	いいえ（％）	無回答（％）
小学校	38	57.9	42.1	0.0
中学校	40	47.5	52.5	0.0

出典：国立教育研究所（1998）より。

表9-14　年間計画作成率〈96調査〉

設問A1．貴校では環境教育の年間指導計画を作成していますか。			
	作成している（％）	していない（％）	無記入（％）
小学校	20.9	78.6	0.5
中学校	19.1	80.4	0.5

出典：高知大学環境教育研究会（1997）より。

表9-15　学校全体計画作成率〈97調査〉

問2　貴校には、環境教育の学校全体計画はありますか。				
	回答数（校）	ある（％）	ない（％）	無回答（％）
小学校	463	67.8	31.7	0.4
中学校	174	53.4	44.3	2.3

出典：東京学芸大学環境教育研究会（1999）より。

たと推測できよう。ただし、〈97調査〉の環境教育に取り組んでいる学校でも、小学校：65.2％、中学校：56.3％とそれほど高くないことは、担当の設置と環境教育実践に直接的な関連がないことを示唆していると思われる。また、担当の設置率も、表9-13～表9-15の目標設定率、計画作成率と同様に、中学校の方が低率となっている。

　教員研修に関しては、校内研修の実施と研修会への参加経験の2つがある。それらの結果を表9-19、表9-20に示す。表9-18の「研修・講演会」の項目を含めてとらえても、高くて25％（表9-19の中学校）で、低くても10％を下回らないという程度である。概ね15～20％程度ととらえられよう。

　実践上の課題に関する結果を表9-21に、また「環境科」のような教科の設置に関する結果を表9-22に示す。

　表9-21から、実践上の課題の上位3項目を見ると、数値は異なるものの

表9-16 担当設置率〈95-96調査〉

Q2 貴校では,校務分掌に環境教育担当を位置づけていますか。				
	回答数(校)	はい(%)	いいえ(%)	無回答(%)
小学校	38	44.7	55.3	0.0
中学校	40	42.5	55.0	2.5

出典:国立教育研究所(1998)より。

表9-17 担当設置率〈97調査〉

問1 貴校には,環境教育の校務分掌はありますか。				
	回答数(校)	ある(%)	ない(%)	無回答(%)
小学校	463	65.2	33.7	1.1
中学校	174	56.3	43.7	0.0

出典:東京学芸大学環境教育研究会(1999)より。

表9-18 推進方策〈96調査〉

設問A3.学校として環境教育にどのように対応していますか。該当する事項があれば○印をして下さい。		
	小学校(%)	中学校(%)
環境教育主任	35.1	23.8
環境教育委員会	12.6	6.3
環境教育研究会	1.8	1.6
環境情報コーナー	15.2	13.4
授業研究	12.9	12.3
研修・講演会	16.8	18.1
その他	28.6	30.6

出典:高知大学環境教育研究会(1997)より。

小・中学校で項目,順位ともに同じである。すなわち,準備時間の不足が50%を超え,次いで,専門性や知識の不足,授業時間の不足である。これに加えて第4位も,小・中学校ともに教材の不足である。

教科の設置に関しては,〈96調査〉の選択肢は,教科設置が独立していないため分析が困難であるが,「教科・領域を設定」「さらに環境科等を正規に設置する」の2つを足すと小学校:13.6%,中学校:17.2%となる(表9-22)。〈81調査〉の結果では,教科を設置すべきとする回答は,小学校:9.1%,中学校:16.9%であった(表8-7参照)。小学校の割合が上昇傾向を見せてはいる

第9章 普及時代の小・中学校環境教育（1980～90年代）

表9-19 校内研修実施率〈95-96調査〉

Q7 貴校では，昨年と今年に環境教育に関する校内研修を実施しましたか（実施予定も含む）。				
	回答数（校）	実施した（実施予定も含む）（％）	実施していない（％）	無回答（％）
小学校	38	13.2	86.8	0.0
中学校	40	25.0	70.0	5.0

注：中学校調査では「この2年間に」とされている。
出典：国立教育研究所（1998）より。

表9-20 研修参加率〈96調査〉

設問B1．これまでに環境教育に関する研修会・講演会に参加されたことがありますか。		
	参加したことがある（％）	参加したことがない（％）
小学校	23.1	76.9
中学校	19.0	81.0

出典：高知大学環境教育研究会（1997）より。

表9-21 実践上の課題〈97調査〉

問13．あなたが，十分に環境教育を実践できないのはなぜですか。該当するものを3つ以内で選んでください。		
	小学校（％）	中学校（％）
準備する時間を十分に持っていない	61.0	58.2
身近に相談できる人がいない，組織や団体がない	8.0	8.4
授業時間を十分に持っていない	37.9	39.0
知識やバックグラウンドを持っていない	45.6	40.1
教材が十分にない	29.0	33.4
自分の担当する教科が環境と関連していない	6.1	14.8
資金が十分にない	6.0	6.7
周囲の理解が十分にない	2.6	2.2
環境教育よりも重要な課題が他にある	11.5	12.8
その他	4.1	2.5

注：分岐設問のため母数は小学校：1030人，中学校：359人。太字は上位3項目。
出典：東京学芸大学環境教育研究会（1999）の実数を元に筆者が再計算。

第Ⅲ部 小・中学校における環境教育の展開

表9-22 教科の設置〈96調査〉

設問B4．学校における環境教育の進め方についてお尋ねします。	小学校（％）	中学校（％）
正規の教科・領域（環境科・環境等）を設定し、そこで体系的に実施する	8.1	10.1
現行程度で各教科・道徳・特別活動の中で実施する	63.1	52.4
各教科・道徳・特別活動では現行どおりとし、さらに環境科等を正規に設置する	5.5	7.1
主として、学級活動、児童・生徒会、クラブ、学校行事として実施する	20.9	27.6
その他	2.4	2.5

出典：高知大学環境教育研究会（1997）より。

ものの、多くの教員は「環境科」のような新教科の設置は希望していないととらえられよう。

　環境教育の実践率、実践体制についてみると、次のように言える。1990年代中盤には、教員の環境教育への関心は高まっており、実践率は創成時代の終わり頃と同程度（概ね半数程度）にまで復活していた。環境教育に関わる目標は、半数程度の学校で教育目標等に盛り込まれ、年間計画は5分の1程度の学校で作成されるようになっていた。環境教育の担当は半数程度の学校で設置されていた。しかし、校内研修の実施や研修への参加は5分の1以下と少なかった。実践上の課題は、「準備・授業の時間不足」「専門性・知識不足」、そして「教材不足」であった。「環境科」のような新教科の設置を望む声は創成時代と同様、少なかった。つまり、環境教育の目標・計画の策定、担当の設置の面では進展し、実践率も半数程度まで上昇した一方で、専門性・知識の不足が課題に挙げられているにもかかわらず、研修の実施や参加は充実されておらず、授業時間の不足は挙げられているが、新教科の設置は望んでいないという学校教育実践現場の様相がうかがえる。

　学校における環境教育について、教員が思い浮かべる学習内容の〈95-96調査〉の結果を表9-23に示す。上位3項目を見ると、順位に違いはあるが小・中学校ともに同じ、「地球的規模の環境問題の学習」「人間と環境の関わりの学習」「ゴミの分別やリサイクル活動」の3項目である。50％を超える項目は見られず、教員の3分の1以上の項目もこれらの3つだけであった。小・中学校

表9-23 想起する学習内容〈95-96調査〉

Q11.「学校における環境教育」と言われた時思い浮かぶ指導内容はどのようなことですか。次の中からまず思い浮かぶことがらを3つ以内で選んでください。		
	小学校（%）	中学校（%）
自然の仕組みや成り立ちの学習	23.3	17.6
社会の仕組みや成り立ちの学習	3.5	4.4
地域の動植物や地形などの学習	4.9	6.3
地域の文化や生活習慣などの学習	3.2	3.8
地球的規模の環境問題の学習	32.5	49.8
地域や国内の環境問題の学習	15.3	16.1
人間と環境の関わりの学習	43.6	40.3
資源、エネルギーに関する学習	17.8	29.3
環境に配慮した生活の仕方の学習	27.6	29.3
自然とのふれあい活動*	20.1	―
〔環境に関する政策や法律，条約などの学習〕**	―	4.4
緑を増やす活動*	8.6	―
〔自然体験や野外活動〕**	―	12.8
動植物の飼育栽培活動*	7.0	―
〔飼育栽培や生産体験，緑化活動〕**	―	8.7
ゴミの分別やリサイクル活動	40.3	34.9
地域の美化・清掃活動	13.8	15.1
空気や水の汚れなどを調べる活動*	20.1	―
〔地域の環境調査〕**	―	10.7
標語や作文・ポスターの制作	1.7	3.6
環境に関連する施設の見学	5.4	4.3
特に思い浮かぶものはない	0.0	0.0
その他	0.0	0.6
無記入	1.4	0.7

注：母数は，小学校：563人，中学校：839人。太字は上位3項目。
　　*は小学校のみの選択肢，〔　〕**は中学校のみの選択肢。
出典：国立教育研究所（1998）より。

の違いを見ると，「地球的規模の環境問題の学習」は中学校が高く49.8%であるが，他の2つは小学校の方が高い。1990年代には，地球環境問題と都市・生活型公害がクローズアップされ，その解決に向けてライフスタイルの変革が強調された。「地球的規模の環境問題の学習」「ゴミの分別やリサイクル活動」が高いのは，そうした社会情勢を反映しているととらえられる。「人間と環境の関わりの学習」は，環境教育において1970年代から位置づけられてきたことであり，文部省環境教育指導資料その他の国の文書でも明確に記されていることである。この項目の割合が高いことは，環境教育の理念が教員意識へ浸透して

きたことを物語っていよう。

（3）普及時代の環境教育実践状況

　東京学芸大学環境教育研究会の〈97調査〉には，実践した学習内容に関する設問が見られる（表9-24）。同調査では，学習内容と体験活動に分けて選択肢が設定されている。選択肢に表9-23と共通する項目があるのは，〈97調査〉の調査票作成時に，〈95-96調査〉を参照したためである。

　表9-24の学習内容を見ると，小・中学校で共通して上位3項目に入っているのは「地球規模の環境問題の学習」と「人間と環境のかかわりの学習」である。異なるのは，小学校では「環境に配慮した生活の仕方の学習」，中学校では「資源，エネルギーに関する学習」が上位になっていることである。

　体験活動では，小・中学校で共通して上位3項目に入っているのは「ごみの分別やリサイクル活動」と「自然とのふれあいの活動」であるが，「自然とのふれあいの活動」は小学校：54.8％，中学校：32.0％となっていることから，中学校よりも小学校で実践される傾向が見られる。「地域の美化・清掃活動」は，中学校で上位3項目に入っており，小学校でも第4位となっていることと，ともに40％以上と相対的に高い割合を示していることから，小・中学校で共通して実践されているものととらえられる。「動植物の飼育栽培活動」は，小学校では第3位で44.7％であるが，中学校では第5位で15.9％と相対的に低い割合であることから，中学校よりも小学校で実践される傾向が見られる。

　〈97調査〉の結果から，小・中学校でよく実践されている学習・活動として，「地球規模の環境問題の学習」「人間と環境のかかわりの学習」「ごみの分別やリサイクル活動」「地域の美化・清掃活動」が挙げられる。順位と割合から小・中学校の違いに着目すると，小学校では「自然とのふれあいの活動」「動植物の飼育栽培活動」といった動植物や自然を取り上げた活動と，「環境に配慮した生活の仕方の学習」が実践される傾向が見られ，中学校では「資源，エネルギーに関する学習」が実践される傾向が見られる。この結果は，環境教育の学習内容に関する教員意識（表9-23）の上位項目と概ね対応しているが，小学校において，「自然とのふれあいの活動」「動植物の飼育栽培活動」といった動植物や自然を取り上げた学習・活動の実践率が高い点に，教員意識と実践内容の違い，および小学校の特徴が見られる。

第9章　普及時代の小・中学校環境教育（1980〜90年代）

表9-24　実践内容〈97調査〉

問6．あなたは最近，「環境教育」を意識して，自分の教科において以下の項目に該当するような指導を行ったことがありますか。比較的よく取り組んだ教育実践を〈学習内容〉と〈体験活動〉の中から，それぞれ3つ以内で選んでください。

〈学習内容〉	小学校（％）	中学校（％）
自然の仕組みや成り立ちの学習	34.7	23.8
社会の仕組みや成り立ちの学習	6.8	6.0
地域の動植物や地形などの学習	28.3	14.7
地域の文化や生活習慣などの学習	15.1	13.3
地球規模の環境問題の学習	35.7	53.1
地域や国内の環境問題の学習	23.0	16.5
人間と環境のかかわりの学習	42.9	42.9
食糧問題に関する学習	10.7	14.1
資源，エネルギーに関する学習	20.7	38.0
環境に配慮した生活の仕方の学習	36.0	26.7
まちづくりに関する学習	7.9	3.2
その他	1.5	2.4

〈体験活動〉	小学校（％）	中学校（％）
自然とのふれあいの活動	54.8	32.0
緑を増やす活動	14.4	16.2
動植物の飼育栽培活動	44.7	15.9
ごみの分別やリサイクル活動	59.5	53.2
地域の美化・清掃活動	42.0	45.0
空気や水の汚れを調べる活動	19.0	21.4
まちづくりに関する活動	3.2	4.0
標語や作文，ポスターの制作	15.9	14.9
環境をテーマにしたディベート	4.7	8.3
環境に関連する施設の見学	9.1	12.5
その他	1.2	1.9

注：母数は，小学校：1833人，中学校618人。太字は上位3項目。
出典：東京学芸大学環境教育研究会（1999）より。

　1990年代には，「全国小学校・中学校環境教育賞」の受賞事例が見られる。そこでここでは，同賞の事例から実践内容・状況の把握を試みる。「全国小学校・中学校環境教育賞」は，日本児童教育振興財団によって1992年度の第1回から2001年度の第10回まで10年にわたって行われた。その受賞事例は，雑誌『総合教育技術』（小学館）の1993〜2000年7月号増刊と2001年8月号増刊[7]に順次掲載されている他，日本児童教育振興財団編『環境教育実践マニュアル Vol. 1』（1995），『環境教育実践マニュアル　Vol. 2』（1996），『環境教育実践マ

表9-25 「全国小学校・中学校環境教育賞」受賞校の実践の主題

	1993（％）	1994-95（％）	増減
生物飼育（昆虫・魚・鳥・その他）	52	62	+10
生物観察（昆虫・魚・鳥・その他）	64	81	+17
植物栽培（花壇・草花・農作物・緑化・植樹・芝生）	55	71	+16
観察調査（川・海・湖・大気・樹木・林・その他）	86	85	－1
清掃回収（リサイクル・ごみ・その他）	86	71	－15
伝統文化（祭り・伝承遊び・炭焼き・そば打ち）	20	32	+12
地域学習（自然・歴史・文化）	90	93	+3
異文化交流（国際理解・交流）	15	12	－3
生命倫理（動物愛護・生物との関わり）	24	53	+29
ボランティア（公共施設清掃・JRC活動・募金活動）	－	56	+56

注：太字は上位3項目。
出典：小玉（2009：29）の表から「実践の主題」を抜粋・引用。

ニュアル』（2003）にリライトされたものが掲載されている。

　小玉（2009）は、環境教育賞受賞校の実践の主題を分析し（表9-25）、「1990年代の環境教育は、「全校の教職員が、全教科・全領域において地域の自然（生物・植物）を観察・調査する学習を中心に、児童生徒の消費生活（ごみ・リサイクル）や地域の文化と歴史を学ぶ」環境教育であったと、その全体像を描き出すことができる」、「注目すべきは、この時期の環境教育の9割がなんらかの形で「地域学習」とつながりをもっていた点である」（小玉 2009：29-30）と述べている。

　表9-25から「地域学習」の割合が高いことは読みとれるが、ここには自然、歴史、文化がまとめられている。「観察調査」「清掃回収」「生物観察」も相対的に高い割合を示しているが、「観察調査」は方法による区分で、観察調査の対象には川、海、湖、林といった場所、大気、樹木といった事物が混在している。「生物観察」と「観察調査」が分けられているのか、包含関係にあるのかも判然としない。「清掃回収」は活動だが、小玉の論述では「消費生活（ごみ・リサイクル）」の学習とされている。小玉（2009）の分析は、区分が不明瞭であると言わざるを得ないが、1993～95年の実践の大まかな傾向として、「地域」「生物」を主題としている実践が多かったこと、「清掃回収」活動を行っている実践が多かったことは示されていると考えられる。

　環境教育賞事務局は、第6回（1997年度応募校）、第7回（1998年度応募校）の応募校に対して調査を行っている（表9-26）。その上位3項目を見ると、

第9章　普及時代の小・中学校環境教育（1980〜90年代）

表9-26　「全国小学校・中学校環境教育賞」応募校の実践内容

	小学校		中学校	
	第6回(1997)	第7回(1998)	第6回(1997)	第7回(1998)
1. 飼育・栽培	82.0	86.0	53.6	60.3
2. 観察	74.2	84.0	58.9	51.7
3. 観測	38.7	56.7	50.0	51.7
4. 自然の復元・創造	20.1	24.7	5.4	13.8
5. ゴミ問題・清掃	71.1	73.3	66.1	60.3
6. 資源回収	62.4	54.7	46.4	46.6
7. リサイクル	53.6	57.3	35.7	36.2
8. 伝統文化の継承	35.1	36.7	19.6	24.1
9. 創造（創作）活動	29.9	37.3	26.8	32.8
10. ボランティア	43.3	40.7	39.3	41.4
11. 外部との交流	33.5	40.7	30.4	32.8
12. 生命倫理	52.1	51.3	23.2	32.8
13. その他	13.9	8.0	17.9	25.9

注：母数は，第6回は小学校194校，中学校56校，第7回は表には記載がないが，本文から応募数は小学校150校，中学校58校。表中の数値は％である。太字は上位3項目（同値を含む）。
出典：「全国小学校・中学校環境教育賞」事務局（1998，1999）より。

　小・中学校ともに「飼育・栽培」「観察」「ゴミ問題・清掃」である。加えて50％超（過半数）の項目を見ると，小学校では「資源回収」「リサイクル」「生命倫理」，および第7回の「観測」が，中学校では「観測」が挙げられる。第6回，7回を比較すると，小学校の「観測」が18ポイント増加している他は，大きな変化は読みとれない。ここには「地域」（または「地域学習」），「地球環境問題」の区分がないので，小玉（2009）や〈97調査〉（表9-24）との対比が難しいものの，ゴミ・リサイクル，美化・清掃に関わる活動は小・中学校で，飼育・栽培はどちらかと言えば小学校で，環境教育として実践されていたととらえられる。

　筆者自身，表9-23の〈95-96調査〉の小学校の分類項目（選択肢）を用いて，「全国小学校・中学校環境教育賞」の優秀賞受賞校の実践分析を試みた。同賞には，優秀賞，奨励賞，努力賞などのいくつかの賞があるが，学校での実践に与えた影響を考慮し，最上位の優秀賞のみを対象とした。しかし逆に優秀賞の事例は，審査というフィルターを通していることに留意しなければならない。分析には，雑誌『総合教育技術』増刊に掲載された実践報告を用いた。というのは，『環境教育実践マニュアル　Vol.1』（1995），『環境教育実践マニュ

アル Vol. 2』(1996),『環境教育実践マニュアル』(2003)に掲載されているものは，受賞以後にリライトされているからである。つまり，雑誌『総合教育技術』増刊の方が，応募時点での実践を表しており，応募書類という原典に近い情報と考えられるからである。

〈95-96調査〉(表9-23)の分類項目（選択肢）のうち,「人間と環境の関わりの学習」は，すべての優秀賞実践に当てはまるため削除した。分類作業においては，実践の数ではなく，各分類項目に該当する実践を行っている学校の数を数えた。例えば，ある学校が「○○川探検」「木登り体験」「昔の自然遊び」を実践している場合，これらの事例を3つと数えるのではなく,「自然とのふれあい活動」を実践している学校が1校というように数えた。このことは，筆者の分析が，各項目に該当する実践を行っている学校の割合（実践率）をとらえることを目的としているからである。また，第1回（1992年度の応募）～5回と，第6回（1997年度の応募）～10回の前半・後半に分けて集計した。1996年には「総合的な学習の時間」の設置を唱えた中央教育審議会答申が出されており，第6回の97年度以降の後半には，本文に「総合的な学習の時間」を想定して年間計画を作成した旨が記された事例が見られるようになる。それゆえ，5年ずつの前半・後半に分けて分析した。なお,「その他」には，分類項目にうまく当てはまらない，まちづくり，国際理解，海外の学校との交流にかかわる実践を含めている。中学校で「その他」の割合が高いのは，国際理解，海外との交流が含まれているためである。筆者の分析結果を表9-27に示す。

上位3項目を見ると，小学校では，前半・後半ともに「地域の動植物や地形などの学習」「自然とのふれあい活動」「動植物の飼育栽培活動」である。同時に，50％以上の項目もこの3つである。第4位には「地域の美化・清掃活動」が入っており，相対的に割合も高い。中学校では前半・後半に共通するのは，「地域の動植物や地形などの学習」「空気や水の汚れなどを調べる活動」である。前半では「地域の美化・清掃活動」，後半では「ゴミの分別やリサイクル活動」が上位3項目に入っている。前半・後半の変化を見てみると，小学校での顕著な変化は「動植物の飼育栽培活動」が上昇している点である。中学校は母数が少ないため変化の判断が難しいものの,「地球的規模の環境問題の学習」「環境に配慮した生活の仕方の学習」「地域の文化や生活習慣などの学習」「動植物の飼育栽培活動」が顕著な上昇を示している。

第9章 普及時代の小・中学校環境教育（1980～90年代）

表9-27 「全国小学校・中学校環境教育賞」優秀賞受賞校の実践内容

分類項目	小学校		中学校	
	1992-96	1997-2001	1992-96	1997-2001
自然の仕組みや成り立ちの学習	16.7	22.2	8.3	7.7
社会の仕組みや成り立ちの学習	0.0	0.0	0.0	0.0
地域の動植物や地形などの学習	66.7	80.6	50.0	76.9
地域の文化や生活習慣などの学習	25.0	33.3	8.3	30.8
地球的規模の環境問題の学習	13.9	13.9	0.0	38.5
地域や国内の環境問題の学習	5.6	13.9	16.7	30.8
資源，エネルギーに関する学習	2.8	2.8	0.0	7.7
環境に配慮した生活の仕方の学習	11.1	22.2	16.7	53.8
自然とのふれあい活動	63.9	66.7	8.3	15.4
緑を増やす活動	13.9	13.9	8.3	15.4
動植物の飼育栽培活動	50.0	80.6	8.3	38.5
ゴミの分別やリサイクル活動	36.1	25.0	25.0	61.5
地域の美化・清掃活動	47.2	38.9	33.3	46.2
空気や水の汚れなどを調べる活動	25.0	33.3	41.7	61.5
標語や作文・ポスターの制作	33.3	36.1	16.7	38.5
環境に関連する施設の見学	2.8	2.8	0.0	15.4
その他	13.9	19.4	33.3	46.2
母数	36校	36校	12校	13校

注：優秀賞受賞校のみの分析（筆者による）。第1～5回は1992～96年度の応募，第6～10回は1997～2001年度の応募。太字は上位3項目。

　表9-27では十分にとらえきれないことであり，かつ分析結果の背景に潜んでいるのは，各学校の中心となるテーマや素材である。小学校で「地域の動植物や地形などの学習」「自然とのふれあい活動」「動植物の飼育栽培活動」といった動植物や自然を取り上げた学習・活動の実践率が高い背景には，地域素材としての動植物，川や山，干潟や海浜などを中心テーマに取り上げる傾向が見られるためである。特定の動植物や場に限定せず，地域の自然全般を素材とした実践も多く見られる。中学校では地域素材や地域全体を中心テーマとしたものも見られるが，国際理解，国際交流を中心テーマとしたものや，まちづくり（地域の将来）をテーマにしたものが多く見られる。表9-28に前半と後半に分けて，中心テーマとされている地域素材をピックアップした。表中「○○川」のように記載しているのは，固有名詞が入った事例である。

　「全国小学校・中学校環境教育賞」の受賞事例の分析，とりわけ筆者が行った簡単な分析は，審査というフィルターを通していることから，一般的な傾向

表9-28 中心テーマとされた地域素材の例
（「全国小学校・中学校環境教育賞」優秀賞）

	第1〜5回（1992-96）		第6〜10回（1997-2001）	
小学校	「鳥（愛鳥）」 「赤米」 「銅器」 「ヤマメ」 「ゲンジボタル」 「トンボ」 「わんぱく山」	「ナベヅル」 「炭焼き」 「世界遺産」 「〇〇干潟」 「〇〇川」 「〇〇浜」 「〇〇山」	「田んぼ」 「オヤニラミ」 「カジカガエル」 「マングローブ」 「古代米」 「学校ビオトープ」 「学校の池」 「学校の森」 「ゲンジボタル」	「メダカ」 「フジバカマ」 「ミミズ」 「オオムラサキ」 「サクラマス」 「竹林」 「祭り・伝承文化」 「〇〇川」 「〇〇干潟」
中学校	「タンポポ調査」 「自然環境調査」 「炭焼き」 「エコツアー」 「えん麦」	「マングローブ」 「おいしい水」 「〇〇震災」 「〇〇の森」 「〇〇湖」	「学校ビオトープ」 「〇〇山」 「〇〇震災」	「〇〇川」 「〇〇浦」 「〇〇干潟」

出典：筆者作成。

とは言い切れない。しかしながら，受賞校の事例が公表されることによって，それらが優秀・優良な環境教育実践として広まり，そのことが次の環境教育実践や，教員の環境教育のとらえ方に影響を与えたと推察し得る。

　表9-23の教員意識，表9-24の実践内容，表9-25以降の実践分析から，普及時代の環境教育実践は，まず「人間と環境のかかわり」が基本となっていたと言うことができよう。このことは教員意識（表9-23）と実践（表9-24）の双方の結果からとらえられる。そして，「人間と環境のかかわり」の学習を基本とし，「体験」の重視と相まって，地域素材（動植物や自然環境）を取り上げた実践，自然とのふれあいや飼育栽培，環境美化・清掃，リサイクル等の活動を取り入れた実践が行われていた。その中には，動植物や自然だけではなく地域の歴史や文化も含めた地域全般の学習から，まちづくりの学習へと向かう動きもみられた。

　「人間と環境のかかわり」を学ぶことができ，小・中学生が「体験」できるような実践を計画するならば，地域を中心とし，地域の素材として動植物や自然環境を中心とすることは，ごく自然な発想である。児童生徒が地域を見て回れば，そこにごみが落ちていたり，川が汚れていたりすることに気づく。そうすれば，地域のクリーンアップ（美化・清掃活動）に進んでいくのも当然の成

り行きであろう。もちろん，表9-24から，普及時代にクローズアップされた地球環境問題や環境に配慮した生活（エコライフ）に関する実践が行われていたことも明らかである。

以上のように，普及時代の環境教育実践に関しては，地域を主題とした「人間と環境のかかわり」の学習が定着しつつあり，地球環境問題，エコライフという当時の社会情勢を象徴する実践に加え，「体験」の重視と相まって，自然とのふれあい，飼育栽培，環境美化・清掃活動を取り入れた実践が行われていたと言える。これらの点に普及時代の実践の特徴を見出すことができよう。

注
1） 『家庭科教育』は1992年1月号から特集がなくなっている。1992年9月号に特集のような形で環境教育に関する数編の記事が見られる。また，記事のタイトルに「環境教育」が入っているものとしては，福江（1991）が最も早いものである。
2） 『家庭科教育』，63(11)，家政教育社，1989年9月号。
3） 荒木ほか（1994）の題目は「小・中学校における環境教育の現状Ⅰ」とされているが，「そのⅡ」以降の論文は見られず，全設問の集計，分析結果は一般公表されていない。なお本調査は，荒木ほか（1994）の共著者に名前の挙がっている越前美香の卒業研究であったことがわかっている。
4） 国立教育研究所の調査には筆者も参加し，教師調査の質問紙作成，集計に携わった。
5） 高知大学環境教育研究会の調査方法は，報告によって記述に違いが見られ，理解が困難である。高知大学環境教育研究会（1997：1）には，「市部にある小学校16校，郡部にある中学校16校の計32校」と記されており，小学校は市部，中学校は郡部を対象としたととらえられる。しかし，回答校数の表には小・中学校ともに市部・郡部の回答数が記されていることからすれば，市部・郡部両方の小・中学校を対象に調査したと考えられる。また，真鍋・遠藤（1997：29）では，市部・郡部の小・中学校4校ずつで計752校（1自治体あたり8校）を対象に，平成8年9～11月に調査したと記されているが，高知大学環境教育研究会（1997：1）では「計1,504校」（16校×47自治体の計算）で，「平成8年10月と平成9年2月に実施した」と記されている。真鍋・遠藤（1997）の方が先に著されていることから察するところ，調査は2回に分けて行われたと考えられる。本文は，以上の推察に基づいて記述した。
6） この調査は，文部省委託事業「環境教育の総合的推進に関する調査」の一部として行われたものである。筆者は調査委員の1人として参加した。なお，本調査結果

は報告書の「参考資料」に掲載されており,ページ番号が付けられていない。
7) 1993〜2001年の『総合教育技術』増刊の巻(号)は,48(8),49(8),50(7),51(8),52(6),53(6),54(7),55(7),56(6),および57(8)である。

第10章
枠組み拡大時代の小・中学校環境教育（2000年代）

　本章では，環境教育の概念的・内容的枠組みが拡大され始めた1990年代末から2010年頃までの小・中学校における環境教育実践の展開を明らかにする。1990年代に環境教育は，ブームとも言えるような普及を見せた。1999年の中央環境審議会答申において明確化された「持続可能な社会の実現」をめざすとの環境教育の目的（理念）は，2000年代には基本的な考え方とされ，第2，3次の『環境基本計画』においても基調とされた。2003年には「環境の保全のための意欲の増進及び環境教育の推進に関する法律」（略称：環境保全活動・環境教育推進法）が成立し，同法に基づいて2004年には「環境保全の意欲の増進及び環境教育の推進に関する基本的な方針」が策定されたが，これらにおいても同様である。

　そして，国連の「持続可能な開発のための教育の10年（DESD）」（2005～14年）を受けて，日本においても「持続可能な開発のための教育（ESD）」の取り組みが開始された。国際的には1990年代に始まった環境教育の概念的・内容的枠組みの拡大が，日本においても始まった。

　こうした環境教育の展開と無関係ではないものの，学校教育においては，むしろ，2002年度から導入された「総合的な学習の時間」における環境教育の実践が重要な課題となっていく。1970年代の議論からも明らかなとおり，環境教育は学際的な性格を有している。個々の教科の枠組みでは対応が困難であったが，「総合的な学習の時間」の設置により，教科横断的・総合的な環境教育実践が可能となると同時に，そうした実践が期待された。

　筆者は，1990年代に関わった全国調査を基にして，「総合的な学習の時間」に焦点を当てつつ，2000年代に小・中学校の環境教育調査を行った。本章では，筆者の調査結果を軸として，全国の小・中学校実践現場の状況と，「総合的な学習の時間」における環境教育実践の状況を明らかにする。

第1節　1998（平成10）年　学習指導要領改訂

　1998（平成10）年の学習指導要領改訂において「総合的な学習の時間」が設置され，学習内容の例示として「環境」が記述された。1998年改訂と1989（平成元）年改訂の学習指導要領（大蔵省印刷局編 1989a, 1989b, 1998a, 1998b）の環境教育関連内容を抜き出したものを巻末資料に示す。ここではまず，1998年改訂学習指導要領，総則の「第3　総合的な学習の時間の取扱い」の記述を見ていく。

　「総合的な学習の時間」の趣旨，ねらい，学習活動について，次のように記されている。

第3　総合的な学習の時間の取扱い
1　総合的な学習の時間においては，各学校は，地域や学校，児童〔生徒〕の実態等に応じて，横断的・総合的な学習や児童〔生徒〕の興味・関心等に基づく学習など創意工夫を生かした教育活動を行うものとする。
2　総合的な学習の時間においては，次のようなねらいをもって指導を行うものとする。
(1) 自ら課題を見付け，自ら学び，自ら考え，主体的に判断し，よりよく問題を解決する資質や能力を育てること。
(2) 学び方やものの考え方を身に付け，問題の解決や探究活動に主体的，創造的に取り組む態度を育て，自己の生き方を考えることができるようにすること。
3　各学校においては，2に示すねらいを踏まえ，例えば国際理解，情報，環境，福祉・健康などの横断的・総合的な課題，児童〔生徒〕の興味・関心に基づく課題，地域や学校の特色に応じた課題などについて，学校の実態に応じた学習活動を行うものとする。

注：小学校編は「児童」，中学校編は「生徒」である。
出典：大蔵省印刷局編（1998a：2-3, 1998b：3）より。

　「総合的な学習の時間」の設置を唱えたのは，1996年の中央教育審議会答申であるが，その趣旨には，全人的な力である生きる力を育むためだけではなく，「国際理解教育，情報教育，環境教育などを行う社会的要請」が強まっていることが挙げられていた[1]。学習活動の例としては，「国際理解，情報，環境の

第10章　枠組み拡大時代の小・中学校環境教育（2000年代）

ほか，ボランティア，自然体験などについての総合的な学習や課題学習，体験的な学習等が考えられる」とされていた。学校や地域の実態に応じて展開することも記されていたが，児童・生徒の興味・関心に基づく課題，地域や学校の特色に応じた課題という例示は見られなかった。これらが学習活動の例に盛り込まれたことにより，横断的・総合的な学習課題がやや薄められてしまい，「総合的な学習の時間」における環境教育実践に影響を及ぼした可能性が想定され得る。

『環境白書（平成12年版）』の「学校教育における環境教育」の項目には，「従来から，児童生徒の発達段階に即して小・中・高等学校を通じて，社会科や理科，保健体育科，技術・家庭科などの教科等の中で環境に関する学習が行われている。さらに，平成10年度に改正された新しい学習指導要領においても，各教科等における環境に関わる内容の一層の充実を図るとともに，体験的な学習や問題解決的な学習を重視するなど環境教育について改善・充実を図った」（環境庁編 2000：176）と記され，1998年の学習指導要領改訂によって「一層の充実」を図ったとされている。後半部分の体験的な学習，問題解決的な学習の重視は，「総合的な学習の時間」に対応して記述されたものと考えられる。また，同白書以前は「環境教育」と記されていた部分が，「環境に関する学習」とされている。この点も「総合的な学習の時間」の例示に，「環境」が盛り込まれたことと関係していると推察し得る。

巻末資料から，小学校について見ると，社会科の第3，4学年が1つにまとめられ，目標から「自然環境と生活の関係」が削除され，内容の取扱いに移されている。「飲料水，電気，ガス」は，いずれかを選択，「廃棄物」は，ごみか下水の選択というように，内容が減らされている。「公害」（第5学年）と1989年改訂で盛り込まれた「森林資源」（第5学年）については，ほぼ変更されていない。

理科では，1989年改訂で第4，6学年に導入された「人」がすっかり姿を消し，「人の活動と環境とのかかわり」（第4学年），「人としての特徴や環境とのかかわり」（第6学年）が削除されている。「生命の尊重」「生物と環境とのかかわり」（第6学年，目標）は維持されているが，内容の取扱いで「食物連鎖は取り扱わない」と注記された。また，第5学年の魚がなくなり，魚が水中の小さな生き物を食べているという食物連鎖に関係する内容が削除された。一方，

第3学年の内容の取扱いに「飼育栽培」が記され,「第3　指導計画の作成と各学年にわたる内容の取扱い」に「自然環境を大切にする心やよりよい環境をつくろうとする態度」が記された。

　家庭科では,「不要品やごみ」「騒音」が,「自分の家庭生活について環境に配慮した工夫ができる」と変更され,都市・生活型の環境問題,ライフスタイルの変革への対応が見られる。体育科の保健分野では,第5,6学年の「良い水,良い空気及び日光」がなくなり,第3,4学年に「換気などの生活環境を整えること」が盛り込まれた。道徳に関しては,目標の記述形式が変わり「生命に対する畏敬の念」が消えているが,内容に関してはほとんど変わっていない。また,生活科に関してもほとんど変化が見られない。

　小学校に関しては,理科の生態系に関わる内容が減らされ,人と環境のかかわりが姿を消し,食物連鎖が取り扱われなくなった。環境教育の観点からすれば,やや後退したと受けとめられる。一方,家庭科においては,環境に配慮した生活が盛り込まれており,充実されたと受けとめられる。その他に顕著な変化は見られず,『環境白書』の記述の「一層の充実」とは言い難いととらえられよう。

　中学校について見ると,社会科の地理的分野では,目標,内容ともに自然や環境,資源と人間の生活との関係が削除されている。代わって「環境やエネルギーに関する課題などを抱えていること」が記され,人間と環境のかかわりではなく,環境やエネルギーの問題として扱われている。公民的分野では,「公害の防止など環境の保全」は維持されているが,「資源やエネルギーの有効な開発・利用」が削除された。一方,「よりよい社会を築いていくために解決すべき課題として,地球環境,資源・エネルギー問題などについて考えさせる」と記述され,地理的分野と同様に人間と環境のかかわりではなく,地球環境問題,資源・エネルギー問題というように,人間社会の問題・課題として取り扱う形に変更されている。内容の取扱いには,「「地球環境,資源・エネルギー問題」については,適切な課題を設定して行う学習を取り入れるなどの工夫を行い,国際的な協力や協調の必要性に着目させるとともに,身近な地域の生活との関連性を重視し,世界的な視野と地域的な視点に立って追究させる工夫を行うこと」と記され,"Think Globally, Act Locally"の観点が盛り込まれたととらえられる。

理科に関しては、2つの単元が新設されている。1つは第1分野の「科学技術と人間」、もう1つは第2分野の「自然と人間」である。1977（昭和52）年改訂で新設された「人間と自然」の単元は1989（平成元）年改訂で削除されるとともに、「大地の変化と地球」の小単元「地球と人間」へと姿を変え、環境教育の立場からは、この変更に対して批判があった。1998（平成10）年改訂では、「人間と環境」の再来のような形で、「自然と人間」が新設された。ただし、両単元の内容は同じではない。「自然と人間」の単元設置にともなって、単元「生物のつながり」がなくなり、そこに入っていた微生物の働きが「自然と人間」に移され、生産者・消費者・分解者も「自然と人間」の単元で扱うこととされた。また逆に、かつての「人間と自然」に入っていたエネルギー資源は、第1分野に新設された「科学技術と人間」に盛り込まれた。2つの単元が新設されたことだけを見れば充実ととらえられるが、「科学技術と人間」の「イ　科学技術と人間」、「自然と人間」の「イ　自然と人間」の2つの小単元は選択制となり、どちらか一方しか学習しないこととなった。

技術・家庭科に関しては、1989（平成元）年改訂で住居分野に「廃棄物」が盛り込まれたが、それに代わって家庭分野に「環境に配慮した消費生活」（単元「家庭生活と消費」）、「環境や資源に配慮した生活の工夫」（単元「家庭生活と地域とのかかわり」）が盛り込まれた。これは小学校家庭科とも呼応しているが、都市・生活型の環境問題、ライフスタイルの変革への対応が見られる。また、技術分野に「技術とものづくり」の単元が新設され、「技術と環境・エネルギー・資源との関係」「エネルギー変換方法」が盛り込まれた。加えて、内容の取扱いには、「技術の進展がエネルギーや資源の有効利用、自然環境の保全に貢献していることについて扱うこと」と記されている。家庭分野だけではなく、技術分野にも環境教育に関連する内容が盛り込まれた。ただし、「環境や資源に配慮した生活の工夫」（単元「家庭生活と地域とのかかわり」）、「エネルギー変換方法」（単元「技術とものづくり」）は、選択制となっている。

道徳、体育科の保健分野に関しては、大きな変更は見られない。

中学校に関しては、社会科において人間と環境とのかかわりの観点が弱まっているものの、地球環境、資源・エネルギー問題が盛り込まれていること、理科、技術・家庭科において環境教育関連の単元が新設されていることからすれば、「一層の充実」と言ってもよさそうである。

1998（平成10）年改訂では，「総合的な学習の時間」の設置や学校週5日制への対応として内容の厳選が行われ，学習内容の大幅な削減が行われた。それゆえ，新たな内容が追加される可能性は低かった。そうした状況のなかで，環境教育関連内容が維持されたことに加え，小学校家庭科，中学校理科の新単元，中学校技術・家庭科の新単元に環境教育に関連する内容が盛り込まれたこと，中学校社会科公民的分野に「地球環境，資源・エネルギー問題」がもりこまれたことを勘案すると，中学校においては「一層の充実」ととらえられよう。

第2節　枠組み拡大時代の全国調査に見る実践現場の状況

学校教育実践現場の動向を把握できる情報として，全国的な環境教育調査が挙げられる。ここでは，2000年代に行われた2つの調査結果から，実践現場の動向把握を行う（表10-1）。

国立環境研究所の調査は，2003年11月20日〜12月5日に，1都1道13県の小・中学校各10校（小・中学校とも計150校）の教員を対象に行われたものである[2]。調査結果から1校1教員の回答とみなし得る。回収数は，小学校：64（人），中学校：60（人）である。調査の実施年度から〈03調査〉と記す。

筆者が行った2009年の調査は，同年1月に郵送で行った。調査は学校調査と教員調査（教員調査票を5部同封し，学級担任をしている教員に回答を依頼）である。調査対象は2007年版『全国学校総覧』（全国学校データ研究所 2006）を用い，全国の公立小・中学校の50分の1を都道府県の学校数に応じて割り当て，児童生徒数100人以上の公立小・中学校から無作為に抽出した（小学校453校，中学校209校）。回収数は，学校調査は小学校：131（校），中学校：76（校）である。教員調査は，小学校は学校調査のみを回答した3校を除く128校，469人，中学校は，同じく2校を除く74校，237人に加えて，教員調査のみを回答した6校，21人の計80校，258人であった。調査の実施年度から〈08調査〉と記す。

これらの調査のうち〈08調査〉については，環境教育の推進方策，実践率，教員意識に関して，国立教育研究所の〈95-96調査〉との比較分析を行った（市川 2012）。そこでここでは，まず国立環境研究所の〈03調査〉から，環境教育の推進や教員意識に関わる結果を取り上げ，次いで市川（2012）に基づいて実践現場の動向について述べる。

第10章　枠組み拡大時代の小・中学校環境教育（2000年代）

表10‐1　拡大時代の全国調査

調査主体	時期	対象
国立環境研究所	2003年11-12月	1都1道13県の小・中学校，各10校（小・中学校とも計150校）の教員（各校1人）。
市川智史	2009年1月	全国の公立小・中学校の50分の1（小学校453校，中学校209校）。学校調査と教員調査。

表10‐2　実践方法（実践率）〈03調査〉

問2　あなたの学校では環境教育・環境学習をどのように実施していますか。次の中から当てはまるものをすべて選び，番号に〇印をおつけください。	小学校（％）	中学校（％）
1．授業の中で定期的に実施している	64	60
2．行事やクラブ活動にからめるなど，まとまった時間を確保して実施している	25	28
3．その他	19	28
4．現在行っていないが今後取り組もうと考えている	13	7
5．今後とも環境教育・環境学習に取り組む予定はない	2	2

注：母数は，小学校：64（人），中学校：60（人）。
出典：EICネット「「環境教育・環境学習の推進に関するアンケート調査」結果のご報告」より。

　〈03調査〉では，環境教育の実践方法について尋ねている。その結果を表10‐2に示す。この設問は，複数回答なので，単純に割合を足すことができないが，「4．現在行っていないが今後取り組もうと考えている」「5．今後とも環境教育・環境学習に取り組む予定はない」の2つは，両方を同時に選ぶことは考えられず，選択肢1～3と重複して回答することも考えられない。そこでこの2つの割合を足し100％から引き算すると，小学校は85％，中学校は91％となり，この割合がなんらかの方法で実践されている割合，つまり実践率ととらえることができる。1990年代の実践率（表9‐8～表9‐12参照）は，各調査によって設問・選択肢が異なることから比較対照が困難で，表10‐2との対比も難しいところではあるが，小学校85％，中学校91％という数値からすれば，環境教育の実践率は高くなっているととらえてよさそうである。
　〈03調査〉では，上記の設問（問2）で，1～3のいずれか（または複数）に回答した人に対して，実践上の課題について尋ねている（表10‐3）。

第Ⅲ部　小・中学校における環境教育の展開

表10-3　実践上の課題〈03調査〉

問3　あなたの学校で環境教育・環境学習に取り組む場合の問題点はどのようなことですか。次のなかから当てはまるものをすべて選び，番号に○印をおつけください。	小学校（％）	中学校（％）
1．環境教育・環境学習で取り上げるべきテーマがわからない	0	6
2．取り上げたテーマの背景にある環境問題を自分（教員）が理解することが難しい	6	9
3．環境教育・環境学習を実施する手順や具体的な取り組み方法がわからない	24	15
4．環境教育・環境学習を実施するための適当な教材が少ない	20	27
5．環境教育・環境学習を実施するための関連情報の収集方法がわからない	16	13
6．環境教育・環境学習を実施するための予算が少ない	49	51
7．環境教育・環境学習にあてる時間の確保が困難である	44	44
8．指導者としての研修を受けたいがその機会が少ない	20	18
9．特に問題点はない	13	13
10．その他	6	2

注：母数は，小学校：55（人），中学校：55（人）。
出典：EICネット「「環境教育・環境学習の推進に関するアンケート調査」結果のご報告」より。

　表10-3を見ると，予算，時間を問題点に挙げる割合が高く，次いで教材，方法，研修が挙げられている。〈97調査〉（表9-21参照）では，準備・授業時間の不足が高く，次いで専門性・知識の不足，教材の不足であった。〈97調査〉にも「資金が十分にない」との予算面の選択肢が設定されていたが，その割合は低かった。時間不足を挙げる割合が，〈97調査〉〈03調査〉ともに高いが，〈03調査〉の時点ではすでに「総合的な学習の時間」が本格導入されていたことからすると，なぜ時間不足の割合が高いのかは理解しがたいところである。なお，この設問（問3）は，実践率に関する設問（問2）のうち実践している教員（選択肢1～3）のみに回答を求めているため，母数が少なくなっている。
　次に環境教育の推進方策，実践率，教員意識に関して，国立教育研究所の〈95-96調査〉と筆者が行った〈08調査〉との比較分析の結果を述べる。筆者は，過去の全国的な環境教育調査が，各調査実施者の考え方によって設問，選択肢

第10章　枠組み拡大時代の小・中学校環境教育（2000年代）

表10-4　環境教育推進方策の設問と選択肢

問　貴校では，今年度の教育目標や重点目標などに，環境教育に関する内容が示されていますか。 　　　1．はい　　2．いいえ
問　貴校では，校務分掌に環境教育担当を位置づけていますか。 　　　1．はい　　2．いいえ
問　貴校では，昨年度と今年度に環境教育に関する校内研修を実施しましたか（実施予定も含む）。 　　　1．実施していない　　2．実施した（実施予定も含む）

出典：市川（2012）より。

表10-5　環境教育推進方策

		小学校				中学校			
		有り	無し	有効数	χ^2値	有り	無し	有効数	χ^2値
目標設定	95-96調査 08調査	57.9 51.2	42.1 48.8	38.0 129.0	0.53	47.5 41.1	52.8 58.9	40.0 73.0	0.43
担当設置	95-96調査 08調査	44.7 81.7	55.3 18.3	38.0 131.0	20.58***	43.6 63.0	56.4 37.0	39.0 73.0	3.90*
研修実施	95-96調査 08調査	13.2 18.8	86.8 81.3	38.0 128.0	0.64	26.3 11.0	73.7 89.0	38.0 73.0	4.34*

注：有効数（母数）は校。数値は％（χ^2値を除く）。＊印は有意水準（*** $p<.00$　** $p<.01$　* $p<.05$）。
出典：市川（2012）より。

が異なり，変化をとらえられないことが大きな問題であると考えた。そこで〈08調査〉では，〈95-96調査〉と同じ設問，選択肢を用いて調査を行い，両者の比較から変化をとらえ，市川（2012）において公表した。ここでは市川（2012）を参照しつつ，環境教育の普及時代の〈95-96調査〉から枠組み拡大時代の〈08調査〉までの約10年の変化とともに，枠組み拡大時代の状況を明らかにする。

　環境教育の推進方策に関しては，〈95-96調査〉と〈08調査〉の学校調査票から3つの設問を取り上げた（表10-4）。推進方策ごとにχ^2検定（2行2列，マイクロソフト社エクセルのCHITEST関数及びCHIDIST関数を使用）を用いて分析したところ，担当の設置（小・中学校），校内研修の実施（中学校）において有意差が認められた（表10-5）。

第Ⅲ部　小・中学校における環境教育の展開

表10-6　実践率に関する設問と選択肢

> 問　あなたは今年度（2008（平成20）年度）〔95-96調査では「今年度」〕，環境教育に関係すると思われる学習指導を実践しましたか。または実践する予定がありますか。次の中から該当するものを1つ選んでください。
>
> 　1．実践した　　2．実践する予定である　　3．実践していないし，予定もない

出典：市川（2012）より。

　表10-5から，目標の設定率は，小・中学校ともに有意な変化とは言えないものの若干の低下が見られ，〈08調査〉では小学校51.2％，中学校41.1％となっている。担当の設置率は小・中学校ともに上昇し，〈08調査〉では小学校81.7％，中学校63.0％となっている。特に小学校では大きく上昇し，かつ〈08調査〉では5分の4以上の学校に担当者がいる。このことから小学校における担当の設置は一般的な状況となりつつあると考えられる。校内研修の実施率は，中学校で低下し，〈08調査〉では11.0％と低率である。小学校に関しては有意な変化はとらえられなかったが，18.8％と中学校同様低率である。これらのことから，環境教育の推進方策に関しては，担当の設置率の上昇が顕著で，特に小学校では一般的な状況になりつつあると言える。〈95-96調査〉の報告書で担当者設置の必要性が唱えられているが（国立教育研究所 1998：8），約10年間にこの点についての進展が見られた。

　環境教育の実践率（表10-6）に関して，〈95-96調査〉と〈08調査〉の教員調査の結果を用いて分析を行った。なお，〈95-96調査〉については，国立教育研究所（1997，1998）に掲載されている母数と割合から割り戻し計算で実数を算出し，無記入（無効）を除いて再計算を行った。

　〈95-96調査〉の調査時期は1月末〜3月中旬，〈08調査〉は1月であることから，3学期の実践状況を把握するため，選択肢に「実践する予定である」を設定している。年度末まで残り1〜2カ月の時期の調査で，「予定」とした教員は実践した可能性が高いと思われるが確証はない。そこで「実践した」教員の割合を実践率とし，「実践した」と「実践する予定である」を足した割合に言及する場合には推定実践率と称する。

　小・中学校教員の実践率の変化に関して，χ^2検定（2行3列）を用いて分析したところ，ともに有意差が認められた（表10-7）。つまり，環境教育の実践率は小・中学校教員ともに上昇し，〈08調査〉では小学校教員の77.6％，中

第10章　枠組み拡大時代の小・中学校環境教育（2000年代）

表10-7　実践率

	95-96調査				08調査				χ^2値
	実践	予定	無し	有効数	実践	予定	無し	有効数	
小学校	36.6	5.5	57.9	596	77.6	7.0	15.4	456	199.48***
中学校	42.8	6.2	51.0	820	60.6	12.7	26.7	251	48.49***

注：有効数（母数）は人。数値は％（χ^2値を除く）。＊印は有意水準（***$p<.00$　**$p<.01$　*$p<.05$）。
出典：市川（2012）より。

学校教員の60.6％が実践している。さらに推定実践率で見ると小学校教員が84.6％、中学校教員が73.3％となっており、小学校で5分の4以上、中学校でも4分の3程度となっている。

さらに、小学校に関しては担任学年別（学級担任制のため）に、中学校に関しては担当教科別（教科担任制のため）に集計し、χ^2検定（2行3列）を用いて分析した（表10-8、表10-9）。

表10-8から、小学校教員の担任学年別の実践率の変化に関しては、すべての学年で有意差が認められ、実践率はいずれの学年も上昇した。〈08調査〉で最も実践率が高いのは、第4学年の93.9％で、推定実践率では96.9％と100％近くに達している。担任学年間の実践率の違いを見ると、〈95-96調査〉、〈08調査〉ともに第3学年から高くなり、〈95-96調査〉では第4学年から横ばい、〈08調査〉では第4学年をピークに第5、6学年でやや低下する傾向が見られた。

表10-9から、中学校教員の担当教科別の実践率の変化に関しては、「国語」「社会」「理科」「音美他」で有意差が認められた。「音楽」「美術」「その他」の3つの選択肢を1群にした「音美他」と、「予定」の割合が高い「国語」を除いて考えると、実践率が上昇したと言えるのは「社会」と「理科」である。担当教科間の実践率の違いを見ると、〈95-96調査〉、〈08調査〉ともに、「社会」「理科」「技術・家庭」「保健体育」が高く、〈08調査〉ではこれら4教科は70％程度となっている。推定実践率で見ると「社会」「理科」では90％弱、「技術・家庭」「保健体育」では80％程度となっている。これらの4教科は、1998（平成10）年の学習指導要領改訂で環境教育に関する内容が充実された教科である。そのことが実践率に表れていると言えよう。

〈95-96調査〉と〈08調査〉の比較から、教員の環境教育実践率は上昇してき

第Ⅲ部　小・中学校における環境教育の展開

表10-8　担任学年別の実践率（小学校教員）

	95-96調査				08調査				χ^2値
	実践	予定	無し	有効数	実践	予定	無し	有効数	
小1	21.6	5.4	73.0	74	62.5	3.1	34.4	32	16.67***
小2	19.7	2.8	77.5	71	59.5	7.1	33.3	42	21.65***
小3	33.3	4.2	62.5	72	77.5	5.6	16.9	89	35.88***
小4	54.9	0.0	45.1	82	93.9	3.0	3.0	99	47.42***
小5	51.6	13.2	35.2	91	78.8	9.1	12.1	99	16.90***
小6	51.8	5.9	42.4	85	75.9	12.7	11.4	79	20.14***

注：有効数（母数）は人。数値は％（χ^2値を除く）。＊印は有意水準（***p＜.00　**p＜.01　*p＜.05）。
出典：市川（2012）より。

表10-9　担当教科別の実践率（中学校教員）

	95-96調査				08調査				χ^2値
	実践	予定	無し	有効数	実践	予定	無し	有効数	
国語	41.2	4.4	54.4	114	36.4	21.2	42.4	33	9.74**
社会	50.9	7.5	41.5	106	74.1	14.8	11.1	27	8.96*
数学	23.0	2.0	75.0	100	40.0	4.0	56.0	25	3.54
理科	58.5	9.4	32.1	106	73.4	14.1	12.5	64	8.35*
保健体育	48.9	7.8	43.3	90	70.0	10.0	20.0	20	3.76
技術・家庭	54.2	8.3	37.5	72	69.6	13.0	17.4	23	3.28
英語	37.5	7.1	55.4	112	58.3	8.3	33.3	36	5.47
音美他	33.3	4.3	62.4	117	55.6	16.7	27.8	18	9.40**

注：有効数（母数）は人。数値は％（χ^2値を除く）。＊印は有意水準（***p＜.00　**p＜.01　*p＜.05）。
出典：市川（2012）より。

たことが明らかとなったが，より一層実践率を高めるためには，どのような推進方策が適切なのだろうか。このことを調べるため，〈08調査〉のデータを用いて，3つの推進方策の有無と実践率の関連性についてχ^2検定（2行3列）によって分析した（表10-10）。

小学校では，3つの方策のいずれも有意差は見られなかったが，中学校では目標設定と研修実施において有意差が見られ，どちらも「有り」の学校の方が高かった。つまり，中学校においては，学校が環境教育を推進するとの目標を設定すること，校内研修を実施することが，環境教育の推進にプラスの影響を与える可能性があると考えられる。

教員の環境教育に対する関心度（表10-11）について分析を行った。関心度

第10章　枠組み拡大時代の小・中学校環境教育（2000年代）

表10-10　推進方策と実践率の関連性〈08調査〉

小学校	実践	予定	無し	有効数	χ^2値
目標設定有り	79.4	5.7	14.9	64校・228人	1.59
〃　　無し	75.6	8.6	15.8	62校・221人	
担当設置有り	78.5	7.4	14.0	104校・363人	2.59
〃　　無し	74.2	5.4	20.4	24校・93人	
研修実施有り	83.7	2.3	14.0	22校・89人	4.08
〃　　無し	76.1	8.2	15.7	103校・372人	

中学校	実践	予定	無し	有効数	χ^2値
目標設定有り	69.2	16.5	14.3	30校・91人	11.27**
〃　　無し	55.3	10.6	34.1	41校・132人	
担当設置有り	61.6	14.4	24.0	45校・146人	1.32
〃　　無し	59.7	10.4	29.9	26校・77人	
研修実施有り	83.3	12.5	4.2	8校・25人	6.94*
〃　　無し	59.3	12.1	28.6	63校・205人	

注：数値は％（χ^2値を除く）。＊印は有意水準（***$p<.00$　**$p<.01$　*$p<.05$）。
出典：市川（2012）より。

に関しては，後述する担任学年別，担当教科別の分析で値がゼロのセルが生じるため，χ^2検定ではなく，「おおいに関心がある」から「関心はない」に向けて4〜1の値を付与し，マン・ホイットニーのU検定を用いて分析した（IBM SPSS Statistics 19を使用）（表10-12）。なお，〈95-96調査〉に関しては実践状況と同様の再計算を行った。

　小・中学校教員の関心度の変化に関しては，小学校教員で有意差が認められた。小学校教員では環境教育に対する関心が高まり，「おおいにある」と「ややある」を足した関心のある教員の割合で見ると，〈08調査〉では95.9％である。中学校教員に関しては，有意差は認められなかったものの関心度は高く，「おおいにある」と「ややある」を足した割合で見ると，〈08調査〉では92.9％となっている。「おおいにある」割合で見ると，中学校教員の方が小学校教員より高くなっている。小・中学校教員の環境教育への関心度は総じて高くなっていると言える。

　関心度に関しても実践率と同様に小学校教員は担任学年別，中学校教員は担当教科別に集計し，U検定を用いて分析した（表10-13，表10-14）。

　小学校教員の担任学年別の関心度の変化に関しては，すべての学年で有意差

表10-11 関心度に関する設問と選択肢

問　環境教育に関心がありますか。該当するものを1つ選んでください。
1．おおいに関心がある　　2．やや関心がある
3．あまり関心がない　　　4．関心はない

出典：市川（2012）より。

表10-12 関心度

	95-96調査					08調査					U検定の結果
	おおいに	やや	あまり	ない	有効数	おおいに	やや	あまり	ない	有効数	
小学校	25.0	63.8	10.6	0.5	735	25.7	70.2	3.6	0.4	467	＊
中学校	30.2	59.3	10.0	0.5	938	33.6	59.3	6.3	0.8	256	n.s.

注：有効数（母数）は人。数値は％。＊印は有意水準（＊＊＊p＜.00　＊＊p＜.01　＊p＜.05　n.s.は有意差無し）。
出典：市川（2012）より。

が認められなかった。つまり，いずれか特定の学年で関心度が高まったわけではない。また，担任学年間の関心度の違いを見ても，実践率のような特徴はない。例えば，実践率では〈08調査〉の第4学年が高かったが，関心度にはそのような傾向は見られない。

　中学校教員の担当教科別の関心度の変化に関しても，すべての教科で有意差が認められなかった。つまり，いずれか特定の教科で関心度が高まったわけではない。また，担当教科間の関心度の違いに関しては，「おおいにある」割合で見ると，〈95-96調査〉，〈08調査〉ともに，「社会」「理科」「技術・家庭」が高く，先に分析した実践率と同様の傾向を示している。これら3教科の担当教員は相対的に関心度，実践率が高いと言える。

　環境教育の学習内容に関する教員意識について，「学校における環境教育」と言われた時に思い浮かべる指導内容の結果を分析した。なお，同設問の選択肢は，小・中学校で異なっている（表10-15）。この設問は「3つ以内」との複数回答方式のため有意差を検定できない。変化をとらえやすくするため，選択肢（「特に思い浮かぶものはない」「その他」を除く）を各調査の上位順に並べ替え，順位の変化を矢印で示すとともに割合の増減を示した（表10-16，表10-17）。

　表10-16から，小学校教員が各項目（選択肢）を「思い浮かべる割合（以下，「想起率」と記す）」を見ると，その上昇が大きかった項目は「ゴミの分別やリ

第10章 枠組み拡大時代の小・中学校環境教育（2000年代）

表10-13 担任学年別の関心度（小学校教員）

	95-96調査					08調査					U検定の結果
	おおいに	やや	あまり	ない	有効数	おおいに	やや	あまり	ない	有効数	
小1	20.2	64.9	14.9	0.0	94	30.3	63.6	6.1	0.0	33	n.s.
小2	15.6	73.3	11.1	0.0	90	18.2	79.5	2.3	0.0	44	n.s.
小3	26.9	62.4	9.7	1.1	93	18.9	75.6	5.6	0.0	90	n.s.
小4	22.3	62.1	13.6	1.9	103	23.3	71.8	3.9	1.0	103	n.s.
小5	28.4	61.5	10.1	0.0	109	31.7	64.4	3.0	1.0	101	n.s.
小6	23.1	64.4	11.5	1.0	104	30.4	67.1	2.5	0.0	79	n.s.

注：有効数（母数）は人。数値は％。＊印は有意水準（***p<.00 **p<.01 *p<.05 n.s.は有意差無し）。
出典：市川（2012）より。

表10-14 担当教科別の関心度（中学校教員）

	95-96調査					08調査					U検定の結果
	おおいに	やや	あまり	ない	有効数	おおいに	やや	あまり	ない	有効数	
国語	26.2	65.4	8.5	0.0	130	31.3	65.6	3.1	0.0	32	n.s.
社会	37.4	57.4	4.3	0.9	115	39.3	60.7	0.0	0.0	28	n.s.
数学	20.6	59.5	19.0	0.8	126	14.8	66.7	14.8	3.7	27	n.s.
理科	47.3	50.0	2.7	0.0	110	47.7	47.7	4.6	0.0	65	n.s.
保・体	21.8	62.7	13.6	1.8	110	14.3	71.4	9.5	4.8	21	n.s.
技・家	46.7	50.7	2.7	0.0	75	60.9	34.8	4.3	0.0	23	n.s.
英語	24.2	64.1	11.7	0.0	128	11.1	77.8	11.1	0.0	36	n.s.
音美他	26.2	59.6	13.5	0.7	141	33.3	61.1	5.6	0.0	18	n.s.

注：有効数（母数）は人。数値は％。＊印は有意水準（***p<.00 **p<.01 *p<.05 n.s.は有意差無し）。
出典：市川（2012）より。

サイクル活動」（14.9ポイント上昇），「環境に配慮した生活の仕方の学習」（10.4ポイント上昇）であり，逆に想起率の低下が大きかった項目は「自然の仕組みや成り立ちの学習」（13.0ポイント低下）であった。想起率の順位の変化から，小学校教員が思い浮かべる学習内容には4つの階層を認めることができる。順位の変化は階層内において見られ，階層を越えた変化は見られなかった。上位に属するのは，「ゴミの分別やリサイクル活動」「環境に配慮した生活の仕方の学習」「人間と環境の関わりの学習」「地球的規模の環境問題の学習」の4項目で，これらは〈95-96調査〉，〈08調査〉ともに同項目であった。また想起率も両調査とも25％以上であり，小学校教員の4人に1人以上がこれら4項目を想起している。〈08調査〉で最も想起率が高かったのは「ゴミの分別や

第Ⅲ部　小・中学校における環境教育の展開

表10‐15　想起する学習内容に関する設問と選択肢

問　「学校における環境教育」と言われた時思い浮かぶ指導内容はどのようなことですか。次の中からまず思い浮かぶことがらを3つ以内で選んでください。
〔小学校選択肢〕 　1．自然の仕組みや成り立ちの学習　　　　　11．緑を増やす活動 　2．社会の仕組みや成り立ちの学習　　　　　12．動植物の飼育栽培活動 　3．地域の動植物や地形などの学習　　　　　13．ゴミの分別やリサイクル活動 　4．地域の文化や生活習慣などの学習　　　　14．地域の美化・清掃活動 　5．地球的規模の環境問題の学習　　　　　　15．空気や水の汚れなどを調べる活動 　6．地域や国内の環境問題の学習　　　　　　16．標語や作文，ポスターの制作 　7．人間と環境の関わりの学習　　　　　　　17．環境に関連する施設の見学 　8．資源，エネルギーに関する学習　　　　　18．特に思い浮かぶものはない 　9．環境に配慮した生活の仕方の学習　　　　19．その他 　10．自然とのふれあい活動
〔中学校選択肢〕 　1．自然の仕組みや成り立ちの学習　　　　　11．自然体験や野外活動 　2．社会の仕組みや成り立ちの学習　　　　　12．飼育栽培や生産体験，緑化活動 　3．地域の動植物や地形などの学習　　　　　13．ゴミの分別やリサイクル活動 　4．地域の文化や生活習慣などの学習　　　　14．地域の美化・清掃活動 　5．地球的規模の環境問題の学習　　　　　　15．地域の環境調査 　6．地域や国内の環境問題の学習　　　　　　16．標語や作文，ポスターの制作 　7．人間と環境の関わりの学習　　　　　　　17．環境に関連する施設の見学 　8．資源，エネルギーに関する学習　　　　　18．特に思い浮かぶものはない 　9．環境に配慮した生活の仕方の学習　　　　19．その他 　10．環境に関する政策や法律，条約などの学習

出典：市川（2012）より。

リサイクル活動」で50％を超えているとともに，第2位の「環境に配慮した生活の仕方の学習」とは17.3ポイントの差がある。この差は〈95-96調査〉の第1位と第2位の差よりも大きい。小学校教員が思い浮かべる環境教育の学習内容は「ゴミの分別やリサイクル活動」に集約される傾向が見られる。

　表10-17から，中学校教員の想起率の上昇が大きかった項目は「ゴミの分別やリサイクル活動」（9.3ポイント上昇），「資源，エネルギーに関する学習」（9.9ポイント上昇）であり，逆に想起率の低下が大きかった項目は「自然の仕組みや成り立ちの学習」（9.1ポイント低下）であった。想起率の順位の変化から，中学校教員が思い浮かべる学習内容には3つの階層を認めることができ，小学校教員と同様に，順位の変化は階層内において見られ，階層を越えた変化は見られなかった。上位に属するのは，「地球的規模の環境問題の学習」「ゴミ

第10章　枠組み拡大時代の小・中学校環境教育（2000年代）

表10-16　想起する学習内容の順位と割合の変化（小学校）

95-96調査	%	08調査	%	増減
人間と環境の関わり	44.3	ゴミの分別やリサイクル	55.7	**+14.9**
ゴミの分別やリサイクル	40.8	環境に配慮した生活の仕方	38.4	**+10.4**
地球的規模の環境問題	32.9	人間と環境の関わり	37.7	-6.6
環境に配慮した生活の仕方	28.0	地球的規模の環境問題	33.8	+0.9
自然の仕組みや成り立ち	23.6	資源，エネルギー	20.6	+2.6
自然とのふれあい活動	20.3	地域や国内の環境問題	16.7	+1.2
空気や水の汚れなどを調べる	20.3	地域の美化・清掃活動	15.6	+1.6
資源，エネルギー	18.0	空気や水の汚れなどを調べる	13.7	-6.6
地域や国内の環境問題	15.5	自然とのふれあい活動	13.0	-7.3
地域の美化・清掃活動	14.0	自然の仕組みや成り立ち	10.6	**-13.0**
緑を増やす活動	8.7	緑を増やす活動	8.9	+0.2
動植物の飼育栽培	7.1	地域の動植物や地形など	7.6	+2.6
環境に関連する施設の見学	5.4	動植物の飼育栽培活動	7.4	+0.3
地域の動植物や地形など	5.0	環境に関連する施設の見学	5.4	+0.0
社会の仕組みや成り立ち	4.6	地域の文化や生活習慣など	2.8	-0.5
地域の文化や生活習慣など	3.3	標語や作文，ポスター	1.5	-0.2
標語や作文，ポスター	1.7	社会の仕組みや成り立ち	1.3	-3.3

注：有効数（母数）は，〈95-96調査〉644人，〈08調査〉461人。太字は増減の大きいもの3つ。
出典：市川（2012）より。

の分別やリサイクル活動」「資源，エネルギーに関する学習」「人間と環境の関わりの学習」「環境に配慮した生活の仕方の学習」の5項目であった。小学校教員の結果と同様，これらは〈95-96調査〉〈08調査〉ともに同項目であり，また想起率も両調査ともに25％以上で，中学校教員の4人に1人以上がこれら5項目を想起している。〈08調査〉で最も想起率が高かったのは「地球的規模の環境問題の学習」で50％を超えているが，これは〈95-96調査〉と同項目である。また小学校教員の結果のように第1位と第2位の差が大きくなってはいない。つまり，中学校教員の場合はいずれかの項目に集約される傾向は見られない。

　この分析で興味深いのは，小・中学校教員ともに思い浮かべる学習内容の上位層の項目が変わっていないことである。それらは，小学校教員で「ゴミの分

表10-17　想起する学習内容の順位と割合の変化（中学校）

95-96調査	%	08調査	%	増減
地球的規模の環境問題	50.2	地球的規模の環境問題	50.4	+0.2
人間と環境の関わり	40.6	ゴミの分別やリサイクル	44.5	**+9.3**
ゴミの分別やリサイクル	35.2	資源，エネルギー	39.4	**+9.9**
資源，エネルギー	29.5	人間と環境の関わり	32.7	-7.9
環境に配慮した生活の仕方	29.5	環境に配慮した生活の仕方	30.3	+0.8
自然の仕組みや成り立ち	17.8	地域や国内の環境問題	22.4	+6.2
地域や国内の環境問題	16.2	地域の美化・清掃活動	15.4	+0.2
地域の美化・清掃活動	15.2	自然体験や野外活動	12.2	-0.6
自然体験や野外活動	12.8	自然の仕組みや成り立ち	8.7	**-9.1**
地域の環境調査	10.8	地域の環境調査	7.9	-2.9
飼育栽培や生産体験，緑化活動	8.8	飼育栽培や生産体験，緑化活動	5.9	-2.9
地域の動植物や地形など	6.4	環境に関連する施設の見学	5.9	+1.6
社会の仕組みや成り立ち	4.4	地域の動植物や地形など	4.7	-1.7
環境に関する政策や法律，条約	4.4	地域の文化や生活習慣など	4.3	+0.5
環境に関連する施設の見学	4.3	社会の仕組みや成り立ち	2.8	-1.6
地域の文化や生活習慣など	3.8	標語や作文，ポスター	2.8	-0.8
標語や作文，ポスター	3.6	環境に関する政策や法律，条約	1.2	-3.2

注：有効数（母数）は，〈95-96調査〉833人，〈08調査〉254人。太字は増減の大きいもの3つ。
出典：市川（2012）より。

別やリサイクル活動」「環境に配慮した生活の仕方の学習」「人間と環境の関わりの学習」「地球的規模の環境問題の学習」の4項目，中学校教員では小学校教員の4項目に「資源，エネルギーに関する学習」を加えた5項目である。教員が想起する環境教育の学習内容，言い換えれば教員の環境教育観については，環境教育の登場以来重視されてきた「人間と環境とのかかわり」の学習，1990年代に強調された「地球環境問題」，「環境に配慮した生活（エコライフ）」の学習，体験を重視し身近な地域素材を取り上げた90年代の実践と関係する「ゴミの分別やリサイクル活動」といった学習内容が定着してきたととらえられる。また，地球温暖化や省資源・省エネルギーと関係し，1998（平成10）年の学習指導要領改訂において，中学校理科，技術・家庭科の技術分野で充実された「資源，エネルギー」の学習が，中学校教員の環境教育観に定着し始めたとと

らえられよう。

第3節　「総合的な学習の時間」における環境教育実践状況

　1998（平成10）年の学習指導要領改訂で設置された「総合的な学習の時間」は，移行期を経て2002年度から本格実施された。環境教育は，各教科，道徳，「総合的な学習の時間」において実践することとされた。環境教育が本質的に特定の教科の枠にはまりきらない横断的・総合的な学習課題であることは，1996年の中央教育審議会答申も指摘しているところであり，枠組み拡大時代の学校教育における環境教育実践については，「総合的な学習の時間」の実践をとらえておくことが必要である。そこでここでは，「総合的な学習の時間」の環境教育実践に関する3つの全国的調査を取り上げ，実践状況の把握を行う（表10-18）。

　日本教材文化研究財団の「総合的な学習の時間」に関する実態調査は，2000年2～3月に「すべての国立大学附属学校，及び都道府県庁所在地を中心とする大都市近郊の公立の小・中・高等学校」を対象に行われた。調査の実施年度から〈99調査〉と記す。同調査は学校調査のみで教員調査は行われていない。調査対象と回収数は，小学校408校に対し80校，中学校417校に対し113校，高校468校に対し164校，その他47校に対し19校であった（日本教材文化研究財団 2001）[3]。この調査は「総合的な学習の時間」に関する調査であるが，その中に環境教育に関する設問があるので，当該設問の結果を分析に用いる。

　筆者が行った2005年の調査は，2005年9月26-28日に，「平成17年度　各地の中核となる校長・教頭等の育成を目的とした研修（旧教職員等中央研修講座）第3回中堅教員研修」の参加者を対象に行ったものである。この研修は，独立行政法人教員研修センター主催の教員研修で，筆者が環境教育の講義を行うにあたって，調査協力を依頼して実施したものである[4]。回収数は，小学校：62（人），中学校137（人）であるが，1校から1教員の派遣のため，人数と学校数は同じである。調査の実施年度から〈05調査〉と記す。

　表10-18の筆者が行った2009年の〈08調査〉の概要・方法については，すでに述べたとおりである。〈05調査〉，〈08調査〉については，〈99調査〉の環境教育に関する設問と選択肢を用いて調査を行い，「総合的な学習の時間」の環境

表10-18 「総合的な学習の時間」に関する全国調査

調査主体	時期	対象
日本教材文化研究財団	2000年2～3月	すべての国立大学附属学校，及び都道府県庁所在地を中心とする大都市近郊の公立の小・中・高等学校（小学校408校，中学校417校，高校468校，その他47校（国立の特別支援学校等））。
市川智史	2005年9月	独立行政法人教員研修センター「各地の中核となる校長・教頭等の育成を目的とした研修（旧教職員等中央研修講座）・中堅教員研修」参加教員。
市川智史	2009年1月	全国の公立小・中学校の50分の1（小学校453校，中学校209校）。学校調査と教員調査。

教育実践の比較分析を行った（市川 2014b）。ここでは市川（2014b）を参照しつつ，「総合的な学習の時間」移行期直前の〈99調査〉から，導入後の〈05調査〉〈08調査〉への環境教育実践の変化とともに，拡大時代の「総合的な学習の時間」における環境教育実践の状況を明らかにする。2008（平成20）年に学習指導要領改訂が行われており，〈08調査〉は新しい学習指導要領の影響を受ける直前の調査である。つまり，ここでの分析は，1998（平成10）年改訂の学習指導要領下での「総合的な学習の時間」（以下，「総合」と記す）の環境教育実践の変化と状況を明らかにしたものである。

　まず，公立小・中学校の悉皆調査である文部科学省「教育課程の編成・実施状況調査」[5]（2008年度を除き2002年度から継続実施）（以下，「文科省調査」と記す）を用いて，「環境」実践校の割合の状況と変化を分析する。文科省調査から「総合」において，学年を問わず横断的・総合的学習課題を実践している学校（「実施学校」）の割合を表10-19に整理した（2002，03年度は「実施学校」の割合は示されていない）。また，学年別に「総合」で「環境」を実践している学校の割合を表10-20に整理した。以下，小・中学校ごとに変化と近年の状況を述べ，次いで小・中学校の違いや特徴などを論じていく。

　表10-19から，小学校において学年を問わず「環境」を実践している学校の割合は，近年は83.6％と5分の4を超えており，2004～07年度の4年間で上昇傾向が見られる。「国際理解」「情報」「環境」「福祉・健康」の4つの学習課題で見ると，どの年度も「環境」は「国際理解」に次いで2位である。表10-20から，学年別の「環境」実践校の割合は，近年は第4学年で63.8％，第5学年

第10章 枠組み拡大時代の小・中学校環境教育（2000年代）

表10-19 学年を問わず横断的・総合的な学習課題を実践している学校の割合

年度	小学校					中学校				
	国際理解	情報	環境	福祉健康	その他	国際理解	情報	環境	福祉健康	その他
2004	79.2	70.6	75.3	71.6	27.7	39.4	36.4	52.8	58.3	36.0
2005	80.7	71.9	79.2	74.2	30.4	40.4	36.6	52.5	59.5	38.4
2006	80.7	70.7	78.1	74.3	31.0	39.0	35.3	50.2	58.6	38.3
2007	85.4	75.7	83.6	78.6	33.2	39.6	35.6	51.5	59.6	41.3

注：表中の数値は％。母数は調査年度により異なる。
出典：市川（2014b）より。

表10-20 各学年で「環境」を実践している学校の割合

年度	小学校				中学校		
	第3学年	第4学年	第5学年	第6学年	第1学年	第2学年	第3学年
2002	49.8	67.6	61.1	46.6	46.8	38.7	35.9
2003	42.4	60.2	55.7	40.0	40.5	33.1	31.4
2004	44.3	62.8	58.8	41.6	42.2	33.5	32.7
2005	45.7	63.8	60.9	41.5	41.9	32.8	32.2
2006	44.5	62.3	59.8	40.5	40.0	31.0	30.9
2007	45.4	63.8	61.0	40.9	41.0	31.8	31.7

注：表中の数値は％。母数は調査年度により異なる。
出典：市川（2014b）より。

で61.0％と半数を超えているが、第3学年では45.4％、第6学年では40.9％と半数を下回っている（以下、学年は「小3」「小4」のように簡略に記す）。どの年度も小4、小5が高く、小3、小6が低くなっている。2002～07年度の6年間でどの学年も03年度に一度低下が見られるが、04年度以降は1～2ポイントの幅で上下しており顕著な変化は見られない。

中学校において、学年を問わず「環境」を実践している学校の割合は、近年は51.5％と半数程度であり、4年間で上下があり、上昇・低下といった傾向は見られない。どの年度も「環境」は「福祉・健康」に次いで2位である。学年別の「環境」実践校の割合は、近年は中1で41.0％、中2で31.8％、中3で31.7％と中1が若干高いものの、半数には至っていない。6年間でどの学年も2003年度に一度低下が見られるが、04年度以降は1～3ポイントの幅で上下しており顕著な変化は見られない。

表10-19から近年の小・中学校の状況を見ると、小学校では5分の4を超え

表10-21 「総合的な学習の時間」の重視テーマに関する設問と選択肢

> 問．貴校の「総合的な学習の時間」として，特に重視しているテーマを以下の中から該当するものを3つ以内まで選んでください。
> 1．国際理解　2．情報　3．環境　4．福祉　5．健康
> 6．地域（郷土）　7．伝統文化　8．人権　9．生き方　10．進路
> 11．その他

注：〈99調査〉では「特に重視したいテーマ」。
出典：市川（2014b）より。

表10-22 重視テーマ（小学校）

	99調査(%)	08調査(%)	差
国際理解	30.6	43.9	13.3
情報	20.8	22.0	1.2
環境	48.6	58.5	9.9
福祉	30.6	41.5	10.9
健康	5.6	4.9	-0.7
地域（郷土）	61.1	73.2	12.1
伝統文化	4.2	16.3	12.1
人権	4.2	7.3	3.1
生き方	20.8	12.2	-8.6
進路	0.0	1.6	1.6
その他	11.1	6.5	-4.6

注：母数は，〈99調査〉72校，〈08調査〉423校。
出典：市川（2014b）より。

表10-23 重視テーマ（中学校）

	99調査(%)	08調査(%)	差
国際理解	28.6	21.4	-7.2
情報	10.5	7.1	-3.4
環境	35.2	25.7	-9.5
福祉	24.8	45.7	20.9
健康	4.8	4.3	-0.5
地域（郷土）	42.9	52.9	10.0
伝統文化	6.7	12.9	6.2
人権	9.5	15.7	6.2
生き方	32.4	37.1	4.7
進路	18.1	48.6	30.5
その他	14.3	7.1	-7.2

注：母数は，〈99調査〉105校，〈08調査〉70校。
出典：市川（2014b）より。

る学校が「環境」を実践しているのに対し，中学校では約半数である。逆に言えば，残りの半数弱の中学校は「環境」を実践していない。中学校における実践の低調さがうかがえる。表10-20から小・中学校ともに全ての学年で2003年度に一度低下が見られ，04年度以降は大きな変化はない。6年間において最も「環境」実践校の割合が高かったのは移行期初年度の2002年度であり，以降それを上回らず，若干低下して定常状態になっている。

「総合」で重視しているテーマについて，〈08調査〉で〈99調査〉と同じ設問と選択肢を用いて調べた（表10-21）。両調査の結果と，〈08調査〉の割合から〈99調査〉の割合を引いた数値（差）を表10-22，表10-23に示す。〈99調査〉は移行期前年度に「2000年度に重視したいテーマ」を尋ねたものであり，調査対象には国立小・中学校が含まれている。このことを考慮し，ここでは〈08調査〉の結果を中心に述べるとともに，数値の差から変化の方向について述べる

にとどめる。

　表10-22から，小学校において「環境」を重視テーマに挙げた学校の割合は，〈08調査〉では58.5％と半数を超えており，〈99調査〉より高い。両調査ともに「環境」は「地域（郷土）」に次いで2位である。「国際理解」「情報」「環境」「福祉」の4つを見ると全体に〈08調査〉の方が高い。これらのことから小学校の「総合」では，地域学習を主としつつ，横断的・総合的学習課題を重視する傾向にあり，その中で「環境」は半数以上の学校で重視されているととらえられる。

　表10-23から，中学校において「環境」を重視テーマに挙げた学校の割合は，〈08調査〉では25.7％と4分の1程度であり，〈99調査〉より低い。〈99調査〉では「地域（郷土）」に次いで2位であったが，〈08調査〉では5位と順位も低くなっている。「国際理解」「情報」「環境」「福祉」の4つを見ると，「福祉」以外の3つは〈08調査〉の方が低い。それに対し，「進路」「生き方」が上昇し，「進路」は48.6％，「生き方」は37.1％で，それぞれ2位，4位になっている。これらのことから中学校の「総合」では，小学校と同様に地域学習を主としていると想定されるが，横断的・総合的学習課題は「福祉」を除いて重視されなくなっており，「環境」は4分の1程度となっている。

　各学校の「環境」の実践内容・活動について，〈05調査〉，〈08調査〉で〈99調査〉と同じ設問と選択肢を用いて調べた（表10-24）。各調査の結果を割合の高い順に並べ替え（「その他」を除く），50％の区切りに線を入れたものを表10-25，表10-26に示す。

　表10-25から，小学校において1位から5位の項目（以下，選択肢を「項目」と記す）は，順位の入れ替わりはあるものの3つの調査で共通しており，これら5項目とそれ以外の6項目は，上位層，下位層に分けられる。上位5項目を〈08調査〉結果の順に記せば，「動植物の飼育栽培や生産体験」（飼育栽培・生産体験），「環境美化・清掃や分別回収などのボランティア体験」（美化清掃・回収体験），「国内や地域の廃棄物（ゴミ）やリサイクルについての学習」（ゴミ・リサイクル），「校庭，公園，森，山などで動植物や自然に親しむ活動」（森や山（自然体験）），「川，池，海などで動植物や自然に親しむ活動」（川や池（自然体験））である。〈99調査〉〈05調査〉ではこれら5項目は50％を超えているが，〈08調査〉では自然に親しむ活動の2項目が50％以下となって

第Ⅲ部 小・中学校における環境教育の展開

表10-24 「総合的な学習の時間」の「環境」の実践内容・活動に関する設問と選択肢

問．今年度（2008（平成20）年度），あなたの学校では「総合的な学習の時間」において，環境に関してどのような実践をされましたか（1～3月に実践予定のものも含む）。以下の中から該当するものをいくつでも選んでください。（実践した学年にはこだわりません）
1　校庭，公園，森，山などで動植物や自然に親しむ活動
2　川，池，海などで動植物や自然に親しむ活動
3　動植物の飼育栽培や生産体験
4　環境美化・清掃や分別回収などのボランティア体験
5　生命の尊さや環境倫理についての学習
6　資源・エネルギー問題についての学習
7　地域の開発やまちづくりについての学習
8　地球的規模の環境問題についての学習
9　国内や地域の自然環境についての学習
10　国内や地域の大気や水の汚れについての学習
11　国内や地域の廃棄物（ゴミ）やリサイクルについての学習
12　その他

注：〈99調査〉は「あなたの学校では，環境に関してどのような学習を想定していますか」，〈05調査〉は「昨年度（平成16年度），貴校では「総合的な学習の時間」において，環境に関してどのような実践をされましたか」である。
出典：市川（2014b）より。

いる。〈08調査〉で1位の「飼育栽培・生産体験」を見ると，順位は高くなっているものの割合はさほど違わない。「ゴミ・リサイクル」の割合は〈05調査〉では若干高くなっているが，〈08調査〉では過去の結果より低い。「美化清掃・回収体験」は，順位は上下しているものの，割合は〈08調査〉が最も低い。つまり，これら5項目は相対的には上位層に位置し，下位層に下がるというような変化はしていないが，割合はやや低くなっている。

　ところで，これら5項目は「総合」設置以前から実践されていたことである。1977（昭和52）年の学習指導要領改訂において，特別活動の学校行事に「勤労・生産的行事」が新設され，行事の例として「飼育栽培活動，校内美化活動，学校園の手入れ，校庭の除草活動など」（文部省 1978：103）が記述されていることや1990年代の実践状況から，「飼育栽培・生産体験」「美化清掃・回収体験」は，特別活動において実践されてきたととらえられる。また，飼育栽培は理科においても取り上げられてきた。森や山，川や海での自然に親しむ活動の2項目も特別活動の「遠足・集団宿泊的行事」[6]で取り組まれてきたであろうし，「ゴミ・リサイクル」は，社会科，家庭科の教科内容に盛り込まれてきた。

表10-25 「環境」に関する実践内容・活動（小学校）

99調査（80校）	%	05調査（62校）	%	08調査（128校）	%
森や山（自然体験）	78.8	ゴミ・リサイクル	69.4	飼育栽培・生産体験	64.1
川や池（自然体験）	71.3	森や山（自然体験）	64.5	美化清掃・回収体験	55.5
美化清掃・回収体験	67.5	飼育栽培・生産体験	62.9	ゴミ・リサイクル	52.3
ゴミ・リサイクル	65.0	美化清掃・回収体験	59.7	森や山（自然体験）	47.7
飼育栽培・生産体験	62.5	川や池（自然体験）	58.1	川や池（自然体験）	44.5
自然環境	48.8	まちづくり	46.8	自然環境	37.5
大気・水の汚れ	42.5	生命・環境倫理	35.5	地球環境問題	32.0
まちづくり	37.5	大気・水の汚れ	32.3	大気・水の汚れ	29.7
地球環境問題	33.8	資源・エネルギー	30.6	まちづくり	28.9
生命・環境倫理	28.8	地球環境問題	30.6	資源・エネルギー	24.2
資源・エネルギー	26.3	自然環境	29.0	生命・環境倫理	19.5

注：〈99調査〉は「計画」，〈05調査〉は「2004年度実践」，〈08調査〉は「2008年度実践」。
出典：市川（2014b）より。

表10-26 「環境」に関する実践内容・活動（中学校）

99調査（113校）	%	05調査（137校）	%	08調査（69校）	%
美化清掃・回収体験	62.8	美化清掃・回収体験	67.2	美化清掃・回収体験	65.2
ゴミ・リサイクル	55.8	ゴミ・リサイクル	45.3	ゴミ・リサイクル	31.9
大気・水の汚れ	41.6	まちづくり	38.7	森や山（自然体験）	31.9
資源・エネルギー	39.8	自然環境	35.0	地球環境問題	23.2
まちづくり	39.8	川や池（自然体験）	28.5	自然環境	20.3
自然環境	39.8	大気・水の汚れ	27.7	生命・環境倫理	20.3
地球環境問題	33.6	資源・エネルギー	26.3	川や池（自然体験）	18.8
森や山（自然体験）	26.5	森や山（自然体験）	24.1	まちづくり	17.4
生命・環境倫理	27.4	地球環境問題	22.6	資源・エネルギー	13.0
川や池（自然体験）	24.8	生命・環境倫理	19.0	飼育栽培・生産体験	10.1
飼育栽培・生産体験	17.7	飼育栽培・生産体験	12.4	大気・水の汚れ	7.2

注：〈99調査〉は「計画」，〈05調査〉は「2004年度実践」，〈08調査〉は「2008年度実践」。
出典：市川（2014b）より。

小学校の教育課程全体で見ると，取り扱う時間（教科・特別活動か，「総合」か）が変わっただけで実践内容・活動は変わっていないと考えられる。

一方，下位層を見ると，近年，「国内や地域の自然環境についての学習」（自然環境）が37.5％と若干高いものの，「地球的規模の環境問題についての学習」（地球環境問題），「国内や地域の大気や水の汚れについての学習」（大気・水の汚れ），「地域の開発やまちづくりについての学習」（まちづくり）といった実践内容・活動は30％前後で高いとは言えない。また「ゴミ・リサイクル」は上

位層であるが,「資源・エネルギー問題についての学習」(資源・エネルギー)は下位層で24.2%であることから考えると,ゴミの減量やリサイクルと,資源の浪費や大量生産・大量廃棄といったこととは十分につなげられていない可能性が想定できる。「生命の尊さや環境倫理についての学習」(生命・環境倫理)は,〈08調査〉では最下位で19.5%となっている。

　表10-26から,中学校においては3つの調査で共通して「美化清掃・回収体験」が1位,「ゴミ・リサイクル」が2位であり,この2項目の順位は変化していない。共通して50%を超えているのは「美化清掃・回収体験」だけである。〈08調査〉で見ると2位の「ゴミ・リサイクル」「森や山（自然体験）」とは倍以上の差になっており,偏りが見られる。〈08調査〉で「ゴミ・リサイクル」と「森や山（自然体験）」が同率なので,上位層,下位層の区切りが難しいところであるが,3位の「地球環境問題」以下を下位層ととらえておく。

　中学校において継続して1位の「美化清掃・回収体験」は,「総合」設置以前から生徒会活動や地域と連携した活動として実践されていたと考えられる。つまり,小学校と同様,中学校の教育課程全体から見れば,取り扱う時間（教科・特別活動か,「総合」か）が変わっただけで実践内容・活動は変わっていない可能性が考えられる。また,「地球環境問題」「自然環境」「生命・環境倫理」「川や池（自然体験）」「まちづくり」といった実践内容・活動は下位層に位置し,それらの割合は20%前後と低い。なかでも「大気・水の汚れ」は3つの調査を比較すると低下傾向が見られ,〈08調査〉では7.2%と低い割合となっている。「ゴミ・リサイクル」と「資源・エネルギー」の関係についても小学校と同じことが考えられる。

　〈08調査〉のデータを用いて,「総合」の重視テーマ「3つ以内」のうちの1つに「環境」を挙げた学校（以下,「「環境重視校」」と記す）と,挙げていない学校（以下,「「ほか重視校」」と記す）に分け,「環境」の実践内容・活動との関連について分析した。各項目を割合の高い順に並べ替え（「その他」を除く）,50%の区切りに線を入れ,さらに同じ項目の「環境重視校」の割合から「ほか重視校」の割合を引いた数値を入れたものを表10-27,表10-28に示す。なお,クロス集計による無効データを省いているため表10-27,表10-28の母数の計と表10-25,表10-26の母数は一致しない。

　表10-27から,小学校においては表10-25の上位層5項目は両者ともに上位

表10-27 「環境」の重視と実践内容・活動（小学校）

環境重視校（72校）	%	ほか重視校（50校）	%	差
美化清掃・回収体験	62.5	飼育栽培・生産体験	72.0	-10.9
飼育栽培・生産体験	61.1	ゴミ・リサイクル	48.0	7.6
ゴミ・リサイクル	55.6	森や山（自然体験）	48.0	2.0
森や山（自然体験）	50.0	美化清掃・回収体験	44.0	18.5
川や池（自然体験）	48.6	川や池（自然体験）	40.0	8.6
自然環境	43.1	まちづくり	36.0	-11.0
大気・水の汚れ	41.7	自然環境	28.0	15.1
地球環境問題	38.9	地球環境問題	22.0	16.9
資源・エネルギー	29.2	生命・環境倫理	16.0	7.6
まちづくり	25.0	大気・水の汚れ	14.0	27.7
生命・環境倫理	23.6	資源・エネルギー	14.0	15.2

出典：市川（2014b）より。

表10-28 「環境」の重視と実践内容・活動（中学校）

環境重視校（18校）	%	ほか重視校（47校）	%	差
美化清掃・回収体験	72.2	美化清掃・回収体験	66.0	6.2
ゴミ・リサイクル	55.6	森や山（自然体験）	34.0	-0.7
地球環境問題	55.6	生命・環境倫理	23.4	-12.3
自然環境	38.9	ゴミ・リサイクル	21.3	34.3
森や山（自然体験）	33.3	川や池（自然体験）	17.0	10.8
川や池（自然体験）	27.8	まちづくり	12.8	15.0
まちづくり	27.8	自然環境	12.8	26.1
資源・エネルギー	22.2	地球環境問題	12.8	42.8
生命・環境倫理	11.1	飼育栽培・生産体験	10.6	0.5
飼育栽培・生産体験	11.1	資源・エネルギー	8.5	13.7
大気・水の汚れ	5.6	大気・水の汚れ	8.5	-2.9

出典：市川（2014b）より。

となっている。50％以上の項目は，「環境重視校」では4項目であるのに対し，「ほか重視校」では「飼育栽培・生産体験」の1項目であり，かつ2位以下との差が大きい。「環境重視校」と「ほか重視校」の差が最も大きい項目は「大気・水の汚れ」（27.7ポイント差）であり，次いで「美化清掃・回収体験」（18.5ポイント差），「地球環境問題」（16.9ポイント差）の順となっている。「環境重視校」では「大気・水の汚れ」（41.7％）の上位に「自然環境」（43.1％）が位置している。これらのことから「環境重視校」は上位層5項目に加えて，「自然環境」「大気・水の汚れ」に取り組む傾向が見られ，「ほか重視校」

第Ⅲ部　小・中学校における環境教育の展開

表10-29　「環境」の重視と実践率の関連性〈08調査〉

小学校	実践	予定	無し	有効数	χ^2値
環境重視校	82.4	7.4	10.2	70校・256人	12.32**
ほか重視校	70.1	7.5	22.4	50校・174人	

中学校	実践	予定	無し	有効数	χ^2値
環境重視校	80	11.7	8.3	18校・60人	15.65***
ほか重視校	53.2	13.3	33.5	50校・158人	

注：数値は％（χ^2値を除く）。＊印は有意水準（***$p<.00$　**$p<.01$　*$p<.05$）。
出典：市川（2014b）の図1，2を表に修正。

では「飼育栽培・生産体験」に偏る傾向が見られる。また，全11項目のうち9項目において「環境重視校」の割合が高くなっている。このことは，「環境重視校」の方が「ほか重視校」よりも多くの項目に○印を付けたことを意味し，「環境」に関する多様な実践内容・活動に取り組んでいるととらえられる。

表10-28から，中学校においては表10-26で継続1位の「美化清掃・回収体験」は両者ともに1位となっている。50％以上の項目は，「環境重視校」では3項目であるのに対し，「ほか重視校」では「美化清掃・回収体験」の1項目であり，かつ2位以下との差が大きい。また，「環境重視校」では，表10-26で下位層ととらえた「地球環境問題」が「ゴミ・リサイクル」と同率（55.6％）となっている。「環境重視校」と「ほか重視校」の割合の差が最も大きい項目は「地球環境問題」（42.8ポイント差）であり，次いで「ゴミ・リサイクル」（34.3ポイント差），「自然環境」（26.1ポイント差）の順となっている。「環境重視校」では，上位層3項目の1つととらえた「森や山（自然体験）」（33.3％）（「ほか重視校」では2位で34.0％）の上位に，「自然環境」（38.9％）が位置している。これらのことから「環境重視校」は上位層3項目に加えて，「地球環境問題」「自然環境」に取り組む傾向が見られ，「ほか重視校」では「美化清掃・回収体験」に偏る傾向が見られる。また，全11項目のうち8項目において「環境重視校」の割合が高くなっており，小学校と同様「環境」に関する多様な実践内容・活動に取り組んでいるととらえられる。

〈08調査〉のデータを用いて，「環境重視校」，「ほか重視校」の教員の環境教育実践率について，χ^2検定（2行3列）により分析を行った（表10-29）。教員の環境教育実践率は「実践した」「実践する予定である」「実践していないし，

第10章　枠組み拡大時代の小・中学校環境教育（2000年代）

予定もない」の3択で尋ねたものである（表10-6参照）。なお，無効データを省いているため学校数の計と回収数は一致しない。

　χ^2検定（2行3列）の結果，小・中学校ともに有意差が認められた。つまり，「総合」のテーマとして「環境」を重視するかどうかと，当該校の教員が教科等の学習を含めて環境教育を実践しているかどうかの間には関連性が認められた。「環境」を重視するかどうかは学校の方針である。したがって，「環境教育を実践している教員が多いから「環境」を重視している」と解するよりも，「「環境」を重視するとの学校の方針があるから環境教育を実践する教員が多い」と解する方が妥当であると考える。

　表10-29から，小学校においては，実践率，および「実践」と「予定」を足した推定実践率のどちらを見ても，「環境重視校」の教員の方が「ほか重視校」の教員より約10ポイント高い。推定実践率は，「環境重視校」では89.8％であるのに対し，「ほか重視校」では77.6％である。中学校においては，実践率，および推定実践率は，「環境重視校」の教員の方が約25ポイント高い。推定実践率は，「環境重視校」では91.7％であるのに対し，「ほか重視校」では66.5％である。この分析から，「環境」を重視するとの学校の方針は，教員の環境教育実践率に影響を及ぼしていると言える。とりわけ，中学校においては「環境重視校」と「ほか重視校」の差が大きいことから，小学校よりも中学校の方が，学校の方針が強く影響していると考えられる。

　〈99調査〉〈05調査〉〈08調査〉の調査結果による分析から，「総合的な学習の時間」における環境教育実践の変化と現状は，次の3点にまとめることができる。

　その第1は，小学校に比べ中学校の環境教育実践が低調であることである。文科省調査（表10-19，表10-20）から，小学校は学年を問わずに見れば概ね80％程度の学校が「環境」を実践しているのに対し，中学校は50％程度である。逆に言えば中学校の約半数は「環境」を実践していない。「総合」における重視テーマ（表10-22，表10-23）では，小学校は60％程度が「環境」を重視しているのに対し，中学校は25％程度である。逆に言えば中学校の4分の3程度の学校は「環境」を重視していない。つまり，「総合」における環境教育実践は，小学校に比べ中学校において低調である。

　高城英子（松戸市立第一中学校教諭（当時））は，日本環境教育学会20周年

記念の座談会で,「今もっとも気になっているのは中学校における環境教育である」,「小学校のように教師一人が提案すれば動くような場所ではなんとかなるかもしれないが,中学や高校では教師間の共通した理解が必要で,教科横断型の動きが難しい」(日本環境教育学会編集委員会 2009：59)と述べ,「総合」における環境教育実践について,中学校に課題があることを指摘している。中学校は教科担任制のため,教科横断的・総合的な環境教育実践には,関連教科の担当教員間での相談,協働が必要である。中学校においては,目標設定（表10-10)や「総合」で「環境」を重視するとの方針（表10-29)が,環境教育実践に影響を与えていることからすれば,学校の意思決定が環境教育の推進につながる可能性を指摘し得る。

　第2は,実践率の高い実践内容・活動に大きな変化は見られないことである。「環境」に関する実践内容・活動（表10-25,表10-26)では,小・中学校ともに上位層に位置する実践内容・活動はほとんど変化していない。近年,50％以上の学校が取り組んでいる実践内容・活動は,小学校では「動植物の飼育栽培や生産体験」「環境美化・清掃や分別回収などのボランティア体験」「国内や地域の廃棄物（ゴミ）やリサイクルについての学習」の3つであり,中学校では「環境美化・清掃や分別回収などのボランティア体験」のみである。もし「総合」の環境教育が,「飼育栽培・生産体験」「美化清掃・回収体験」「ゴミ・リサイクル」学習に終始しているとすれば,横断的・総合的な環境教育とはかけ離れてしまっている。

　鈴木善次は1992～2001年に行われた「全国小学校・中学校環境教育賞」の応募実践事例について,「はじめのころは児童会,生徒会,あるいはクラブ活動などで行われている花壇づくりや清掃活動など環境美化に関連するものや野生生物の観察や小動物の飼育活動などが目についた」(鈴木 2002：14)と述べている。つまり,鈴木の言う「はじめのころ」,すなわち1990年代前半とあまり変わっていない。小・中学校で上位層に位置する実践内容・活動は,「総合」設置以前も特別活動や教科で実践されていたと考えられることから,取り扱う時間（教科・特別活動か,「総合」か)が変わっただけで実践内容・活動は変わっていないことが想定され得る。「総合」の環境教育には,「持続可能な社会の実現」やESDといった社会情勢の影響は見られず,むしろ1990年代初期に逆戻りしているととらえられる。

第10章 枠組み拡大時代の小・中学校環境教育（2000年代）

　第3は，「総合」で「環境」を重視するとの方針を有する学校と，そうでない学校の間に格差があることである。「環境」の重視と実践内容・活動（表10-27，表10-28）の分析では，「総合」において「環境」を重視するとの方針を有する学校は，「環境」に関する多様な実践に取り組んでいることが明らかとなった。小学校では上位層の項目に加え，「国内や地域の自然環境についての学習」「国内や地域の大気や水の汚れについての学習」，中学校では「地球的規模の環境問題についての学習」「国内や地域の自然環境についての学習」に取り組む傾向が見られた。逆に，方針を有していない学校は，小学校では「動植物の飼育栽培や生産体験」，中学校では「環境美化・清掃や分別回収などのボランティア体験」に偏る傾向が見られた。また「環境重視校」「ほか重視校」の実践率（表10-29）では，「環境」を重視するとの方針を有する学校の教員の実践率は，小・中学校ともに80％程度であるのに対し，方針を有さない学校では，小学校70％程度，中学校50％程度と相対的に低かった。χ^2検定の結果およびその解釈から，方針の有無は環境教育実践率に影響していることが明らかとなった。つまり，「総合」で「環境」を重視するとの方針を有さない学校は以前と変化していないが，方針を有する学校は，環境教育実践率が高く，自然環境や地域・国内・地球規模での環境問題の学習をはじめ，多様な学習に取り組んでおり，環境教育実践が質・量ともに進展していると言える。

　枠組み拡大時代には「持続可能な社会の実現」が位置づけられ，地球温暖化と廃棄物・リサイクルが主要課題となり，ESDが推進されてきた。教員の意識には「人間と環境とのかかわり」の学習は定着し，地球環境問題やエコライフも意識化されるようになってきた。しかしその一方，「総合的な学習の時間」の導入によって横断的・総合的な環境教育が実践されるものと期待されたにもかかわらず，学校の方針の有無が影響し，環境教育実践に格差が生じてきた。方針を持たない学校に関して言えば，「総合的な学習の時間」での環境教育は，小学校では「飼育栽培・生産体験」，中学校では「美化清掃・回収体験」に偏ってしまった。学習指導要領で，各教科に環境教育関連内容・単元が盛り込まれたことによって実践率は高まっているが，その実態に関しては疑問を感じざるを得ない。特に，中学校の問題性は高く，地球環境の現状や問題状況，自分自身とのかかわりなどについて学習する機会を得ないまま，中学校を卒業する生徒が増えてしまっている可能性を指摘し得る。

注

1) 文部科学省：http://www.mext.go.jp/b_menu/shingi/old_chukyo/old_chukyo_index/toushin/1309579.htm（2014年8月25日取得）.
2) EICネット「「環境教育・環境学習の推進に関するアンケート調査」結果のご報告」（http://www.eic.or.jp/enquate/kekka2/, 2010年4月12日取得）。なお，ウェブサイトには調査票が掲載されていないので，国立環境研究所に依頼して資料を提供いただくとともに，掲載許可をいただいた．
3) 日本教材文化研究財団の調査には，筆者も調査チームの1人として参加し，環境教育に関する設問作成と分析を担当した．
4) 本調査結果の使用については，平成23年9月1日付けで，教員研修センター理事長名の使用許可を得ている．
5) 文部科学省「教育課程の編成・実施状況調査」，http://www.mext.go.jp/a_menu/shotou/new-cs/1263169.htm（2010年12月3日取得．ただし，平成14年度分は2006年1月15日閲覧時には存在した（http://www.mext.go.jp/b_menu/houdou/15/02/030202.htm）が2012年7月26日現在ウェブ上に見当たらない）．
6) 1969年の『小学校指導書特別活動編』（文部省 1969：100）で「遠足的行事には，遠足，修学旅行のほか，見学，野外活動などが含まれる」として，遠足的行事に野外活動が盛り込まれた．また，1970年の『中学校指導書特別活動編』（文部省 1970：187）の修学旅行的行事の指導上の留意点に「自然への親しみ」や「レクリエーション指導」が盛り込まれた．これらを皮切りに特別活動の遠足・集団的宿泊行事（小学校），旅行・集団的宿泊行事（中学校）において自然体験活動が実践されてきたととらえられる．

終　章
本研究の総括

　本研究の発端は，筆者自身が，近年の学校教育における環境教育の普及・浸透に対し疑問を感じたことにある。その理由の1つは，環境教育の進展が期待された「総合的な学習の時間」の環境教育実践について，2008年度に筆者が行った全国調査から学校間格差や内容の偏り，中学校の低調さなどの問題点が明らかになったことである。もう1つは，未だに現職教員から「環境教育は何をすればよいのですか」と尋ねられることである。環境教育が登場して約40年が経過したにもかかわらず，未だにこのような質問が発せられることは，環境教育が十分に浸透していないことを物語っていると受け止められる。

　では，今後の環境教育の発展，学校教育現場への普及・浸透のためには何が必要なのか。この問いに対し筆者は，私的な主張を唱えるのではなく，現状の背景と要因を環境教育の史的展開の中に見出すことが重要であると考えた。ところが，先行研究を分析すると，日本の環境教育の史的展開に関する研究は不十分で，約40年間を通した研究はなく，歴史的な記述も概略的なものにとどまっている。加えて，客観的状況を把握し得る全国的な環境教育調査結果を踏まえた研究成果は，過去に筆者が行ったもの以外には見当たらない。

　本研究では，環境教育が登場する1970年から2010年頃までの約40年間を対象とし，小・中学校における全国的な環境教育調査結果を踏まえ，国内外の環境教育の史的展開を解明することを目的とした。そして3つの具体的な課題，すなわち，①環境教育が登場する以前の日本の環境問題・環境保全の概略史，および環境教育の源流とされる公害教育，自然保護教育の成立を解明すること，②1970年から2010年頃までの約40年間の環境教育の史的展開を，時代区分を設定して解明すること，③全国的な環境教育調査や実践事例などに基づく，小・中学校の環境教育実践の状況や特徴を時代区分に応じて解明すること，の3つの課題を設定し，環境教育の創成時代，普及時代，拡大時代の3つの時代区分を設定して研究を行った。

本章では，各章を概観しながら，本研究で解明した各時代の環境教育の史的展開を総括する。そして，学校教育現場に環境教育が十分に普及・浸透していないことの要因について考察する。なお，本書では第Ⅰ～Ⅲ部の3部構成としているが，ここでは国際と国内に分け，第Ⅱ，Ⅲ部を一括して総括する。

第1節　環境教育の国際的展開

(1) 国際的な環境教育の創成

　国際的に環境教育の必要性が唱えられたのは，1972年の国連人間環境会議（ストックホルム会議）である。歴史上，国際舞台に環境教育が登場したのはいつかと問われれば，1972年であることは疑いがない。しかしながら，突然，ストックホルム会議が開催されたわけではなく，ましてや環境教育が何らの前触れもなく登場したわけでもない。

　まず，「環境教育」の原語である "Environmental Education" の最初の使用を明らかにした。"Environmental Education" の最初の使用は，1948年トマス・プリチャード使用説が一般化しているが，この説の出典，および他の論文を詳細に検討した結果，1年早く1947年にグッドマン兄弟が用いていることを指摘した。同時に，人間環境の質，人間の環境への影響，人間と環境のかかわりに関する教育という今日的な意味での "Environmental Education" の使用は，1960年代後半からであることを解明した。

　次にストックホルム会議の全体像と，同会議の「環境教育」に関する記述を確認し，その後の国際的な環境教育推進の役割を担ったUNESCO-UNEPのIEEPの初期の活動を明らかにした。とりわけ，環境教育の理念と推進方策については，ベオグラード会議（1975年），トビリシ会議（1977年）の全容と会議の成果であるベオグラード憲章，トビリシ宣言，トビリシ勧告について，原典であるユネスコの文書を資料として用いながら，解明することを試みた。

　ベオグラード会議，トビリシ会議は，環境教育の重要な国際会議であり，かつトビリシ会議は閣僚級の会議であったにもかかわらず，日本からは1～2名の専門家のみの出席で政府代表を派遣しなかった。そのため，世界的に国際的合意事項と認識されているトビリシ宣言と勧告は，1970年代には報告されないままに終わった。政府代表を派遣しなかったこと，国際的合意が報告されなか

ったことにより，日本政府の取り組みが行われず，環境教育の理念の明確化と普及を遅らせることとなった。

(2) 国際的な環境教育の普及

トビリシ会議において，環境教育の理念と推進方策に関する国際的合意が築かれて以降の1970年代終わりから80年代にかけて，国際的な環境教育は普及時代を迎える。

まず，国際的な環境教育の普及・推進の中心的役割を担ったIEEPの活動，すなわち，研究開発プロジェクト，人材育成活動，情報交流のためのニュースレターの発行，教材，用語集，人材・団体名鑑等の発行物について全容解明を行った。そして，1987年のモスクワ会議の全容解明，および「持続可能な開発」概念登場の経緯とその内容，92年の地球サミットで採択された「アジェンダ21」の内容を明らかにした。

1980年代のIEEPの活動に対して日本はコミットしておらず，モスクワ会議にも代表を派遣していない。IEEPと日本の環境教育は，相互に影響を及ぼすような関係にはなかった。1980年代の国際的な展開については，研究成果も，行政レベルの報告もほとんど見られず，本研究が包括的なものである。

(3) 国際的な環境教育の枠組み拡大

「持続可能な開発」概念が明確化され，1992年に「アジェンダ21」が決定されたことにより，「持続可能性」との観点から環境教育の概念的・内容的枠組みの拡大が進み始め，2000年代には「持続可能な開発のための教育 (ESD)」へと展開していく。

まず，国際的な環境教育の枠組み拡大時代として，1992年の地球サミットから「持続可能な開発のための教育の10年 (DESD)」(2005〜14年) の開始までの展開を明らかにした。

IEEPは，1987年のモスクワ会議では「1990年代を環境教育の10年とする」との方向性を打ち出していた。しかし，「アジェンダ21」を受けて方向性を変え，1994年から「人間開発のための環境・人口教育と情報 (EPD)」を開始し，95年に終焉を迎えた。

IEEP終了後ではあるが，ユネスコとギリシャ政府の主催により，「トビリ

シから20年」として，1997年にテサロニキ会議が開催され，同会議の宣言において，環境教育は「環境と持続可能性のための教育」と位置づけられた。2002年のヨハネスブルグ・サミットに向けたNGOの提案により，同サミットでDESDが勧告され，国連総会で決議された。

こうして国際的にESDの時代を迎えることとなり，環境教育の展開はESDに包括される形となってきた。しかしながら，IEEPという中核的な組織（国際的なセンター機能）や情報流通の仕組みがなくなったことにより，環境教育独自の展開は低調となってしまったと言わざるを得ない。

第2節　日本における環境教育の展開

(1) 環境教育の登場以前

まず，環境教育登場以前の環境問題・環境保全の概略史，および，環境教育の源流とされる公害教育，自然保護教育の成立を明らかにした。

日本の公害問題の原点とされる足尾銅山鉱害（公害）問題から，4大公害と称される1950～60年代の熊本水俣病，新潟水俣病，四日市ぜんそく，イタイイタイ病までの公害問題を取り上げ，原因や影響，被害について概括した。同時に，1970年以前の公害対策として水質2法，ばい煙規制法，そして1967年の公害対策基本法制定までの環境法について概括した。自然保護については，1873年の鳥獣猟規則（太政官布告）から，1931年の国立公園法，57年の自然公園法までの野生動物保護，および自然環境保護に関する考え方とその変遷，法律の整備について概括した。そして，1970年以降の日本の環境行政の基盤形成として，70年の公害国会の経緯と環境関連諸法の制定・改正，とりわけ公害対策基本法の改正と環境庁の発足について概括した。

公害教育については，その背景に四日市ぜんそく，沼津・三島コンビナート建設反対運動，水俣病などの公害とそれに反対する住民運動が存在し，1967年に四日市市で開かれた第1回「公害と教育」研究集会を直接的な契機として，71年に「公害と教育」研究会が設立され，公害教育が成立していったことを明らかにした。こうした公害激甚地と言われた地域の教員を中心に，民間教育運動として成立した公害教育と，公害国会以降，国・地方自治体によって推進された公害教育は異なるものであることを指摘した。

自然保護教育については，1934年の日本野鳥の会の発足と探鳥会の開始，51年の日本自然保護協会の発足と57年の同協会による「自然保護教育に関する陳情」，50年代半ばの三浦半島自然保護の会の発足と自然観察会の開始などの自然保護教育の契機，および60年代にかけての理念形成と展開過程を明らかにした。同時に，これまで報告されていない史実として，明治時代末期の植物学，動物学の教科書に，生息地の保護や山林伐採と洪水，漁業被害の関係が記述されていることを明らかにした。

（2）環境教育の創成

　日本における環境教育創成時代である1970年代については，第1の時期（1970～73年），第2の時期（74～75年），第3の時期（76年～80年代初頭）の3つの時期を明確化し，各時期の特徴を明らかにした。これらの時期区分は，先行研究には存在せず，筆者の独創的なものである。

　まず，用語「環境教育」の登場，および国内の研究者が「環境教育」を使用し始めた1970～73年を第1の時期と位置づけ，いつ，誰が，どのような意味内容で「環境教育」を用いたかを明らかにした。

　「環境教育」の使用は，1931年の松永嘉一『人間教育の最重點　環境教育論』にさかのぼることができるが，これは教育（的）環境論の言い換えであった。1970年9月14日付けの『日本経済新聞』「本立て」（コラム）の「進む米の"環境教育"」が，今日的な意味での「環境教育」の最初の使用例であり，これはアメリカ議会に当時のニクソン大統領が報告した環境報告の翻訳書『ニクソン大統領公害教書』の第12章「環境教育」を紹介したものである。

　国内の研究者で最初に「環境教育」を用いたのは，当時，京都教育大学理科教育教室にいた大内正夫である。大内が「環境教育」を用いた契機は『ニクソン大統領　公害教書』であり，大内は「環境教育」について，公害教育が「応急対処的」，「地域的」なものであるのに対し，環境教育は「人間の生存（生命）」に関わり，「全世界的」であるとし，公害教育よりも幅広いものととらえていたが，明確な概念規定はしていなかった。

　大内以後の「環境教育」の使用は，主に理科（科学）教育関係者に見られ，公害・環境問題への理科教育の対応との観点から，公害教育のような地域的，対処療法的なものではなく，地球（世界）的，根本療法的なものという意味で

用いられたが，やはり明確な概念規定には至っていなかった。
　1970～73年の第1の時期は，公害教育が世間の関心を集めており，それは社会科の範疇と認識されていた。しかし，公害・環境問題は重大な課題であることから，理科（科学）教育関係者によって，社会科では公害教育，理科では環境教育ととらえられたと考えられる。ストックホルム会議の報告が出されて以降は，文部省の教科調査官を経験した大学教員を中心に，人間環境の質，人間の環境への影響，人間と環境のかかわりといったストックホルム会議の立場から「環境教育」が用いられるようになっていった。
　「環境教育」の名の下に研究や実践の組織・団体が構成され，活動を開始した1974～75年を第2の時期と位置づけ，環境教育の展開を明らかにした。この時期には，環境教育の研究団体の発足，国際シンポジウムの開催，環境教育研究プロジェクトの開始や研究成果の公表，実践（者）レベルの団体の名称変更や学校向けの環境教育資料が発行され，環境教育が広まり始めた。
　1976年から80年代初頭までを第3の時期と位置づけ，環境教育の展開を明らかにした。この時期にはベオグラード憲章の環境教育の目的・目標が報告されるとともに，1977（昭和52）年の学習指導要領改訂とも相まって，環境教育が学校教育実践現場に広まっていく。
　学習指導要領では，1971（昭和46）年一部改正で，小学校5年生社会科，中学校社会科公民的分野に「公害」の記述が拡充され，1977年の改訂で，社会科，理科，体育科保健分野，道徳に，環境の保全，資源・エネルギー，人間と自然のかかわり，生物愛護，生命尊重などが盛り込まれた。特に中学校理科第2分野には「人間と自然」との単元が新設され，「人間と環境（自然）のかかわり」が環境教育の学習内容として位置づけられた。
　創成時代末の1981年の全国調査結果を見ると，「環境教育」の登場から約10年の間に，4人に3人の教員が用語「環境教育」を知っている程度まで広まり，約半数の学校で実践されるという状況に至っていた。当時の環境教育実践は，公害・環境問題を扱った実践，身近な環境の状態や環境問題の調査，人間の環境への影響を扱った実践，であった。公害・環境問題という問題状況に焦点を当てた実践が主であった点に創成時代の特徴が見られる。

（3）環境教育の普及

　国際的な環境教育の普及時代は1980年代であったが，国内では1980年代の約10年間，環境教育が低迷し，90年代に入って急激な普及を迎える。本研究では，低迷の時期を含めて，1980～90年代を普及時代とし，環境教育の展開を明らかにした。

　まず，低迷の時期の展開を明らかにした。環境教育は1970年代末から80年代初頭には広まりを見せ始めていた。しかし1980年代に入って，環境保全より経済成長を優先する経済界の巻き返しによって環境行政の後退が見られ，環境問題への関心も薄れ，環境教育が低迷する。この低迷状況については，数多くの証言が見られるとともに，1988年の全国調査の環境教育実践率が創成時代末よりも低率であったことからも明らかである。

　しかしながら，1970年代に発足した「環境教育研究会」，名称変更した「全国小中学校環境教育研究会」等の環境教育に関心を有する団体やメンバーは環境教育に取り組んでいたし，環境庁も学校外での環境教育活動を行っていた。全般的に見れば低迷していたものの，一部には継続的に研究・実践に取り組む団体・個人も見られた。

　環境教育の普及への転機は，1986年の環境庁『環境保全長期構想』と88年の環境庁『環境教育懇談会報告』の発行にある。文部省は，やや遅れて1991，92，95年に『環境教育指導資料』を発行した。こうした行政の動きに加え，1990年の日本環境教育学会の設立や自然体験型環境教育の広まりなどが環境教育普及の基盤となった。

　1990年代には，地球環境問題，都市・生活型公害がクローズアップされ，一人ひとりが加害者であると同時に被害者であるとの環境問題の質的変化が唱えられ，個々人の意識と行動の変革，ライフスタイルの変革が求められた。1992年に地球サミットが開かれたことや，「地球を救う○○の方法」「環境にやさしい暮らし方」といった類の書籍が多数発行されたことも，環境教育の普及に一役買った。

　日本の環境教育は，1990年代にはブームと言ってよいほどの急激な普及と進展を見せる。環境教育の理念に関しては，1970年代と大きな違いは見られなかったが，90年代を通じて，徐々に「持続可能な社会の実現」が環境教育の目的に位置づけられるようになっていく。同時に，環境教育の方法論として自然体

験，社会体験等の「体験」が強調されるようになった。

　1993年の環境基本法制定により，環境教育は法的根拠を得るとともに環境行政施策の1つと位置づけられることとなり，環境庁は，こどもエコクラブ，エコライフフェア，エコマーク制度，環境カウンセラー登録制度などの事業を開始し，現在も継続している。こうした動向の中で，徐々に環境保全に資する具体的な「行動」が強調されるようになってきた。

　一方，1990年代の学校教育の基準となった1989（平成元）年改訂の学習指導要領は，環境教育関連の単元・内容が充実されたとは言えない状況であった。例えば中学校理科では，1977（昭和52）年改訂で設置された「人間と環境」の単元が削除された。1989（平成元）年の改訂作業の頃に，環境教育が低迷状態にあったことが大きく影響したと判断できる。

　しかしながら，『環境教育指導資料』発行以後，文部省は，環境教育教員研修，環境教育フェア，環境教育モデル市町村の指定，グローブ・プログラムなどを開始し，名称等を変えながらも継続している。1996年の中央教育審議会答申で「総合的な学習の時間」の設置が唱えられ，横断的・総合的学習課題の1つに「環境」が盛り込まれた。本格的導入は2002年度からであるが，90年代終わり頃には，先取りした実践も見られるようになっていた。

　普及時代の小・中学校における環境教育実践率は，調査によって異なるものの，1990年代の前半から中盤にかけて上昇し，90年代中盤には創成時代末と同程度，あるいはそれ以上にまで上昇した。学校の環境教育計画の策定や環境教育担当の設置にも進展が見られた。

　普及時代の環境教育実践については，学習内容に対する教員の意識や実践内容の分析から，「地域を主題とした人間と環境のかかわりの学習」が定着しつつあり，地球環境問題，エコライフという当時の社会情勢を象徴する実践に加え，「体験」の強調と相まって，自然とのふれあい活動，飼育栽培活動，環境美化・清掃活動といった「活動」を取り入れた実践が主流であった。普及時代の実践は，地域の自然環境，社会環境に直接接し（体験し），環境の状態をとらえ，「人間と環境のかかわり」を認識するという実践が主であった点に特徴を見ることができる。

（4）環境教育の枠組み拡大

　環境教育の概念的・内容的枠組みの拡大，つまり，環境問題や環境の保全・向上を扱う環境教育から，「持続可能な社会の実現」へ向けて貧困，人口，健康，食糧安全，民主主義，人権，平和などのグローバルな課題をも包括する「持続可能な開発のための教育（ESD）」への拡大は，国際的には1990年代から生じたが，日本では約10年遅れて2000年代から始まった。

　まず，日本の環境教育の枠組み拡大として，「持続可能な社会の実現」が環境教育の目的とされ，概念的・内容的枠組みが拡大され始めた1990年代末から2010年頃までの展開を明らかにした。

　1999年の中央環境審議会答申で，環境教育は「持続可能な社会の実現」をめざすことが明確に位置づけられた。環境基本法に基づく『環境基本計画』〔第2次，第3次〕においても，「持続可能な社会の実現」をめざすことが明記され，ESDの動きとともに，日本の環境教育は枠組み拡大時代に入っていく。環境教育は「消費，エネルギー，食，住，人口，歴史，文化など」を含むと概念的・内容的枠組みが拡大されたことと並行して，「体験」を通した学習が強調され，学習の結果（成果）としての「行動」が強調されるようになってきた。こうした考え方は，2003年に制定された環境保全活動・環境教育推進法，同法に基づく2004年の「基本方針」においても位置づけられている。

　一方，1990年代にクローズアップされた地球環境問題，都市・生活型公害については，京都議定書の発効や，省庁再編で環境省に廃棄物行政が加わったことなどにより，地球温暖化と廃棄物・リサイクルが主要課題とされるようになってきた。これに伴って，省エネルギー行動，環境美化・清掃活動，リサイクル活動が，学校における環境教育実践に位置づけられるようになる。

　学校教育に関しては，2002年度から「総合的な学習の時間」が本格導入され，横断的・総合的な学習課題として「環境」に関する学習が実践されていく。また，2006年の教育基本法改正で，生命・自然の尊重，環境の保全が教育の目標として明記され，2007年の学校教育法一部改正では，生命・自然の尊重，環境の保全に加えて自然体験活動の促進が明記された。

　1998（平成10）年の学習指導要領改訂により，前回改訂で削除された中学校理科第2分野の単元「人間と自然」は，「自然と人間」として復活した。また，小学校家庭科，中学校技術・家庭科の家庭分野に「環境に配慮した生活」が盛

り込まれるなど，前回改訂に比べれば，環境教育関連の単元・内容は充実されたと考えられる。

　2007年には国立教育政策研究所から『環境教育指導資料』小学校編改訂版が発行され，「持続可能な社会の実現」をめざす立場が記された。しかしながら，1992年の『環境教育指導資料』小学校編から約15年を経て，ようやく改訂版が発行されるという状況であり，かつ中・高等学校編は改訂版が発行されていないという有り様である。環境教育が環境行政施策の1手法と位置づけられ，環境省（環境庁）主導で進められてきた一方で，文部科学省（文部省）は消極的な姿勢に陥っていると言えよう。

　枠組み拡大時代の環境教育実践率は，普及時代よりも上昇し，近年では5分の4以上の小学校，3分の2以上の中学校の教員が環境教育を実践している。教員が想起する環境教育の学習内容については，小学校では「ゴミの分別やリサイクル活動」「環境に配慮した生活の仕方の学習」「人間と環境の関わりの学習」「地球的規模の環境問題の学習」，中学校では，小学校の4項目に「資源，エネルギーに関する学習」を加えた5項目の割合が高かった。「人間と環境の関わりの学習」は，普及時代に浸透・定着しつつあったが，枠組み拡大時代に入って，ほぼ定着したものと見なし得る。

　実践内容については，「総合的な学習の時間」に的を絞り，全国調査の比較分析を行った。その結果の第1は，小学校に比べ中学校の環境教育実践が低調であることである。2008年度の調査で小学校の5分の4程度が「環境」を実践しているのに対し，中学校は半数程度である。「総合的な学習の時間」において重視しているテーマについて見ると，小学校は60％程度が「環境」を重視しているのに対し，中学校は25％程度で，中学校の約4分の3は「環境」を重視していない。

　第2は，実践率の高い実践内容・活動に大きな変化が見られないことである。2008年度の調査で，小学校で過半数となっているのは，「飼育栽培・生産体験」「美化清掃・回収体験」「ゴミ・リサイクル学習」の3項目であり，中学校では「美化清掃・回収体験」だけであった。これらは「総合的な学習の時間」が設置される以前の1990年代にも多く見られた実践内容である。「総合的な学習の時間」の環境教育がこれらの活動・学習に終始しているとすれば，横断的・総合的な環境教育とはかけ離れてしまっており，大きな問題である。特に中学校

終章　本研究の総括

は「美化清掃・回収体験」に収斂する傾向が見られ，問題性が高い。「総合的な学習の時間」の環境教育実践は，1990年代初期に逆戻りしているとの問題を指摘し得る。

第3は，「環境」を重視するとの方針を有する学校と，そうでない学校の間に格差があることである。方針を持っていない学校のうち過半数になっている実践内容は，小学校では「飼育栽培・生産体験」のみ，中学校では「美化清掃・回収体験」のみであった。方針を有する学校は，その他の実践にも取り組んでいる。学校の方針と当該校の実践率との関連を見ると，方針を有する学校の方が実践率は高く，関連性が認められた。つまり，「総合的な学習の時間」の環境教育実践は，学校の方針が重要であり，方針の有無による学校間格差が生じているとの問題を指摘し得る。

枠組み拡大時代には「持続可能な社会の実現」が位置づけられ，地球温暖化と廃棄物・リサイクルが主要課題となり，ESDが唱えられてきた。教員の意識としては「人間と環境のかかわり」の学習は定着し，地球環境問題やエコライフも意識化されるようになってきた。

しかしその一方で，横断的・総合的な環境教育が実践されると期待された「総合的な学習の時間」においては，小学校では「飼育栽培・生産体験」，中学校では「美化清掃・回収体験」に偏ってしまっている。各教科に環境教育関連内容・単元が盛り込まれたことにより，見かけ上の実践率は高まっているが，その実態に関しては疑問を感じざるを得ない。特に中学校の問題性は高く，地球環境の現状や問題状況，自分自身とのかかわりなどについて学習する機会を得ないまま，中学校を卒業する生徒が増えてしまっている可能性を指摘し得る。

第3節　小・中学校における環境教育の現状とその要因

本研究は，全国的な環境教育調査の結果を踏まえながら，これまで十分に解明されてこなかった約40年間の国内外の環境教育の史的展開の解明を目的としたものである。この目的は，環境教育の発展，学校教育現場への普及・浸透をめざして，現状の背景と要因を環境教育の史的展開の中に見出すことを念頭に置いて設定したものである。これまでの各章において，時代ごとに約40年間の環境教育の史的展開を明らかにし，それらを総括するとともに，近年の小・中

学校における環境教育の現状と問題点を指摘した。

　小・中学校現場の環境教育の現状を確認するならば，①人間と環境のかかわり，地球環境問題，エコライフは，教員の意識に定着してきた，②学習指導要領では，社会科，理科，家庭科，技術・家庭科の教科内容に環境教育関連内容・単元が盛り込まれ，各教科における環境に関する学習は実践されるようになってきた，しかし，③環境教育が横断的・総合的な学習課題であることに鑑みれば，教科の枠を超えた学習は不調，あるいは低調である，と総括し得る。

　近年，「持続可能な社会の実現」をめざすことが，行政レベル，研究（者）レベルでは一般化してきたが，学校教育実践現場には未だ普及・浸透しておらず，具体的な実践に至るような進展は見せていない。こうした現状の背景や要因として，次の3点を指摘し得る。

　第1は，1980年代の環境教育の低迷が大きく影響していることである。
　環境教育は，1970年の登場から起算すれば，40数年を経過しているが，低迷の時期の約10年を差し引けば，実質的には約30年の歴史しか持っていない。行政レベル，研究（者）レベルから実践現場への普及・浸透には，当然，時間を要する。環境教育の実質的な歴史の短さは，普及・浸透にマイナスの影響を及ぼしている。こうした時間的な問題のみならず，あるいはそれ以上に問題なのは，低迷した1980年代が環境教育の理念を培うべき時期であったことである。
　創成時代の前半は環境教育のとらえ方に共通理解が成立しておらず，理念の明確化や一般化には至っていなかった。創成時代末の1980年頃になって，ストックホルム会議の危機感や人間環境宣言，ベオグラード憲章，アメリカ環境教育法（1970年法）といった環境教育の理念に関わる基本的な資料とその内容，考え方が広まった。しかし1980年代の低迷によって，環境教育の理念の議論が途絶えてしまったことが大きな問題である。
　低迷の約10年間に，国際的には持続可能性に関わる議論が進むと同時に，IEEPの経験やフィードバックがあり，それらはモスクワ会議に集約された。日本国内では，こうした国際的動向と関係を持つこともなく，また国内の実践からのフィードバックもなく，さらに日本の環境教育はいかにあるべきかといった議論も行われないまま時を過ごした。
　1990年代の環境教育は，理念不明瞭なまま，地球環境問題や都市・生活型公

害から、一人ひとりの日常生活・行動の変革が是とされた。環境教育とは何なのか、日本の環境教育はどうあるべきか、といった議論は、「持続可能な社会の実現」が唱えられ始めた1990年代後半まで放置されてしまった。つまり、環境教育の理念に関しては、環境教育の出発点との連続性や整合性がなかったと言える。

2000年代に入って、「持続可能な社会の実現」をめざすとの目的観は共有されてきたが、環境教育の概念的・内容的枠組みが拡大されたことにより、実践現場ではますます「環境教育とは何か」が不明瞭となったと考えられる。環境教育の理念を醸成すべき1980年代の約10年間、環境教育が低迷したことが、現状の背景に横たわっていることを指摘したい。

第2は、実践現場の受け止め方の問題である。

普及時代から「体験」が強調され始めた。児童生徒が直接「体験」でき、「人間と環境のかかわり」を学習できる素材・題材として、身近な地域（動植物や文化、生活習慣、歴史など）が取り上げられた。普及時代の環境教育実践は、「地域を主題とした「人間と環境のかかわり」の学習」に特徴を見ることができた。その後、2000年代には「行動」が強調されてきた。その結果、「体験がなければ環境教育ではない」、「行動に結びつかなければ環境教育ではない」と受け止められたことが想定される。

こうした受け止め方によって「飼育栽培・生産体験」「美化清掃・回収体験」に収斂する傾向が生じたと考える。つまり、「体験」「行動」の過度の強調が現状を招いていることを指摘したい。加えて、普及時代に環境教育と意識されていた「地域を主題とした「人間と環境のかかわり」の学習」は、「ふるさと学習」（「郷土学習」「地域学習」）と認識され、環境教育とは別物という受け止め方となっている可能性を指摘したい。

その背景には、縦割り意識が見え隠れする。地域を素材・題材とした学習は、地域を学ぶ「ふるさと学習」であり、環境教育は、「自然（動植物）、省エネルギー、ごみ、リサイクルなどに関して、「体験」を通して「行動」に結び付ける学習である」と、教科の枠組みのように縦割りにされてしまったととらえられる。

1990年代末の「総合的な学習の時間」を先取りした実践の頃は、身近な地域

から地球全体の「人間と環境のかかわり」を学んでいくという学習が見られたが,「総合的な学習の時間」導入後,環境教育に熱心な学校では取り組まれていても,そうではない学校には普及されず,学校間の格差を生み出したものと考えられる。

　第3は,文部科学省の姿勢の問題である。
　文部科学省は,教員研修の実施,学習指導要領への環境教育関連内容・単元の盛り込みなどは行っているものの,『環境教育指導資料』の改訂作業は不十分である。学習指導要領は,学校教育に対して絶大な影響力を持っている。そこに環境教育関連内容・単元が盛り込まれることで,各教科,道徳での環境教育実践が促進されてきた。
　しかし,学校教育における環境教育についての国の指針は『環境教育指導資料』であろう。「総合的な学習の時間」に関しては実践事例集が発行されており,その中には「環境」に関する学習も含まれている。けれども『環境教育指導資料』に関しては,約15年を経て,ようやく小学校編の改訂版が出されたのみである。中学校の環境教育の低調さを考えると,中・高等学校編の改訂版が発行されていないことは,現状の要因の1つとして指摘し得ると考える。

　上記の3点の指摘は,本研究全体をふりかえって言及したものであるが,いくらかは筆者の私見も入っていることをご容赦いただいて,本研究のまとめとしたい。

補 論

近年の小・中学校環境教育

　本論で明らかにした環境教育の展開は2010年頃までであり，学習指導要領としては1998（平成10）年改訂版までである。そこで2008（平成20）年改訂の学習指導要領時代の小・中学校環境教育の状況を補論として記すこととした。

　2005年から始まった国連「持続可能な開発のための教育の10年」（DESD）は，2014年で終了した。その最終会合が「持続可能な開発のための教育（ESD）に関するユネスコ世界会議」として日本で開催された。具体的には，愛知県名古屋市（2014年11月10〜12日）で閣僚級会合，および全体取りまとめ会合が，また岡山県岡山市（11月4〜8日）でステークホルダー会合が開催された[1]。DESDの後半，概ね2010年以降では，ユネスコスクールを中心として，「持続可能な開発のための教育（ESD）」が学校教育でも取り組まれるようになってきた。

　2003年に成立した「環境の保全のための意欲の増進及び環境教育の推進に関する法律」（略称：環境保全活動・環境教育推進法）は，2011年に「環境教育等による環境保全の取組の促進に関する法律」（略称：環境教育等促進法）へと名称改正等が行われた[2]。そして，改正法に則って2012年6月に新しい基本方針（「環境保全活動，環境保全の意欲の増進及び環境教育並びに協働取組の推進に関する基本的な方針」）が閣議決定された[3]。

　2011年3月11日，未曾有の被害をもたらした東日本大震災とそれに伴う福島原発事故が発生した。これを契機として，災害・防災・減災に関わる教育や，原子力・原発問題，再生可能エネルギーに関わる教育が，環境教育においても取り上げられるようになってきた。また2014年には，国立教育政策研究所教育課程研究センターが『環境教育指導資料【幼稚園・小学校編】』（国立教育政策研究所教育課程研究センター 2014）を発行した。環境教育は，2000年代に入って持続可能な社会の実現との方向性が明確化され，概念的・内容的枠組みの拡大が見られ，近年ではESDとの関係を保ちつつ展開してきている。

一方筆者は，全国的な小・中学校の環境教育の変化と現状をとらえるべく，2014年度に再び調査を行った。近年の環境教育の動向に関しては，ウェブサイトや近年の書籍等に席を譲るとして，ここでは2008（平成20）年改訂の小・中学校学習指導要領の記述に関して述べるとともに，筆者の行った調査結果に基づいて，近年の小・中学校環境教育の状況をとらえる。

第1節　2008（平成20）年　学習指導要領改訂

　2008（平成20）年に小・中学校学習指導要領が改訂された。2008年改訂と1998（平成10）年改訂の学習指導要領（大蔵省印刷局編 1998a，1998b，文部科学省 2008a，2008b）の環境教育関連内容を抜き出したものを巻末資料に示す。
　この改訂の最も大きな特徴は，「持続可能な社会」との文言が記されたことである。それは中学校の社会科（地理的分野，公民的分野），および理科（第1分野，第2分野）に見られ，具体的には次のように記述されている。

　　○社会科（地理的分野）：「地域の環境問題や環境保全の取組を中核として，それを産業や地域開発の動向，人々の生活などと関連付け，持続可能な社会の構築のためには地域における環境保全の取組が大切であることなどについて考える。」（「ウ　日本の諸地域」，「(エ)環境問題や環境保全を中核とした考察」）

　　○社会科（公民的分野）：「持続可能な社会を形成するという観点から，私たちがよりよい社会を築いていくために解決すべき課題を探求させ，自分の考えをまとめさせる。」（「(4)私たちと国際社会の諸課題」，「イ　よりよい社会を目指して」）

　　○理科（第1分野）：「自然環境の保全と科学技術の利用の在り方について科学的に考察し，持続可能な社会をつくることが重要であることを認識すること。」（「(7)科学技術と人間」，「ウ　自然環境の保全と科学技術の利用」，「(ア)自然環境の保全と科学技術の利用」）

　　○理科（第2分野）：「自然環境の保全と科学技術の利用の在り方について科学的に考察し，持続可能な社会をつくることが重要であることを認識すること。」（「(7)自然と人間」，「ウ　自然環境の保全と科学技術の利用」，「(ア)自然環境の保全と科学技術の利用」）

小学校には「持続可能な社会」との文言は記されていないが，社会科，理科，家庭科を中心に環境教育関連内容が盛り込まれている。

社会科の第3，4学年では，「飲料水，電気，ガスの確保」「廃棄物の処理」が挙げられていることは変わっていないが，「良好な生活環境の維持と向上」が記され，内容の取扱いでは節水，節電が記述された。第5学年の公害の記述は変わっていないが，森林に関わって自然災害の防止が記述された。

理科の第3学年では，目標に「生物と環境とのかかわり」が記され，新たに「身近な自然の観察」の単元が設置された。第4学年でも「環境とのかかわり」が記されたが，第4，5学年ではその他には大きな変化は見られない。第6学年においては，1998（平成10）年版の内容の取扱いで「食物連鎖などは取り扱わない」と記されていたところが，内容に「生物の間には食う食われるという関係があること」と記述された。また，内容の取扱いに「水が循環していることにも触れる」と記述された。

家庭科では，「身近な消費生活と環境」の単元が設置され，「環境に配慮した生活の工夫」が明確化された。

小学校に関しては，「身近な自然の観察」「食う食われるという関係」（理科），「環境に配慮した生活の工夫」（家庭科）が充実されたととらえられるものの，環境教育に関して大きく充実されたと言えるほどではない。

中学校においては，上述のとおり，社会科，理科に「持続可能な社会」が記され，当該単元の学習に環境教育関連内容が盛り込まれている。さらに理科の「(7)科学技術と人間」（第1分野），「(7)自然と人間」（第2分野）は，1998（平成10）年版ではいずれかを選択することになっていたものが選択ではなくなった。つまり，上述の内容を全ての生徒が学習することとなった。

技術・家庭科の家庭分野には，小学校と同様の「身近な消費生活と環境」の単元が設置され，「環境に配慮した消費生活の工夫」が記述されるとともに，「実践できること」とより強調された。また，「食文化」が盛り込まれた。技術分野では，技術と環境の関係を「知ること」とされていたところが「考えること」と記述されたことに加え，飼育栽培が必修化された。

中学校に関しては，小学校と比べると「持続可能な社会」が明記されたことと関連して，環境教育関連内容が充実されたととらえられよう。

第2節　全国調査に見る近年の実践現場の状況

　筆者は2014年度に再び全国の小・中学校環境教育調査を行った（以下，〈14調査〉と記す）。調査方法は〈08調査〉と同様，全国の公立小・中学校の50分の1を対象とした学校長宛の郵送形式の質問紙調査（学校調査，教員調査）である。調査の実施時期は，〈08調査〉は1月であったが，今回は2015年2月13日発送，3月20日締め切りとした。その理由は，3学期の環境教育実践を把握したいとの意図からであったが，年度末であったことからか，回収率は〈08調査〉の半分程度になってしまった。

　学校調査の回収数は，小学校は35自治体，64校（回収率15.2％。〈08調査〉は131校（28.9％）），中学校は21自治体，30校（回収率15.1％。〈08調査〉は76校（30.4％））であった。教員調査の回収数は，小学校は，学校調査に回答のあった64校の165人に加え，教員調査のみ回答のあった4校の9人，計174人であった（〈08調査〉は469人）。中学校は，学校調査に回答のあった30校の93人であった（〈08調査〉は258人）。なお，本調査結果に関しては，市川（2015，2016b）において報告しているので，ここではそれらに基づいて，近年の状況を述べる[4]。

　学校の環境教育推進方策に関して，目標の設定，環境教育主任等の担当の設置，校内研修の実施に加え，〈14調査〉では学校全体計画の有無を尋ねた。その結果を表補-1に示す。中学校の担当設置率の上昇が見られ，小・中学校ともに約8割となった。しかしながら，3つの推進方策に対するχ^2検定では有意差は認められなかったことから，有意な変化とは言えない。

　環境教育の学校全体計画の有無に関しては，小・中学校ともに6割強と同程度である。東京学芸大学環境教育研究会の〈97調査〉では，「ある」の割合は小学校で67.8％，中学校で53.4％であった（東京学芸大学環境教育研究会 1999）。調査対象が異なり直接的な比較はできないが，中学校では上昇傾向が見られる。〈14調査〉の全体計画設定率と担当設置率を比べると担当設置率の方が高い。このことは，担当者を置いていても全体計画を作っていない学校があることを示していると言える。

　教員の環境教育実践率に関しては，〈14調査〉では2〜3月の調査としたこ

表 補-1　環境教育推進方策

		小学校			中学校		
		有り	無し	有効数	有り	無し	有効数
目標設定	08調査	51.2	48.8	129	41.1	58.9	73
	14調査	56.3	43.8	64	50.0	50.0	30
担当設置	08調査	81.7	18.3	131	63.0	37.0	73
	14調査	81.3	18.8	64	79.3	20.7	29
研修実施	08調査	18.8	81.3	128	11.0	89.0	73
	14調査	9.5	90.5	63	10.3	89.7	29
全体計画	14調査	63.5	36.5	63	63.3	36.7	30

注：有効数（母数）は校。数値は％。

とから「実践した」，「実践していない」の2択とした。そのため〈08調査〉と直接的な比較ができないが，対比できる形にしたものを表補-2に示す。また，小学校は担任学年別，中学校は担当教科別に集計したものを表補-3，補-4に示す。

表補-2について〈08調査〉の「実践した」と「実践予定」を足した割合，すなわち推定実践率と，〈14調査〉の「実践した」の割合を比べてみると，小・中学校ともに若干の低下が見られる。しかしながら，有効数に大きな差があること，〈08調査〉の「実践予定」の中には実践しなかった場合も含まれることを勘案すると低下したとは言い切れない。〈14調査〉の小・中学校の差に関しては，χ^2検定で有意差が認められた。つまり，環境教育実践率は小学校の方が有意に高いと言える。

表補-3，補-4について〈08調査〉の推定実践率と比べてみると，小学校の担任学年別の結果では，第1学年で大きな低下，第6学年で低下が見られるものの，他の学年では若干の変化が見られる程度である。第3学年から実践率が高まり，中心は第4，5学年となっていることには変化は見られない。中学校の担当教科別の結果では，保健体育科と「音美他」で大きな低下が見られ，技術・家庭科が100％となっているが，他の教科では若干の変化が見られる程度である。実践率の高い教科が社会科，理科，技術・家庭科であることには変化は見られない。技術・家庭科が100％となっているのは，家庭分野に単元「身近な消費生活と環境」が設置されたことが影響している可能性が想定できる。

表補-2 実践率（教員調査）

	08調査				14調査		
	実践	予定	無し	有効数	実践	無し	有効数
小学校	77.6	7.0	15.4	456	81.5	18.5	173
中学校	60.6	12.7	26.7	251	67.4	32.6	89

注：有効数（母数）は人。数値は％。

表補-3 担任学年別の実践率（小学校教員）

	08調査				14調査		
	実践	予定	無し	有効数	実践	無し	有効数
小1	62.5	3.1	34.4	32	36.4	63.6	11
小2	59.5	7.1	33.3	42	62.5	37.5	8
小3	77.5	5.6	16.9	89	84.9	15.2	33
小4	93.9	3.0	3.0	99	91.1	8.9	45
小5	78.8	9.1	12.1	99	94.3	5.7	35
小6	75.9	12.7	11.4	79	71.4	28.6	35

注：有効数（母数）は人。数値は％。

表補-4 担当教科別の実践率（中学校教員）

	08調査				14調査		
	実践	予定	無し	有効数	実践	無し	有効数
国語	36.4	21.2	42.4	33	50.0	50.0	10
社会	74.1	14.8	11.1	27	89.5	10.5	19
数学	40.0	4.0	56.0	25	41.7	58.3	12
理科	73.4	14.1	12.5	64	86.7	13.3	15
保健体育	70.0	10.0	20.0	20	44.7	33.3	6
技術・家庭	69.6	13.0	17.4	23	100.0	0.0	7
英語	58.3	8.3	33.3	36	66.7	33.3	12
音美他	55.6	16.7	27.8	18	16.7	83.3	6

注：有効数（母数）は人。数値は％。

「実践した」との回答者に対し，実践した学習内容と体験活動を3つ以内の複数選択で尋ねた。この設問は東京学芸大学環境教育研究会（1999）を参考に作成した。その結果を表補-5，補-6に示す。

学習内容の上位3項目を割合の高い順に見ると，小学校では「環境に配慮した生活の仕方の学習」「生命の尊さや自然の大切さの学習」「資源，エネルギーに関する学習」，中学校では「資源，エネルギーに関する学習」「地球的規模の

表補-5　学習内容

	小学校(140)	中学校(58)
自然の仕組みや成り立ちの学習	15.7	13.8
生命の尊さや自然の大切さの学習	**36.4**	13.8
地域の動植物や地形などの学習	15.0	19.0
地域の文化や生活習慣などの学習	15.7	15.5
地球的規模の環境問題の学習	20.0	**41.4**
地域や国内の環境問題の学習	19.3	25.9
資源、エネルギーに関する学習	**32.9**	**53.4**
食や農に関する学習	27.1	17.2
環境に配慮した生活の仕方の学習	**42.1**	**27.6**
まちづくりに関する学習	5.7	1.7
その他	3.6	1.7

表補-6　体験活動

	小学校(128)	中学校(47)
地域の自然に親しむ活動	33.6	**27.7**
地域の伝統文化に親しむ活動	13.3	17.0
動植物の飼育栽培活動	**40.6**	12.8
ゴミの分別やリサイクル活動	**41.4**	**55.3**
地域の美化・清掃活動	29.7	**46.8**
空気や水の汚れを調べる活動	15.6	4.3
動植物の保護活動	2.3	0.0
伝統文化の保存・伝承活動	8.6	4.3
省エネルギー活動	12.5	21.3
環境に関連する施設の見学	18.0	2.1
その他	1.6	8.5

注：表中の数値は％。（　）内の数字は有効数。太字は上位3項目。

環境問題の学習」「環境に配慮した生活の仕方の学習」である。小・中学校で共通するものは「資源，エネルギーに関する学習」と「環境に配慮した生活の仕方の学習」の2項目で，5割を超えているのは中学校の「資源，エネルギーに関する学習」だけである。小・中学校で共通する2項目の割合から見れば，「環境に配慮した生活の仕方の学習」は小学校で，「資源，エネルギーに関する学習」は中学校で実践される傾向が読み取れる。また，「生命の尊さや自然の大切さの学習」は小学校で，「地球的規模の環境問題の学習」は中学校で実践される傾向が読み取れる。

体験活動の上位3項目を割合の高い順に見ると，小学校では「ゴミの分別やリサイクル活動」「動植物の飼育栽培活動」「地域の自然に親しむ活動」で，中学校では「ゴミの分別やリサイクル活動」「地域の美化・清掃活動」「地域の自然に親しむ活動」である。小・中学校で共通するものは「地域の自然に親しむ活動」と「ゴミの分別やリサイクル活動」の2項目で，5割を超えているのは中学校の「ゴミの分別やリサイクル活動」だけである。小・中学校で共通する2項目の割合から見れば，「地域の自然に親しむ活動」は小学校で，「ゴミの分別やリサイクル活動」は中学校で実践される傾向が読み取れる。また，「動植物の飼育栽培活動」は小学校で，「地域の美化・清掃活動」は中学校で実践される傾向が読み取れる。

環境教育への関心度に関する両調査の結果を表補-7に示す。χ^2検定（2

表補-7 関心度

	08調査					14調査				
	おおいに	やや	あまり	ない	有効数	おおいに	やや	あまり	ない	有効数
小学校	25.7	70.2	3.6	0.4	467	22.5	67.6	9.8	0.0	173
中学校	33.6	59.3	6.3	0.8	256	23.1	62.6	14.3	0.0	91

注:有効数(母数)は人。数値は%。

行2列)の結果,小・中学校ともに有意差が認められた。「おおいに関心がある」と「やや関心がある」を足すと9割近くであるが,小・中学校ともに低下傾向が見られる。小学校では差異はさほど大きくないが,中学校では「おおいに関心がある」の低下が大きい。環境教育への教員の関心度は,全体的に見れば高いものの,近年は低下傾向にあり,中学校の方が,その傾向が強いと言える。

学校における環境教育と言われたときに思い浮かぶ指導内容を3つ以内の複数選択で尋ねた。この設問は,〈95-95調査〉を元に年度を修正した程度で同じ設問,選択肢を用いている。各調査の結果を割合の高い順に並べ替えたものを表補-8,補-9に示す。表では4人に1人の教員が思い浮かべる内容を上位項目ととらえ,25%の区切りを太線で示した。

各調査の上位項目を見ると,順位の違いはあるものの項目自体には共通性が見られる。小学校では〈95-95調査〉と〈08調査〉の上位は4項目であったが,〈14調査〉では5項目となり,中学校と同じになった。順位と割合を見てみると,小学校では「ゴミの分別やリサイクル活動」が第1位で5割を超えており,第2位との差が大きい。中学校では,これまで第1位で,かつ約5割であった「地球的規模の環境問題の学習」が「資源,エネルギーに関する学習」にトップの座を譲り第2位となったが,両者の差は小さく,第2位と第3位の差の方が大きい。

これらのことから,小学校教員は,環境教育と言えば「ゴミの分別やリサイクル活動」を思い浮かべ,中学校教員は「地球的規模の環境問題の学習」と「資源,エネルギーに関する学習」を思い浮かべることが多いととらえられる。なお,「資源,エネルギーに関する学習」が小学校で上位に入り,中学校で第1位となったのは,東日本大震災に伴う福島原発事故や節電意識の高まりが関係していると想定できよう。

補論　近年の小・中学校環境教育

表補-8　想起する学習内容の順位と割合（小学校）

95-96調査（644人）	%	08調査（461人）	%	14調査（173人）	%
人間と環境の関わりの学習	44.3	ゴミの分別やリサイクル	55.7	ゴミの分別やリサイクル	57.2
ゴミの分別やリサイクル	40.8	環境に配慮した生活の仕方	38.4	人間と環境の関わりの学習	35.3
地球的規模の環境問題	32.9	人間と環境の関わりの学習	37.7	環境に配慮した生活の仕方	33.5
環境に配慮した生活の仕方	28.0	地球的規模の環境問題	33.8	地球的規模の環境問題	31.8
自然の仕組みや成り立ち	23.6	資源，エネルギー	20.6	資源，エネルギー	25.4
自然とのふれあい活動	20.3	地域や国内の環境問題	16.7	地域や国内の環境問題	22.5
空気や水の汚れなど	20.3	地域の美化・清掃活動	15.6	自然とのふれあい活動	15.0
資源，エネルギー	18.0	空気や水の汚れなど	13.7	空気や水の汚れなど	13.3
地域や国内の環境問題	15.5	自然とのふれあい活動	13.0	地域の美化・清掃活動	8.7
地域の美化・清掃活動	14.0	自然の仕組みや成り立ち	10.6	動植物の飼育栽培活動	8.1
緑を増やす活動	8.7	緑を増やす活動	8.9	緑を増やす活動	8.1
動植物の飼育栽培活動	7.1	地域の動植物や地形	7.6	自然の仕組みや成り立ち	8.1
環境に関する施設の見学	5.4	動植物の飼育栽培活動	7.4	地域の動植物や地形	6.4
地域の動植物や地形	5.0	環境に関連する施設の見学	5.4	地域の文化や生活習慣	5.2
社会の仕組みや成り立ち	4.6	地域の文化や生活習慣	2.8	環境に関連する施設の見学	4.6
地域の文化や生活習慣	3.3	標語や作文，ポスターの制作	1.5	社会の仕組みや成り立ち	2.3
標語や作文，ポスターの制作	1.7	社会の仕組みや成り立ち	1.3	標語や作文，ポスターの制作	1.2

注：表中の太線は25％以上の区切り。

表補-9　想起する学習内容の順位と割合（中学校）

95-96調査（833人）	%	08調査（254人）	%	14調査（92人）	%
地球的規模の環境問題	50.2	地球的規模の環境問題	50.4	資源，エネルギー	47.8
人間と環境の関わりの学習	40.6	ゴミの分別やリサイクル	44.5	地球的規模の環境問題	46.7
ゴミの分別やリサイクル	35.2	資源，エネルギー	39.4	ゴミの分別やリサイクル	34.8
資源，エネルギー	29.5	人間と環境の関わりの学習	32.7	人間と環境の関わりの学習	31.5
環境に配慮した生活の仕方	29.5	環境に配慮した生活の仕方	30.3	環境に配慮した生活の仕方	29.4
自然の仕組みや成り立ち	17.8	地域や国内の環境問題	22.4	地域の美化・清掃活動	20.7
地域や国内の環境問題	16.2	地域の美化・清掃活動	15.4	地域や国内の環境問題	19.6
地域の美化・清掃活動	15.2	自然体験や野外活動	12.2	自然体験や野外活動	12
自然体験や野外活動	12.8	自然の仕組みや成り立ち	8.7	自然の仕組みや成り立ち	9.8
地域の環境調査	10.8	地域の環境調査	7.9	飼育栽培や生産体験，緑化	9.8
飼育栽培や生産体験，緑化	8.8	飼育栽培や生産体験，緑化	5.9	地域の環境調査	7.6
地域の動植物や地形	6.4	環境に関連する施設の見学	5.9	地域の文化や生活習慣	4.4
社会の仕組みや成り立ち	4.4	地域の動植物や地形	4.7	標語や作文，ポスターの制作	4.4
環境政策や法律，条約	4.4	地域の文化や生活習慣	4.3	社会の仕組みや成り立ち	3.3
環境に関連する施設の見学	4.3	社会の仕組みや成り立ち	2.8	地域の動植物や地形	2.2
地域の文化や生活習慣	3.8	標語や作文，ポスターの制作	2.8	環境に関連する施設の見学	1.1
標語や作文，ポスターの制作	3.6	環境政策や法律，条約	1.2	環境政策や法律，条約	1.1

注：表中の太線は25％以上の区切り。

第3節　「総合的な学習の時間」における環境教育実践状況

　「総合的な学習の時間」において学校が重視しているテーマを3つ以内で尋ねた。この設問は〈99調査〉を元に年度を修正した程度で同じ設問，選択肢を用いている。各調査の結果を表 補‐10，補‐11に示す。

　小学校の上位3項目を見ると，各調査に共通して「地域（郷土）」が第1位となっている。「環境」も共通して第2位となっているものの，その割合は〈08調査〉より低下し，〈14調査〉では5割となっている。中学校においても「地域（郷土）」は共通して第1位である。しかしながら「環境」は〈99調査〉では第2位であったものが，その後低下し，〈14調査〉では2割程度となった。「地域（郷土）」の学習の中には，地域の環境に関わる学習も含まれていると思われるものの，「総合的な学習の時間」での環境教育は低下傾向にあると推察され，中学校においては低率で，問題性が高いと言えよう。

　〈14調査〉では，「総合的な学習の時間」における環境教育実践の現状に関して，十分であるととらえているかどうかを尋ねた。その結果を表 補‐12に示す。χ^2検定で小・中学校間の有意差が認められた。

　小学校では，「実践は十分」と「どちらかと言えば十分」を足した割合は46.3％と5割近くではあるものの，半数には至っていない。それに対し，中学校は25％と低率である。表 補‐11で見たように，中学校では「総合的な学習の時間」で「環境」を重視する割合が約2割と低く，あまり重視されない傾向が見られたが，その傾向と中学校教員の認識は対応している。これらのことから，「総合的な学習の時間」における環境教育実践の現状は，小・中学校ともに十分とは言えない状況であり，さらに中学校では低調と言える。

　「総合的な学習の時間」における「環境」に関する実践内容・活動について，〈99調査〉の設問の年度を修正した程度で同じ設問，選択肢を用いて尋ねた。各調査の結果を割合の高い順に並べ替えたものを表 補‐13，補‐14に示す。太線は50％の区切りを示している。

　小・中学校ともに50％以上の項目には，あまり変化が見られない。〈14調査〉で言えば，小学校は「ゴミ・リサイクル」「飼育栽培・生産体験」「美化清掃・回収体験」「森や山（自然体験）」であり，中学校は「美化清掃・回収体験」で

表補-10 「総合的な学習の時間」の重視テーマ（小学校）

	99調査（％）	08調査（％）	14調査（％）
国際理解	30.6	43.9	28.6
情報	20.8	22.0	17.9
環境	48.6	58.5	50.0
福祉	30.6	41.5	48.2
健康	5.6	4.9	0.0
地域（郷土）	61.1	73.2	71.4
伝統文化	4.2	16.3	10.7
人権	4.2	7.3	12.5
生き方	20.8	12.2	17.9
進路	0.0	1.6	3.6
その他	11.1	6.5	3.6

注：有効数は，〈99調査〉72校，〈08調査〉423校，〈14調査〉56校。太字は上位3項目。

表補-11 「総合的な学習の時間」の重視テーマ（中学校）

	99調査（％）	08調査（％）	14調査（％）
国際理解	28.6	21.4	15.4
情報	10.5	7.1	3.9
環境	35.2	25.7	19.2
福祉	24.8	45.7	42.3
健康	4.8	4.3	3.9
地域（郷土）	42.9	52.9	50.0
伝統文化	6.7	12.9	19.2
人権	9.5	15.7	11.5
生き方	32.4	37.1	46.2
進路	18.1	48.6	50.0
その他	14.3	7.1	7.7

注：有効数は，〈99調査〉105校，〈08調査〉70校，〈14調査〉26校。太字は上位3項目。

表補-12 「総合的な学習の時間」の環境教育実践の現状認識

	実践は十分である	どちらかと言えば十分である	どちらかと言えば不十分である	実践は不十分である	有効数（人）
小学校	6.4	39.9	47.4	6.4	173
中学校	5.4	19.6	57.6	17.4	92

注：表中の数値は％。

表補-13 「環境」に関する実践内容・活動(小学校)

99調査(80校)	%
森や山(自然体験)	78.8
川や池(自然体験)	71.3
美化清掃・回収体験	67.5
ゴミ・リサイクル	65.0
飼育栽培・生産体験	62.5
自然環境	48.8
大気・水の汚れ	42.5
まちづくり	37.5
地球環境問題	33.8
生命・環境倫理	28.8
資源・エネルギー	26.3

05調査(62校)	%
ゴミ・リサイクル	69.4
森や山(自然体験)	64.5
飼育栽培・生産体験	62.9
美化清掃・回収体験	59.7
川や池(自然体験)	58.1
まちづくり	46.8
生命・環境倫理	35.5
大気・水の汚れ	32.3
資源・エネルギー	30.6
地球環境問題	30.6
自然環境	29.0

08調査(128校)	%
飼育栽培・生産体験	64.1
美化清掃・回収体験	55.5
ゴミ・リサイクル	52.3
森や山(自然体験)	47.7
川や池(自然体験)	44.5
自然環境	37.5
地球環境問題	32.0
大気・水の汚れ	29.7
まちづくり	28.9
資源・エネルギー	24.2
生命・環境倫理	19.5

14調査(62校)	%
ゴミ・リサイクル	56.5
飼育栽培・生産体験	53.2
美化清掃・回収体験	51.6
森や山(自然体験)	51.6
川や池(自然体験)	33.9
自然環境	32.3
生命・環境倫理	32.3
まちづくり	30.7
地球環境問題	27.4
資源・エネルギー	27.4
大気・水の汚れ	17.7

注:99調査は「計画」,05調査は「2004年度実践」,08調査は「2008年度実践」,14調査は「2014年度実践」。太線は50%の区切り。

ある。「総合的な学習の時間」において横断的,総合的な環境教育が期待されたが,現実は分別回収(リサイクル),美化清掃,飼育栽培に終わっている可能性が高いと言える。なお,小・中学校ともに森や山での自然体験活動の上昇傾向が見られる。このことは2007年の学校教育法改正で自然体験活動の促進が謳われたこと(第21条第2項)が関係していると推察できる。

1998(平成10)年の学習指導要領改訂で「総合的な学習の時間」が設置され,2002年度から本格導入された。その学習内容の例示として「環境」が盛り込まれ,「総合的な学習の時間」を活用して教科横断的,総合的,学際的な環境教育の実践が期待された。1990年代の環境教育においては,地域素材(動植物や

表 補-14 「環境」に関する実践内容・活動（中学校）

99調査（113校）	%
美化清掃・回収体験	62.8
ゴミ・リサイクル	55.8
大気・水の汚れ	41.6
資源・エネルギー	39.8
まちづくり	39.8
自然環境	39.8
地球環境問題	33.6
森や山（自然体験）	26.5
生命・環境倫理	27.4
川や池（自然体験）	24.8
飼育栽培・生産体験	17.7

05調査（137校）	%
美化清掃・回収体験	67.2
ゴミ・リサイクル	45.3
まちづくり	38.7
自然環境	35.0
川や池（自然体験）	28.5
大気・水の汚れ	27.7
資源・エネルギー	26.3
森や山（自然体験）	24.1
地球環境問題	22.6
生命・環境倫理	19.0
飼育栽培・生産体験	12.4

08調査（69校）	%
美化清掃・回収体験	65.2
ゴミ・リサイクル	31.9
森や山（自然体験）	31.9
地球環境問題	23.2
自然環境	20.3
生命・環境倫理	20.3
川や池（自然体験）	18.8
まちづくり	17.4
資源・エネルギー	13.0
飼育栽培・生産体験	10.1
大気・水の汚れ	7.2

14調査（27校）	%
美化清掃・回収体験	66.7
森や山（自然体験）	40.7
ゴミ・リサイクル	22.2
川や池（自然体験）	22.2
自然環境	22.2
まちづくり	22.2
飼育栽培・生産体験	14.8
地球環境問題	11.1
資源・エネルギー	11.1
生命・環境倫理	7.4
大気・水の汚れ	7.4

注：99調査は「計画」、05調査は「2004年度実践」、08調査は「2008年度実践」、14調査は「2014年度実践」。太線は50％の区切り。

　自然環境）を取り上げ、地域を主題とした「人間と環境のかかわり」の学習という特徴が見られ、「総合的な学習の時間」導入当初も、そうした実践例やプログラムが紹介されていた。しかしながら、その後は、地域学習と環境教育が縦割りのごとく区別されてしまい、結果的に「総合的な学習の時間」における環境教育の視野が狭くなってはいないだろうか。上述の調査結果からすれば、小学校では、半数程度の学校は「環境」を重視し、教員もある程度実践は十分であるととらえているものの、中学校では低下傾向が見られ、実践内容を見ても問題性が高いと考えられる。

　中学校では、社会科、理科、技術・家庭科を中心に、教科の学習においては

環境教育が実践されているが,教科担任制の関係もあって,横断的,総合的な環境教育は低調であるととらえられる。また,環境教育に意識的な学校や積極的な教員は,地球環境問題や資源・エネルギー問題の学習に取り組んでいるが,そうではない学校との格差が広がっている可能性が指摘できよう。そして,その一因として,文部科学省が中学校環境教育指導資料の改訂版を発行していないことを指摘しておきたい。

注
1) 文部科学省国際統括官付『「持続可能な開発のための教育(ESD)に関するユネスコ世界会議」の概要報告』(2014年3月)(http://www.mext.go.jp/component/a_menu/other/micro_detail/__icsFiles/afieldfile/2015/03/17/1355832_01_1.pdf)(文部科学省:http://www.mext.go.jp/unesco/004/1339974.htm より(2015年10月12日取得))。
2) 総務省法令データ提供システム・イーガブ:http://law.e-gov.go.jp/htmldata/H15/H15HO130.html(2014年5月26日取得)。
3) http://www.env.go.jp/press/files/jp/20195.pdf(2012年10月22日取得)。
4) 市川(2015, 2016b)では,補論で取り上げていない結果も報告している。例えば,「環境科」の設置に関しては,肯定層は小学校9.2%,中学校22.9%,となっていることなどである。

謝辞・おわりに

「はじめに」で述べたとおり，本書の大部分は，日本大学大学院総合社会情報研究科博士後期課程における博士（総合社会文化）の学位論文である。研究を進めるにあたり，指導教員の北野秋男教授（博士（教育学））には，多大なるご指導，ご鞭撻を賜った。ここに深く感謝を申し上げる。

ふりかえってみれば，筆者は1979年に京都教育大学Ⅰ類理学科（小学校教員養成）に入学したが，当時は環境教育という言葉すら知らなかった。偶然ではあるが，同大学の理科教育教室は，環境教育研究の先進的拠点の１つであった。卒業論文に取り組んだ1982年頃に環境教育を知り，爾来，環境教育研究に取り組んできた。特に，神戸大学大学院教育学研究科（修士課程）において，故・恩藤知典教授（教育学博士）の指導を受けたことは，その後の研究や人生そのものに大きく影響した。恩藤教授に出会っていなければ，筆者は環境教育研究の道に進んでいなかったと言っても過言ではない。

筆者は，1980年代以降の環境教育に関しては，ある程度身をもって体験してきている。しかしながら，環境教育が登場した1970年代やそれ以前の状況に関しては実体験がない。環境教育の歴史，特に理念形成に関しては，1970年代がもっとも興味深い。筆者は，先達の先生方のお話しや文献を通して学び，研究を進めてきた。本書は，これまでの筆者の研究を整理し，環境教育の歴史を描き出そうと試みたものである。

「はじめに」でも述べたとおり，1970年代から実体験をお持ちの先生方を差し置いて，若輩者の筆者が歴史を書くことには，今もって抵抗感が残っている。筆者の見方に対するご批判があることと承知している。また，表面的な事実の整理にとどまり，背景や歴史的つながりなどに関する考察も不十分であると思う。

けれども，誰かが本書のようなものを世に出さない限り，環境教育の歴史研究の進展は見られないと考える。研究成果は常に塗り替えられていくものである。読者各位には，ぜひ本書を批判し，より詳細に考察し，新たな研究成果を生み出していただきたい。そして，歴史の中から教訓や展望を見出し，新たな環境教育論の形成や，環境教育カリキュラムの開発など，今後の環境教育の発展につなげていただくことを期待したい。

著　者

引用文献

阿部治, 1990, 「環境教育はいつ始まったか」, 『地理』, 35(12), pp. 21-27.
阿部治, 1991, 「特集 環境教育をめぐる用語の整理」, 『学校保健研究』, 33(4), pp. 160-164.
阿部治, 市川智史, 佐藤真久, 野村康, 高橋正弘, 1999, 「「環境と社会に関する国際会議：持続可能性のための教育とパブリック・アウェアネス」におけるテサロニキ宣言」, 『環境教育』8(2), pp. 71-74.
秋山章男, 1973, 「干潟の生態とその保護」, 『理科の教育』, 22(5), 東洋館, 東京, pp. 32-38.
安藤聡彦, 1993, 「理論と実践の響き合いに学ぶ」, 大田堯責任編集『学校と環境教育・環境教育シリーズ2』, 東海大学出版会, 東京, pp. 234-242.
安藤聡彦, 新田和子, 1996, 「文献解題 人間と環境とのかかわりをとらえなおす ——環境教育論の周辺—」, 〔季刊〕『人間と教育』, 10, pp. 109-118.
青柳昌宏, 1975, 「自然保護教育の歴史と現状, 今後の問題」, 『日本生物教育学会 研究紀要』, 日本生物教育学会, pp. 1-32.
荒木光, 榊原典子, 越前美香, 1994, 「小・中学校における環境教育の現状Ⅰ」, 『京都教育大学環境教育研究年報』, 2, pp. 99-110.
荒木繁雄, 1976, 「公害をどう扱えばよいか」, 『理科教育』, 8(87), pp. 41-46.
朝岡幸彦, 2009, 「公害教育と地域づくり・まちづくり学習」, 『環境教育』, 19(1), pp. 81-90.
Brennan, Matthew J., 1974, "Total Education for the Total Environment", *The Journal of Environmental Education*, 6(1), pp. 16-19. (This remarkably far-sichted statement was delivered at the annual meeting of the American Nature Study Society, AAAS, Montreal, Canada, December 29, 1964-10 years ago.)
Brennan, Matthew J., 1979, "Where Are We and What Time Is It?", *The Journal of Environmental Education*, 11(1), pp. 45-46.
千葉呆弘, 1993, 「2 環境教育の概念と実践の進展 —トビリシからモスクワまで—」, 佐島群巳, 中山和彦編, 『世界の環境教育 —地球化時代の環境教育4—』, 国土社, 東京, pp. 29-43.
千葉呆弘, 1998a, 「テッサロニキ環境教育国際会議」, 『国際理解教育』8, 日本国際理解教育学会, pp. 116-117.
千葉呆弘, 1998b, 「テッサロニキ宣言」, 『国際理解教育』8, 日本国際理解教育学会, pp. 111-115.
千葉呆弘, 2000, 「国際環境教育プログラム (IEEP)」, 田中春彦編『環境教育重要用語300の基礎知識』, 明治図書出版, 東京, p. 39.
地球環境経済研究会, 1991, 『日本の公害経験 —環境に配慮しない経済の不経済—』, 合同出版, 東京.
地球・人間環境フォーラム, 1991, 「座談会 ジャーナリストが語る 検証・20年を迎える環境庁 その1」, 『グローバルネット』, 6号, pp. 4-8.
中央環境審議会, 1999, 『これからの環境教育・環境学習 —持続可能な社会をめざし

て―』（答申），環境省，http://www.env.go.jp/council/former/tousin/039912-1.html，2013年12月14日取得.

中央教育審議会，1971，「今後における学校教育の総合的な拡充整備のための基本的施策について（答申）」，『中等教育資料』，(274)，大日本図書，東京，pp. 4-40.

中央教育審議会，1996，『21世紀を展望した我が国の教育の在り方について（第一次答申）』，文部科学省，http://www.mext.go.jp/b_menu/shingi/old_chukyo/old_chukyo_index/toushin/1309579.htm，2014年8月25日取得.

Disinger, John F., 1984, "Environmental Education Research News", *The Environmentalist*, (4), pp. 109-112.

Disinger, John F., 1985, "What Research Says", *School Science and Mathematics*, 85 (1), pp. 59-68.

藤井健次郎，1907，『普通教育　植物学小教科書』，東京開成館（文部省検定済，明治40年1月29日　中学校博物科用）（訂正再版，初版は1906（明治39）年）．

藤岡貞彦，1975，「Ⅰ　公害学習の成立」，国民教育研究所編著『公害学習の展開』，草土文化，東京，pp. 16-32.

藤岡貞彦，1985，「第5章　日本における環境学習の成立と展開」，福島要一編著『環境教育の理論と実践』，あゆみ出版，東京，pp. 133-151.

藤岡貞彦，1988，「環境学習がコアカリキュラムとなる日　―四日市と天神崎の間―」，『教育』，500号，pp. 48-57.

藤岡貞彦，1998，「ポスト・チェルノブイリ段階の環境教育」，藤岡貞彦編著『〈環境と開発〉の教育学』，同時代社，東京，pp. 14-44.

藤沢博治，1976，「低学年　環境問題を軸にした「統合社会科」の授業」，『社会科教育』，146，明治図書，東京，pp. 66-71.

藤田哲雄，大内正夫，1972，「環境教育に関する研究（Ⅱ）　―日本の公害教育の現況について―」，『京都教育大学理科教育研究年報』2，pp. 17-28.

藤田哲雄，大内正夫，1978，「環境教育に関する研究（Ⅶ）　―日本の小・中・高校の理科における環境教育の実践状況について（その1）―」，『京都教育大学理科教育研究年報』，8，pp. 25-43.

藤田哲雄，大内正夫，1979，「環境教育に関する研究（Ⅷ）　―日本の小・中・高校の理科における環境教育の実践状況について（その2）―」，『京都教育大学理科教育研究年報』，9，pp. 16-24.

藤田亮，1972，「ヒト・公害・理科　―理科教育の革新を求めて―」，『理科の教育』，21(3)，東洋館，東京，pp. 27-30, 43.

福江昭子，1991，「環境教育と家庭科教育」，『家庭科教育』，65(7)，家政教育社，東京，pp. 33-37.

福島達夫，1976，「環境教育の創造と社会科」，『教育科学　社会科教育』，146号，明治図書，東京，pp. 11-15.

福島達夫，1993，『環境教育の成立と発展』，国土社，東京．

福島要一編著，1985，『環境教育の理論と実践』，あゆみ出版，東京．

降旗信一，2010，「環境教育研究の到達点と課題」，『環境教育』，19(3)，pp. 76-87.

降旗信一，2012，『現代自然体験学習の成立と発展』，風間書房，東京．

降旗信一，高橋正弘編著，2009a，阿部治，朝岡幸彦監修，『持続可能な社会のための環

境教育シリーズ〔1〕 現代環境教育入門』，筑波書房，東京．
降旗信一，高橋正弘，2009b,「序章 現代環境教育の見取り図」，阿部治，朝岡幸彦監修，降旗信一，高橋正弘編著，『持続可能な社会のための環境教育シリーズ〔1〕現代環境教育入門』，筑波書房，東京，pp. 9-22.
古谷庫造編著，1978,『理科教育全書3 理科における環境教育』，明治図書，東京．
郷原久雄，1980,「"人間と自然"の学習の中で 私たちの生活とびわ湖の水 ―中3―」，『理科教室』，23(2)，国土社，東京，pp. 68-73.
羽賀貞四郎，1973,「理科と環境教育」，『理科の教育』，22(1)，東洋館，東京，pp. 36-40.
浜岡厚三，1983,「自然保護教育へつながる地域の教材化」，『理科教室』，26(1)，国土社，東京，pp. 18-23.
浜岡征宏，1980,「小学5年「国土の利用」の取り上げ方と授業づくり」，『社会科教育』，(205)，明治図書，東京，pp. 58-64.
花市実，1985,「地域素材の活用による総合的な教科「地域環境科」の開発」，『現代教育科学』，28(8)，明治図書，東京，pp. 24-42.
原田智代，2000,「環境教育副読本『公害の話』内容の変遷 ―1971年から2000年まで―」，京都精華大学紀要，19，pp. 220-241.
八田三郎，1910,『新選 動物学教科書』，開成館，東京（文部省検定済，明治43年4月28日）（体裁版，初版も1910（明治43）年）．
平田卓郎，1974,「固体廃棄物に関する諸実験」，『理科の教育』，23(2)，東洋館，東京，pp. 38-41.
平塚益徳，1981,「環境教育について ―その理念と課題―」，『かんきょう』，6(1)，pp. 17-21.
久野教恵，1976,「自然観察における環境問題のとらえさせ方 ―臨海移動教室での指導事例―」，『理科教育』，8(87)，pp. 53-58.
久野武，2005,「第7章 日本の環境庁行政の総括・序説 ―韓国との対比のために―」，服部民夫，金文朝編著『韓国社会と日本社会の変容 ―市民市民運動環境―』，慶應大学出版会，東京，pp. 227-279.
北海道，1988,『昭和62年度環境庁委託事業 地域環境教育カリキュラム策定調査 報告書』，北海道．
本田悦義，1985,「わたしならこうする 自然と人間」，『理科教室』，28(1)，国土社，東京，pp. 72-75.
堀尾輝久，河内徳子編，1998a,『平和・人権・環境 教育国際資料集』，青木書店，東京．
堀尾輝久，河内徳子編，1998b,「63 テッサロニキ宣言」，『平和・人権・環境 教育国際資料集』，青木書店，pp. 537-540.
細野豊樹，1992,「2 わが国の環境問題」，沼田眞監修，佐島群巳編，『地球化時代の環境教育1 環境問題と環境教育』，国土社，東京，pp. 30-65.
一条中学校，1973,『国際理解と平和のための教育 「環境教育」研究集録』，栃木県宇都宮市立一条中学校，昭和48年11月27日．
市川智史，1987,「UNESCO-UNEP環境教育ニューズ・レターにみる環境教育」，中国四国教育学会『教育学研究紀要 第2部』，33，pp. 272-277.

引用文献

市川智史, 1989,「UNESCO-UNEP の国際環境教育計画にみる環境教育・訓練に関する1990年代の国際活動方略」,『広島大学大学院教育学研究科博士課程論文集』, 15, pp. 176-182.

市川智史, 1992,「4　わが国の環境保全への取組み」, 沼田眞監修, 佐島群巳編,『地球化時代の環境教育1　環境問題と環境教育』, 国土社, 東京, pp. 81-94.

市川智史, 1993,「3-2　学校, 企業とどう連携をとっていくか　―地域社会全体での環境教育推進方策について―」,『平成2年度環境庁委託事業　子供達に対する環境教育の充実に関する体系的調査報告書　環境教育のための人づくり・場づくり』, (財) 日本地域開発センター, 東京, pp. 26-29.

市川智史, 1995,「国際環境教育計画 (IEEP) の第1期における環境教育の目的論に関する一考察」, 日本科学教育学会『科学教育研究』, 18(4), pp. 197-204.

市川智史, 1996,「Environmental Education in Japan: A review of its brief history」(英文),『環境教育研究』, 第6号, 東京学芸大学附属環境教育実践施設, pp. 61-66.

市川智史, 1997a,「3.1　日本の環境教育の流れ」, 国立教育研究所『特別研究「学校カリキュラムの改善に関する総合的研究」研究成果報告書(5)　―環境教育のカリキュラム開発に関する研究報告書 (平成8年度)』, pp. 8-13.

市川智史, 1997b,「4.1　過去の実態調査にみる環境教育の実施状況」, 国立教育研究所『特別研究「学校カリキュラムの改善に関する総合的研究」研究成果報告書(5)　―環境教育のカリキュラム開発に関する研究報告書 (平成8年度)』, pp. 20-26.

市川智史, 1997c,「第10章　環境教育に関連するステートメント等」, 野上智行編著『総合的学習への提言　―教科をクロスする授業―　第7巻「フィールド学習」理論と方法』, 明治図書出版, 東京, pp. 169-188.

市川智史, 1998「第1章　理科で環境教育をどう扱うか」, 理科教育研究会編『理科教育の基礎と新たな展開』, 東洋館出版社, 東京, pp. 137-149.

市川智史, 1999a,「持続可能な社会に向けた環境教育」, 平成10年度鳴門教育大学学校教育研究センター客員研究員 (国内I種) 研究プロジェクト報告書 No.9『教員養成課程における環境教育カリキュラムの開発』, pp. 103-112.

市川智史, 1999b,「III　環境教育のカリキュラム」, 安彦忠彦編,『新版　カリキュラム研究入門』, 勁草書房, 東京, pp. 144-156.

市川智史, 2002a,「An Overview of Environmental Education in Japan」(英文),『滋賀大学教育学部紀要　I：教育科学』, 52, pp. 69-83.

市川智史, 2002b,「第3章　環境教育の目的・目標・カリキュラム　1　国際的な視点から」, 川嶋宗継, 市川智史, 今村光章編著,『環境教育への招待』, ミネルヴァ書房, 京都, pp. 48-55.

市川智史, 2007,「小中学校の「総合的な学習の時間」における環境教育の傾向」,『科学教育研究』, 31(2), 日本科学教育学会, pp. 145-149.

市川智史, 2011,『身近な環境への気づきを高める環境教育手法　―「環境経験学習」から「指示書方式」への展開―』, 大学教育出版.

市川智史, 2012,「小中学校における環境教育推進方策, 実践状況, 教員意識の変化―1995-96年度調査と2008年度調査の比較分析を通して―」,『科学教育学研究』, 36(2), 日本科学教育学会, pp. 203-210.

市川智史, 2013, 「UNESCO-UNEP 国際環境教育プログラム（IEEP）の活動の全体像」, 滋賀大学環境総合研究センター『研究年報』, 10(1), pp. 83-99.

市川智史, 2014a, 「用語 "Environmental Education" の初期の使用」, 『滋賀大学教育学部紀要　教育科学』, 63, pp. 25-29.

市川智史, 2014b, 「小・中学校の「総合的な学習の時間」における環境教育実践の状況と変化　―平成10年版学習指導要領時代の全国調査の比較・分析を通して―」, 『滋賀大学教育学部紀要　教育科学』, 63, pp. 7-16.

市川智史, 2015, 『全国小・中学校環境教育調査報告書（2014年度調査）』, 滋賀大学環境総合研究センター環境教育研究部門・市川研究室（http://hdl.handle.net/10441/14449）．

市川智史, 2016a, 「用語「環境教育」の初期の使用と意味内容」, 『環境教育』, 25(3), pp. 108-117.

市川智史, 2016b, 「全国調査に見る小・中学校の環境教育の変化と現状　―2014年度調査を中心として―」, 『滋賀大学教育学部紀要　教育科学』, 65, pp. 129-140.

市川智史, 今村光章, 2002, 「第2章　環境教育の歴史」, 川嶋宗継, 市川智史, 今村光章編著, 『環境教育への招待』, ミネルヴァ書房, pp. 27-46.

市川昭午, 1980, 「環境教育」, 平塚益徳監修『増補・改訂　世界教育事典資料編』, ぎょうせい, pp. 104-105.

市川昭午, 1981, 「第1章　環境問題と教育の役割」, 国立教育研究所・環境教育研究会編, 『学校教育と環境教育　―カリキュラム編成の視点―』, 教育開発研究所, 東京, pp. 17-34.

市川昭午, 大野連太郎, 川野辺敏, 1981, 「刊行にあたって」, 国立教育研究所・環境教育研究会編, 『学校教育と環境教育　―カリキュラム編成の視点―』, 教育開発研究所, 東京, pp. 1-3.

池田正光, 1976, 「環境教育と地域の人々の願いの指導」, 『社会科教育』, 146, 明治図書, 東京, pp. 46-51.

今村光章, 1999, 「環境教育に関する教育学的考察　―「環境教育言論」へ向けての一私論―」, 平成10年度鳴門教育大学学校教育研究センター客員研究員（国内Ⅰ種）研究プロジェクト報告書 No. 9『教員養成課程における環境教育カリキュラムの開発』, pp. 41-83.

今村光章, 2001, 「「環境教育」概念の検討　―用語「環境」と「環境教育」の語義と由来をめぐって―」, 『環境教育』, 10(2), pp. 24-33.

今村光章, 2005, 「用語「環境」「環境教育」の系譜　―語源と意味解釈をめぐって―」, 今村光章編著『持続可能性に向けての環境教育』, 昭和堂, 京都, pp. 19-43.

石川県, 1988, 『昭和62年度環境庁委託事業　地域環境教育カリキュラム策定調査　報告書　―生涯学習としての環境教育のあり方について―』, 石川県.

伊藤寿子, 1992, 「1990年代の環境教育行動のための国際的戦略（抄訳）」, 『環境情報科学』 21(2), pp. 34-40.

糸賀黎, 1972, 「人間環境と自然保護　―世界国立公園会議の討論から―」, 『中等教育資料』, 291, 大日本図書, 東京, pp. 16-21.

伊藤和明, 1987, 『自然とつきあう　―実りある環境教育のために―』, 明治図書, 東京.

伊東静一, 小川潔, 2008, 「自然保護教育の成立過程」, 『環境教育』, 18(1), pp. 29-41.

引用文献

伊藤孝子, 1978, 「理科における環境教育の指導の改善 中学校」, 『理科の教育』, 27(2), 東洋館, 東京, pp. 27-30.

IUCN-UNEP-WWF, 1980, *World Conservation Strategy : Living Resouce Conservation for Sustainable Development*, ISBN 2-88032-104-2. (環境庁仮訳, (財) 日本環境協会 (複製), 『世界自然資源保全戦略 ―生きている資源の賢い利用のために―』非売品).

開発教育協会, 2003, 「ヨハネスブルグ・サミット報告」, 『持続可能な開発のための学び 別冊「開発教育」』, 開発教育協会, 東京, pp. 84-89.

梶哲夫, 加藤章, 寺沢正巳編著, 1973, 『公害問題と環境教育にどう取り組むか ―社会科を中心に―』, 明治図書, 東京.

神岡浪子, 1987, 『日本の公害史』, 世界書院, 東京.

金田平, 1975, 「学校における自然保護教育」, 福島要一編, 『自然の保護』, 時事通信社, 東京, pp. 187-198.

金田平, 1981, 「日本自然保護協会の環境教育活動」, 『かんきょう』, 6(1), pp. 39-42.

金田平, 1987, 「環境教育の現状と課題」, 『環境教育研究』, 10巻, 環境教育研究会, pp. 21-25.

金田平編著, 沼田眞監修, 1978, 『フィールドガイドシリーズ 自然観察指導員ハンドブック』, (財) 日本自然保護協会, 東京.

金子熊夫, 1972a, 「第二章「人間環境宣言」」, 国際環境問題研究会『人間環境問題とは何か ―ストックホルム会議の理解のために―』, 日本総合出版機構, pp. 29-46.

金子熊夫, 1972b, 「「人間環境」問題とは何か ―序にかえて―」, 国際環境問題研究会『人間環境問題とは何か ―ストックホルム会議の理解のために―』, 日本総合出版機構, 東京, pp. 3-8.

金子熊夫, 1982, 「ストックホルム国連人間環境会議とは何であったか ―ある体験者の個人的回想―」, 『環境研究』, 39, pp. 4-13.

環境庁長官官房国際課, 1972a, 『国連人間環境会議の記録』(非売品).

環境庁長官官房国際課, 1972b, 『この地球を守るために ―'72/国連人間会議の記録―』, 楓出版社発行, 三省堂発売.

環境庁編, 1972, 『環境白書 (昭和47年版)』, 大蔵省印刷局, 東京.

環境庁編, 1973, 『環境白書 (昭和48年版)』, 大蔵省印刷局, 東京.

環境庁編, 1978, 『環境白書 (昭和53年版)』, 大蔵省印刷局, 東京.

環境庁編, 1980, 『環境白書 (昭和55年版)』, 大蔵省印刷局, 東京.

環境庁編, 1981, 『環境白書 (昭和56年版)』, 大蔵省印刷局, 東京.

環境庁編, 1982, 『環境白書 (昭和57年版)』, 大蔵省印刷局, 東京.

環境庁編, 1983, 『環境白書 (昭和58年版)』, 大蔵省印刷局, 東京.

環境庁編, 1984, 『環境白書 (昭和59年版)』, 大蔵省印刷局, 東京.

環境庁編, 1986a, 『環境白書 (昭和61年版)』, 大蔵省印刷局, 東京.

環境庁編, 1986b, 『環境保全長期構想 ―人間と環境の健全で恵み豊かなかかわりを求めて―』, 大蔵省印刷局, 東京.

環境庁編, 1988, 『「みんなで築くよりよい環境」を求めて 環境教育懇談会報告』, 大蔵省印刷局, 東京.

環境庁編, 1989a, 『環境にやさしい暮らしの工夫』, 大蔵省印刷局, 東京.

環境庁編，1989b，『環境白書（平成元年坂）』，大蔵省印刷局，東京．
環境庁編，1990，『環境白書（各論）（平成2年版）』，大蔵省印刷局，東京．
環境庁編，1991，『環境白書（各論）（平成3年版）』，大蔵省印刷局，東京．
環境庁編，1994a，『環境白書（総説）（平成6年版）』，大蔵省印刷局，東京．
環境庁編，1994b，『環境白書（各論）（平成6年版）』，大蔵省印刷局，東京．
環境庁編，1995，『環境白書（各論）（平成7年版）』，大蔵省印刷局，東京．
環境庁編，2000，『環境白書（各論）（平成12年版）』，ぎょうせい，東京．
環境庁・外務省監訳，国連事務局監修，1993，『アジェンダ21 ―持続可能な開発のための人類の行動計画― （'92地球サミット採択文書）』，（社）海外環境協力センター，東京．
環境庁企画調整局編，1994，『環境基本計画』，大蔵省印刷局，東京．
環境庁企画調整局企画調整課，1994，『環境基本法の解説』，ぎょうせい，東京．
環境庁企画調整局企画調整課環境保全活動推進室監修，環境学習のための人づくり・場づくり編集委員会編，1995，『環境学習のための人づくり・場づくり』，ぎょうせい，東京．
環境庁20周年記念事業実行委員会，1991，『環境庁二十年史』，ぎょうせい，東京．
環境庁自然保護局，1981，『自然保護行政のあゆみ ―自然公園50周年記念―』，第一法規出版，東京．
環境情報科学センター編，1996a，『WEEKLY 環境家計簿』，環境庁地球環境部発行，東京．
環境情報科学センター編，1996b，『DAILY 環境家計簿（1996-1997）』，環境庁地球環境部発行，東京，．
環境省編，2001a，『環境基本計画〈環境の世紀への道しるべ〉』，ぎょうせい，東京．
環境省編，2001b，『環境白書（平成13年版）』，ぎょうせい，東京．
環境省編，2003a，『循環型社会白書（平成15年版）』，ぎょうせい，東京．
環境省編，2003b，『環境白書（平成15年版）』，ぎょうせい，東京．
環境省編，2004，『環境白書（平成16年版）』，ぎょうせい，東京．
環境省編，2005，『環境白書（平成17年版）』，ぎょうせい，東京．
環境省編，2006，『環境基本計画 ―環境から拓く新たな豊かさへの道―〈平成18年4月閣議決定 第3次計画〉』，ぎょうせい，東京．
環境省編，2008，『環境・循環型社会白書（平成20年版）』，日経印刷，東京．
環境教育研究会，1978a，「環境教育研究会の発足の経過」，『環境教育研究』，1(1)，環境教育研究会，pp. 65-66．
環境教育研究会，1978b，「環境教育研究会案内」，『環境教育研究』，1(1)，環境教育研究会，p. 67．
環境を考慮した学校施設に関する調査協力者会議，1996，『環境を考慮した学校施設（エコスクール）の整備について』，環境を考慮した学校施設に関する調査協力者会議，東京．
片山舒康，今野浩一郎，北野日出男，小林興，佐島群巳，1984，「小・中高等学校における環境教育の実態―第4報 環境教育の情報」，『環境教育研究』，7，環境教育研究会，pp. 13-20．
加藤秀俊編，1991，『日本の環境教育』，河合出版，東京．

引用文献

加藤一郎, 1985, 巻頭言「『環境教育』について」,『かんきょう』, 10(6), p. 1.
河合隆慶, 1980,「中学地理「資源と産業」の取り上げ方と授業づくり ―特に「資源」の教材化をめぐる諸問題―」,『社会科教育』, (205), 明治図書, 東京, pp. 72-78.
川嶋宗継, 市川智史, 今村光章編著, 2002,『環境教育への招待』, ミネルヴァ書房, 京都.
木本勝幸, 1990,「環境問題をどう教えるか ―中学校での環境教育授業プラン―」,『理科教室』, 33(3), pp. 54-57.
北俊夫, 1980,「小学4年「ゴミ」の取り上げ方と授業づくり」,『社会科教育』, (205), 明治図書, 東京, pp. 51-57.
北野日出男, 今野浩一郎, 片山舒康, 小林興, 佐島群巳, 1984,「小・中高等学校における環境教育の実態―第3報 環境教育のカリキュラムと指導」,『環境教育研究』, 7, 環境教育研究会, pp. 3-12.
清里フォーラム実行委員会, 1988,『第1回清里フォーラム報告書』, 日本環境協会, 東京.
清里環境教育フォーラム実行委員会, 1989,『第2回清里環境教育フォーラム報告書「自然が友だち」』, 清里環境教育フォーラム実行委員会, 山梨.
清里環境教育フォーラム実行委員会, 1992,『日本型環境教育の「提案」』, 小学館, 東京.
小林興, 今野浩一郎, 片山舒康, 北野日出男, 佐島群巳, 1983,「小・中高等学校における環境教育の実態―第1報 学校の周りの環境」,『環境教育研究』, 6, 環境教育研究会, pp. 11-22.
小林学, 1973,「環境教育と理科」,『理科の教育』, 22(5), 東洋館, 東京, pp. 18-23.
小林峰生, 1972,「公害問題と自然保護についての考察」,『理科の教育』, 21(3), 東洋館, 東京, pp. 31-34.
高知大学環境教育研究会, 1989,『学校教育における環境教育の導入に関する研究 調査報告 No. 1〔小・中・高校〕』, 高知大学環境教育研究会.
高知大学環境教育研究会, 1997,『学校教育における環境教育の課題の整理と分析 調査報告 No. 1〔小・中学校〕』, 高知大学環境教育研究会.
小玉敏也, 2009,「第1章 環境教育における「学校と地域の連携」」, 阿部治, 朝岡幸彦監修, 降旗信一, 高橋正弘編著,『持続可能な社会のための環境教育シリーズ〔1〕現代環境教育入門』, 筑波書房, 東京, pp. 25-40.
こどもエコクラブ全国事務局編, 環境庁企画調整局環境保全活動推進室監修, 1995,『JEC こどもエコクラブ会員手帳』, 日本環境協会, 東京.
小金井正巳, 1972,「理科教育は公害問題にどのように対処すべきか」,『理科の教育』, 21(3), 東洋館, 東京, pp. 23-26.
小金井正巳, 1973a,「アメリカの環境教育とその現状」,『理科の教育』, 22(5), 東洋館, 東京, pp. 45-50.
小金井正巳, 1973b,「アメリカにおける環境教育の動向」,『中等教育資料』, 308, 大日本図書, 東京, pp. 73-76.
小金井正巳, 1974,「視程の観測」,『理科の教育』, 23(2), 東洋館, 東京, pp. 42-45.
国民教育研究所, 1975,『公害学習の展開』, 草土文化, 東京.

国立教育会館社会教育研修所, 1995, 『社会教育指導者の手引き 環境教育のすすめ方』, 国立教育会館社会教育研修所, 東京.

国立教育研究所, 1975, 『環境教育のための基礎研究 ―環境に関する教育の調査報告, および文献抄録―』, 国立教育研究所科学教育研究センター.

国立教育研究所, 1997, 『特別研究「学校カリキュラムの改善に関する総合的研究」研究成果報告書(5) 環境教育のカリキュラム開発に関する研究報告書(平成8年度)』, 国立教育研究所, 東京.

国立教育研究所, 1998, 『特別研究「学校カリキュラムの改善に関する総合的研究」研究成果報告書(10) 環境教育のカリキュラム開発に関する研究報告書(Ⅱ)(平成9年度)』, 国立教育研究所, 東京.

国立教育研究所・環境教育研究会編, 1981, 『学校教育と環境教育 ―カリキュラム編成の視点―』, 教育開発研究所, 東京.

国立教育研究所内環境教育実践研究会編, 1983, 『環境教育のあり方とその実践』, 実教出版, 東京.

国立教育政策研究所, 2005, 『教育課程の改善の方針, 各教科等の目標, 評価の観点等の変遷 ―教育課程審議会答申, 学習指導要領, 指導要録(昭和22年〜平成15年)―』, 国立教育政策研究所, 東京.

国立教育政策研究所教育課程研究センター, 2007, 『環境教育指導資料(小学校編)』, 東洋館出版社, 東京.

国立教育政策研究所教育課程研究センター, 2014, 『環境教育指導資料【幼稚園・小学校編】』, 東洋館出版社, 東京.

国際環境問題研究会, 1972, 『人間環境問題とは何か ―ストックホルム会議の理解のために―』, 日本総合出版機構, 東京.

越島龍三郎, 月岡和子, 1974, 「クラブ活動での指導事例」, 『理科の教育』, 23(2), 東洋館, 東京, pp. 28-31.

久米壯亜, 1976, 「環境汚染と公害問題の取り上げ方」, 『社会科教育』, 146, 明治図書, 東京, pp. 16-21.

黒田弘行, 1983, 「全自然史をゆたかにとらえる自然科学教育を」, 『理科教室』, 26(1), 国土社, 東京, pp. 6-11.

糊沢一郎, 1976, 「高学年 環境問題を軸にした「5年産業の発達と人々の生活, 6年わが国の政治と国民生活」の授業」, 『社会科教育』, 146, 明治図書, 東京, pp. 79-84.

京都教育大学理科教育教室, 1984, 『市街地の小・中学校に対する環境教育教材モジュール集 ―よりよい指導への指針―』(昭和58年度文部省科学研究費, 研究代表: 藤田哲雄), 京都教育大学理科教育教室.

京都教育大学理科教育教室, 1987, 『地域の水系に着目した環境教育教材モジュール集』(昭和60・61年度文部省科学研究費, 研究代表: 藤田哲雄), 京都教育大学理科教育教室.

教育課程審議会, 1976, 「小学校, 中学校及び高等学校の教育課程の基準の改善について(答申)」, 『文部時報』, 1197, pp. 30-61.

真鍋泰子, 遠藤晃賢, 1997, 「小学校における環境教育の実施状況」, 『高知大学教育実践研究』, (11), 高知大学教育学部教育実践研究センター研究紀要, pp. 29-41.

松永嘉一，1931，『人間教育の最重點　環境教育論』，玉川學園出版部，東京．
三浦実，1976，「環境破壊の影響をどうおさえるか」，『理科教育』，8(87)，明治図書，東京，pp. 47-52.
宮城県，1988，『昭和62年度環境庁委託事業　地域環境教育カリキュラム策定調査　報告書 ―環境教育の背景と取り組みへの提言―』，宮城県保健環境部環境管理課．
宮本憲一，1987，『日本の環境政策』，大月書店，東京．
宮崎県，1988，『昭和62年度環境庁委託事業　地域環境教育カリキュラム策定調査　報告書』，宮崎県．
御代川貴久夫，関啓子，2009，『環境教育を学ぶ人のために』，世界思想社，京都．
溝上泰，1972a，「環境教育の課題」，『国際理解』，1，国際理解教育研究所刊，pp. 30-35.
溝上泰，1972b，「「環境教育」への要請（個人研究発表，日本社会科教育研究会第20回研究大会）」，『社会科教育論叢』，19，pp. 41-42.
水野寿彦，1974，「環境教育の使命とアプローチ」，『理科の教育』，23(2)，東洋館，東京，pp. 13-16.
文部科学省，2008a，『小学校学習指導要領』，東京書籍，東京．
文部科学省，2008b，『中学校学習指導要領』，東山書房，京都．
文部科学省大臣官房文教施設企画部助成課，2010，「環境を考慮した学校施設の推進　低炭素社会におけるエコスクールづくり」，『文部科学時報』(1612)，ぎょうせい，東京，pp. 56-59.
文部省，1969，『小学校指導書　特別活動編』，東洋館出版社，東京．
文部省，1970，『中学校指導書　特別活動編』，(財)日本職業指導協会，東京．
文部省編（中学校教育課，高等学校教育課），1971，「小学校学習指導要領（昭和43年文部省告示第268号）および中学校学習指導要領（昭和44年文部省告示第199号）の一部改正等について（通達）　中学校教育課・高等学校教育課だより」，『中等教育資料』，20(2)（No. 266），大日本図書，pp. 84-88.
文部省，1978，『小学校指導書　特別活動編』，東洋館出版社，東京．
文部省，1991a，『環境教育指導資料（中学校・高等学校編）』，大蔵省印刷局，東京．
文部省編，1991b，『世界に貢献する学術研究（我が国の文教施策　平成3年版）』，大蔵省印刷局，東京．
文部省，1992，『環境教育指導資料（小学校編）』，大蔵省印刷局，東京．
文部省，1995，『環境教育指導資料（事例編）』，大蔵省印刷局，東京．
文部省学術国際局国際教育文化課訳，1980，「環境教育に関するトビリシ政府間会議宣言」，平塚益徳監修『増補・改訂　世界教育事典資料編』，ぎょうせい．
文部省初等中等教育局中学校課，1993，「平成五年度環境教育推進モデル市町村の指定について」，『中等教育資料』，620，大日本図書，東京，pp. 96-97.
文部省特定研究科学教育総括班，1973，『環境科学教育で取り上げる問題と自由討議 1973.2.9～11．環境科学教育会議記録』．
盛岡通，1986，『身近な環境づくり ―環境家計簿と環境カルテ―』，日本評論社，東京．
本吉修二，1973，「環境と教育」，『理科の教育』，22(5)，東洋館，東京，pp. 39-44.
村瀬登志夫，1985，「実践記録　人間と自然」，『理科教室』，28(3)，国土社，東京，pp. 58-63.

中井三郎，1980，「小学4年 「飲料水・用水・電気・ガス」の取り上げ方と授業づくり」，『社会科教育』，(205)，明治図書，東京，pp. 44-50.
中内敏夫，1985，「第六章 住民運動と学校の教育課程」，国民教育研究所・環境と教育研究会『地域開発と教育の理論』，大明堂，東京，pp. 187-219.
中山和彦，1972，「第六章 環境破壊と自然保護」，国際環境問題研究会『人間環境問題とは何か —ストックホルム会議の理解のために—』，日本総合出版機構，東京，pp. 220-242.
中山和彦，1973，「環境教育」，『教育展望』9月号，pp. 46-51.
中山和彦，1974，「Ⅰ 海外における環境教育を紹介するに当たって（特集 環境教育と環境問題の国際的な動き）」，『学術月報』，27(6)，日本学術振興会，p. 6.
中山和彦，1978，「ストックホルムからトビリシへ —世界の環境教育とその流れ—」，『環境研究』20号，（財）環境調査センター，pp. 9-15.
中山和彦，1981，「環境教育の現状と問題点 —国際的な流れを通して—」，『科学教育研究』，5(3)，pp. 91-96.
中山和彦，1993，「1 世界の環境教育とその流れ —ストックホルムからトビリシまで—」，佐島群巳，中山和彦編著『地球化時代の環境教育4 世界の環境教育』，国土社，東京，pp. 8-28.
日本地域開発センター，1991，『平成2年度環境庁委託事業 子供達に対する環境教育の充実に関する体系的調査報告書』，（財）日本地域開発センター，東京.
日本地域開発センター，1992a，『平成3年度環境庁委託事業 子供達に対する環境教育の充実に関する体系的調査報告書 都市をめぐる環境教育の現状と課題』，（財）日本地域開発センター，東京.
日本地域開発センター，1992b，『平成3年度環境庁委託事業 子供達に対する環境教育の充実に関する体系的調査報告書（その2）環境教育教材（副読本等）の現状とその分析』，（財）日本地域開発センター，東京.
日本地域開発センター，1993，『平成2年度環境庁委託事業 子供達に対する環境教育の充実に関する体系的調査報告書 環境教育のための人づくり・場づくり』，（財）日本地域開発センター，東京.
日本児童教育振興財団編，1995，『環境教育実践マニュアル Vol. 1』，小学館，東京.
日本児童教育振興財団編，1996，『環境教育実践マニュアル Vol. 2』，小学館，東京.
日本児童教育振興財団編，2003，『環境教育実践マニュアル』，小学館，東京.
日本科学技術翻訳協会訳，日本科学研究所（坂本藤良代表）監修，1972，『「国連人間環境会議」公式文書集 —かけがえのない地球—』，日本総合出版機構，東京.
日本環境教育フォーラム，1996，『自然学校宣言』，日本環境教育フォーラム，山梨県.
日本環境教育学会，2001，『環境教育の座標軸を求めて』，日本環境教育学会10周年記念誌.
日本環境教育学会編集委員会，2009，《座談会》「過去に学び，今を知り，未来を探る —日本環境教育学会の20年から—」，『環境教育』，19(1)，pp. 53-67.
日本環境教育学会編，2012，『環境教育』，教育出版，東京.
日本環境教育学会広報委員会編，1990，『環境教育ニュースレター』，No. 1，日本環境教育学会.
日本環境協会，1980，『世界自然資源保全戦略 World Conservation Strategy —生き

ている資源の賢い利用のために─』，IUNC-UNEP-WWF，複製（非売品）．
日本環境協会，1981，『環境教育の研究』，（財）日本環境協会，東京．
日本環境協会，1982，『学校教育における「環境教育の現状」（アンケート調査結果の概要）』，（財）日本環境協会．
日本環境協会，1983，『学校教育における環境教育実態調査報告書』，（財）日本環境協会．
日本環境協会，1986a，『昭和60年度「環境教育に関するカリキュラム開発の実証的研究」実証授業報告書』，日本環境協会，東京．
日本環境協会，1986b，『環境教育カリキュラム ─社会科・理科の10単元─』，日本環境協会，東京．
日本環境協会，1988a，『環境教育関係業務 ─環境教育の国際的動向の把握─（環境教育用語集）』，昭和62年度環境庁委託．
日本環境協会，1988b，「ユネスコ─ユネップ1990年代の環境教育・研修のための国際行動戦略」，『昭和62年度環境庁委託 環境教育関係業務 ─環境教育の国際的動向の把握─』，昭和63年3月，pp. 3-1〜3-37．
日本環境協会，1997，『20年のあゆみ』，日本環境協会，東京．
日本経済新聞，1970，本立て「進む米の"環境教育"」，1970年9月14日付．
日本建築学会（学校建築委員会エコスクール小委員会），1994，『環境を考慮した学校施設（エコスクール）の在り方に関する調査研究 報告書』，日本建築学会，東京．
日本建築学会（学校建築委員会エコスクール小委員会），1995，『環境を考慮した学校施設（エコスクール）の在り方に関する調査研究 報告書（その2）』，日本建築学会，東京．
日本教材文化研究財団，2001，『総合的な学習の時間に関する理論的・実践的研究』，日本教材文化研究財団，東京．
日本生物教育学会，1971，「自然保護教育に関する要望（昭和45年9月1日付 文部大臣宛提出）」，『生物教育』，11(9)，日本生物教育学会，pp. 11-12．
西村和夫，1976，「環境保全と住民運動の取り上げ方」，『社会科教育』，146，明治図書，東京，pp. 28-33．
西野延男，1974，「地学的教材を中心とした指導事例」，『理科の教育』，23(2)，東洋館，東京，pp. 25-27．
西岡昭夫，1985，「第6章 住民運動と環境教育」，福島要一編著『環境教育の理論と実践』，あゆみ出版，東京，pp. 155-179．
沼田眞，1974，「Ⅵ 環境教育国際シンポジウム」，『学術月報』，27(6)，日本学術振興会，pp. 15-16．
沼田眞，1975，「環境教育カリキュラムの基礎的研究」，『昭和49年度 文部省科学研究費特定研究 科学教育研究報告』，特定研究科学教育総括班，pp. 18-19．
沼田眞編，1975，文部省特定研究『環境教育カリキュラムの基礎的研究Ⅰ』．
沼田眞編，1976，文部省特定研究『環境教育カリキュラムの基礎的研究Ⅱ』．
沼田眞，1977，「8．環境教育カリキュラムの基礎的研究」，『昭和51年度 文部省科学研究費特定研究 科学教育研究』，特定研究科学教育総括班，pp. 20-21．
沼田眞編，1977，文部省特定研究『環境教育カリキュラムの基礎的研究Ⅲ』．
沼田眞編，1978，文部省総合研究『環境教育の方法論に関する研究Ⅰ』．

沼田眞編, 1979, 文部省総合研究『環境教育の方法論に関する研究Ⅱ』.
沼田眞編, 1980, 文部省総合研究『環境教育の方法論に関する研究Ⅲ』.
沼田眞, 1982, 『環境教育論 ―人間と自然とのかかわり』, 東海大学出版会, 東京.
沼田眞監修, 1987a, 『環境教育のすすめ』, 東海大学出版会, 東京.
沼田眞, 1987b, 「はじめに」, 沼田眞監修『環境教育のすすめ』, 東海大学出版会, 東京, p. i.
沼田眞, 1992, 「巻頭言 ふたたび期待の高まる環境教育」, 『環境情報科学』, 21(2), (社) 環境情報科学センター, p. 1.
沼田正, 1974, 「生態教材を中心とした指導事例―水中微生物の増殖と環境」, 『理科の教育』, 23(2), 東洋館, 東京, pp. 22-24.
小川潔, 伊東静一, 又井裕子編著, 阿部治, 朝岡幸彦監修, 2008, 『持続可能な社会のための環境教育シリーズ〔2〕 自然保護教育論』, 筑摩書房, 東京.
小川潔, 伊東静一, 2008, 「第1章 自然保護教育の歴史と展開」, 阿部治・朝岡幸彦監修, 小川潔・伊東静一・又井裕子編著, 『持続可能な社会のための環境教育シリーズ〔2〕 自然保護教育論』, 筑摩書房, 東京, pp. 9-26.
小川潔, 1977, 「自然保護教育論」, 『環境情報科学』, 6(2), (社) 環境情報科学センター, pp. 63-69.
小川潔, 1982, 「日本における環境教育の流れと問題点」, 『環境情報科学』, 11(4), (社) 環境情報科学センター, pp. 6-10.
小川潔, 1992a, 「環境教育の20年」, 『環境情報科学』, 21(2), (社) 環境情報科学センター, pp. 2-6.
小川潔, 1992b, 「1-1 環境の教育史」, 北野日出男, 木俣美樹男編『環境教育概論』, 培風館, 東京, pp. 1-7.
小川潔, 2002, 「1 自然保護教育」, 川嶋宗継, 市川智史, 今村光章編著, 『環境教育への招待』, ミネルヴァ書房, 京都, pp. 8-16.
小川潔, 2009, 「自然保護教育の展開から派生する環境教育の視点」, 『環境教育』, 19(1), 日本環境教育学会, pp. 68-76.
小川雅由, 1993, 「5 環境学習システムの構築へ「2001年・地球ウォッチングクラブ・にしのみや」」, 『環境教育のための人づくり・場づくり』, 日本地域開発センター, 東京, pp. 207-216.
荻原彰, 2011, 『アメリカの環境教育 歴史と現代的課題』, 学術出版会, 東京.
大来佐武郎監修, 1987, 『環境と開発に関する世界委員会 地球の未来を守るために』, 福武書店, 東京.
大久保規子, 1999, 「転機を迎えた志布志湾開発問題」, 『環境と公害』, 29(1), pp. 69-70.
大森暢之, 1978, 「巻頭言 環境教育研究会の発足に際して」, 『環境教育研究』, 1(1), 環境教育研究会, pp. 1-2.
大森亨, 2005, 「第二章 子どもと環境教育~学校環境教育論」, 朝岡幸彦編著, 『新しい環境教育の実践』, 高文堂出版社, 東京, pp. 32-51.
大野榮夫, 1980, 「小学1年 「水・電気・ガス」の取り上げ方と授業づくり」, 『社会科教育』, (205), 明治図書, 東京, pp. 30-36.
大塚明郎, 1975, 「科学教育の総合的研究（総括班）」, 『昭和49年度 文部省科学研究費

特定研究 科学教育研究報告』,特定研究科学教育総括班, pp. 1-5.
大内正夫,1971,「環境科学教育の当面の課題」,『京都教育大学理科教育研究年報』第1巻,pp. 47-54.
大内正夫,1972,「理科教育の現代的課題と環境教育」,『京都教育大学理科教育研究年報』第2巻,pp. 29-38.
大内正夫,1973,「理科教育における環境問題」,『理科の教育』,22(5), 東洋館,東京, pp. 24-27.
岡田真,原田信一,奥藤恭弥,井田範美,1972,「環境教育に占めるヒューマン・エコロジーの古典研究の重要性」,『日本教育学会大會研究発表要項』, 31, pp. 230-231.
岡山大学教育学部附属小学校教育研究会,1986,『環境科の創設による教育課程の開発』,明治図書,東京.
岡崎洋,1990,『〈元次官覚書き〉素顔の環境行政』,エネルギージャーナル社,東京.
奥井智久,1985,「学校教育における環境教育」,『かんきょう』, 10(6), ぎょうせい, pp. 8-11.
奥井智久,1986,「環境教育カリキュラム開発研究の総括」,『昭和60年度「環境教育に関するカリキュラム開発の実証的研究」実証授業報告書』,日本環境協会, pp. vii-xii.
大蔵省印刷局編,1968,『小学校学習指導要領』,大蔵省印刷局,東京.
大蔵省印刷局編,1977a,『(新)小学校学習指導要領 (52年7月)』,大蔵省印刷局,東京.
大蔵省印刷局編,1977b,『(新)中学校学習指導要領 (52年7月)』,大蔵省印刷局,東京.
大蔵省印刷局編,1989a,『小学校学習指導要領 (平成元年3月)』,大蔵省印刷局,東京.
大蔵省印刷局編,1989b,『中学校学習指導要領 (平成元年3月)』,大蔵省印刷局,東京.
大蔵省印刷局編,1998a,『小学校学習指導要領 (平成10年12月)』,大蔵省印刷局,東京.
大蔵省印刷局編,1998b,『中学校学習指導要領 (平成10年12月)』,大蔵省印刷局,東京.
Organizing Committee for the World Conference on Environmental Education, 1987, *the World Conference on Environmental Education PROCEEDINGS*, Science Information Processing Center, University of Tsukuba.
理科の教育編集部,1972a,「〔座談会〕公害問題と理科教育」,『理科の教育』, 21(3), 東洋館,東京, pp. 10-18.
理科の教育編集部,1972b,「〔座談会〕公害問題と理科教育Ⅱ」,『理科の教育』, 21(4), 東洋館,東京, pp. 60-64.
Roth, Charles E., 1978, "Off the Merry-Go-Round and on to the Escalator", Editied by Stapp, William B., *From Ought to Action in Environmental Education. A Report of the National Leadership Conference on Environmental Education* (Washington, D. C., March 28-30, 1978), pp. 12-22, (ED 159 046).
佐島群巳,1986,「世界環境教育会議の報告」,『社会科教育研究』, 55, 明治図書,東京, pp. 35-42.
佐島群巳,1992,「1 学校教育における環境教育」,佐島群巳,堀内一男,山下宏文編

著,沼田眞監修『地球化時代の環境教育2 学校の中での環境教育』,国土社,東京,pp. 8-15.
佐島群巳,1994,「(2)環境教育とはどんな教育ですか」,奥井智久,佐島群巳編著『小学校 環境教育ガイドブック』,教育出版,東京,pp. 3-6.
佐島群巳,今野浩一郎,片山舒康,北野日出男,小林興,1983,「小・中高等学校における環境教育の実態―第2報 環境教育に対する意識」,『環境教育研究』,6,環境教育研究会,pp. 23-30.
榊原康男,1973a,「環境教育への展望」,『内外教育』,2446号(4月6日),時事通信社,東京,pp. 2-7.
榊原康男,1973b,「11.公害教育の問題点と環境教育」,文部省特定研究 科学教育総括班『環境科学教育で取り上げる問題と自由討議 1973.2.9〜11. 環境科学教育会議記録』,pp. 57-58.
榊原康男,1976,「環境教育の基本的性格と人類史的意義」,『社会科教育』,146,明治図書,東京,pp. 5-10.
榊原康男,1978,「環境教育政府間会議の成果と意義 ―ストックホルムからトビリシまで―」,『中等教育資料』,27(2) (374),pp. 73-78.
榊原康男,1980a,「環境教育の国際的動向と課題」,『環境教育研究』3 (通巻4号),環境教育研究会,pp. 1-19.
榊原康男訳,1980b,「16 ベオグラード憲章(要約)」,「17 トビリシ環境教育政府間会議最終報告(抄) ―総括報告―」,平塚益徳監修『増補・改訂 世界教育事典資料編』,ぎょうせい,pp. 76-80.
榊原康男,1980c,「環境教育の国際的動向と課題」,『愛知教育大学教科教育センター研究報告』,第4号,pp. 59-77.
榊原康男,1980d,「環境教育国際会議」,平塚益徳監修『増補・改訂 世界教育事典資料編』,ぎょうせい.
榊原康男,1981a,「環境教育の国際的動向と課題」,『かんきょう』6(1),ぎょうせい,pp. 22-27.
榊原康男,1981b,「国際協力と超政府機関の活動」,国立教育研究所環境教育研究会編『学校教育と環境教育』,教育開発研究所,pp. 149-156.
榊原康男,1981c,「環境教育の定義・目的・目標」,国立教育研究所環境教育研究会編『学校教育と環境教育』,教育開発研究所,pp. 37-49.
坂本藤良,スタディ・グループ訳編,1970,「第一二章 環境教育」,『ニクソン大統領公害教書』,日本総合出版機構,東京,pp. 411-425.
佐藤真久,2012,「第1章 DESDの始まりとDESD国際実施計画の策定」,佐藤真久,阿部治編著『持続可能な社会のための環境教育シリーズ〔4〕 持続可能な開発のための教育 ESD入門』,筑波書房,東京,pp. 27-46.
佐藤真久,阿部治,マイケル・アッチア,2008,「トビリシから30年 ―アーメダバード会議の成果とこれからの環境教育―」,『環境情報科学』,37(2),pp. 3-14.
Schoenfeld, Clarence A., 1968, "Environmental Education and the University", *Educational Record,* summer, pp. 305-310.
関利一郎,1989,「提言 環境問題と新学習指導要領」,『理科の教育』,38(6),東洋館,東京,pp. 62-63.

引用文献

関上哲, 2003,「教師の公害教育実践事例に見る役割と展望 —1971年から2002年における『日本の教育』と『日本の民主教育』にみられる環境教育実践事例分析を中心に—」,『環境教育・青少年教育研究』, 2, pp. 30-37.

関上哲, 2005,「第三章 公害教育から学ぶべきもの〜公害教育論」, 朝岡幸彦編著,『新しい環境教育の実践』, 高文堂出版社, 東京, pp. 52-72.

関口悦子, 2004,「Ⅰ-1.「国連持続可能な開発のための教育の10年」(UNDESD) 成立の経緯と NGO の活動」,「持続可能な開発のための教育の10年」, 推進会議編,『「国連持続可能な開発のための教育の10年」への助走』, pp. 2-3.

柴田良稔, 1976,「環境教育論の構図」,『哲学論集』, 23, 大谷大学哲学会, pp. 1-13.

滋賀県教育委員会, 1988,『環境教育実践事例集〔2〕新しい「人と環境」との調和』, 滋賀県教育委員会, 滋賀県.

下泉重吉, 1971,「Ⅱ. 自然保護教育のあり方」(講演要旨),『生物教育』, 11(6), 日本生物教育学会, pp. 3-4.

下泉重吉, 1973,「自然保護と生物教育」,『理科の教育』, 22(5), 東洋館, 東京, pp. 28-31.

信濃教育会, 1974,『第3集 環境教育の展望と実践』, 信濃教育会出版部, 長野.

総理府編, 1971,『公害白書 (昭和46年版)』, 大蔵省印刷局, 東京.

Stapp, William B., 1975, "UNESCO's Environmental Education Program", *The Journal of Environmental Education*, 6(4), pp. 6-8.

Stapp, William B., 1976, "International Environmental Education: The UNESCO-UNEP Programme", *The Journal of Environmental Education*, 8(2), pp. 19-25.

Stapp, William B., 1979, "Developing UNESCO's Program International Environmental Education", *The Journal of Environmental Education*, 11(1), pp. 33-37.

Stapp, William B. et al., 1969, "The Concept of Environmental Education", *The Journal of Environmental Education*, 1(1), pp. 30-31.

菅野利和, 1985,「実践記録 人間と自然」,『理科教室』, 28(13), 国土社, 東京, pp. 49-53.

杉本茂雄, 1987,「研究会の歩み」,『環境教育研究』, 10(11), 環境教育研究会, pp. 9-12.

須之部淑男, 1972,「市民・国民・人類的課題としての環境教育」,『日本教育学会大會研究発表要項』, 31, p. 236.

鈴木善次, 1994,『人間環境教育論 —生物としてのヒトから科学文明を見る—』, 創元社, 大阪.

鈴木善次, 2002,「提言 環境教育のさらなる飛躍を願って —全国小中学校環境教育賞10年をふりかえる—」,『総合教育技術 8月号増刊』, 57(8), 小学館, 東京, pp. 14-17.

高木純一, 1973,「人間と機械」,『理科の教育』, 22(5), 東洋館, 東京, pp. 9-13.

高木達朗, 1976,「中学年 環境問題を軸にした「騒音に苦しむ人々」の授業」,『社会科教育』, No. 146, 明治図書, 東京, pp. 72-78.

高橋正弘, 2002,「2 公害教育の経験」, 川嶋宗継, 市川智史, 今村光章編著『環境教育への招待』, ミネルヴァ書房, 京都, pp. 17-25.

高橋正弘, 2013,『環境教育政策の制度化研究』, 風間書房, 東京.

高橋哲郎, 1983,「原子力問題をどう学習するか」,『理科教室』, 26(1), 国土社, 東京,

pp. 31-37.
高野茂樹，1983，「「水俣病」の学習」，『理科教室』，26(1)，国土社，東京，pp. 24-30.
鷹取健，1983，「教科書「人間と自然」の検討」，『理科教室』，26(1)，国土社，東京，pp. 12-17.
武村重和，1985，「『総合単元』・『環境科』に関する実践研究」，『現代教育科学』，28(8)，明治図書，東京，pp. 5-23.
Than, Nguyen Thi, 2001，『ベトナムの小学校における環境教育の改善 ―環境認識と環境保護行動の育成を中心に―』，早稲田大学教育学研究科博士論文（http://dspace.wul.waseda.ac.jp/dspace/handle/2065/3673，2013年2月26日取得）
田中裕一，1973，「Ⅰ 水俣病とその授業研究」，田中裕一，吉田三男著，山田清人，藤岡貞彦，福島達夫編『公害と教育研究資料2 水俣病の教材化と授業』，明治図書，東京，pp. 9-102.
田中裕一，1993，「社会認識と環境教育」，大田堯責任編集『学校と環境教育・環境教育シリーズ2』，東海大学出版会，東京，pp. 57-69.
田中裕一，吉田三男，1973，山田清人，藤岡貞彦，福島達夫編，『公害と教育研究資料2 水俣病の教材化と授業』，明治図書，東京．
田中代二郎，1976，「中学地理 環境問題を軸にした「地域学習」の授業」，『社会科教育』，146，明治図書，東京，pp. 85-90.
田中雄二郎，1974，「水質汚濁のやさしい調べ方」，『理科の教育』，23(2)，東洋館，東京，pp. 35-37.
立見辰雄，羽賀貞四郎ほか，1955，『地学教育講座 第13分冊 地下資源 災害と自然の改造』，福村書店，東京．
立石喜信，1981，「学校教育における環境教育 ―その研究と実践―」，『かんきょう』，6(1)，pp. 28-32.
帝国地方行政学会，1969，『文部省告示 中学校学習指導要領』，帝国地方行政学会，東京．
寺部本次編，1991，「特別企画 社会・経済動向との関わりで捉えた現代公害・環境年史 ―1965年（『公害と対策』創刊年）～1990年の軌跡―」，『公害と対策』，27(11)，pp. 26-58.
寺島正太郎，1978，「エネルギー資源の開発と利用の視点に立った環境教育」，『理科の教育』，27(3)，東洋館，東京，pp. 40-44.
The Earthworks Group, 1989, *50 Simple Things You Can Do to Save The Earth*, Earth Works Press, USA.
ジアースワークス グループ，土屋京子訳，1990，『地球を救うかんたんな50の方法』，講談社，東京．
東京学芸大学環境教育実践施設，2005，平成16年度環境教育「拠点システム」構築事業報告書『日本の環境教育概説』．(http://e-archives.criced.tsukuba.ac.jp/data/doc/pdf/2005/04/200504136101.pdf，2011年10月17日取得）
東京学芸大学環境教育研究会，1999，『平成10年度文部省委託調査報告書 環境教育の総合的推進に関する調査 報告書』，東京学芸大学環境教育研究会，東京．
都留重人，1982，『環境教育 ―何が規範か』，岩波ブックレット No. 10，岩波書店，東京．

鶴岡義彦, 2009, 「学校教育としての環境教育をめぐる課題と展望」, 『環境教育』, 19(2), pp. 4-16.
UNDP, 2003, 『人間開発ってなに？』, UNDP 東京事務所（http://www.undp.or.jp/publications/pdf/whats_hd200702.pdf, 2013年12月17日閲覧）
UNEP, 1977a, *Major Environmental Problems in Contemporary Society*, Intergovernmental Conference on Environmental Education, Tbilisi (USSR) 14-16 October 1977, UNESCO/ENVED 8 (ED-77/CONF. 203/COL. 9).
UNEP, 1977b, *The United Nations Environment Programme and its Contribution to the Development of Environmental Education and Training*, Intergovernmental Conference on Environmental Education, Tbilisi (USSR) 14-16 October 1977, UNESCO/ENVED 9 (ED-77/CONF. 203/COL. 10).
UNEP, 1979, *The United Nations Environment Programme*.
UNESCO, 1977a, *Trends in Environmental Education*, UNESCO.
UNESCO, 1977b, *International Programme in Environmental Education (UNESCO-UNEP)*, Intergovernmental Conference on Environmental Education, USSR Tbilisi 14-26 October 1977, UNESCO/ENVED 5 (ED-77/CONF. 203/COL. 6).
UNESCO, 1977c, *Regional Meetings of Experts on Environmental Education － A Synthetic Report*, ED-77/CONF. 203/COL4, UNESCO/ENVED 7.
UNESCO, 1977d, *Education and the Challenge of Environmental Problems*, Intergovernmental Conference on Environmental Education, Tbilisi (USSR) 14-16 October 1977, UNESCO/ENVED 4 (ED-77/CONF. 203/COL. 3).
UNESCO, 1977e, *Needs and Priorities in Environmental Education : An International Survey*, Intergovernmental Conference on Environmental Education, Tbilisi (USSR) 14-16 October 1977, UNESCO/ENVED 6 (ED-77/CONF. 203/COL. 7).
UNESCO, 1978, *Intergovernmental Conference on Environmental Education － Final Report*, Organized by UNESCO with the Cooperation of UNEP, Tbilisi (USSR) 14-16 October 1977, UNESCO (ED/MD/49), Paris, April 1978.
UNESCO, 1980, *Environmental Education in the light of the Tbilisi Conference*, ISBN92-3-101787-X.
UNESCO, 1983, *Glossary of Environmental Education Terms*.
UNESCO, 1984, *Activities of the Unesco-UNEP International Environmental Education Programme (1975-1983)*, UNESCO Paris (ED. 84/WS/36).
UNESCO, 1985a, *The international environmental education programme (a folder)*.
UNESCO, 1985b, *Living in the Environment : a Sourcebook for Environmental Education*, ISBN92-3-102306-3.
UNESCO, 1987a, *UNESCO-UNEP International Environmental Education Programme (1975-1987)*, UNESCO-UNEP Intergovernmental Congress on Environmental Education and Training, Moscow (USSR) 17-21 August 1987 (ED-87/CONF. 402/COL. 6).
UNESCO, 1987b, *Outline International Strategy for Action in the field of Environmental Education and Training*, UNESCO-UNEP Intergovernmental Congress on Environmental Education and Training, Moscow (USSR) 17-21 August

1987 (ED-87/CONF. 402/COL. 1).

UNESCO, 1987c, *Contribution of International Scientific Programmes to Environmental Education and Training*, UNESCO-UNEP Intergovernmental Congress on Environmental Education and Training, Moscow (USSR) 17-21 August 1987 (ED-87/CONF. 402/COL. 2).

UNESCO, 1987d, *The State of the Environment : Educational and Training Implications*, UNESCO-UNEP Intergovernmental Congress on Environmental Education and Training, Moscow (USSR) 17-21 August 1987 (ED-87/CONF. 402/COL. 3).

UNESCO, 1987e, *International Comprehension and Problems of the Contemporary Environment : The Role of Environmental Education*, UNESCO-UNEP Intergovernmental Congress on Environmental Education and Training, Moscow (USSR) 17-21 August 1987 (ED-87/CONF. 402/COL. 4).

UNESCO, 1987f, *Role of Conventional Media and New Communication Technologies in Promoting Environmental Information and Education*, UNESCO-UNEP Intergovernmental Congress on Environmental Education and Training, Moscow (USSR) 17-21 August 1987 (ED-87/CONF. 402/COL. 6).

UNESCO, 1992, *UNESCO-UNEP International Environmental Education Programme (IEEP), Report on Environmental Education Activities, January 1990 – December 1991*, 26 June 1992, Paris.

UNESCO, 1993, *The UNESCO-UNEP International Environmental Education Programme*, booklet.

UNESCO, 1997a, *International Conference on Environment and Society : Education and Public Awareness for Sustainability — Final Report, Thessaloniki*, Greece, 8 to 12 December 1997 Organized by UNESCO and the Government of Greece, (EPD-97/CONF. 401/CLD. 3).

UNESCO, 1997b, *Educating for a Sustainable Future : A Transdisciplinary Vision for Concerted Action*, (EPD-97/CONF. 401/CLD. 1).

UNESCO, 1997c, *DECLEARATION OF THESSALONIKI*, International Conference Environment and Society: Education and Public Awareness for Sustainability (Thessaloniki, 8-12, December, 1997), UNESCO-EPD-97/CONF.-401/CLD. 2.

UNESCO and the Greek Government, 1997, *International Conference, Environment and Society : Education and Public Awareness for Sustainability*, Program.

UNESCO-UNEP, 1976a, *Environmental Education Newsletter Connect*, Vol. I, No. 1, January 1976.

UNESCO-UNEP, 1976b, *Environmental Education Newsletter Connect*, Vol. I, No. 2, April 1976.

UNESCO-UNEP, 1977a, *The International Workshop on Environmental Education — Final Report*, Belgrade, Yugoslavia 13-22 October 1975, Unesco Paris (ED-76/WS/95).

UNESCO-UNEP, 1977b, *Environmental Education Newsletter Connect*, Vol. II, No.

1, March 1977.
UNESCO-UNEP, 1977c, *Environmental Education Newsletter Connect*, Vol. II, No. 2, July 1977.
UNESCO-UNEP, 1977d, *The International Directory of Institutions Active in the Field of Environmental Education*, preliminary edition.
UNESCO-UNEP, 1978, *Environmental Education Newsletter Connect*, Vol. III, No. 2, May 1978.
UNESCO-UNEP, 1981, *The International Directory of Institutions Active in the Field of Environmental Education*, revised and enlarged edition, (ED. 81/WS/86).
UNESCO-UNEP, 1985, *Environmental Education Newsletter Connect*, Vol. X, No. 4, December 1985.
UNESCO-UNEP, 1987, *Environmental Education Newsletter Connect*, Vol. XIII, No. 3, September 1987.
UNESCO-UNEP, 1988, *International Strategy for Action in the field of Environmental Education and Training for the 1990s'*, UNESCO and UNEP, NAIROBI/PARIS.
UNESCO-UNEP, 1989, *The International Directory of Institutions Active in the Field of Environmental Education*, revised and enlarged edition, ED-89/WS/96.
UNESCO-UNEP, 1990, *Environmental Education : Selected Activities of Unesco-UNEP International Environmental Education Programme 1975-1990*, UNESCO Paris (ED-90/WS-41).
UNESCO-UNEP, 1993, *Environmental Education Newsletter Connect*, Vol. XVIII, No. 4, December 1993.
UNESCO-UNEP, 1994, *Environmental Education Newsletter Connect*, Vol. XIX, No. 1, March 1994.
UNESCO-UNEP, 1995a, *Environmental Education Newsletter Connect*, Vol. XX, No. 3, September 1995.
UNESCO-UNEP, 1995b, *Environmental Education Newsletter Connect*, Vol. XX, No. 2, June 1995.
UNESCO-UNEP, 1995c, *Environmental Education Newsletter Connect*, Vol. XX, No. 4, December 1995.
United Nations, 1973, *Report of the United Nations Conference on the Human Environment, Stockholm, 5-16, June, 1972* (A/CONF. 48/14/Rev. 1).
若林真一, 1982,「小中学校における環境教育の現状と問題」,『環境情報科学』, 11(4), pp. 11-15.
和歌山県, 1988,『昭和62年度環境庁委託事業 地域環境教育カリキュラム策定調査報告書』, 和歌山県.
渡部景隆, 1973,「理科と環境教育」,『理科の教育』, 22(5), 東洋館, 東京, pp. 14-17.
Wheeler, Keith, 1975, "The genesis of environmental education", Edited by George C. Martin and Keith Wheeler, *Insights into environmental education*, Oliver & boyd, pp. 2-19.

Wheeler, Keith, 1985, "International Environmental Education: A Historical Perspective", *Environmental Education and Information*, 4(2), pp. 144-160.

キース・ウィーラー, 1998,「イギリス環境教育私史」, 藤岡貞彦編『〈環境と開発〉の教育学』, 同時代社, pp. 45-69.(引用文献:Goodman, P. & Goodman, P., 1947, *Communitas : means of livlihod and ways of life*, Random House Inc..)

Withrington, David K. J., 1977, "The UNESCO/UNEP Environmental Programme and its Implecations for British E-E", *Environmental Education, Key issues of the future*, Edited by David Hughes-Evans, Pergamon Press, pp. 33-42.

矢花司, 1976,「環境破壊と地域開発の取り上げ方」,『社会科教育』, 146, 明治図書, 東京, pp. 22-27.

柳下正治, 1992,「地球環境の問題」, 沼田眞監修, 佐島群巳編『環境問題と環境教育 地球化時代の環境教育1』, 国土社, 東京, pp. 8-29.

山際理也, 1980,「中学公民「国民生活と福祉」の取り上げ方と授業づくり」,『社会科教育』, (205), 明治図書, 東京, pp. 79-85.

山極隆, 1990a,「学校教育における環境教育(3)」,『中等教育資料』, 573, 大日本図書, 東京, pp. 56-57.

山極隆, 1990b,「学校教育における環境教育(2)」,『中等教育資料』, 572, 大日本図書, 東京, pp. 58-59.

山極隆, 1990c,「学校教育における環境教育(4)」,『中等教育資料』, 574, 大日本図書, 東京, pp. 54-55.

山下宏文, 1982,「イギリスにおける環境学習と環境教育 ―その歴史的変遷と現状―」, 日本社会科教育学会『社会科教育研究』, 47, pp. 28-40.

山下脩二, 2014,「第1章 グローブプログラムの概要」, 山下脩二, 樋口利彦, 吉富友泰編『環境の学習と観測にもとづいたグローブプログラムの理論と実践 ―学校における観測活動から地球と地域の環境を考える―』, 古今書院, 東京, pp. 1-4.

山口信之, 1974,「大気汚染のやさしい調べ方」,『理科の教育』, 23(2), 東洋館, 東京, pp. 32-35.

横浜国立大学教育人間科学部環境教育研究会編, 2007,『環境教育 ―基礎と実践―』, 共立出版, 東京.

吉田彰, 1986,「環境教育 ―グローバルな発想とは―」,『社会科教育』, 285, 明治図書, 東京, pp. 45-49.

吉本修二, 1990,「環境教育の思い出」, 岡崎洋編著『〈元次官覚書き〉素顔の環境行政』, エネルギージャーナル社, 東京, pp. 270-272.

全国学校データ研究所, 2006,『全国学校総覧 2007年版』, 原書房, 東京.

「全国小学校・中学校環境教育賞」事務局, 1998,「第6回「全国小学校・中学校環境教育賞」「受賞校の実践内容」発表にあたって ―『参加用紙』を通してみた環境教育の実態―」,『総合教育技術 7月号増刊』, 53(6), 小学館, 東京, p. 14.

「全国小学校・中学校環境教育賞」事務局, 1999, 第7回「全国小学校・中学校環境教育賞」「応募用紙から見た環境教育の実践」,『総合教育技術 7月号増刊』, 54(7), 小学館, 東京, p. 14.

全国小中学校環境教育研究会・東京都環境教育研究会, 1977,「沿革史」,『第9回全国環境教育研究大会 環境教育』, pp. 35-36.

資料1 1968, 77年改訂小学校学習指導要領の環境教育関連内容

教科等	1977（昭和52）年改訂	1968（昭和43）年改訂
社会		目標 2　さまざまな地域にみられる人間生活と自然環境との密接な関係，自然に対する積極的なはたらきかけの重要性などについて理解させ，……
社会 （1学年）	2　内容 (4)　……日常生活で使われている水，電気，ガスなどの大切なはたらきに気付かせる。 (5)　……季節の移り変わりに適応した生活の工夫があることに気付かせる。	2　内容 (3)　身近な環境を中心として，人々がいろいろな形で土地を利用しており，……土地と人間生活との関係，……
社会 （2学年）		1　目標 (2)　……自然と人間生活との関係についての認識や……
	2　内容 (2)　農作物を栽培する人々や水産物を育成したり採取したりする人々は自然の状況を生かす工夫や災害を防ぐ努力をしていることに気付かせる。	2　内容 (2)　農作物を栽培している人々の仕事，林産資源の育成や水産業に従事している人々の仕事などについて，……これらの仕事は特に土地の条件や自然の様子と関係の深いことを考えさせる。
社会 （3学年）	1　目標 (1)　地域に見られる人々の生活は自然環境と密接な結び付きの上に営まれ，……	1　目標 (1)　人々が地域の自然環境を生かし，また，各種の組織的な活動を通して生産の向上や生活の改善に努めている様子を理解させ，……
	2　内容 (1)　自分たちの市（町，村）を中心にした地域における……人々の生活と自然環境との関係を理解させるとともに，…… (2)　自分たちの市（町，村）の重要な生産活動を，自然環境との関係，原料や資源の利用及び……生産活動を通しての他地域との結び付きについて考えさせる。	2　内容 (1)　自分たちの住む市（町，村）の……そこには人々の生活と自然環境との密接な関係が反映されていることを理解させる。 (3)　市（町，村）の人々の健康を守ったり，災害に対処する活動が，いろいろなかたちで，しかも組織的に行なわれている様子を理解させ，…… ア　市（町，村）の環境衛生，たとえば上下水道，じんあいの処理などの問題について，以前に比べて改善されてきた状態や現在の人々の願いを理解すること。

教科等	1977（昭和52）年改訂	1968（昭和43）年改訂
社会 （4学年）	1　目標 (2)　自然条件からみて国内の特色ある地域について，人々が自然環境に適応しながら生活していることを理解させ，広い視野から地域社会の生活を考えようとする態度を育てる。	1　目標 (1)　自分たちの市町村を含めたより広い地域の生活の実態や，国内で特色ある生活が営まれている土地の様子などを理解させ，地域の特色やこれを生み出している人々の活動について関心を深める。
	2　内容 (1) ア　人々の生活にとって必要な飲料水，用水，電気，ガスなどの確保及び廃棄物の処理についての対策や事業が，人々の願いを生かしながら進められていることや，これらに関連する施設は広い地域の人々の福祉に役立っていることを理解すること。 イ　火災，風水害などの災害から人々の安全を守るために……災害の場合には緊急に対応していることを理解すること。 (2)　人々の生活の向上を図るため，市（町，村）や県（都，道，府）によって計画的な事業が行われていることや，地域の開発に果たした先人の働きについて理解させる。 イ　先人による地域の開発や保全の具体的事例を取り上げ，先人の働きを当時の人々の生活や用いた技術及び土地の条件の面から理解すること。 (3)　……人々が様々な地域において自然環境に適応しながら生活している様子に関心をもたせる。	2　内容 (2)　自然の様子が違い，人口や産業の分布にも特色ある県内の生活について理解を深め，…… ア　……自然に対する積極的なはたらきかけ，生産を高めるくふうが広く県内各地にみられることを理解すること。 (3)　日本の国内では，それぞれの土地の条件に応じた人々のくふうによって特色ある生活が営まれていることを理解させ，…… イ　山地，海岸，……特に地形的条件からみて特色ある地域の自然景観や人々の生活を，……資源の保護や利用，災害を防ぐくふうなどのたいせつなことを理解すること。 (4)　先人の行なった開発の仕事や現在進められている開発の様子を理解させ，…… ア　土地の開拓や用水路の整備，山林の保護育成や堤防の建設など，……先人が行なった開発の具体的事例を調べ，当時の技術や世の中の様子などと結びつけて，その苦心を考えること。 イ　……先人の行なった開発によって土地の様子が変わり，人々の生活や生産が向上した事実がみられることを，一，二の具体的事例を通して理解すること。
社会 （5学年）	1　目標 (2)　……環境の保全や資源の有効な利用についての関心を深めさせる。	1　目標 (1)　……国民のひとりとして産業の発展や資源の保護利用に対する関心を深める。
	2　内容 (1)我が国の農業や水産業の現状にふれさせ，……人々が自然環境との関係の上に生産を高める工夫をしていることを	2　内容 (1) イ　……国土の位置，地形，資源の分布などの概要や……日本の気候の特色

資料

教科等	1977（昭和52）年改訂	1968（昭和43）年改訂
	理解させるとともに…… ア　我が国の農業について……国民の食料の確保の上で農産物の生産が大切であることを理解すること。 イ　我が国の水産業について……国民の食生活の上で水産資源の保護及び育成が大切であることを理解すること。 (2) ア　我が国の工業について，……資源の有効な利用及び確保などに努めていること，国民生活の上で工業製品の生産が大切であること及び各種の公害から国民の健康や生活環境を守ることが極めて大切であることを理解すること。	……これらの点が国内の土地利用，人口分布，自然災害などと密接な関連をもっていることを理解すること。 (2) イ　……日本の農業は……自然災害とのたたかいなどのもとに営まれていることを理解すること。 (5) ア　産業などによる各種の公害から国民の健康や生活環境を守ることがきわめてたいせつであることを具体的事例によって理解するとともに，地域開発と自然や文化財の保護に関連した問題なども取り上げ，これらの問題の計画的な解決が重要であることを考えること（＊）。
理科	目標 観察，実験などを通して，自然を調べる能力と態度を育てるとともに自然の事物・現象についての理解を図り，自然を愛する豊かな心情を培う。	目標 自然に親しみ，自然の事物・現象を観察，実験などによって，論理的，客観的にとらえ，自然の認識を深めるとともに，科学的な能力と態度を育てる。 このため， 1　生物と生命現象の理解を深め，生命を尊重する態度を養う。 3　……自然を一体として考察する態度を養う。
理科 （1学年）	1　目標 (1)　身近に見られる生物を探したり世話をしたりさせて，……生物に親しむ楽しさを味わわせる。 (2)　身近な自然の事物・現象に親しませ，……自然に接する楽しさを味わわせる。	
		3　内容の取り扱い (1)　……動物や植物をかわいがるように留意することが必要である。
理科 （2学年）	1　目標 (1)　身近に見られる生物を探したり育てたりさせて，……生物に親しむ楽しさを味わわせる。 (2)　身近な自然の事物・現象に親しませ	1　目標 (1)　植物や動物の成長と活動の様子を，育つ場所や時期と関係づけて理解させる。

教科等	1977（昭和52）年改訂	1968（昭和43）年改訂
	……自然に接していく楽しさを味わわせる。	
	2　内容 (1)　植物の種子を蒔いて育てさせながら，……日なたと日陰とでは育ち方に違いがあることに気付かせる。 (2)　草むら，水中などの動物を探したり工夫して飼ったりさせながら，それらの食べ物，住んでいる場所，動きなどに違いがあることに気付かせる。	2　内容 A　生物とその環境 (1)　草木の育ち方と日当たりや暖かさとの関係や，種子によるふえ方を理解させる。 (2)　虫，魚，カエルなどの居場所や食べ物，動きなどを理解させる。
		3　内容の取り扱い (1)　内容の指導に当たっては，自然に親しませ，自然のなかの具体的な物と物の間の著しい違いを，感覚や行動を通してとらえさせるようにしむけ，それらの目だった特徴をまとめることができるように配慮することが必要である。
理科 (3学年)	1　目標 (1)　身近に見られる生物を探したり育てたりしながら，生物の成長及び活動の様子を調べ，それらが季節に関係があることを理解させるとともに，生物を愛護する態度を育てる。	1　目標 (1)　植物や動物の成長は，暖かさや寒さと関係があり，その育ち方の順序にはきまりがあることを理解させる。
	2　内容 A　生物とその環境 (1)　植物の様子を調べ，成長の様子は季節によって違いがあることを理解させる。 (2)　動物の様子を調べ，動物の活動は季節によって違いがあることを理解させる。	2　内容 A　生物とその環境 (1)　植物の成長は暖かさや寒さと関係があることや，成長には水や養分が必要であることを理解させる。 (2)　動物には成長の順序に決まりがあり，また，季節によって見られるものに違いがあることを理解させる。
理科 (4学年)	1　目標 (1)　生物を育てながら……生命は連続していること……生物を愛護する態度を育てる。	
	2　内容 A　生物とその環境 (1)　……植物の成長と養分及び日光との関係を理解させる。 (2)　……昆虫の体のつくり及び一生の変	2　内容 A　生物とその環境 (2)　植物の成長には，日光や温度が関係することを理解させる。 (3)　こん虫の成長や活動の様子は，温度

資料

教科等	1977（昭和52）年改訂	1968（昭和43）年改訂
	化を理解させる。	によって変わることを理解させる。
		3　内容の取り扱い (1)　内容の指導に当たっては，自然に親しみ，……
理科 （5学年）	1　目標 (1)　生物の成長の様子及び体の仕組みを調べ，生物は環境の影響を受けて成長していることを理解させるとともに，生命を尊重する態度を育てる。	1　目標 (1)　生物は成長の段階によって，水・日光・温度・空気・肥料や食べ物などの影響の受け方が違うことを理解させる。
	2　内容 A　生物とその環境 (1)　……植物は環境の影響を受けて成長していることを理解させる。 (3)　……魚は水中の小さな生物を食べていること…… ウ　水中には，小さな生物がいて，魚の食べ物になっていること。	2　内容 A　生物とその環境 (2) イ　イネや水草など水の多いところで育つ植物は，水などの温度や肥料，水の多い少ないなどの環境の条件によって，成長の様子が違うこと。
		3　内容の取り扱い (1)　内容の指導に当たっては，自然に親しみ，……
理科 （6学年）	1　目標 (1)　植物の成長や繁殖及び人体について調べ，生物は互いに影響し合って成長したり繁殖したりしていること……，生物と環境の相互関係について関心を深め，生命を尊重する態度を育てる。	1　目標 (1)　……生物相互の間にも関係をもつことを理解させる。
	2　内容 A　生物とその環境 (1)　植物が繁茂しているところの様子を調べ，植物は互いに影響を与えながら成長していることを理解させる。 (2)　花から実ができるときの様子を調べ，受粉と結実との関係を理解させる。 イ　受粉には，虫，風などが関係していること。	2　内容 A　生物とその環境 (1)　植物のからだのつくりやはたらきと，これらに関連する植物相互の関係を理解させる。 コ　植物は，互いに他の植物を環境の要因として育っていること。 (4)　水中には，ケイソウ，ゾウリムシなどのように小さな生物が生活していることを理解させる。 イ　繁殖した小さな生物は魚や他の生物に食べられたりして，自然界にはつりあいが保たれていること。
		3　内容の取り扱い (1)　内容の指導に当たっては，自然に親

教科等	1977（昭和52）年改訂	1968（昭和43）年改訂
		しみ，……
理科	第3　指導計画の作成と各学年にわたる内容の取り扱い 3　生物，天気，川，地層などについての指導に当たっては，野外に出かけ，地域の自然に触れさせることを重視するとともに，自然の保護に関心をもたせる必要がある。	第3　指導計画の作成と各学年にわたる内容の取り扱い 3　生物や岩石などの指導に当たっては，……自然の保護や資源の開発などに関心をもつように配慮することが必要である。…… 7　指導計画の作成に当たっては，自然に対する人間の努力や，たえず進歩している科学技術の話題などにも関心をもたせるように工夫し，……
体育 （6学年）	G　保健 (1)　病気の予防について理解させる。 イ　環境や生活行動が主な要因となって起こる病気の予防には，住まいや衣服を整え，適度な運動をするなど好ましい生活習慣を身につけることが必要であること。	G　保健 (2)　けがの種類とその防止について理解させる。 ウ　自然災害や火災と安全について理解し，災害のときの行動のしかたについて理解すること。
道徳	1　生命を尊び，健康を増進し，安全の保持に努める。（低学年においては，健康に留意し，危険から身を守ることを，中学年においては，進んで自他の健康・安全に努めることを，高学年においては，更に，自他の生命を尊重することなどを加えて，主な内容とする。） 10　自然を愛護し，優しい心で動物や植物に親しむ。（低学年・中学年においては，自然に親しみ，優しい心で動物や植物をかわいがり世話することを，高学年においては，更に，自然を愛護することを加えて，主な内容とする。）	(1)　生命を尊び，健康を増進し，安全の保持に努める。（低学年においては，健康に留意し，危険から身を守ることを，中学年においては，進んで自他の健康・安全に努めることを，高学年においては，さらに，自他の生命を尊重することなどを加えて，おもな内容とすることが望ましい。） (14)　やさしい心をもって，動物や植物を愛護する。（低学年・中学年においては，やさしい心で動物や植物をかわいがり世話することを，高学年においては，動物や植物の生命を尊び愛護することを，おもな内容とすることが望ましい。）

注：表中の（＊）マーク（第5学年，社会科）は，1971年の一部改正後の記述。
出典：大蔵省印刷局編（1968，1977a）より筆者抜粋。

資　料

資料2　1969, 77年改訂中学校学習指導要領の環境教育関連内容

教科等	1977（昭和52）年改訂	1969（昭和44）年改訂
社会 〔地理的分野〕	1　目標 (4)　自然及び社会的条件と人間との関係は、人間の活動によって絶えず変化し、それに伴って地域も変容していることに気付かせるとともに、環境や資源の重要性についての認識を養う。	1　目標 (4)　自然および社会的条件と人間との関係は、人間の活動によって絶えず変化し、それに伴って地域も変貌していることを理解させる。また、自然に対しては、これを適切に開発し保全することがたいせつであることを理解させる。
	2　内容 (1)　世界とその諸地域 (エ)　資源と産業 　主な自然の分布と開発状況、主な産業などを取り上げて、……それらの資源、産業などと日本との関係に着目させる。	2　内容 (1)　身近な地域 イ　地域の特色と変化 　……身近な地域の自然、開発、産業、交通、人口、居住などの大要に触れ、地域の特色のあらましを理解させる。
	(2)　日本とその諸地域 エ　日本の諸地域 (イ)　自然の特色 　地形、気候などのうち、各地域の生活、産業、自然の災害などと深い関係をもっている事象を取り上げて、地域の自然の特色を理解させるとともに、自然と人間との関係が人間の活動によって絶えず変化していることを着目させる。 (ウ)　資源の開発と産業 　主な資源の分布と開発状況、主な産業などを取り上げて、……資源の開発や産業の発展が地域の人々の生活と深くかかわっていることに着目させる。 (3)　世界の中の日本 イ　国土の利用と保全 　我が国が当面している人口、食糧、資源、産業、都市などの問題のうち、幾つかを取り上げて、……国土の合理的な利用と保全が大切であることを理解させる。	(2)　日本とその諸地域 エ　自然の特色 　……地域の自然の特色を理解させる。その際、自然に対する人間のはたらきかけが、しだいに積極的になってきたことに着目させながら、自然のもつ意義を考えさせる。 オ　資源の開発と産業・交通 　各地域のおもな産業、各種の資源の分布とその開発状況などを取り上げて…… (3)　世界とその諸地域 エ　自然の特色 　……その際、最近における自然の利用、開発と、それに伴う地域の変化、わが国では見られない自然の特異な様相なども適宜取り上げて、自然に対する理解を深めさせる。 カ　資源の開発と産業 　各地域のおもな産業、おもな資源の分布とその開発状況などを取り上げて……
		3　内容の取り扱い (5)　……〔略〕…… ウ　内容の(3)のカの資源の開発については、はげしい国際競争が依然として続

教科等	1977（昭和52）年改訂	1969（昭和44）年改訂
		いているが，国際協力もしだいに行なわれるようになったことに気づかせること。なお，資源は，すぐれた科学技術によって有効に利用することがたいせつであることを理解させること。
社会〔公民的分野〕		1　目標 (3)　科学技術の高度の発達，産業・経済の急激な発展に伴って，社会生活は大きく進歩したが，同時に多くの問題を生じていることに着目させ，広い視野に立ってそれらに対処し進んで改善していこうとする態度や能力の基礎をつちかう。
	2　内容 (2)　国民生活の向上と経済 　ウ　国民生活と福祉 　　……〔略〕…… 　また，国民生活の向上や福祉の増大のためには，雇用と労働条件の改善，消費者の保護，社会資本の整備，公害の防止など環境の保全，資源やエネルギーの開発とその有効な利用，社会保障制度の充実などが必要であることを理解させる。	2　内容 (3)　経済生活 　エ　日本経済の現状と課題 　　……〔略〕…… 　さらに，国民生活の向上や福祉の増大のためには，生産の集中が進む中での消費者保護，住宅・生活環境施設の整備，雇用と労働条件の改善，社会保障制度の充実などを図ること，および産業などによる各種の公害を防止して，国民の健康の保護や生活環境の保全を図ることが必要であることを理解させる。その際，人間尊重や国民福祉の立場に立って，国や地方公共団体の役割を理解させるとともに，個人や企業などの社会的責任について考えさせる（＊）。
理科	第1　目標 　観察，実験などを通して，……自然と人間とのかかわりについて認識させる。	第1　目標 　自然の事物・現象への関心を高め……自然と人間生活との関係を認識させる。
理科〔第1分野〕	1　目標 (4)　身近な物質やエネルギーのはたらきを理解させ，人間生活との関連において，物質やエネルギーを効率的に活用する態度を育てる。	
	2　内容 (6)　運動とエネルギー 　オ　エネルギー 　(オ)　日常生活では，資源やエネルギーが有効に利用されていること。	

資　料

教科等	1977（昭和52）年改訂	1969（昭和44）年改訂
	3　内容の取り扱い (5)　……物質やエネルギーに関する学習のまとめとして，人間生活における資源やエネルギーの重要性について触れる。	
理科 〔第2分野〕	1　目標 (4)　自然界の事物・現象の間の関連性や調和を考察させ，それらと人間の生存とのかかわりを認識させて，環境保全に対する関心を高める。また，生物現象の理解を深めて，生命を尊重する態度を育てる。	1　目標 (2)　生物とそれを取り巻く自然の事物・現象，およびそれらの相互の関係を動的にとらえて，……自然界の総合的，統一的な見方や考え方を養う。 (4)　生物現象の理解を深め，自然界の事物・現象の調和を認識させることによって，生命を尊重する態度を養い，自然の保護に対する関心を高める。
	2　内容 (1)　生物の種類と生活 　ア　自然と生物 　(ｱ)　学校の近辺や郷土の自然の中にも，環境に応じていろいろな生物が生活していること。 (5)　生物どうしのつながり 　生物は，緑色植物が合成した有機化合物をもとに生活していること並びに生物界は，植物，動物及び微生物が互いに関連し合って生活していることを観察や実験を通して理解させる。 　ア　生物界における生産と消費 　イ　生物界における分解者 　ウ　生物界のつながり 　(ｱ)　生物には，自ら養分をつくることのできるものと，それを使用して生活するものとがあり，相互に関連していること。 　(ｲ)　一定区域内の生物の種類や数には限りがあり，つり合いが保たれていること。 (7)　人間と自然 　自然環境や自然の事物・現象の基礎的な理解をもとにして，人間の生存を支える条件を認識させるとともに，自然	2　内容 (1)　自然とその中の生物 　生物の生活環境としての地球を概観させ，生物とそれを取り巻く自然とを関連づけてみる手がかりを理解させる。 (9)　生物と環境 　生物は，環境の変化に応じた生活をしており，特に他の生物の生活との関連が深いことを考察させる。 　ア　生物と環境との関連 　(ｱ)　生物の生活は，温度，水，光，養分または食物などの環境条件で変化すること。 　イ　生物相互の関連 　(ｱ)　生物の集団は，同じ種類や異なった種類の間で競争や共同をしており，相互に関連があること。 　(ｳ)　生物の集団は，環境とつりあいのとれた状態へと移り変わっていくこと。 　(ｴ)　生物の分布は，生物相互のはたらきあいや他の環境条件との関連によって決まること。 　(ｵ)　生物には，みずから養分をつくることのできるものと，それを利用して生活するものとがあり，相互に関連していること。

319

教科等	1977（昭和52）年改訂	1969（昭和44）年改訂
	の開発や利用に当たっては，自然界のつり合いを考慮しながら，計画的に行うことが重要であることを考察させる。 ア　人間の生存を支える物質とエネルギー (ｱ)　地球の表面には，空気，水，土，太陽放射などがあって，生物の生活環境を構成していること。 (ｲ)　人間が利用している物質には，植物などによって生産されるものと地下資源のように取り出すものとがあること。 (ｳ)　人間が利用しているエネルギー源には，過去及び現在の太陽放射によるもののほか，原子力などがあること。 イ　自然界のつり合いと環境保全 (ｱ)　自然界には，エネルギーの流れや物質の循環があり，様々なつり合いが保たれていること。 (ｲ)　自然の開発や利用が，自然界のつり合いを変えたり破壊したりすることがあるので，自然の保存や調整により環境保全をすることが重要であること。	(11)　自然界のつりあいとその保護 　生物とそれを取り巻く自然の間には，つりあいがみられることを認識させ，自然を計画的に保護することの重要性を考察させる。 ア　自然界のつりあい (ｱ)　生物とそれを取り巻く自然の間には，ある種のつりあいが保たれていること。 (ｲ)　人間は，自然環境に順応したり，それをつくり変えたりして生活していること。 イ　自然の利用と保護 (ｱ)　自然を開発していくためにも，また自然の変化を予測するためにも，自然を深く研究する必要があること。 (ｲ)　自然の開発や利用が，自然界のつりあいを変えたり，破壊したりすることがあるので，自然の保存や調整により，自然を保護することが重要であること。
保健体育〔保健分野〕	1　目標 (2)　健康と環境とのかかわりについて理解させ，健康に適した環境の維持や改善を図ることができる能力と態度を育てる。	
	2　内容 (2)　健康と環境について理解させる ウ　空気中の二酸化炭素の濃度は，室内空気の汚れの指標となり，物の不完全燃焼で発生する一酸化炭素は，有害で，それぞれ許容濃度が定められていること。 カ　人間の生活活動や産業活動によって生じた廃棄物は，環境を汚染しないように，衛生的に処理する必要があること。	2　内容 (2)　環境の衛生 　環境の衛生的基準や衛生的な処理のしかたについて理解させるとともに，公害の大要を知らせる。 エ　公害と健康 　公害の現状を知り，大気汚染，騒音および水質汚濁が心身の健康に及ぼす影響について理解すること。
	3　内容の取り扱い (3)　内容の(2)のカにおいては，地域の実態に即して公害の健康との関係を取り扱うことも配慮する。	
道徳	第2　内容 1　生命を尊び，心身の健康の増進を図	第2　内容 1　生命を尊び，心身の健康の増進を図

教科等	1977（昭和52）年改訂	1969（昭和44）年改訂
	り，節度と調和のある生活をする。 9　自然を愛し，美しいものに感動し，崇高なものに素直にこたえる豊かな心をもつ。 （自然の人間とのかかわり合いについて考え，自然や美しいものを愛する心をもつとともに，人間が有限なものであるという自覚に立って，人間の力を超えたものに対して畏敬の念をもつように努める。）	り，節度と調和のある生活をすることに努める。 8　人間の人間らしさをいとおしみ，美しいものや崇高なものにすなおにこたえる豊かな心を養う。 (2)　自然を愛し，美しいものにあこがれ，人間の力を越えたものを感じとることのできる心情を養うこと。

注：表中の（＊）マーク（社会科〔公民的分野〕）は，1971年の一部改正後の記述である。
出典：帝国地方行政学会（1969），大蔵省印刷局編（1977b）より筆者抜粋。

資料3　1977, 89年改訂小学校学習指導要領の環境教育関連内容

教科等	1989（平成元）年改訂	1977（昭和52）年改訂
社会 （3学年）	1　目標 (2)　地域の人々の生活は，自然環境と結びついて営まれており，地域によって消費生活や生産活動に特色があることや人々の生活の様子は変化していることを理解できるようにし，地域社会を大切にする態度を育てる。	1　目標 (1)　地域に見られる人々の生活は自然環境と密接な結び付きの上に営まれ，……
	2　内容 (1)　自分たちの市（区，町，村）の特徴ある地形……地域の人々の生活は自然環境と深い関係があることや場所によって人々の生活には違いがあることを理解できるようにする。	2　内容 (1)　自分たちの市（町，村）を中心にした地域における……人々の生活と自然環境との関係を理解させるとともに，…… (2)　自分たちの市（町，村）の重要な生産活動を，自然環境との関係，原料や資源の利用及び……生産活動を通しての他地域との結び付きについて考えさせる。
社会 （4学年）	1　目標 (2)　自然環境としての国土の特色や自然条件からみて国内の特色ある地域における人々の生活の様子について理解できるようにし，広い視野から地域社会の生活を考える態度を育てる。	1　目標 (2)　自然条件からみて国内の特色ある地域について，人々が自然環境に適応しながら生活していることを理解させ，広い視野から地域社会の生活を考えようとする態度を育てる。
	2　内容 (1)　地域の人々の生活にとって必要な飲料水，電気，ガスなどの確保及び廃棄物の処理についての対策や事業が計画的，協力的に進められていることを見学したり調べたりして，これらの対策や事業は地域の健康な生活の維持と向上に役立っていることを理解できるようにする。 (4)　地域の文化や開発などに尽くした先人の具体的な事例を調べて，先人の働きや苦心を当時の人々の生活の様子や考え方，技術や道具などの面から理解できるようにするとともに…… (5)　地図その他の資料を活用して……自然条件からみて国内の特色ある地域を	2　内容 (1)　……〔略〕…… ア　人々の生活にとって必要な飲料水，用水，電気，ガスなどの確保及び廃棄物の処理についての対策や事業が，人々の願いを生かしながら進められていることや，これらに関連する施設は広い地域の人々の福祉に役立っていることを理解すること。 イ　火災，風水害などの災害から人々の安全を守るために……災害の場合には緊急に対応していることを理解すること。 (2)　人々の生活の向上を図るため，市（町，村）や県（都，道，府）によって計画的な事業が行われていることや，地域の開発に果たした先人の働きについて理解させる。

資　料

教科等	1989（平成元）年改訂	1977（昭和52）年改訂
	取り上げ，人々が自然環境に適応しながら生活している様子に関心をもつようにする。	イ　先人による地域の開発や保全の具体的事例を取り上げ，先人の働きを当時の人々の生活や用いた技術及び土地の条件の面から理解すること。 (3)　……人々が様々な地域において自然環境に適応しながら生活している様子に関心をもたせる。
社会 （5学年）	1　目標 (2)　……環境の保全と資源の重要性について関心を深めるようにするとともに，国土に対する愛情を育てる。	1　目標 (2)　……環境の保全や資源の有効な利用についての関心を深めさせる。
	2　内容 (1)　我が国の農業や水産業の現状に触れ，それらの産業に従事している人々が生産を高める工夫をしていることを理解できるようにするとともに…… ア　我が国の農業について……自然環境と深いかかわりをもって営まれていることや国民の食料の確保の上で農産物の生産が大切であることなどを理解するとともに…… イ　我が国の水産業について……国民の食生活の上で水産資源が大切であることなどを理解するとともに…… (2)　……〔略〕…… ア　我が国の工業について，……原料を輸入し製品を輸出している我が国の工業の特色や国民生活の上で工業生産が大切であることなどを理解するとともに，……また，各種の公害から国民の健康や生活環境を守ることが大切であることを考えること。 (4)　……国土の保全や水資源の涵養などのために森林資源が大切であることに気付くようにする。	2　内容 (1)　我が国の農業や水産業の現状にふれさせ，……人々が自然環境との関係の上に生産を高める工夫をしていることを理解させるとともに…… ア　我が国の農業について……国民の食料の確保の上で農産物の生産が大切であることを理解すること。 イ　我が国の水産業について……国民の食生活の上で水産資源の保護及び育成が大切であることを理解すること。 (2)　……〔略〕…… ア　我が国の工業について，……資源の有効な利用及び確保などに努めていること，国民生活の上で工業製品の生産が大切であること及び各種の公害から国民の健康や生活環境を守ることが極めて大切であることを理解すること。
	3　内容の取扱い (4)　内容の(4)については，森林資源の育成や保護に従事している人々の工夫や努力及び環境保全のための国民一人一人の協力の必要性に気付かせるよう配慮する必要がある。	

323

教科等	1989（平成元）年改訂	1977（昭和52）年改訂
理科	目標 自然に親しみ，観察，実験などを行い，問題解決の能力と自然を愛する心情を育てるとともに自然の事物・現象についての理解を図り，科学的な見方や考え方を養う。	目標 観察，実験などを通して，自然を調べる能力と態度を育てるとともに自然の事物・現象についての理解を図り，自然を愛する豊かな心情を培う。
理科 （3学年）	1　目標 (1)　身近に見られる植物，動物及び人の体を比較しながら調べ……生物を愛護する態度を育てるとともに……	1　目標 (1)　身近に見られる生物を探したり育てたりしながら，生物の成長及び活動の様子を調べ，それらが季節に関係があることを理解させるとともに，生物を愛護する態度を育てる。
		2　内容 A　生物とその環境 (1)　植物の様子を調べ，成長の様子は季節によって違いがあることを理解させる。 (2)　動物の様子を調べ，動物の活動は季節によって違いがあることを理解させる。
理科 （4学年）	1　目標 (1)　身近に見られる植物，動物及び人の体を……生物を愛護する態度を育てるとともに，生物の活動や成長と環境のかかわりについての見方や考え方を養う。	1　目標 (1)　生物を育てながら……生命は連続していること……生物を愛護する態度を育てる。
	2　内容 A　生物とその環境 (1)　……植物の運動や成長と環境とのかかわりを調べることができるようにする。 (2)　……動物の活動と環境とのかかわりを調べることができるようにする。 (3)　……人の活動と環境とのかかわりを調べることができるようにする。	2　内容 A　生物とその環境 (1)　……植物の成長と養分及び日光との関係を理解させる。 (2)　……昆虫の体のつくり及び一生の変化を理解させる。
理科 （5学年）	1　目標 (1)　……生命を尊重する態度を育てるとともに，生命の連続性についての見方や考え方を養う。	1　目標 (1)　生物の成長の様子及び体の仕組みを調べ，生物は環境の影響を受けて成長していることを理解させるとともに，生命を尊重する態度を育てる。
	2　内容 A　生物とその環境 (2)　魚などの動物を育て，発生や成長を	2　内容 A　生物とその環境 (1)　……植物は環境の影響を受けて成長

資料

教科等	1989（平成元）年改訂	1977（昭和52）年改訂
	調べることができるようにする。 イ　魚は……水中の小さな生物を食べ物にして生きていること。	していることを理解させる。 (3)　……魚は水中の小さな生物を食べていること…… ウ　水中には，小さな生物がいて，魚の食べ物になっていること。
理科 （6学年）	1　目標 (1)　生物の体のつくりと働き及び環境を相互に関係づけながら調べ，……生命を尊重する態度を育てるとともに，生物の体の働きの共通性や環境との関係についての見方や考え方を養う。	1　目標 (1)　植物の成長や繁殖及び人体について調べ，生物は互いに影響し合って成長したり繁殖したりしていること……，生物と環境の相互関係について関心を深め，生命を尊重する態度を育てる。
	2　内容 A　生物とその環境 (3)　人の体を……人としての特徴や環境とのかかわりを調べることができるようにする。 イ　人は，食べ物，水，空気などを通して，他の動物，植物及び周囲の環境とかかわって生きていること。	2　内容 A　生物とその環境 (1)　植物が繁茂しているところの様子を調べ，植物は互いに影響を与えながら成長していることを理解させる。 (2)　花から実ができるときの様子を調べ，受粉と結実との関係を理解させる。 イ　受粉には，虫，風などが関係していること。
理科	第3　指導計画の作成と各学年にわたる内容の取扱い 3　生物，天気，川，土地などの指導については，野外に出かけ地域の自然に親しむ活動を多く取り入れるとともに，自然の保護に関心をもつようにすること。	第3　指導計画の作成と各学年にわたる内容の取り扱い 3　生物，天気，川，地層などについての指導に当たっては，野外に出かけ，地域の自然に触れさせることを重視するとともに，自然の保護に関心をもたせる必要がある。
生活	目標 具体的な活動や体験を通して，自分と身近な社会や自然とのかかわりに関心をもち，自分自身や自分の生活について考えさせるとともに，その過程において生活上必要な習慣や技能を身に付けさせ，自立への基礎を養う。	
生活 （1学年）	1　目標 (2)　自分と身近な動物や植物などの自然とのかかわりに関心をもち，自然を大切にしたり，自分たちの遊びや生活を工夫したりすることができるようにする。 内容 (3)　近所の公園などの……身近な自然を	社会（1学年） 2　内容 (4)　……日常生活で使われている水，電気，ガスなどの大切なはたらきに気付かせる。 (5)　……季節の移り変わりに適応した生活の工夫があることに気付かせる。 理科（1学年） 1　目標

教科等	1989（平成元）年改訂	1977（昭和52）年改訂
	観察し季節の変化に気付き，それに合わせて生活することができるようにする。 (5) 動物を飼ったり植物を育てたりして，それらも自分たちと同じように生命をもっていることに気付き，生き物への親しみを持ちそれを大切にすることができるようにする。	(1) 身近に見られる生物を探したり世話をしたりさせて，……生物に親しむ楽しさを味わわせる。 (2) 身近な自然の事物・現象に親しませ，……自然に接する楽しさを味わわせる。
生活 （2学年）	内容 (3) ……四季の変化や地域の生活に関心をもち…… (5) 野外の自然を観察したり，動物を飼ったり植物を育てたりして，それらの変化や成長の様子に関心をもち，また，それらは自分たちと同じように成長していることに気付き，自然や生き物への親しみを持ちそれらを大切にすることができるようにする。 3　指導計画の作成と各学年にわたる内容の取扱い (2) 自分と地域の社会や自然とのかかわりが具体的に把握できるような学習活動を行うこと。	社会（2学年） 2　内容 (2) 農作物を栽培する人々や水産物を育成したり採取したりする人々は自然の状況を生かす工夫や災害を防ぐ努力をしていることに気付かせる。 理科（2学年） 1　目標 (1) 身近に見られる生物を探したり育てたりさせて，……生物に親しむ楽しさを味わわせる。 (2) 身近な自然の事物・現象に親しませ，……自然に接していく楽しさを味わわせる。 2　内容 (1) 植物の種子を蒔いて育てさせながら，……日なたと日陰とでは育ち方に違いがあることに気付かせる。 (2) 草むら，水中などの動物を探したり工夫して飼ったりさせながら，それらの食べ物，住んでいる場所，動きなどに違いがあることに気付かせる。
家庭 （5学年）	2　内容 C　家族の生活と住居 (3) 身の回りの品物について活用の仕方が分かり，不要品やごみを適切に処理できるようにする。	
家庭 （6学年）	2　内容 C　家族の生活と住居 (3) ……略…… ウ　近隣の人々の生活を考え，環境を清潔にしたり騒音を防止したりする必要性が分かること。	

資料

教科等	1989（平成元）年改訂	1977（昭和52）年改訂
体育	（5・6学年） G　保健 (4)　健康な生活について理解できるようにする。 イ　健康の保持増進には，良い水，良い空気及び日光が欠くことのできないものであること。	（6学年） G　保健 (1)　病気の予防について理解させる。 イ　環境や生活行動が主な要因となって起こる病気の予防には，住まいや衣服を整え，適度な運動をするなど好ましい生活習慣を身につけることが必要であること。
道徳	1　目標 ……人間尊重の精神と生命に対する畏敬の念を家庭，学校，その他社会における具体的な生活の中に生かし…… 2　内容 （1・2学年） 3　主として自然や崇高なものとのかかわりに関すること。 (1)　身近な自然に親しみ，動植物に優しい心で接する。 (2)　生命を大切にする心をもつ。 （3・4学年） 3　主として自然や崇高なものとのかかわりに関すること。 (1)　自然のすばらしさや不思議さを知り，自然や動植物を大切にする。 (2)　生命の尊さを知り，生命あるものを大切にする。 （5・6学年） 3　主として自然や崇高なものとのかかわりに関すること。 (1)　自然の偉大さを知り，自然環境を大切にする。 (2)　生命がかけがえのないものであることを知り，自他の生命を尊重する。	1　生命を尊び，健康を増進し，安全の保持に努める。（低学年においては，健康に留意し，危険から身を守ることを，中学年においては，進んで自他の健康・安全に努めることを，高学年においては，更に，自他の生命を尊重することなどを加えて，主な内容とする。） 10　自然を愛護し，優しい心で動物や植物に親しむ。（低学年・中学年においては，自然に親しみ，優しい心で動物や植物をかわいがり世話することを，高学年においては，更に，自然を愛護することを加えて，主な内容とする。）

出典：大蔵省印刷局編（1977a, 1989a）より筆者抜粋。

資料4　1977, 89年改訂中学校学習指導要領の環境教育関連内容

教科等	1989（平成元）年改訂	1977（昭和52）年改訂
社会〔地理的分野〕	1　目標 (4)　自然及び社会的条件と人々の生活の関係は人間活動によって絶えず変化し、それに伴って地域も変容していることに気付かせ、環境や資源と人々の生活とのかかわりについて考えさせる。 2　内容 (1)　世界とその諸地域 (イ)　人々の生活と環境 　世界の諸地域における人々の生活とその変化の様子を自然及び社会的条件と関連付けて大観させ、世界の人々の生活や環境の多様性に着目させる。 (2)　日本とその諸地域 ウ　日本の諸地域 (ア)　自然と人々 　地域の自然的条件と人々の生活を関連付けて取り上げ、その地域的特色を理解させるとともに、自然と人々の生活の関係が人間の活動によって変化していることに着目させる。 (イ)　産業と地域 　主な資源の分布や開発状況や主な産業などを、地域の形成と関連付けて取り上げ、地域の産業を成り立たせている地理的諸条件やそれらが地域において果たしている役割を理解させ、資源の開発や産業の動向が地域の人々の生活と深くかかわっていることに着目させる。	1　目標 (4)　自然及び社会的条件と人間との関係は、人間の活動によって絶えず変化し、それに伴って地域も変容していることに気付かせるとともに、環境や資源の重要性についての認識を養う。 2　内容 (1)　世界とその諸地域 (エ)　資源と産業 　主な自然の分布と開発状況、主な産業などを取り上げて、……それらの資源、産業などと日本との関係に着目させる。 (2)　日本とその諸地域 エ　日本の諸地域 (イ)　自然の特色 　地形、気候などのうち、各地域の生活、産業、自然の災害などと深い関係をもっている事象を取り上げて、地域の自然の特色を理解させるとともに、自然と人間との関係が人間の活動によって絶えず変化していることを着目させる。 (ウ)　資源の開発と産業 　主な資源の分布と開発状況、主な産業などを取り上げて、……資源の開発や産業の発展が地域の人々の生活と深くかかわっていることに着目させる。 (3)　世界の中の日本 イ　国土の利用と保全 　我が国が当面している人口、食糧、資源、産業、都市などの問題のうち、幾つかを取り上げて、……国土の合理的な利用と保全が大切であることを理解させる。
社会〔公民的分野〕	2　内容 (2)　国民生活の向上と経済 イ　国民生活と福祉 　国民生活の向上や福祉の増大をはかるためには、雇用と労働条件の改善、消費者の保護、社会保障の充実、社会資	2　内容 (2)　国民生活の向上と経済 ウ　国民生活と福祉 ……〔略〕…… 　また、国民生活の向上や福祉の増大のためには、雇用と労働条件の改善、消

資　料

教科等	1989（平成元）年改訂	1977（昭和52）年改訂
	本の整備，公害の防止など環境の保全，資源やエネルギーの有効な開発・利用などが必要であることを理解させる。……	費者の保護，社会資本の整備，公害の防止など環境の保全，資源やエネルギーの開発とその有効な利用，社会保障制度の充実などが必要であることを理解させる。
理科		第1　目標 観察，実験などを通して，……自然と人間とのかかわりについて認識させる。
理科〔第1分野〕	1　目標 (4)　物質やエネルギーに関する事物・現象に対する関心を高め，意欲的に調べる活動を行わせるとともに，これらの事象を日常生活と関連付けて考察する態度を育てる。	1　目標 (4)　身近な物質やエネルギーのはたらきを理解させ，人間生活との関連において，物質やエネルギーを効率的に活用する態度を育てる。
	2　内容 (6)　運動とエネルギー 　運動についての……エネルギーについての初歩的な見方や考え方を養う。また，科学技術の進歩と人間生活のかかわりについての認識を深める。 エ　科学技術の進歩と人間生活 (ｱ)　日常生活では，科学技術の成果として様々な素材やエネルギーが利用されていることを知る。	2　内容 (6)　運動とエネルギー オ　エネルギー (ｵ)　日常生活では，資源やエネルギーが有効に利用されていること。 3　内容の取り扱い (5)　……物質やエネルギーに関する学習のまとめとして，人間生活における資源やエネルギーの重要性について触れる。
理科〔第2分野〕	1　目標 (4)　生物とそれを取り巻く自然の事物・現象に対する関心を高め，意欲的に自然を調べる活動を行わせるとともに，これらの活動を通して，自然環境を保全し，生命を尊重する態度を育てる。	1　目標 (4)　自然界の事物・現象の間の関連性や調和を考察させ，それらと人間の生存とのかかわりを認識させて，環境保全に対する関心を高める。また，生物現象の理解を深めて，生命を尊重する態度を育てる。
	2　内容 (5)　生物のつながり 　身近な生物についての観察，実験を通して，……自然界における生物同士のつながりについての認識を深める。 ア　生物と細胞 イ　生物の殖え方と遺伝 ウ　生物界のつながり (ｱ)　いろいろな生物の特徴を比較し，生物同士の類縁関係を見いだすとともに，生物が進化することを知ること。	2　内容 (1)　生物の種類と生活 ア　自然と生物 (ｱ)　学校の近辺や郷土の自然の中にも，環境に応じていろいろな生物が生活していること。 (5)　生物どうしのつながり 　生物は，緑色植物が合成した有機化合物をもとに生活していること並びに生物界は，植物，動物及び微生物が互い

329

教科等	1989（平成元）年改訂	1977（昭和52）年改訂
	(イ) 微生物の働きを調べ，植物，動物及び微生物を栄養摂取の面から相互に関連付けてとらえるとともに，自然界では，これらの生物がつり合いを保って生活していることを見いだすこと。 (6) 大地の変化と地球 　大地の活動の様子や……，人間生存の場としての地球について総合的に考察させる。 　ウ　地球と人間 (ア) 他の惑星との比較を通して，地球には生物の生存を支える様々な環境要因がそろっていることを認識すること。 (イ) 人間が利用している資源やエネルギーには，天然資源，水力，火力，原子力などがあることについての認識を深めること。 (ウ) 自然の開発や利用に当たっては自然界のつり合いを考えたり自然の保存や調整を行ったりするなど，自然環境を保全することの重要性について認識すること。 3　内容の取扱い (7) 内容の(6)については，次のとおり取り扱うものとする。 　オ　ウの(ア)の「環境要因」としては，空気，水，土，太陽放射などを取り上げること。	に関連し合って生活していることを観察や実験を通して理解させる。 ア　生物界における生産と消費 イ　生物界における分解者 ウ　生物界のつながり (ア) 生物には，自ら養分をつくることのできるものと，それを使用して生活するものとがあり，相互に関連していること。 (イ) 一定区域内の生物の種類や数には限りがあり，つり合いが保たれていること。 (7) 人間と自然 　自然環境や自然の事物・現象の基礎的な理解をもとにして，人間の生存を支える条件を認識させるとともに，自然の開発や利用に当たっては，自然界のつり合いを考慮しながら，計画的に行うことが重要であることを考察させる。 ア　人間の生存を支える物質とエネルギー (ア) 地球の表面には，空気，水，土，太陽放射などがあって，生物の生活環境を構成していること。 (イ) 人間が利用している物質には，植物などによって生産されるものと地下資源のように取り出すものとがあること。 (ウ) 人間が利用しているエネルギー源には，過去及び現在の太陽放射によるもののほか，原子力などがあること。 イ　自然界のつり合いと環境保全 (ア) 自然界には，エネルギーの流れや物質の循環があり，様々なつり合いが保たれていること。 (イ) 自然の開発や利用が，自然界のつり合いを変えたり破壊したりすることがあるので，自然の保存や調整により環境保全をすることが重要であること。

資　料

教科等	1989（平成元）年改訂	1977（昭和52）年改訂
理科	第3　指導計画の作成と各学年にわたる内容の取扱い 2　各分野の内容の指導については，次の事項に配慮するものとする。 (2)　生命の尊重や自然環境の保全に関する態度が育成されるようにすること。	
保健体育〔保健分野〕	1　目標 (2)　健康と環境とのかかわりについて理解させ，健康に適した環境の維持や改善を図ることができる能力と態度を育てる。	1　目標 (2)　健康と環境とのかかわりについて理解させ，健康に適した環境の維持や改善を図ることができる能力と態度を育てる。
	2　内容 (2)　健康と環境について理解させる。 イ　快適で能率のよい生活を送るための温度，湿度などや明るさ，騒音には一定の範囲があること。また，空気中の二酸化炭素の濃度は室内空気の汚れの指標となり，一酸化炭素は有害で，それぞれ許容濃度が定められていること。 ウ　生命の維持や生活に必要な水は，衛生的な基準に適合するよう浄化され，確保されていること。 エ　人間の生活によって生じた廃棄物は，衛生的に，また，環境を汚染しないように処理する必要があること。	2　内容 (2)　健康と環境について理解させる ウ　空気中の二酸化炭素の濃度は，室内空気の汚れの指標となり，物の不完全燃焼で発生する一酸化炭素は，有害で，それぞれ許容濃度が定められていること。 カ　人間の生活活動や産業活動によって生じた廃棄物は，環境を汚染しないように，衛生的に処理する必要があること。
	3　内容の取扱い (3)　内容の(2)については，地域の実態に即して公害と健康との関係を取り上げることも配慮するものとする。	3　内容の取り扱い (3)　内容の(2)のカにおいては，地域の実態に即して公害の健康との関係を取り扱うことも配慮する。
技術・家庭〔J　住居〕	2　内容 (4)　家庭生活における資源の適切な使い方と廃棄物の処理について考えさせる。	
道徳	第1　目標 　道徳教育の目標は，……人間尊重の精神と生命に対する畏敬の念を家庭，学校，その他社会における具体的な生活の中に生かし，……	
	第2　内容 3　主として自然や崇高なものとのかかわりに関すること。 (1)　自然を愛し，美しいものに感動する豊かな心をもち，人間の力を超えたものに対する畏敬の念を深めるようにする。	第2　内容 1　生命を尊び，心身の健康の増進を図り，節度と調和のある生活をする。 9　自然を愛し，美しいものに感動し，崇高なものに素直にこたえる豊かな心をもつ。

教科等	1989(平成元)年改訂	1977(昭和52)年改訂
	(2) 生命の尊さを理解し、かけがえのない自他の生命を尊重するようにする。	(自然の人間とのかかわり合いについて考え、自然や美しいものを愛する心をもつとともに、人間が有限なものであるという自覚に立って、人間の力を超えたものに対して畏敬の念をもつように努める。)

出典:大蔵省印刷局編(1977b, 1989b)より筆者抜粋。

資 料

資料5 1989, 98年改訂小学校学習指導要領の環境教育関連内容

教科等	1998（平成10）年改訂	1989（平成元）年改訂
総則（総合的な学習の時間）	第3　総合的な学習の時間の取扱い 3　各学校においては，2に示すねらいを踏まえ，例えば国際理解，情報，環境，福祉・健康などの横断的・総合的な課題，児童の興味・関心に基づく課題，地域や学校の特色に応じた課題などについて，学校の実態に応じた学習活動を行うものとする。 5　総合的な学習の時間の学習活動を行なうに当たっては，次の事柄に配慮するものとする。 (1)　自然体験やボランティア活動などの社会体験，観察・実験，見学や調査，発表や討論，ものづくりや生産活動など体験的な学習，問題解決的な学習を積極的に取り入れること。	
社会 （3・4学年）	1　目標 (1)　地域の産業や消費生活の様子，人々の健康な生活や安全を守るための諸活動について理解できるようにし，地域社会の一員としての自覚をもつようにする。 (2)　地域の地理的環境，人々の生活の変化や地域の発展に尽くした先人の働きについて理解できるようにし，地域社会に対する誇りと愛情を育てるようにする。 2　内容 (3)　地域の人々の生活にとって必要な飲料水，電気，ガスの確保や廃棄物の処理について，次のことを見学したり調査したりして調べ，これらの対策や事業は地域の人々の健康な生活の維持と向上に役立っていることを考えるようにする。 ア　飲料水，電気，ガスの確保や廃棄物の処理と自分たちの生活や産業とのかかわり イ　これらの対策や事業は計画的，協力的に進められていること。	社会（3学年） 1　目標 (2)　地域の人々の生活は，自然環境と結びついて営まれており，地域によって消費生活や生産活動に特色があることや人々の生活の様子は変化していることを理解できるようにし，地域社会を大切にする態度を育てる。 2　内容 (1)　自分たちの市（区，町，村）の特徴ある地形……地域の人々の生活は自然環境と深い関係があることや場所によって人々の生活には違いがあることを理解できるようにする。 社会（4学年） 1　目標 (2)　自然環境としての国土の特色や自然条件からみて国内の特色ある地域における人々の生活の様子について理解できるようにし，広い視野から地域社会の生活を考える態度を育てる。 2　内容 (1)　地域の人々の生活にとって必要な飲

教科等	1998（平成10）年改訂	1989（平成元）年改訂
	(4) 地域社会における災害及び事故から人々の安全を守る工夫について，…… (5) 地域の人々の生活について，……人々の生活の変化や人々の願い，地域の人々の生活の向上に尽くした先人の働きや苦心を考えるようにする。 　イ　地域に残る文化財や年中行事 　ウ　地域の発展に尽くした先人の具体的事例	料水，電気，ガスなどの確保及び廃棄物の処理についての対策や事業が計画的，協力的に進められていることを見学したり調べたりして，これらの対策や事業は地域の健康な生活の維持と向上に役立っていることを理解できるようにする。 (4)　地域の文化や開発などに尽くした先人の具体的な事例を調べて，先人の働きや苦心を当時の人々の生活の様子や考え方，技術や道具などの面から理解できるようにするとともに…… (5)　地図その他の資料を活用して……自然条件からみて国内の特色ある地域を取り上げ，人々が自然環境に適応しながら生活している様子に関心をもつようにする。
	3　内容の取扱い (1)　内容の(2)については，次のとおり取り扱うものとする。 　ア　……地域の生産活動を取り上げる場合には自然環境との関係について，……触れるようにすること。 (2)　内容(3)の「飲料水，電気，ガス」については，それらの中から選択して取り上げるものとする。また，「廃棄物の処理」については，ごみ，下水のいずれかを選択して取り上げ，その際，廃棄物を資源として活用していることについても扱うようにする。 (3)　内容(4)の「災害」については，火災，風水害，地震などの中から選択して取り上げ…… (4)　内容(5)のウの「具体的事例」については，地域の開発，教育，文化，産業などの発展に尽くした先人の中から選択して取り上げるものとする。	
社会 （5学年）	1　目標 (1)　我が国の産業の様子，産業と国民生活との関連について理解できるようにし，我が国の産業の発展に関心をもつ	1　目標 (2)　……環境の保全と資源の重要性について関心を深めるようにするとともに，国土に対する愛情を育てる。

資　　料

教科等	1998（平成10）年改訂	1989（平成元）年改訂
	ようにする。 (2) 我が国の国土の様子について理解できるようにし，環境の保全の重要性について関心を深めるようにするとともに，国土に対する愛情を育てるようにする。	
	2　内容 (1) 我が国の農業や水産業について，……調べ，それらは国民の食料を確保する重要な役割を果たしていることや自然環境と深いかかわりをもって営まれていることを考えるようにする。 (4) 我が国の国土の自然などの様子について……調べ，国土の環境が人々の生活や産業と密接な関連をもっていることを考えるようにする。 イ　公害から国民の健康や生活環境を守ることの大切さ ウ　国土の保全や水資源の涵養のための森林資源の働き	2　内容 (1) 我が国の農業や水産業の現状に触れ，それらに従事している人々が生産を高める工夫をしていることを理解できるようにするとともに…… ア　我が国の農業について……自然環境と深いかかわりをもって営まれていることや国民の食料の確保の上で農産物の生産が大切であることなどを理解するとともに…… イ　我が国の水産業について……国民の食生活の上で水産資源が大切であることなどを理解するとともに…… (2)　……〔略〕…… ア　我が国の工業について，……原料を輸入し製品を輸出している我が国の工業の特色や国民生活の上で工業生産が大切であることなどを理解するとともに，……また，各種の公害から国民の健康や生活環境を守ることが大切であることを考えること。 (4)　……国土の保全や水資源の涵養などのために森林資源が大切であることに気付くようにする。
	3　内容の取扱い (6) 内容の(4)については，次のとおり取り扱うものとする。 ウ　イについては，大気の汚染，水質の汚濁などの中から具体的事例を選択して取り上げること。 エ　ウについては，我が国の国土保全等の観点から扱うようにし，森林資源の育成や保護に従事している人々の努力及び環境保全のための国民一人一人の協力の必要性に気付くよう配慮すること。	3　内容の取扱い (4) 内容の(4)については，森林資源の育成や保護に従事している人々の工夫や努力及び環境保全のための国民一人一人の協力の必要性に気付かせるよう配慮する必要がある。

教科等	1998（平成10）年改訂	1989（平成元）年改訂
理科	目標 自然に親しみ，見通しをもって観察，実験などを行い，問題解決の能力と自然を愛する心情を育てるとともに自然の事物・現象についての理解を図り，科学的な見方や考え方を養う。	目標 自然に親しみ，観察，実験などを行い，問題解決の能力と自然を愛する心情を育てるとともに自然の事物・現象についての理解を図り，科学的な見方や考え方を養う。
理科 （3学年）	1　目標 (1)　身近に見られる動物や植物を比較しながら調べ……生物を愛護する態度を育てるとともに，……生物同士のかかわりについての見方や考え方を養う。	1　目標 (1)　身近に見られる植物，動物及び人の体を比較しながら調べ……生物を愛護する態度を育てるとともに……
	2　内容 A　生物とその環境 (1)　身近な昆虫や植物を育てたりして，……昆虫と植物とのかかわりについての考えをもつようにする。 ウ　昆虫には植物を食べたり，それをすみかにしたりして生きているものがいること。	
	3　内容の取扱い (1)　内容の「A 生物とその環境」の(1)については，次のとおり取り扱うものとする。 ア　ア及びイについては，飼育，栽培を通して行うこと。	
理科 （5学年）	1　目標 (1)　……生命を尊重する態度を育てるとともに，生命の連続性についての見方や考え方を養う。 (3)　天気の変化や流水の様子を時間や水量，自然災害などに目を向けながら調べ……。	1　目標 (1)　……生命を尊重する態度を育てるとともに，生命の連続性についての見方や考え方を養う。
	2　内容 C　地球と宇宙 (2)　地面を流れる水や川の様子を観察し，……流れる水の働きと土地の変化の関係についての考えをもつようにする。 イ　増水により土地の様子が大きく変化する場合があること。	2　内容 A　生物とその環境 (2)　魚などの動物を育て，発生や成長を調べることができるようにする。 イ　魚は……水中の小さな生物を食べ物にして生きていること。
理科 （6学年）	1　目標 (1)　生物の体のつくりと働き及び環境を相互に関係付けながら調べ，……生命を尊重する態度を育てるとともに，生	1　目標 (1)　生物の体のつくりと働き及び環境を相互に関係づけながら調べ，……生命を尊重する態度を育てるとともに，生

資　料

教科等	1998（平成10）年改訂	1989（平成元）年改訂
理科	物の体の働き及び生物と環境とのかかわりについての見方や考え方を養う。 (3) 土地のつくりと変化の様子を自然災害などと関係付けながら調べ，…… 2　内容 A　生物とその環境 (1) 人及び他の動物を……〔環境とのかかわりは削除〕 (2) 動物や植物の生活を観察し，生物の養分のとり方を調べ，生物と環境とのかかわりについての考えをもつようにする。 イ　生きている植物体や枯れた植物体は動物によって食べられること。 ウ　生物は，食べ物，水及び空気を通して周囲の環境とかかわって生きていること。 3　内容の取扱い (2) 内容の「A 生物とその環境」の(2)のウについては，食物連鎖などは取り扱わないものとする。 第3　指導計画の作成と各学年にわたる内容の取扱い 2　第2の内容の取扱いについては，次の事項に配慮するものとする。 (2) 生物，天気，川，土地などの指導については，野外に出掛け地域の自然に親しむ活動を多く取り入れるとともに，自然環境を大切にする心やよりよい環境をつくろうとする態度をもつようにすること。	物の体の働きの共通性や環境との関係についての見方や考え方を養う。 2　内容 A　生物とその環境 (3) 人の体を……人としての特徴や環境とのかかわりを調べることができるようにする。 イ　人は，食べ物，水，空気などを通して，他の動物，植物及び周囲の環境とかかわって生きていること。 第3　指導計画の作成と各学年にわたる内容の取扱い 3　生物，天気，川，土地などの指導については，野外に出かけ地域の自然に親しむ活動を多く取り入れるとともに，自然の保護に関心をもつようにすること。
生活	第1　目標 　具体的な活動や体験を通して，自分と身近な人々，社会及び自然とのかかわりに関心をもち，自分自身や自分の生活について考えさせるとともに，その過程において生活上必要な習慣や技能を身に付けさせ，自立への基礎を養う。	目標 　具体的な活動や体験を通して，自分と身近な社会や自然とのかかわりに関心をもち，自分自身や自分の生活について考えさせるとともに，その過程において生活上必要な習慣や技能を身に付けさせ，自立への基礎を養う。
生活 （1・2学年）	1　目標 (2) 自分と身近な動物や植物などの自然とのかかわりに関心をもち，自然を大切にしたり，自分たちの遊びや生活を工夫したりすることができるようにする。	1　目標（1学年） (2) 自分と身近な動物や植物などの自然とのかかわりに関心をもち，自然を大切にしたり，自分たちの遊びや生活を工夫したりすることができるようにする。

337

教科等	1998（平成10）年改訂	1989（平成元）年改訂
	(3) 身近な人々，社会及び自然に関する活動の楽しさを味わうとともに，…… 2　内容 (5) 身近な自然を観察したり，……四季の変化や季節によって生活の様子が変わることに気付き，自分たちの生活を工夫したり楽しくしたりできるようにする。 (6) 身の回りの自然を利用したり，身近にある物を使ったりなどして遊びを工夫し，みんなで遊びを楽しむことができるようにする。 (7) 動物を飼ったり植物を育てたりして，それらの育つ場所，変化や成長の様子に関心をもち，また，それらは生命をもっていることや成長していることに気付き，生き物への親しみをもち，大切にすることができるようにする。	内容 (3) 近所の公園などの……身近な自然を観察し季節の変化に気付き，それに合わせて生活することができるようにする。 (5) 動物を飼ったり植物を育てたりして，それらも自分たちと同じように生命をもっていることに気付き，生き物への親しみを持ちそれを大切にすることができるようにする。 内容（2学年） (3) ……四季の変化や地域の生活に関心をもち…… (5) 野外の自然を観察したり，動物を飼ったり植物を育てたりして，それらの変化や成長の様子に関心をもち，また，それらは自分たちと同じように成長していることに気付き，自然や生き物への親しみを持ちそれらを大切にすることができるようにする。
	第3　指導計画の作成と各学年にわたる内容の取扱い (2) 自分と地域の人々，社会及び自然とのかかわりが具体的に把握できるような学習活動を行うこととし，校外での活動を積極的に取り入れること。 (4) 第2の内容(7)については，2学年にわたって取り扱うものとし，動物や植物へのかかわり方が次第に深まるようにすること。	3　指導計画の作成と各学年にわたる内容の取扱い (2) 自分と地域の社会や自然とのかかわりが具体的に把握できるような学習活動を行うこと。
家庭 （5・6学年）	2　内容 (8) 近隣の人々との生活を考え，自分の家庭生活について環境に配慮した工夫ができるようにする。	2　内容（5学年） C　家族の生活と住居 (3) 身の回りの品物について活用の仕方が分かり，不要品やごみを適切に処理できるようにする。 2　内容（6学年） C　家族の生活と住居 (3) ……略…… ウ　近隣の人々の生活を考え，環境を清潔にしたり騒音を防止したりする必要性が分かること。

資料

教科等	1998（平成10）年改訂	1989（平成元）年改訂
体育	（3・4学年） 2　内容 F　保健 (1) 健康の大切さを認識するとともに，健康によい生活の仕方が理解できるようにする。 イ　毎日を健康に過ごすためには，……換気などの生活環境を整えることなどが必要であること。	（5・6学年） 2　内容 G　保健 (4) 健康な生活について理解できるようにする。 イ　健康の保持増進には，良い水，良い空気及び日光が欠くことのできないものであること。
道徳		1　目標 ……人間尊重の精神と生命に対する畏敬の念を家庭，学校，その他社会における具体的な生活の中に生かし……
	第2　内容 （1・2学年） 3　主として自然や崇高なものとのかかわりに関すること。 (1) 身近な自然に親しみ，動植物に優しい心で接する。 (2) 生きることを喜び，生命を大切にする心をもつ。 （3・4学年） 3　主として自然や崇高なものとのかかわりに関すること。 (1) 自然のすばらしさや不思議さに感動し，自然や動植物を大切にする。 (2) 生命の尊さを感じ取り，生命あるものを大切にする。 （5・6学年） 3　主として自然や崇高なものとのかかわりに関すること。 (1) 自然の偉大さを知り，自然環境を大切にする。 (2) 生命がかけがえのないものであることを知り，自他の生命を尊重する。	2　内容 （1・2学年） 3　主として自然や崇高なものとのかかわりに関すること。 (1) 身近な自然に親しみ，動植物に優しい心で接する。 (2) 生命を大切にする心をもつ。 （3・4学年） 3　主として自然や崇高なものとのかかわりに関すること。 (1) 自然のすばらしさや不思議さを知り，自然や動植物を大切にする。 (2) 生命の尊さを知り，生命あるものを大切にする。 （5・6学年） 3　主として自然や崇高なものとのかかわりに関すること。 (1) 自然の偉大さを知り，自然環境を大切にする。 (2) 生命がかけがえのないものであることを知り，自他の生命を尊重する。

出典：大蔵省印刷局編（1989a, 1998a）より筆者抜粋。

資料6 1989,98年改訂中学校学習指導要領の環境教育関連内容

教科等	1998（平成10）年改訂	1989（平成元）年改訂
総則（総合的な学習の時間）	第4　総合的な学習の時間の取扱い 3　各学校においては，2に示すねらいを踏まえ，例えば国際理解，情報，環境，福祉・健康などの横断的・総合的な課題，生徒の興味・関心に基づく課題，地域や学校の特色に応じた課題などについて，学校の実態に応じた学習活動を行うものとする。 5　総合的な学習の時間の学習活動を行うに当たっては，次の事柄に配慮するものとする。 (1)　自然体験やボランティア活動などの社会体験，観察・実験，見学や調査，発表や討論，ものづくりや生産活動など体験的な学習，問題解決的な学習を積極的に取り入れること。	
社会〔地理的分野〕	1　目標 (2)　日本や世界の地域の諸事象を位置や空間的な広がりとのかかわりでとらえ，それを地域の規模に応じて環境条件や人間の営みなどと関連付けて考察し，地域的特色をとらえるための視点や方法を身に付けさせる。	1　目標 (4)　自然及び社会的条件と人々の生活の関係は人間活動によって絶えず変化し，それに伴って地域も変容していることに気付かせ，環境や資源と人々の生活とのかかわりについて考えさせる。
	2　内容 (3)　世界と比べて見た日本 (ウ)　資源や産業から見た日本の地域的特色 　世界的視野から見て，日本はエネルギー資源や鉱物資源に恵まれていない国であること，……国内では地域の環境条件を生かした多様な産業地域がみられること，環境やエネルギーに関する課題などを抱えていることを大観させる。 (エ)　生活・文化から見た日本の地域的特色 　……外国から入ってきた生活・文化は日本の環境条件に対応させて取り入れてきたこと……	2　内容 (1)　世界とその諸地域 (イ)　人々の生活と環境 　世界の諸地域における人々の生活とその変化の様子を自然及び社会的条件と関連付けて大観させ，世界の人々の生活や環境の多様性に着目させる。 (2)　日本とその諸地域 ウ　日本の諸地域 (ア)　自然と人々 　地域の自然的条件と人々の生活を関連付けて取り上げ，その地域的特色を理解させるとともに，自然と人々の生活の関係が人間の活動によって変化していることに着目させる。 (イ)　産業と地域 　主な資源の分布と開発状況や主な産業

教科等	1998（平成10）年改訂	1989（平成元）年改訂
		などを，地域の形成と関連付けて取り上げ，地域の産業を成り立たせている地理的諸条件やそれらが地域において果たしている役割を理解させ，資源の開発や産業の動向が地域の人々の生活と深くかかわっていることに着目させる。
社会〔公民的分野〕	2　内容 (2)　国民生活と経済 イ　国民生活と福祉 　国民生活と福祉の向上を図るために，……。その際，社会資本の整備，公害の防止など環境の保全，社会保障の充実，消費者の保護，租税の意義と役割及び国民の納税の義務について理解させるとともに，…… (3)　現代の民主政治とこれからの社会 ウ　世界平和と人類の福祉の増大 　……また，人類の福祉の増大を図り，よりよい社会を築いていくために解決すべき課題として，地球環境，資源・エネルギー問題などについて考えさせる。	2　内容 (2)　国民生活の向上と経済 イ　国民生活と福祉 　国民生活の向上や福祉の増大をはかるためには，雇用と労働条件の改善，消費者の保護，社会保障の充実，社会資本の整備，公害の防止など環境の保全，資源やエネルギーの有効な開発・利用などが必要であることを理解させる。……
	3　内容の取扱い (エ)　「地球環境，資源・エネルギー問題」については，適切な課題を設定して行う学習を取り入れるなどの工夫を行い，国際的な協力や強調の必要性に着目させるとともに，身近な地域の生活との関連性を重視し，世界的な視野と地域的な視点に立って追究させる工夫を行うこと。	
理科〔第1分野〕	1　目標 (1)　物質やエネルギーに関する事物・現象に対する関心を高め，…… (4)　物質やエネルギーに関する事物・現象を調べる活動を通して，日常生活と関連付けて科学的に考える態度を養うとともに，自然を総合的に見ることができるようにする。	1　目標 (4)　物質やエネルギーに関する事物・現象に対する関心を高め，意欲的に調べる活動を行わせるとともに，これらの事象を日常生活と関連付けて考察する態度を育てる。
	2　内容 (7)　科学技術と人間 　エネルギー資源の利用と環境保全との関連や科学技術の利用と人間生活との	2　内容 (6)　運動とエネルギー 　運動についての……エネルギーについての初歩的な見方や考え方を養う。ま

教科等	1998（平成10）年改訂	1989（平成元）年改訂
	かかわりについて認識を深めるとともに，日常生活と関連付けて科学的に考える態度を養う。 ア　エネルギー資源 (ア)　人間が利用しているエネルギーには水力，火力，原子力など様々なものがあることを知るとともに，エネルギーの有効な利用が大切であることを認識すること。 イ　科学技術と人間 (ア)　科学技術の進歩による成果として新素材などの利用が行われ，日常生活が豊かで便利になったことを知るとともに，環境との調和を図りながら科学技術を発展させていく必要があることを認識すること。	た，科学技術の進歩と人間生活のかかわりについての認識を深める。 エ　科学技術の進歩と人間生活 (ア)　日常生活では，科学技術の成果として様々な素材やエネルギーが利用されていることを知る。
理科 〔第2分野〕	1　目標 (4)　生物とそれを取り巻く自然の事物・現象を調べる活動を行い，自然の調べ方を身に付けるとともに，これらの活動を通して自然環境を保全し，生命を尊重する態度を育て，自然を総合的に見ることができるようにする。	1　目標 (4)　生物とそれを取り巻く自然の事物・現象に対する関心を高め，意欲的に自然を調べる活動を行わせるとともに，これらの活動を通して，自然環境を保全し，生命を尊重する態度を育てる。
	2　内容 (7)　自然と人間 微生物の働きや自然環境を調べ，自然界における生物相互の関係や自然界のつり合いについて理解し，自然と人間のかかわり方について総合的に見たり考えたりすることができるようにする。 ア　自然と環境 (ア)　微生物の働きを調べ，植物，動物及び微生物を栄養摂取の面から相互に関連付けてとらえるとともに，自然界では，これらの生物がつり合いを保って生活していることを見いだすこと。 (イ)　学校周辺の身近な自然環境について調べ，自然環境は自然界のつり合いの上に成り立っていることを理解するとともに，自然環境を保全することの重要性を認識すること。 イ　自然と人間 (ア)　自然がもたらす恩恵や災害について調べ，これらを多面的，総合的にとら	2　内容 (5)　生物のつながり 身近な生物についての観察，実験を通して，……自然界における生物同士のつながりについての認識を深める。 ア　生物と細胞 イ　生物の殖え方と遺伝 ウ　生物界のつながり (ア)　いろいろな生物の特徴を比較し，生物同士の類縁関係を見いだすとともに，生物が進化することを知る。 (イ)　微生物の働きを調べ，植物，動物及び微生物を栄養摂取の面から相互に関連付けてとらえるとともに，自然界では，これらの生物がつり合いを保って生活していることを見いだすこと。 (6)　大地の変化と地球 大地の活動の様子や……，人間生存の場としての地球について総合的に考察させる。

資　　料

教科等	1998（平成10）年改訂	1989（平成元）年改訂
	えて，自然と人間のかかわり方について考察すること。	ウ　地球と人間 (ｱ)　他の惑星との比較を通して，地球には生物の生存を支える様々な環境要因がそろっていることを認識すること。 (ｲ)　人間が利用している資源やエネルギーには，天然資源，水力，火力，原子力などがあることについての認識を深めること。 (ｳ)　自然の開発や利用に当たっては自然界のつり合いを考えたり自然の保存や調整を行ったりするなど，自然環境を保全することの重要性について認識すること。
	3　内容の取扱い (8)　内容の(7)については，次のとおり取り扱うものとする。 ア　アの(ｱ)については，生産者，消費者及び分解者の関連を扱い，土壌動物については簡単に扱うこと。 イ　アの(ｲ)の自然環境について調べることについては，学校周辺の生物や大気，水などの自然環境を直接調べたり，記録や資料を基に調べたりする活動などを適宜行うこと。 ウ　イの(ｱ)については，記録や資料を基に調べること。「災害」については，地域において過去に地震，火山，津波，台風，洪水などの災害があった場合には，その災害について調べること。	3　内容の取扱い (7)　内容の(6)については，次のとおり取り扱うものとする。 オ　ウの(ｱ)の「環境要因」としては，空気，水，土，太陽放射などを取り上げること。
理科	第3　指導計画の作成と各学年にわたる内容の取扱い 2　各分野の内容の指導については，次の事項に配慮するものとする。 (2)　生命の尊重や自然環境の保全に関する態度が育成されるようにすること。 5　第2の内容の第1分野(7)のイの(ｱ)と第2分野(7)のイの(ｱ)については，生徒や学校，地域の実態に応じていずれかを選択するものとする。	第3　指導計画の作成と各学年にわたる内容の取扱い 2　各分野の内容の指導については，次の事項に配慮するものとする。 (2)　生命の尊重や自然環境の保全に関する態度が育成されるようにすること。
保健体育 〔保健分野〕		1　目標 (2)　健康と環境とのかかわりについて理解させ，健康に適した環境の維持や改善を図ることができる能力と態度を育てる。

教科等	1998（平成10）年改訂	1989（平成元）年改訂
	2　内容 (2)　健康と環境について理解できるようにする。 ア　身体には，環境に対してある程度まで適応能力があること。また，快適で能率のよい生活を送るための温度，湿度や明るさには一定の範囲があること。 イ　飲料水や空気は，健康と密接なかかわりがあることから，衛生的な基準に適合するよう管理する必要があること。 ウ　人間の生活によって生じた廃棄物は，衛生的に，また，環境の保全に十分配慮し，環境を汚染しないように処理する必要があること。	2　内容 (2)　健康と環境について理解させる。 イ　快適で能率のよい生活を送るための温度，湿度などや明るさ，騒音には一定の範囲があること。また，空気中の二酸化炭素の濃度は室内空気の汚れの指標となり，一酸化炭素は有害で，それぞれ許容濃度が定められていること。 ウ　生命の維持や生活に必要な水は，衛生的な基準に適合するよう浄化され，確保されていること。 エ　人間の生活によって生じた廃棄物は，衛生的に，また，環境を汚染しないように処理する必要があること。
	3　内容の取扱い (5)　内容の(2)については，地域の実態に即して公害と健康との関係を取り扱うことも配慮するものとする。また，生態系については，取り扱わないものとする。	3　内容の取扱い (3)　内容の(2)については，地域の実態に即して公害と健康との関係を取り上げることも配慮するものとする。
技術・家庭〔技術分野〕	1　目標 実践的・体験的な学習活動を通して，ものづくりやエネルギー利用及びコンピュータ活用等に関する基礎的な知識と技術を習得するとともに，技術が果たす役割について理解を深め，それらを適切に活用する能力と態度を育てる。	
	2　内容 A　技術とものづくり (1)　生活や産業の中で技術の果たしている役割について，次の事項を指導する。 イ　技術と環境・エネルギー・資源との関係について知ること。 (5)　エネルギーの変換方法や力の伝達のしくみを知り，それらを利用した製作品の設計ができること。	
	3　内容の取扱い (1)　内容の「A 技術とものづくり」については，次のとおり取り扱うものとする。 ア　(1)のイについては，技術の進展がエネルギーや資源の有効利用，自然環境の保全に貢献していることについて扱	

資　料

教科等	1998（平成10）年改訂	1989（平成元）年改訂
	うこと。 エ　(6)については，草花や野菜等の普通栽培を原則とするが，地域や学校の実情等に応じて施設栽培等を扱うこともできること。	
技術・家庭 〔家庭分野〕	2　内容 A　生活の自立と衣食住 (5)　食生活の課題と調理の応用について，次の事項を指導する。 ア　自分の食生活に関心をもち，日常食や地域の食材を生かした調理の工夫ができること。 B　家族と家庭生活 (4)　家庭生活と消費について，次の事項を指導する。 イ　自分の生活が環境に与える影響について考え，環境に配慮した消費生活を工夫すること。 (6)　家庭生活と地域とのかかわりについて，次の事項を指導する。 イ　環境や資源に配慮した生活の工夫について，課題をもって実践できること。	2　内容〔J　住居〕 (4)　家庭生活における資源の適切な使い方と廃棄物の処理について考えさせる。
	第3　指導計画の作成と内容の取扱い 〔技術分野，家庭分野のA・Bの(1)〜(4)は必修，それぞれの(5)(6)は4項目のうち1又は2項目を選択と記述されている。〕	
道徳		第1　目標 　道徳教育の目標は，……人間尊重の精神と生命に対する畏敬の念を家庭，学校，その他社会における具体的な生活の中に生かし，……
	第2　内容 3　主として自然や崇高なものとのかかわりに関すること。 (1)　自然を愛護し，美しいものに感動する豊かな心をもち，人間の力を超えたものに対する畏敬の念を深める。 (2)　生命の尊さを理解し，かけがえのない自他の生命を尊重する。	第2　内容 3　主として自然や崇高なものとのかかわりに関すること。 (1)　自然を愛し，美しいものに感動する豊かな心をもち，人間の力を超えたものに対する畏敬の念を深めるようにする。 (2)　生命の尊さを理解し，かけがえのない自他の生命を尊重するようにする。

出典：大蔵省印刷局編（1989b, 1998b）より筆者抜粋。

資料7 1998，2008年改訂小学校学習指導要領の環境教育関連内容

教科等	2008（平成20）年改訂	1998（平成10）年改訂
社会 （3・4学年）	1　目標 (1)　地域の産業や消費生活の様子，人々の健康な生活や良好な生活環境及び安全を守るための諸活動について理解できるようにし，地域社会の一員としての自覚をもつようにする。 (2)　地域の地理的環境，人々の生活の変化や地域の発展に尽くした先人の働きについて理解できるようにし，地域社会に対する誇りと愛情を育てるようにする。	1　目標 (1)　地域の産業や消費生活の様子，人々の健康な生活や安全を守るための諸活動について理解できるようにし，地域社会の一員としての自覚をもつようにする。 (2)　地域の地理的環境，人々の生活の変化や地域の発展に尽くした先人の働きについて理解できるようにし，地域社会に対する誇りと愛情を育てるようにする。
	2　内容 (3)　地域の人々の生活にとって必要な飲料水，電気，ガスの確保や廃棄物の処理について，次のことを見学，調査したり資料を活用したりして調べ，これらの対策や事業は地域の人々の健康な生活や良好な生活環境の維持と向上に役立っていることを考えるようにする。 ア　飲料水，電気，ガスの確保や廃棄物の処理と自分たちの生活や産業とのかかわり イ　これらの対策や事業は計画的，協力的に進められていること。	2　内容 (3)　地域の人々の生活にとって必要な飲料水，電気，ガスの確保や廃棄物の処理について，次のことを見学したり調査したりして調べ，これらの対策や事業は地域の人々の健康な生活の維持と向上に役立っていることを考えるようにする。 ア　飲料水，電気，ガスの確保や廃棄物の処理と自分たちの生活や産業とのかかわり イ　これらの対策や事業は計画的，協力的に進められていること。
	(4)　地域社会における災害及び事故の防止について，……	(4)　地域社会における災害及び事故から人々の安全を守る工夫について，……
	(5)　地域の人々の生活について，……人々の生活の変化や人々の願い，地域の人々の生活の向上に尽くした先人の働きや苦心を考えるようにする。 イ　地域の人々が受け継いできた文化財や年中行事 ウ　地域の発展に尽くした先人の具体的事例	(5)　地域の人々の生活について，……人々の生活の変化や人々の願い，地域の人々の生活の向上に尽くした先人の働きや苦心を考えるようにする。 イ　地域に残る文化財や年中行事 ウ　地域の発展に尽くした先人の具体的事例
	3　内容の取扱い (3)　内容の(3)については，次のとおり取り扱うものとする。 ア　「飲料水，電気，ガス」については，それらの中から選択して取り上げ，節	3　内容の取扱い (1)　内容の(2)については，次のとおり取り扱うものとする。 ア　……地域の生産活動を取り上げる場合には自然環境との関係について，

資　料

教科等	2008（平成20）年改訂	1998（平成10）年改訂
	水や節電などの資源の有効な利用についても扱うこと。 イ 「廃棄物の処理」については，ごみ，下水のいずれかを選択して取り上げ，廃棄物を資源として活用していることについても扱うこと。 (4) 内容の(4)の「災害」については，火災，風水害，地震などの中から選択して取り上げ，……。 (5) 内容の(3)及び(4)にかかわって，地域の社会生活を営む上で大切な法やきまりについて扱うものとする。 (6) 内容の(5)のウの「具体的事例」については，開発，教育，文化，産業などの地域の発展に尽くした先人の中から選択して取り上げるものとする。 (7) 内容の(6)については，次のとおり取り扱うものとする。 ア ウについては，自然環境，伝統や文化などの地域の資源を保護・活用している地域を取り上げること。その際，伝統的な工業などの地場産業の盛んな地域を含めること。	……触れるようにすること。 (2) 内容(3)の「飲料水，電気，ガス」については，それらの中から選択して取り上げるものとする。また，「廃棄物の処理」については，ごみ，下水のいずれかを選択して取り上げ，その際，廃棄物を資源として活用していることについても扱うようにする。 (3) 内容(4)の「災害」については，火災，風水害，地震などの中から選択して取り上げ……。 (4) 内容(5)のウの「具体的事例」については，地域の開発，教育，文化，産業などの発展に尽くした先人の中から選択して取り上げるものとする。
社会 （5学年）	1 目標 (1) 我が国の国土の様子，国土の環境と国民生活との関連について理解できるようにし，環境の保全や自然災害の防止の重要性について関心を深め，国土に対する愛情を育てるようにする。 (2) 我が国の産業の様子，産業と国民生活との関連について理解できるようにし，我が国の産業の発展や社会の情報化の進展に関心をもつようにする。	1 目標 (1) 我が国の産業の様子，産業と国民生活との関連について理解できるようにし，我が国の産業の発展に関心をもつようにする。 (2) 我が国の国土の様子について理解できるようにし，環境の保全の重要性について関心を深めるようにするとともに，国土に対する愛情を育てるようにする。
	2 内容 (1) 我が国の国土の自然などの様子について，……調べ，国土の環境が人々の生活や産業と密接な関連をもっていることを考えるようにする。 イ 国土の地形や気候の概要，自然条件から見て特色ある地域の人々の生活	2 内容 (1) 我が国の農業や水産業について，……調べ，それらは国民の食料を確保する重要な役割を果たしていることや自然環境と深いかかわりをもって営まれていることを考えるようにする。 (4) 我が国の国土の自然などの様子につ

347

教科等	2008（平成20）年改訂	1998（平成10）年改訂
	ウ　公害から国民の健康や生活環境を守ることの大切さ エ　国土の保全などのための森林資源の働き及び自然災害の防止 (2)　我が国の農業や水産業について，……調べ，それらは国民の食料を確保する重要な役割を果たしていることや自然環境と深いかかわりをもって営まれていることを考えるようにする。	いて……調べ，国土の環境が人々の生活や産業と密接な関連をもっていることを考えるようにする。 イ　公害から国民の健康や生活環境を守ることの大切さ ウ　国土の保全や水資源の涵養のための森林資源の働き
	3　内容の取扱い (1)　内容の(1)については，次のとおり取り扱うものとする。 イ　イの「自然条件から見て特色ある地域」については，事例地を選択して取り上げ，自然環境に適応しながら生活している人々の工夫を具体的に扱うこと。 ウ　ウについては，大気の汚染，水質の汚濁などの中から具体的事例を選択して取り上げること。 エ　エについては，我が国の国土保全等の観点から扱うようにし，森林資源の育成や保護に従事している人々の工夫や努力及び環境保全のための国民一人一人の協力の必要性に気付くよう配慮すること。	3　内容の取扱い (6)　内容の(4)については，次のとおり取り扱うものとする。 ウ　イについては，大気の汚染，水質の汚濁などの中から具体的事例を選択して取り上げること。 エ　ウについては，我が国の国土保全等の観点から扱うようにし，森林資源の育成や保護に従事している人々の努力及び環境保全のための国民一人一人の協力の必要性に気付くよう配慮すること。
理科	目標 自然に親しみ，見通しをもって観察，実験などを行い，問題解決の能力と自然を愛する心情を育てるとともに，自然の事物・現象についての実感を伴った理解を図り，科学的な見方や考え方を養う。	目標 自然に親しみ，見通しをもって観察，実験などを行い，問題解決の能力と自然を愛する心情を育てるとともに自然の事物・現象についての理解を図り，科学的な見方や考え方を養う。
理科 （3学年）	1　目標 (2)　身近に見られる動物や植物，日なたと日陰の地面を比較しながら調べ，……生物を愛護する態度を育てるとともに，……生物と環境とのかかわり，太陽と地面の様子との関係についての見方や考え方を養う。	1　目標 (1)　身近に見られる動物や植物を比較しながら調べ……生物を愛護する態度を育てるとともに，……生物同士のかかわりについての見方や考え方を養う。
	2　内容 B　生命・地球 (1)　昆虫と植物 　身近な昆虫や植物を探したり育てたりして，成長の過程や体のつくりを調べ，	2　内容 A　生物とその環境 (1)　身近な昆虫や植物を育てたりして，……昆虫と植物とのかかわりについての考えをもつようにする。

資料

教科等	2008（平成20）年改訂	1998（平成10）年改訂
	それらの成長のきまりや体のつくりについての考えをもつことができるようにする。 (2) 身近な自然の観察 　身の回りの生物の様子を調べ，生物とその周辺の環境との関係についての考えをもつことができるようにする。 ア　生物は，色，形，大きさなどの姿が違うこと。 イ　生物は，その周辺の環境とかかわって生きていること。	ウ　昆虫には植物を食べたり，それをすみかにしたりして生きているものがいること。
	3　内容の取扱い (2) 内容の「B生命・地球」の(1)については，次のとおり取り扱うものとする。 ア　ア及びイについては，飼育，栽培を通して行うこと。	3　内容の取扱い (1) 内容の「A生物とその環境」の(1)については，次のとおり取り扱うものとする。 ア　ア及びイについては，飼育，栽培を通して行うこと。
理科 （4学年）	1　目標 (2) 人の体のつくり，動物の活動や植物の成長，天気の様子，月や星の位置の変化を運動，季節，気温，時間などと関係付けながら調べ，……生物を愛護する態度を育てるとともに，人の体のつくりと運動，動物の活動や植物の成長と環境とのかかわり，気象現象，月や星の動きについての見方や考え方を養う。	1　目標 (1) 身近に見られる動物の活動や植物の成長を季節と関係付けながら調べ，……生物を愛護する態度を育てるとともに，動物の活動や植物の成長と環境とのかかわりについての見方や考え方を養う。
	2　内容 B　生命・地球 (2) 季節と生物 　身近な動物や植物を探したり育てたりして，季節ごとの動物の活動や植物の成長を調べ，それらの活動や成長と環境とのかかわりについての考えをもつことができるようにする。	2　内容 A　生物とその環境 (1) ……季節ごとの動物の活動や植物の成長を調べ，それらの活動や成長と季節とのかかわりについての考えをもつようにする。
	3　内容の取扱い (4) 内容の「B生命・地球」の(2)については，1年を通して動物の活動や植物の成長をそれぞれ2種類以上観察するものとする。	
理科 （5学年）	1　目標 (2) 植物の発芽から結実までの過程，動	1　目標 (1) ……生命を尊重する態度を育てると

教科等	2008（平成20）年改訂	1998（平成10）年改訂
	物の発生や成長, 流水の様子, 天気の変化を条件, 時間, 水量, 自然災害などに目を向けながら調べ, ……生命を尊重する態度を育てるとともに, 生命の連続性, 流水の働き, 気象現象の規則性についての見方や考え方を養う。	ともに, 生命の連続性についての見方や考え方を養う。 (3) 天気の変化や流水の様子を時間や水量, 自然災害などに目を向けながら調べ……。
	2　内容 B　生命・地球 (3)　流水の働き 　……流れる水の働きと土地の変化の関係についての考えをもつことができるようにする。 ウ　雨の降り方によって, ……増水により土地の様子が大きく変化する場合があること。	2　内容 C　地球と宇宙 (2)　地面を流れる水や川の様子を観察し, ……流れる水の働きと土地の変化の関係についての考えをもつようにする。 イ　……増水により土地の様子が大きく変化する場合があること。
	3　内容の取扱い (4)　内容の「B生命・地球」の(4)のイについては, 台風の進路による天気の変化や台風と降雨との関係についても触れるものとする。	
理科 （6学年）	1　目標 (2)　生物の体のつくりと働き, 生物と環境, 土地のつくりと変化の様子, ……生命を尊重する態度を育てるとともに, 生物の体の働き, 生物と環境とのかかわり, 土地のつくりと変化のきまり, 月の位置や特徴についての見方や考え方を養う。	1　目標 (1)　生物の体のつくりと働き及び環境を相互に関係付けながら調べ, ……生命を尊重する態度を育てるとともに, 生物の体の働き及び生物と環境とのかかわりについての見方や考え方を養う。 (3)　土地のつくりと変化の様子を自然災害などと関係付けながら調べ, ……
	2　内容 B　生命・地球 (3)　生物と環境 　動物や植物の生活を観察したり, 資料を活用したりして調べ, 生物と環境とのかかわりについての考えをもつことができるようにする。 ア　生物は, 水及び空気を通して周囲の環境とかかわって生きていること。 イ　生物の間には, 食う食われるという関係があること。	2　内容 A　生物とその環境 (1)　人及び他の動物を……〔環境とのかかわりは削除〕 (2)　動物や植物の生活を観察し, 生物の養分のとり方を調べ, 生物と環境とのかかわりについての考えをもつようにする。 イ　生きている植物体や枯れた植物体は動物によって食べられること。 ウ　生物は, 食べ物, 水及び空気を通して周囲の環境とかかわって生きていること。
	3　内容の取扱い (3)　内容の「B生命・地球」の(3)のアに	3　内容の取扱い (2)　内容の「A生物とその環境」の(2)

教科等	2008（平成20）年改訂	1998（平成10）年改訂
	ついては，水が循環していることにも触れるものとする。	のウについては，食物連鎖などは取り扱わないものとする。
理科	第3　指導計画の作成と各学年にわたる内容の取扱い 2　第2の内容の取扱いについては，次の事項に配慮するものとする。 (2) 生物，天気，川，土地などの指導については，野外に出掛け地域の自然に親しむ活動や体験的な活動を多く取り入れるとともに，自然環境を大切にし，その保全に寄与しようとする態度を育成するようにすること。	第3　指導計画の作成と各学年にわたる内容の取扱い 2　第2の内容の取扱いについては，次の事項に配慮するものとする。 (2) 生物，天気，川，土地などの指導については，野外に出掛け地域の自然に親しむ活動を多く取り入れるとともに，自然環境を大切にする心やよりよい環境をつくろうとする態度をもつようにすること。
生活	第1　目標 　具体的な活動や体験を通して，自分と身近な人々，社会及び自然とのかかわりに関心をもち，自分自身や自分の生活について考えさせるとともに，その過程において生活上必要な習慣や技能を身に付けさせ，自立への基礎を養う。	第1　目標 　具体的な活動や体験を通して，自分と身近な人々，社会及び自然とのかかわりに関心をもち，自分自身や自分の生活について考えさせるとともに，その過程において生活上必要な習慣や技能を身に付けさせ，自立への基礎を養う。
生活 （1・2学年）	1　目標 (2) 自分と身近な動物や植物などの自然とのかかわりに関心をもち，自然のすばらしさに気付き，自然を大切にしたり，自分たちの遊びや生活を工夫したりすることができるようにする。 (3) 身近な人々，社会及び自然とのかかわりを深めることを通して，自分のよさや可能性に気付き，意欲と自信をもって生活することができるようにする。 (4) 身近な人々，社会及び自然に関する活動の楽しさを味わうとともに，……。	1　目標 (2) 自分と身近な動物や植物などの自然とのかかわりに関心をもち，自然を大切にしたり，自分たちの遊びや生活を工夫したりすることができるようにする。 (3) 身近な人々，社会及び自然に関する活動の楽しさを味わうとともに，……
	2　内容 (5) 身近な自然を観察したり，……四季の変化や季節によって生活の様子が変わることに気付き，自分たちの生活を工夫したり楽しくしたりできるようにする。 (6) 身近な自然を利用したり身近にある物を使ったりなどして，遊びや遊びに使う物を工夫してつくり，その面白さや自然の不思議さに気付き，みんなで遊びを楽しむことができるようにする。 (7) 動物を飼ったり植物を育てたりして，それらの育つ場所，変化や成長の様子	2　内容 (5) 身近な自然を観察したり，……四季の変化や季節によって生活の様子が変わることに気付き，自分たちの生活を工夫したり楽しくしたりできるようにする。 (6) 身の回りの自然を利用したり，身近にある物を使ったりなどして遊びを工夫し，みんなで遊びを楽しむことができるようにする。 (7) 動物を飼ったり植物を育てたりして，それらの育つ場所，変化や成長の様子に関心をもち，また，それらは生命を

教科等	2008（平成20）年改訂	1998（平成10）年改訂
	に関心をもち，また，それらは生命をもっていることや成長していることに気付き，生き物への親しみをもち，大切にすることができるようにする。	もっていることや成長していることに気付き，生き物への親しみをもち，大切にすることができるようにする。
	第3　指導計画の作成と各学年にわたる内容の取扱い (1) 自分と地域の人々，社会及び自然とのかかわりが具体的に把握できるような学習活動を行うこととし，校外での活動を積極的に取り入れること。 (2) 第2の内容の(7)については，2学年にわたって取り扱うものとし，動物や植物へのかかわりが深まるよう継続的な飼育，栽培を行うようにすること。	第3　指導計画の作成と各学年にわたる内容の取扱い (2) 自分と地域の人々，社会及び自然とのかかわりが具体的に把握できるような学習活動を行うこととし，校外での活動を積極的に取り入れること。 (4) 第2の内容の(7)については，2学年にわたって取り扱うものとし，動物や植物へのかかわりが次第に深まるようにすること。
家庭 (5・6学年)	2　内容 D　身近な消費生活と環境 (2) 環境に配慮した生活の工夫について，次の事項を指導する。 ア　自分の生活と身近な環境とのかかわりに気付き，物の使い方などを工夫できること。	2　内容 (8) 近隣の人々との生活を考え，自分の家庭生活について環境に配慮した工夫ができるようにする。
体育 (3・4学年)	2　内容 G　保健 (1) 健康の大切さを認識するとともに，健康によい生活について理解できるようにする。 ア　心や体の調子がよいなどの健康の状態は，主体の要因や周囲の環境の要因がかかわっていること。 ウ　毎日を健康に過ごすには，明るさの調節，換気などの生活環境を整えることなどが必要であること。	2　内容 F　保健 (1) 健康の大切さを認識するとともに，健康によい生活の仕方が理解できるようにする。 イ　毎日を健康に過ごすためには，……換気などの生活環境を整えることなどが必要であること。
	3　内容の取扱い (3) 内容の「G保健」については，(1)を第3学年，(2)を第4学年で指導するものとする。 (4) 内容の「G保健」の(1)については，学校でも，健康診断や学校給食など様々な活動が行われていることについて触れるものとする。	
道徳	第2　内容 (1・2学年) 3　主として自然や崇高なものとのかか	第2　内容 (1・2学年) 3　主として自然や崇高なものとのかか

資　料

教科等	2008（平成20）年改訂	1998（平成10）年改訂
	わりに関すること。 (1) 生きることを喜び，生命を大切にする心をもつ。 (2) 身近な自然に親しみ，動植物に優しい心で接する。 〔3・4学年〕 3　主として自然や崇高なものとのかかわりに関すること。 (1) 生命の尊さを感じ取り，生命あるものを大切にする。 (2) 自然のすばらしさや不思議さに感動し，自然や動植物を大切にする。 〔5・6学年〕 3　主として自然や崇高なものとのかかわりに関すること。 (1) 生命がかけがえのないものであることを知り，自他の生命を尊重する。 (2) 自然の偉大さを知り，自然環境を大切にする。	わりに関すること。 (1) 身近な自然に親しみ，動植物に優しい心で接する。 (2) 生きることを喜び，生命を大切にする心をもつ。 〔3・4学年〕 3　主として自然や崇高なものとのかかわりに関すること。 (1) 自然のすばらしさや不思議さに感動し，自然や動植物を大切にする。 (2) 生命の尊さを感じ取り，生命あるものを大切にする。 〔5・6学年〕 3　主として自然や崇高なものとのかかわりに関すること。 (1) 自然の偉大さを知り，自然環境を大切にする。 (2) 生命がかけがえのないものであることを知り，自他の生命を尊重する。
総合的な学習の時間	第3　指導計画の作成と内容の取扱い 1　指導計画の作成に当たっては，次の事項に配慮するものとする。 (5) 学習活動については，学校の実態に応じて，例えば国際理解，情報，環境，福祉・健康などの横断的・総合的な課題についての学習活動，児童の興味・関心に基づく課題についての学習活動，地域の人々の暮らし，伝統と文化など地域や学校の特色に応じた課題についての学習活動などを行うこと。 2　第2の内容の取扱いについては，次の事項に配慮するものとする。 (3) 自然体験やボランティア活動などの社会体験，ものづくり，生産活動などの体験活動，観察・実験，見学や調査，発表や討論などの学習活動を積極的に取り入れること。 (4) 体験活動については，第1の目標並びに第2の各学校において定める目標及び内容を踏まえ，問題の解決や探究活動の過程に適切に位置付けること。	（総則） 第3　総合的な学習の時間の取扱い 3　各学校においては，2に示すねらいを踏まえ，例えば国際理解，情報，環境，福祉・健康などの横断的・総合的な課題，児童の興味・関心に基づく課題，地域や学校の特色に応じた課題などについて，学校の実態に応じた学習活動を行うものとする。 5　総合的な学習の時間の学習活動を行なうに当たっては，次の事柄に配慮するものとする。 (1) 自然体験やボランティア活動などの社会体験，観察・実験，見学や調査，発表や討論，ものづくりや生産活動など体験的な学習，問題解決的な学習を積極的に取り入れること。

出典：大蔵省印刷局編（1998a），文部科学省（2008a）より筆者抜粋。

資料8　1998，2008年中学校学習指導要領の環境教育関連内容

教科等	2008（平成20）年改訂	1998（平成10）年改訂
社会〔地理的分野〕	1　目標 (2)　日本や世界の地域の諸事象を位置や空間的な広がりとのかかわりでとらえ，それを地域の規模に応じて環境条件や人間の営みなどと関連付けて考察し，地域的特色や地域の課題をとらえさせる。	1　目標 (2)　日本や世界の地域の諸事象を位置や空間的な広がりとのかかわりでとらえ，それを地域の規模に応じて環境条件や人間の営みと関連付けて考察し，地域的特色をとらえるための視点や方法を身に付けさせる。
	2　内容 (2)　日本の様々な地域 イ　世界と比べた日本の地域的特色 (ア)　自然環境 世界的視野から日本の地形や気候の特色，海洋に囲まれた日本の国土の特色を理解させるとともに，国内の地形や気候の特色，自然災害と防災への努力を取り上げ，日本の自然環境に関する特色を大観させる。 (ウ)　資源・エネルギーと産業 世界的視野から日本の資源・エネルギーの消費の現状を理解させるとともに，国内の産業の動向，環境やエネルギーに関する課題を取り上げ，日本の資源・エネルギーと産業に関する特色を大観させる。 ウ　日本の諸地域 (エ)　環境問題や環境保全を中核とした考察 地域の環境問題や環境保全の取組を中核として，それを産業や地域開発の動向，人々の生活などと関連付け，持続可能な社会の構築のためには地域における環境保全の取組が大切であることなどについて考える。	2　内容 (3)　世界と比べて見た日本 (ウ)　資源や産業から見た日本の地域的特色 世界的視野から見て，日本はエネルギー資源や鉱物資源に恵まれていない国であること，……国内では地域の環境条件を生かした多様な産業地域がみられること，環境やエネルギーに関する課題などを抱えていることを大観させる。 (エ)　生活・文化から見た日本の地域的特色 ……外国から入ってきた生活・文化は日本の環境条件に対応させて取り入れてきたこと……
社会〔公民的分野〕	2　内容 (2)　私たちと経済 イ　国民の生活と政府の役割 国民の生活と福祉の向上を図るために，社会資本の整備，公害の防止など環境の保全，社会保障の充実，消費者の保護など，市場の働きにゆだねることが難しい諸問題に関して，国や地方公共団体が果たしている役割について考え	2　内容 (2)　国民生活と経済 イ　国民生活と福祉 国民生活と福祉の向上を図るために，……。その際，社会資本の整備，公害の防止など環境の保全，社会保障の充実，消費者の保護，租税の意義と役割及び国民の納税の義務について理解させるとともに，……

資　料

教科等	2008（平成20）年改訂	1998（平成10）年改訂
	させる。……。 (4) 私たちと国際社会の諸課題 ア　世界平和と人類の福祉の増大 　……また，地球環境，資源・エネルギー，貧困などの課題解決のために経済的，技術的な協力などが大切であることを理解させる。 イ　よりよい社会を目指して 　持続可能な社会を形成するという観点から，私たちがよりよい社会を築いていくために解決すべき課題を探求させ，自分の考えをまとめさせる。	(3) 現代の民主政治とこれからの社会 ウ　世界平和と人類の福祉の増大 　……また，人類の福祉の増大を図り，よりよい社会を築いていくために解決すべき課題として，地球環境，資源・エネルギー問題などについて考えさせる。
	3　内容の取扱い (5) 内容の(4)については，次のとおり取り扱うものとする。 イ　イについては，次のとおり取り扱うものとすること。 (ｱ) 身近な地域の生活や我が国の取組との関連性に着目させ，世界的な視野と地域的な視野に立って探求させること。 (ｲ) イについては，社会科のまとめとして位置付け，適切かつ十分な授業時数を配当すること。	3　内容の取扱い (エ) 「地球環境，資源・エネルギー問題」については，適切な課題を設定して行う学習を取り入れるなどの工夫を行い，国際的な協力や協調の必要性に着目させるとともに，身近な地域の生活との関連性を重視し，世界的な視野と地域的な視点に立って追究させる工夫を行うこと。
理科 〔第1分野〕	1　目標 (1) 物質やエネルギーに関する事物・現象に進んでかかわり，……。 (4) 物質やエネルギーに関する事物・現象を調べる活動を行い，これらの活動を通して科学技術の発展と人間生活とのかかわりについて認識を深め，科学的に考える態度を養うとともに，自然を総合的に見ることができるようにする。	1　目標 (1) 物質やエネルギーに関する事物・現象に対する関心を高め，…… (4) 物質やエネルギーに関する事物・現象を調べる活動を通して，日常生活と関連付けて科学的に考える態度を養うとともに，自然を総合的に見ることができるようにする。
	2　内容 (7) 科学技術と人間 　エネルギー資源の利用や科学技術の発展と人間生活とのかかわりについて認識を深め，自然環境の保全と科学技術の利用の在り方について科学的に考察し判断する態度を養う。 ア　エネルギー (ｱ) 様々なエネルギーとその変換 　エネルギーに関する観察，実験を通して，日常生活や社会では様々なエネ	2　内容 (7) 科学技術と人間 　エネルギー資源の利用と環境保全との関連や科学技術の利用と人間生活とのかかわりについて認識を深めるとともに，日常生活と関連付けて科学的に考える態度を養う。 ア　エネルギー資源 (ｱ) 人間が利用しているエネルギーには水力，火力，原子力など様々なものがあることを知るとともに，エネルギー

教科等	2008（平成20）年改訂	1998（平成10）年改訂
	ギーの変換を利用していることを理解すること。 (イ) エネルギー資源 　人間は，水力，火力，原子力などからエネルギーを得ていることを知るとともに，エネルギーの有効な利用が大切であることを認識すること。 ウ　自然環境の保全と科学技術の利用 (ア) 自然環境の保全と科学技術の利用 　自然環境の保全と科学技術の利用の在り方について科学的に考察し，持続可能な社会をつくることが重要であることを認識すること。	の有効な利用が大切であることを認識すること。 イ　科学技術と人間 (ア) 科学技術の進歩による成果として新素材などの利用が行われ，日常生活が豊かで便利になったことを知るとともに，環境との調和を図りながら科学技術を発展させていく必要があることを認識すること。
	3　内容の取扱い (8) 内容の(7)については，次のとおり取り扱うものとする。 イ　アの(イ)については，放射線の性質と利用にも触れること。 ウ　ウの(ア)については，これまでの第1分野と第2分野の学習を生かし，第2分野(7)のウの(ア)と関連付けて総合的に扱うこと。	
理科 〔第2分野〕	1　目標 (4) 生物とそれらを取り巻く自然の事物・現象を調べる活動を行い，これらの活動を通して生命を尊重し，自然環境の保全に寄与する態度を育て，自然を総合的に見ることができるようにする。	1　目標 (4) 生物とそれを取り巻く自然の事物・現象を調べる活動を行い，自然の調べ方を身に付けるとともに，これらの活動を通して自然環境を保全し，生命を尊重する態度を育て，自然を総合的に見ることができるようにする。
	2　内容 (7) 自然と人間 　自然環境を調べ，自然界における生物相互の関係や自然界のつり合いについて理解させるとともに，自然と人間のかかわり方についての認識を深め，自然環境の保全と科学技術の利用の在り方について科学的に考察し判断する態度を養う。 ア　生物と環境 (ア) 自然界のつり合い 　微生物の働きを調べ，植物，動物及び微生物を栄養の面から相互に関連付けてとらえるとともに，自然界では，これらの生物がつり合いを保って生活し	2　内容 (7) 自然と人間 　微生物の働きや自然環境を調べ，自然界における生物相互の関係や自然界のつり合いについて理解し，自然と人間のかかわり方について総合的に見たり考えたりすることができるようにする。 ア　自然と環境 (ア) 微生物の働きを調べ，植物，動物及び微生物を栄養摂取の面から相互に関連付けてとらえるとともに，自然界では，これらの生物がつり合いを保って生活していることを見いだすこと。 (イ) 学校周辺の身近な自然環境について調べ，自然環境は自然界のつり合いの

資　料

教科等	2008(平成20)年改訂	1998(平成10)年改訂
	ていることを見いだすこと。 (イ) 自然環境の調査と環境保全 　身近な自然環境について調べ、様々な要因が自然界のつり合いに影響していることを理解するとともに、自然環境を保全することの重要性を認識すること。 イ　自然の恵みと災害 (ア) 自然の恵みと災害 　自然がもたらす恵みと災害などについて調べ、これらを多面的、総合的にとらえて、自然と人間のかかわり方について考察すること。 ウ　自然環境の保全と科学技術の利用 (ア) 自然環境の保全と科学技術の利用 　自然環境の保全と科学技術の利用の在り方について科学的に考察し、持続可能な社会をつくることが重要であることを認識すること。	上に成り立っていることを理解するとともに、自然環境を保全することの重要性を認識すること。 イ　自然と人間 (ア) 自然がもたらす恩恵や災害について調べ、これらを多面的、総合的にとらえて、自然と人間のかかわり方について考察すること。
	3　内容の取扱い (8) 内容の(7)については、次のとおり取り扱うものとする。 ア　アの(ア)については、生態系における生産者、消費者及び分解者の関連を扱うこと。その際、土壌動物にも触れること。 イ　アの(イ)については、生物や大気、水などの自然環境を直接調べたり、記録や資料を基に調べたりするなどの活動を行うこと。また、地球温暖化や外来種にも触れること。 ウ　イの(ア)については、地球規模でのプレートの動きも扱うこと。また「災害」については、記録や資料などを用いて調べ、地域の災害について触れること。 エ　ウの(ア)については、これまでの第1分野と第2分野の学習を生かし、第1分野(7)のウの(ア)と関連付けて総合的に扱うこと。	3　内容の取扱い (8) 内容の(7)については、次のとおり取り扱うものとする。 ア　アの(ア)については、生産者、消費者及び分解者の関連を扱い、土壌動物については簡単に扱うこと。 イ　アの(イ)の自然環境について調べることについては、学校周辺の生物や大気、水などの自然環境を直接調べたり、記録や資料を基に調べたりする活動などを適宜行うこと。 ウ　イの(ア)については、記録や資料を基に調べること。「災害」については、地域において過去に地震、火山、津波、台風、洪水などの災害があった場合には、その災害について調べること。
理科	第3　指導計画の作成と内容の取扱い 2　各分野の内容の指導については、次の事項に配慮するものとする。 (2) 生命を尊重し、自然環境の保全に寄	第3　指導計画の作成と各学年にわたる内容の取扱い 2　各分野の内容の指導については、次の事項に配慮するものとする。

357

教科等	2008（平成20）年改訂	1998（平成10）年改訂
	与する態度が育成されるようにすること。 〔5が削除され，選択ではなくなった。〕	(2) 生命の尊重や自然環境の保全に関する態度が育成されるようにすること。 5　第2の内容の第1分野(7)のイの(ア)と第2分野(7)のイの(ア)については，生徒や学校，地域の実態に応じていずれかを選択するものとする。
保健体育 〔保健分野〕	2　内容 (2)　健康と環境について理解できるようにする。 ア　身体には，環境に対してある程度まで適応能力があること。身体の適応能力を超えた環境は，健康に影響を及ぼすことがあること。また，快適で能率のよい生活を送るための温度，湿度や明るさには一定の範囲があること。 イ　飲料水や空気は，健康と密接なかかわりがあること。また，飲料水や空気を衛生的に保つには，基準に適合するよう管理する必要があること。 ウ　人間の生活によって生じた廃棄物は，環境の保全に十分配慮し，環境を汚染しないように衛生的に処理する必要があること。	2　内容 (2)　健康と環境について理解できるようにする。 ア　身体には，環境に対してある程度まで適応能力があること。また，快適で能率のよい生活を送るための温度，湿度や明るさには一定の範囲があること。 イ　飲料水や空気は，健康と密接なかかわりがあることから，衛生的な基準に適合するよう管理する必要があること。 ウ　人間の生活によって生じた廃棄物は，衛生的に，また，環境の保全に十分配慮し，環境を汚染しないように処理する必要があること。
	3　内容の取扱い (5)　内容の(2)については，地域の実態に即して公害と健康との関係を取り扱うことも配慮するものとする。また，生態系については，取り扱わないものとする。	3　内容の取扱い (5)　内容の(2)については，地域の実態に即して公害と健康との関係を取り扱うことも配慮するものとする。また，生態系については，取り扱わないものとする。
技術・家庭 〔技術分野〕	1　目標 　ものづくりなどの実践的・体験的な学習活動を通して，材料と加工，エネルギー変換，生物育成及び情報に関する基礎的・基本的な知識及び技術を習得するとともに，技術と社会や環境とのかかわりについて理解を深め，技術を適切に評価し活用する能力と態度を育てる。	1　目標 　実践的・体験的な学習活動を通して，ものづくりやエネルギー利用及びコンピュータ活用等に関する基礎的な知識と技術を習得するとともに，技術が果たす役割について理解を深め，それらを適切に活用する能力と態度を育てる。
	2　内容 A　材料と加工に関する技術 (1)　生活や産業の中で利用されている技術について，次の事項を指導する。 イ　技術の進展と環境との関係について考えること。 C　生物育成に関する技術	2　内容 A　技術とものづくり (1)　生活や産業の中で技術の果たしている役割について，次の事項を指導する。 イ　技術と環境・エネルギー・資源との関係について知ること。 (5)　エネルギーの変換を利用した製作品

資料

教科等	2008（平成20）年改訂	1998（平成10）年改訂
	(1) 生物の育成環境と育成技術について，次の事項を指導する。 ア 生物の育成に適する条件と生物の育成環境を管理する方法を知ること。 イ 生物育成に関する技術の適切な評価・活用について考えること。 (2) 生物育成に関する技術を利用した栽培又は飼育について，次の事項を指導する。 ア 目的とする生物の育成計画を立て，生物の栽培又は飼育ができること。	の設計・製作について，次の事項を指導する。 ア エネルギーの変換方法や力の伝達のしくみを知り，それらを利用した製作品の設計ができること。 (6) 作物の栽培について，次の事項を指導する。 ア 作物の種類とその生育過程及び栽培に適する環境条件を知ること。 イ 栽培する作物に即した計画を立て，作物の栽培ができること。
	3 内容の取扱い (1) 内容の「A材料と加工に関する技術」の(1)については，技術の進展が資源やエネルギーの有効利用，自然環境の保全に貢献していることや，ものづくりの技術が我が国の伝統や文化を支えてきたことについても扱うものとする。	3 内容の取扱い (1) 内容の「A技術とものづくり」については，次のとおり取り扱うものとする。 ア (1)のイについては，技術の進展がエネルギーや資源の有効利用，自然環境の保全に貢献していることについて扱うこと。 エ (6)については，草花や野菜等の普通栽培を原則とするが，地域や学校の実情等に応じて施設栽培等を扱うこともできること。
技術・家庭 〔家庭分野〕	2 内容 B 食生活と自立 (3) 日常食の調理と地域の食文化について，次の事項を指導する。 イ 地域の食材を生かすなどの調理を通して，地域の食文化について理解すること。 ウ 食生活に関心をもち，課題をもって日常食又は地域の食材を生かした調理などの活動について工夫し，計画を立てて実践できること。 D 身近な消費生活と環境 (2) 家庭生活と環境について，次の事項を指導する。 ア 自分や家族の消費生活が環境に与える影響について考え，環境に配慮した消費生活について工夫し，実践できること。	2 内容 A 生活の自立と衣食住 (5) 食生活の課題と調理の応用について，次の事項を指導する。 ア 自分の食生活に関心をもち，日常食や地域の食材を生かした調理の工夫ができること。 B 家族と家庭生活 (4) 家庭生活と消費について，次の事項を指導する。 イ 自分の生活が環境に与える影響について考え，環境に配慮した消費生活を工夫すること。 (6) 家庭生活と地域とのかかわりについて，次の事項を指導する。 イ 環境や資源に配慮した生活の工夫について，課題をもって実践できること。
技術・家庭	第3 指導計画の作成と内容の取扱い 〔家庭分野の「A家族・家庭と子どもの成長」の(3)のエ，「B食生活と自立」の	第3 指導計画の作成と内容の取扱い 〔技術分野，家庭分野のA・Bの(1)～(4)は必修，それぞれの(5)(6)は4項目のう

359

教科等	2008（平成20）年改訂	1998（平成10）年改訂
	(3)のウ及び「C衣生活・住生活と自立」の(3)のイについては，これら3事項のうち1又は2事項を選択して履修させることと記されているが，技術分野と家庭分野にまたがる選択制はなくなった。]	ち1又は2項目を選択と記述されている。]
道徳	第2　内容 3　主として自然や崇高なものとのかかわりに関すること。 (1)　生命の尊さを理解し，かけがえのない自他の生命を尊重する。 (2)　自然を愛護し，美しいものに感動する豊かな心をもち，人間の力を超えたものに対する畏敬の念を深める。 (3)　人間には弱さや醜さを克服する気高さがあることを信じて，人間として生きることに喜びを見いだすように努める。	第2　内容 3　主として自然や崇高なものとのかかわりに関すること。 (1)　自然を愛護し，美しいものに感動する豊かな心をもち，人間の力を超えたものに対する畏敬の念を深める。 (2)　生命の尊さを理解し，かけがえのない自他の生命を尊重する。 (3)　人間には弱さや醜さを克服する気高さがあることを信じて，人間として生きることに喜びを見いだすように努める。
総合的な学習の時間	第3　指導計画の作成と内容の取扱い 1　指導計画の作成に当たっては，次の事項に配慮するものとする。 (5)　学習活動については，学校の実態に応じて，例えば国際理解，情報，環境，福祉・健康などの横断的・総合的な課題についての学習活動，生徒の興味・関心に基づく課題についての学習活動，地域や学校の特色に応じた課題についての学習活動，職業や自己の将来に関する学習活動などを行うこと。 2　第2の内容の取扱いについては，次の事項に配慮するものとする。 (3)　自然体験や職場体験活動，ボランティア活動などの社会体験，ものづくり，生産活動などの体験活動，観察・実験，見学や調査，発表や討論などの学習活動を積極的に取り入れること。 (4)　体験活動については，第1の目標並びに第2の各学校において定める目標及び内容を踏まえ，問題の解決や探究活動の過程に適切に位置付けること。	（総則） 第4　総合的な学習の時間の取扱い 3　各学校においては，2に示すねらいを踏まえ，例えば国際理解，情報，環境，福祉・健康などの横断的・総合的な課題，生徒の興味・関心に基づく課題，地域や学校の特色に応じた課題などについて，学校の実態に応じた学習活動を行うものとする。 5　総合的な学習の時間の学習活動を行うに当たっては，次の事柄に配慮するものとする。 (1)　自然体験やボランティア活動などの社会体験，観察・実験，見学や調査，発表や討論，ものづくりや生産活動など体験的な学習，問題解決的な学習を積極的に取り入れること。

出典：大蔵省印刷局編（1989b），文部科学省（2008b）より筆者抜粋。

資　　料

資料9　環境教育年表

年	環境問題・環境保全	環境教育
1873（明6）	鳥獣猟規則	
1878（明11）	渡良瀬川（栃木県）で足尾銅山の鉱毒害が著しくなる	
1885（明18）	浅野セメント工場（東京・深川）の降灰，問題化 別子銅山の亜硫酸ガス被害広がる オーデュボン協会発足（米国）	
1892（明25）	シエラ・クラブ設立	
1895（明28）	狩猟法	
1911（明44）	工場法	
1919（大8）	史蹟名勝天然記念物保存法	
1929（昭4）	（財）国立公園協会発足	
1931（昭6）	国立公園法	松永嘉一『人間教育の最重点　―環境教育論―』
1934（昭9）	日本野鳥の会設立。富士山麓で日本初の探鳥会。	
1937（昭12）	安中に亜鉛精錬工場設置，付近農地に被害発生	
1943（昭18）	ロサンゼルス・スモッグのはじまり	
1947（昭22）		グッドマン兄弟が『コミュニタス：生活と生き方』において Environmental Education との用語を使用
1948（昭23）		IUCN（国際自然保護連合）設立総会で，トマス・プリチャードが Environmental Education との用語を使用
1949（昭24）	東京都，全国で初めて公害防止条例制定	
1951（昭26）	横浜ぜんそく発生 日本自然保護協会発足	
1952（昭27）	ロンドン・スモッグ事件	
1953（昭28）	熊本水俣病第一号患者（12月）	
1955（昭30）	三浦半島自然保護の会結成	
1956（昭31）		レイチェル・カーソン『The Sense of Wonder』（米国）
1957（昭32）	自然公園法	日本自然保護協会「自然保護教育に関する陳情」（11月6日）

年	環境問題・環境保全	環境教育
1958（昭33）	本州製紙江戸川工場（東京都）の汚水問題をめぐり，沿岸漁民が工場に侵入し，警官隊と衝突 公共用水域の水質の保全に関する法律 工場排水等の規制に関する法律	
1960（昭35）	厚生省，公害防止調査会設置	日本自然保護協会「高等学校教科課程の自然保護教育に関する陳情」（5月）
1961	四日市市にぜんそく患者多発	
1962	ばい煙の規制等に関する法律	
1963	沼津・三島地域コンビナート建設反対運動 狩猟法の改正（鳥獣保護及狩猟ニ関スル法律） 通産省企業局に公害対策課を設置 レイチェル・カーソン『沈黙の春』（米国）	塩浜小学校「公害にまけない体力づくり」開始（四日市）
1964	厚生省環境衛生局に公害課を設置 政府に公害対策連絡会議を設置 沼津・三島コンビナート建設中止	東京都小・中学校公害対策研究会発足 四日市市立教育研究所「公害対策教育」研究開始
1965（昭40）	公害防止事業団設立 四日市公害患者を守る会結成 阿賀野川有機水銀被災者の会（新潟水俣病）の結成	
1966	イタイイタイ病対策協議会結成	Jounal of Outdoor Education 創刊（米国）
1967	公害対策基本法制定 新潟水俣病訴訟提起 四日市公害訴訟提起	全国小・中学校公害対策研究会発足 四日市市長による「偏向教育」発言 「公害に関する指導資料」（四日市教育委員会発行） 「公害と教育」研究集会（四日市）
1968	大気汚染防止法 騒音防止法	昭和43年版小学校学習指導要領に「公害」の用語初出
1969	我が国初の『公害白書』発行 公害に係る健康被害の救済に関する特別措置法 いおう酸化物に係る環境基準の閣議決定	Jounal of Environmental Education 創刊（米国）
1970（昭45）	公害国会（公害関連14法の制定・改正；「公害対策基本法」改正） 東京都杉並区・世田谷区で光化学スモッグ発生 水質汚濁に係る環境基準の閣議決定	米国環境教育法制定（10月） 『日本経済新聞』本立て「進む米の"環境教育"」（1970年9月14日付） 『ニクソン大統領公害教書』（日本総合出版機構，1970年11月5日）の第12章に

資　料

年	環境問題・環境保全	環境教育
	一酸化炭素環境基準の閣議決定 公害被害者救済制度スタート 東京都，光化学スモッグ注意法制度スタート OECD環境委員会発足 米国環境保護庁設置	「環境教育」
1971	環境庁発足（7月1日） 悪臭防止法 騒音に係る環境基準の閣議決定 中央公害対策審議会発足 ラムサール条約採択 人間と生物圏（MAB）計画（UNESCO）発足	小中学校の学習指導要領の一部修正（社会科に公害学習明記） 「公害と教育」分科会（日教組　全国教育研究集会） 「公害と教育」研究会発足
1972	**国連人間環境会議開催（ストックホルム，6月5～16日）→『人間環境宣言』の採択，世界環境デー（6月5日）の設定** 自然環境保全法 『公害白書』から『環境白書』へ	大内正夫「理科教育の現代的課題と環境教育」『京都教育大学理科教育研究年報』2巻，1972年
1973	国連環境計画（UNEP）発足 二酸化窒素（日平均値0.02ppm以下），光化学オキシダントの環境基準設定 絶滅のおそれのある野生動植物の国際取引に関する条約（CITES/ワシントン条約）	第1回環境週間（6月5～11日） 第1回自然環境保全基礎調査（緑の国勢調査）実施 中山和彦「環境教育」『教育展望』1973年9月号
1974	ローランド（米国），フロンガスによるオゾン層破壊説を発表 国立公害研究所発足	「自然保護憲章」制定（自然保護憲章制定国民会議による） 東海自然歩道完成 環境教育国際シンポジウム（東京） 環境教育カリキュラムの基礎的研究（沼田他，科研費特定研究） 第1回OECD環境委員会閣僚レベル会議
1975（昭50）	自然環境保全地域・原生自然環境保全地域の指定	*ベオグラード国際環境教育ワークショップ開催→『ベオグラード憲章』採択　UNESCO-UNEPの国際環境教育計画（IEEP）開始* 「全国小中学校公害対策研究会」が「全国小中学校環境教育研究会」に改称
1976	振動規制法 環境庁内に有志によるアメニティ研究会発足 日本環境学会発足	国際環境教育ニュースレター・コネクト創刊

年	環境問題・環境保全	環境教育
1977	環境庁「環境保全長期計画」を策定	トビリシ環境教育政府間会議開催→『トビリシ宣言』採択 (財) 日本環境協会発足 環境教育研究会 (学芸大) 発足
1978	二酸化窒素環境基準改定	日本自然保護協会「自然観察指導員」養成開始
1979	琵琶湖の富栄養化の防止に関する条例公布 ヨーロッパ諸国を中心に「長距離越境大気汚染条約」を締結 日本環境会議「日本環境宣言」を採択	
1980	『世界環境保全戦略』(IUCN, WWF, UNEP)→「持続可能な開発」 環境影響評価法案に関する環境閣僚会議「環境影響評価法案要綱」を了解	
1981	『環境白書』において「一時の危機的な状況を脱した」と報告 (〜84年) 環境影響評価法案 (アセスメント法案) 国会提出 茨城県「霞ヶ浦の富栄養化の防止に関する条例」	
1982	国連環境計画管理理事会特別会合開催 (ナイロビ)	パリ環境教育専門家会議 (UNESCO-UNEP)
1983	衆議院で継続審議中の環境影響評価法案と湖沼水質保全特別措置法案ともに廃案となる。	フローティングスクール「湖の子」就航 (滋賀県)
1984	国連「環境と開発に関する世界委員会 (WCED)」(ブルントラント委員会) 発足 湖沼水質保全特別措置法 環境影響評価について閣議決定 昭和59年版『環境白書』において「環境保全型社会」の表現が初めて使用される。	自然観察の森整備開始 文部省「自然教室」開始
1985 (昭60)	オゾン層保護のためのウィーン条約採択 長距離越境大気汚染防止条約に基づくヘルシンキ議定書締結 名水百選発表 FAO 第7回熱帯林開発委員会「熱帯林行動計画」採択	世界環境教育会議 (東京)
1986	環境庁「環境保全長期構想」決定	
1987	『我ら共有の未来 (Our Common Fu-	第1回清里フォーラム開催 (5 カ年プロ

年	環境問題・環境保全	環境教育
	ture)』→「持続可能な開発」の概念規定の明確化 オゾン層を破壊する物質に関するモントリオール議定書採択 総合保養地域整備法（リゾート法）	ジェクト） UNESCO-UNEP環境教育・訓練に関する国際会議（モスクワ）→環境教育分野における1990年代のストラテジー
1988	環境庁「地球温暖化問題に関する検討会」設置 オゾン層保護法 IPCC第1回会合 第1回水環境フォーラム	環境庁『みんなで築くよりよい環境を求めて ─環境教育懇談会報告書─』発行 全国星空継続観察（スターウォッチング）の開始 環境庁・日本環境協会主催第1回環境教育シンポジウム（8月30日）
1989	地球環境保全に関する東京会議開催 エコマーク制度発足 地球大気に関する首脳会議（ハーグ） 大気汚染と気候変動に関する閣僚会議（ノールトベイク） 「危機に瀕する地球」（イラスト）が1989年1月2日号のタイム誌（アメリカ）の表紙を飾った（プラネット・オブ・ザ・イヤー）	環境庁「環境にやさしい暮らしの工夫」発行 環境庁・日本環境協会主催第2回環境教育シンポジウム（11月10日） 「公害と教育」研究会が「環境と公害」教育研究会へ名称変更
1990（平2）	水質汚濁防止法等の一部を改正する法律（生活排水対策に係る規定） 地域環境保全基金の造成 環境庁「環境保全のための循環型社会システム検討会」報告書 第1回エコライフ・フェア（6月8-13日） モントリオール議定書第2回締約国会議 第2回世界気候会議（ジュネーブ）	第2回身近な生き物調査（第4回自然環境保全基礎調査） 日本環境教育学会発足
1991	再生資源の利用の促進に関する法律（リサイクル法） 廃棄物の処理及び清掃に関する法律改正（廃掃法） 環境庁「環境と文化に関する懇談会」報告書 環境庁「6月を中心とする1ヶ月を環境月間」とする。	文部省『環境教育指導資料（中学・高等学校編）』発行 第1回環境教育シンポジウム＆教員研修開催（at. 滋賀県大津市，文部省） 第5回清里環境教育フォーラム開催（5カ年プロジェクト終了） 第1回全国学校ビオトープ・コンテスト（主催：(財)日本生態系協会，2年に1回）
1992	「環境と開発に関する国連会議」（UNCED；地球サミット）開催→『リオ宣言』・アジェンダ21採択 環境庁「アース・イヤー'92」を提唱 ワシントン条約第8回締約国会議（京	文部省『環境教育指導資料（小学校編）』発行 日本環境教育フォーラム発足（任意団体，清里環境教育フォーラムからの発展） 第1回全国小中学校環境教育賞（主催：

年	環境問題・環境保全	環境教育
	都) 地球環境賢人会議(東京)	日本児童教育振興財団)〜第10回(2001)まで 生涯学習審議会答申(現代的課題)(7月)
1993	環境基本法 地球環境基金造成	文部省「環境教育推進モデル市町村」指定事業開始(原則単年度指定,10カ所程度)
1994	環境基本計画(第1次)	環境教育シンポジウム'94開催(環境庁とNGOとの連携協力による) 環境教育担当教員講習会(文部省)開始 全国環境教育フェア(第1回埼玉県)
1995(平7)	EICネット運用開始(環境庁) 容器包装に係る分別収集及び再商品化の促進等に関する法律(容器包装リサイクル法)	こどもエコクラブ事業開始(環境庁,(財)日本環境協会) 文部省「環境教育指導資料(事例編)」発行 環境のための地球規模の学習及び観測プログラム(GLOBEプログラム)(文部省)開始 『社会教育指導者の手引き 環境教育のすすめ方』発行(国立教育会館社会教育研修所)
1996	環境カウンセラー制度発足(環境庁) 地球環境パートナーシッププラザ 小型ペットボトル業界自主規制解除	第15期中央教育審議会第1次答申(環境問題と教育,環境教育の改善・充実) 「自然学校宣言」(第1回,2月22日,東京)
1997	地球温暖化防止京都会議(COP3)(京都議定書採択) 学校におけるごみ焼却の抑制・廃止を通知 環境影響評価法 特定物質の規制等によるオゾン層の保護に関する法律(改正(昭63.5.20制定))	「環境と社会:持続可能性に向けた教育とパブリック・アウェアネス」国際会議(at. ギリシャ・テサロニキ) (社)日本環境教育フォーラム設立 野外教育企画担当者セミナー(文部省,各国立青少年教育施設)開始
1998	地球温暖化対策の推進に関する法律 特定家庭用機器再商品化法(家電リサイクル法)(平成10.6.5)	「幼稚園,小学校,中学校,高等学校,盲学校,聾学校及び養護学校の教育課程の基準の改善について(答申)」(平成10年7月29日 教育課程審議会) 幼稚園教育要領,小学校学習指導要領及び中学校学習指導要領告示(文部省,平成10年12月14日)→「総合的な学習の時間」の設置 第1回中四国環境教育ミーティング(広島県戸河内町) 全国環境学習フェア(第1回兵庫県)

資　料

年	環境問題・環境保全	環境教育
1999	環境影響評価法（改正） 全国温暖化防止活動推進センター開設（11月）	「これからの環境教育・環境学習 ―持続可能な社会をめざして―」（中央環境審議会答申，12月24日） 自然体験活動指導者研究会発足 全国学校ビオトープ・コンクール開始（（財）日本生態系協会主催，隔年実施）
2000（平12）	環境基本計画 ―環境の世紀への道しるべ―（12月）（第2次） 国等による環境物品等の調達の推進等に関する法律（グリーン購入法）（平成12年5月31日公布） 循環型社会形成推進基本法（2000（平成12年）6月2日）（3R）	日本環境教育学会10周年記念大会（長野県） 自然体験活動憲章（自然体験活動指導者研究会，平成12年3月6日） 自然体験活動推進協議会（CONE）発足（2000年5月30日設立総会）→自然体験活動リーダー登録制度 「環境と公害」教育研究会終了
2001	省庁再編により環境庁が環境省となる 第9回世界湖沼会議（大津市，11月）	第4回全国環境学習フェア（滋賀県，10月） 『学校教育法』改正（小学校に体験的な学習，社会奉仕・自然体験活動を明記） 環境教育担当教員講習会（教員研修センター主催となる。年2回）
2002	持続可能な開発に関する世界首脳会議（リオ・プラス・10）（ヨハネスブルグ） 「鳥獣保護及狩猟ニ関スル法律」が「鳥獣の保護及び狩猟の適正化に関する法律」に改正（7月12日）	「総合的な学習の時間」導入 滋賀県エコ・スクールプロジェクト開始
2003		環境の保全のための意欲の増進及び環境教育の推進に関する法律（7月成立，10月施行） 環境省・文部科学省共同プロジェクト「環境教育リーダー研修基礎講座」開始
2004		環境保全の意欲の増進及び環境教育の推進に関する基本的な方針（9月）
2005	国連ESDの10年（Decade of Education for Sustainable Development）開始 京都議定書（地球温暖化）発効（2月16日） クール・ビズの始まり	ノーベル平和賞受賞者のワンガリ・マータイさん（ケニア）「MOTTAINAI」（もったいない）キャンペーン提唱
2006	環境基本計画 ―環境から拓く新たな豊かさへの道―（4月7日）（第3次） 容器包装に係る分別収集及び再商品化の促進等に関する法律改正（容器包装リサ	教育基本法改正（12月22日公布・施行）第2条（教育の目標）の第4項に「生命を尊び，自然を大切にし，環境の保全に寄与する態度を養うこと」が明記

年	環境問題・環境保全	環境教育
	イクル法）（平成7年制定）	
2007		*第4回環境教育国際会議（at. インド・アーメダバード）* 国立教育政策研究所（文科省）『環境教育指導資料（小学校編改訂版）』発行 学校教育法一部改正（6月20日）第21条第2項に「学校内外における自然体験活動を促進し，生命及び自然を尊重する精神並びに環境の保全に寄与する態度を養うこと」が明記 中教審答申 日本学術会議環境学委員会環境思想・環境教育分科会「環境教育 明日への提言」シンポジウム（12月7日）
2008		平成20年版学習指導要領告示（3月） 文科省「小学校長期自然体験活動支援プロジェクト」（自然体験活動指導者養成事業・小学校自然体験活動プログラム開発事業）開始 日本学術会議環境学委員会環境思想・環境教育分科会「提言・学校教育を中心とした環境教育の充実にむけて」
2009		中四国環境教育ミーティング2009（広島県戸河内，最終回）
2010（平22）	生物多様性条約 第10回締約国会議（COP10）（名古屋）	
2011		**環境教育等による環境保護の取組の促進に関する法律**（6月15日成立，2012年10月1日完全施行） 環境省「今後の環境教育・普及啓発の在り方を考える検討チーム〈報告書〉」（7月）
2012	*国連持続可能な開発会議（リオ＋20）（6月20（水）〜22日（金），ブラジル，リオデジャネイロ）* 『環境基本計画』（第4次）（4月27日）	
2014	「持続可能な開発のための教育（ESD）に関するユネスコ世界会議」（11月10〜12日，名古屋市），関連会議が岡山市で開催→国連ESDの10年終了	

※：斜体文字は海外の事項。太字は重要な事項。

人名索引

ア行
青柳昌宏　*89*
阿部治　*18, 93*
安藤聡彦　*94*
市川昭午　*94, 130*
伊藤和明　*11*
糸賀黎　*105*
今村光章　*94*
ウィーラー（Wheeler, Keith）　*19, 22*
大石武一　*25, 112, 116*
大内正夫　*100, 106*
大塚明郎　*121*
大野連太郎　*94*
大森暢之　*124*
岡崎洋　*136*
岡田真　*105*
小川潔　*85, 86, 91, 117*
奥井智久　*136, 138*

カ行
カーク（Kirk, John J.）　*21*
梶哲夫　*10, 100, 108, 111*
加藤章　*100, 108*
加藤一郎　*136, 143*
加藤汕　*122*
加藤秀俊　*12*
金子熊夫　*103, 134*
金田平　*87, 118, 141*
川野辺敏　*94*
グッドマン兄弟（Goodman, Paul / Goodman, Perceval）　*19, 23, 93*
ゲデス（Geddes, Patrick）　*24*
小金井正巳　*93, 102, 107*
小林学　*100, 107, 111*

サ行
榊原康男　*28, 40, 100, 105, 110, 111, 117, 121, 128*
佐藤栄作　*78*
佐島群巳　*79*

柴田敏隆　*87*
下泉重吉　*86, 88, 100, 108*
ショーエンフェルド（Schoenfeld, Clarence A.）　*19, 20, 22, 45*
鈴木章雄　*132, 135*
鈴木善次　*15, 72, 85, 119, 258*
スタップ（Stapp, William B.）　*29, 101*
須之部淑男　*105*
関上哲　*84, 141*
関啓子　*13*

タ行
高城英子　*257*
高瀬邦男　*82*
高橋正弘　*13, 119*
立石喜信　*126, 127*
立見辰雄　*131*
田中裕一　*81, 91, 95, 131*
千葉呆弘　*28, 56*
都留重人　*10*
デシンジャー（Disinger, Jhon F.）　*18*
寺沢正巳　*100, 108*

ナ行
中内敏夫　*95*
中川志郎　*145*
長沢衍　*120, 124*
中島定吉　*127*
中西悟堂　*86*
中山和彦　*26, 34, 40, 93, 100, 103, 111, 117, 121*
ニクソン大統領（Nixon, Richard M.）　*96*
西岡昭夫　*81*
沼田眞　*5, 10, 80, 84, 92, 98, 120, 121, 137, 188*

ハ行
羽賀貞四郎　*100, 105, 131*
八田三郎　*84*

ハーベイ（Harvey, Gray G.） *19*
原田智代 *120*
半谷高久 *122*
平塚益徳 *129, 133*
平野長英 *112*
平野長靖 *112*
フェグリ博士 *84*
福島達夫 *10, 12, 79, 117, 131*
福島要一 *11*
藤井健次郎 *84*
藤岡貞彦 *11, 79, 117, 131, 137, 140*
藤田哲雄 *100*
プリチャード（Prichard, Thomas） *14, 18, 23, 93*
降旗信一 *13*
古谷庫造 *10, 198*
ブルントラント（Brundtland, Gro H.） *61*
ブレナン（Brennan, Mathew J.） *20*

マ行
マータイ（Maathai, Wangari M.） *176*
松永嘉一 *93*
三浦保寿 *82*
三木武夫 *112*
水野寿彦 *117*
溝上泰 *100, 101*
宮本憲一 *4, 136*
御代川貴久夫 *13*
盛岡通 *156*
森川久雄 *132*
森戸辰男 *113*

ヤ行
ヤップ（Yapp, W. B.） *22*
山極隆 *146*
吉田三男 *131*

ラ・ワ行
ロス（Roth, Charles E.） *21*
若林真一 *130*
渡部景隆 *100, 107*

事項索引

A-Z
DSED　2, 66, 67
EPD　63, 64
ESD　2, 4, 16, 62, 174
ESD-J　68, 69
IEEP　1, 4, 28, 27, 47, 63
IUCN　18, 58
MOTTAINAI（もったいない）キャンペーン　176
Planet of the Year　154
PLT（Project Learning Tree）165
Think Globally, Act Locally.　44
UNEP　1, 28, 29, 58
WCED　59
WCS: World Conservation Strategy　11, 58
WWF　58, 61

ア行
アースデイ　154, 167, 171
浅野セメント工場　73
アジェンダ21　2, 14, 47, 58, 60, 62, 63, 154
足尾銅山鉱害問題　15, 72
アメリカ環境教育法　24
石川県加賀市立動橋小学校　141
イタイイタイ病　74
宇都宮市立一条中学校　110
エコスクール　147, 165, 168, 169
エコマーク制度　145, 155
エコライフフェア　145, 155
岡山大学教育学部附属小学校　141
尾瀬道路問題　112
尾瀬保存期成同盟　86

カ行
かけがえのない地球（the Only One Earth）　25
学校教育法一部改正　184
環境アセスメント法案　135

環境科　141, 197, 215, 216
環境カウンセラー制度　9, 145
環境家計簿　156
環境基準　114, 135
環境基本計画　157, 161, 174
　――第1次　9
　――第2次　177, 178
　――第3次　177
環境基本法　156, 158, 179
環境教育・訓練に関する国際会議　→モスクワ会議
『環境教育・訓練分野における1990年代の国際的活動戦略』　57
環境教育学　94, 95
環境教育カリキュラムの基礎的研究　122
環境教育研究会　119, 120, 123, 137, 142, 188
環境教育懇談会報告　129, 142, 149, 158
『環境教育指導資料』　129, 145, 149, 158, 165, 174, 211
　――（小学校編）　184
　――（幼稚園・小学校編）　275
環境教育シリーズ（IEEP）　51, 52
環境教育推進モデル市町村　147
環境教育政府間会議　→トビリシ会議
環境教育専門官　143
環境教育担当教員講習会　147
環境教育等促進法　181
環境教育ニュースレター　31
『環境教育の傾向（Trends in Environmental Education）』　32, 51
「環境教育の方法論に関する研究」　123
環境教育の目的　38, 43, 120, 129, 146, 172, 174, 188
環境教育の目標　38, 43, 110
環境教育の理念　111, 144, 159
環境教育プログラムの指導原理　38, 40, 43
『環境教育用語集』　51

環境行政の後退　134
環境月間　46, 116, 154
環境週間　28, 116, 154
環境省　176
環境情報科学センター　49
環境庁　5, 77, 79, 112
環境と開発に関する国連会議　→地球サミット
環境と開発に関する世界委員会　→ WCED
「環境と公害」教育研究会　83, 117, 141
環境と社会：持続可能性に向けた教育とパブリック・アウェアネス国際会議　→テサロニキ会議
『環境にやさしい暮らしの工夫』　145, 155
環境のための地球学習観測プログラム（GLOBE）　147, 165, 167
環境の日　46, 116
『環境白書』　98, 112, 135, 143, 180, 181
環境美化行動の日　127, 140
環境保全活動・環境教育推進法　174, 179, 229
環境保全長期構想　142, 161
環境問題の終息宣言　135
キープ協会　151
気候変動枠組み条約　154
教育（的）環境論　94
教育課程審議会答申　164
教育基本法改正　184
京都議定書　158, 175
京都教育大学理科教育教室　138, 142
清里環境教育フォーラム　150, 152
清里フォーラム　149, 150, 152, 158
クールビズ　175
グローブ・プログラム　165, 167, 168
黒川調査団　90
現代的課題　158
公害学習　79
公害教育　15, 79, 96, 111, 117, 118
公害健康被害補償法　136
公害国会　15, 77, 112, 116, 189
公害対策基本法　76, 114

公害対策教育　80
「公害と教育」研究会　82, 83, 117, 137, 141
『公害白書』　112, 189
公共用水域の水質の保全に関する法律　75
工場排水等の規制に関する法律　75
工場法　73
高知大学環境教育研究会　203, 210
国際環境教育プログラム　→ IEEP
国際環境教育ワークショップ　→ベオグラード会議
国際自然保護連合　→ IUCN
国立教育研究所　10, 94, 124, 129, 210
国立教育政策研究所　39, 124, 184
国立公園法　77
国連環境計画　→ UNEP
国連人間環境会議　→ストックホルム会議
こどもエコクラブ　145, 165, 166, 167
コネクト　31, 32, 33, 48, 51, 66
ごみゼロ運動　128

サ行
飼育栽培　232
飼育栽培活動　193
資源の有効利用　207
史跡名勝天然記念物保存法　77
自然環境保全基本方針　112
自然環境保全法　112
自然観察指導員　90, 118
自然観察の森　140
自然教育　89
自然公園法　77
自然体験型環境教育　150, 152, 159
自然保護教育　15, 84, 88, 89, 108, 117, 118
自然保護教育に関する陳情　87, 89
自然保護憲章　112
自然保護思想　90
持続可能性　64
持続可能性のための教育　65, 66
持続可能な開発　47, 57, 58, 59, 159, 177

事項索引

持続可能な開発に関する世界首脳会議 →ヨハネスブルグ・サミット
持続可能な開発のための教育 →ESD
持続可能な開発のための教育の10年 →DESD
「持続可能な開発のための教育の10年」推進会議 →ESD-J
持続可能な社会 *158, 159, 160, 163, 172, 174, 176*
信濃教育会 *92, 121, 125, 126, 132, 188*
志布志湾開発 *114*
狩猟法 *76*
『循環型社会白書』 *176*
食物連鎖 *232*
森林原則声明 *154*
森林資源 *208, 231*
森林法 *76*
「進む米の環境教育」 *95, 96*
ストックホルム会議 *1, 25, 102, 103, 104*
3R *158, 176*
世界環境デー（World Environment Day） *28, 116*
世界環境保全戦略 →WCS
世界自然保護基金 *61*
世界野生生物基金 →WWF
責任ある行動 *106, 144, 145, 162*
石油危機（オイル・ショック） *134, 136*
全国環境学習フェア *147*
全国環境教育フェア *147*
全国小学校・中学校環境教育賞 *221, 225, 258*
全国小中学校環境教育研究会 *119, 121, 126, 127, 137, 142, 188, 214*
全国星空継続観察（スターウォッチング・ネットワーク） *140*
全米環境教育法 *98, 103, 124, 129*
総合的な学習の時間 *16, 163, 164, 174, 184, 229, 231, 247, 284*

タ行

単元「人間と自然」 *192, 200, 206, 207*
探鳥会 *86*
地域環境科 *141*

チェルノブイリ原発事故 *83, 141*
地球温暖化 *155, 175, 177, 178*
地球温暖化防止京都会議 *158*
地球環境基金 *159*
地球環境パートナーシッププラザ *145*
地球環境問題 *134, 153, 156, 202*
地球サミット *2, 47, 60, 62*
地球的規模の環境問題 *143, 145, 153, 202*
中央環境審議会答申 *160, 162, 163, 165*
中・四国環境教育ミーティング *171*
鳥獣保護及狩猟ニ関スル法律 *76*
鳥獣猟規則 *76*
調和条項 *76, 78, 189*
低炭素社会 *175*
テサロニキ会議 *15, 62, 64, 65, 68, 69, 160*
テサロニキ宣言 *65, 68, 69*
東京学芸大学環境教育研究会 *210, 220*
東京学芸大学環境教育実践施設 *8, 10, 117, 137*
東京教育大学野外研究同好会 *88*
都市・生活型公害 *134, 143, 145, 153, 155, 156, 202*
都市計画法 *76*
トビリシ会議 *1, 4, 31, 35, 40, 104, 123*
トビリシ勧告 *43*
トビリシ宣言 *42, 46*
トレーニング・ワークショップ *54, 55*

ナ行

新潟水俣病 *74*
新浜を守る会 *88*
ニクソン大統領『公害教書』 *95, 96, 100*
日本環境教育学会 *7, 13, 148, 158*
日本環境教育フォーラム *152, 159, 171*
日本環境協会 *129, 130, 131, 138, 139, 142, 194, 203*
日本自然保護協会 *84, 85, 86, 112, 137, 141*
日本児童教育振興財団 *221*
日本野鳥の会 *86*
人間開発のための環境・人口教育と情報

373

→ EPD
人間環境宣言　*25, 26, 106*
沼津・三島コンビナート　*81*
ネイチャー・ゲーム（Nature Game）
　　165

ハ行
ばい煙の規制等に関する法律　*75*
廃棄物　*177, 178*
パイロット・プロジェクト　*49, 50*
ビオトープ　*165*
美化活動　*193*
日立鉱山　*73*
ふるさといきものふれあいの里　*140*
プロジェクト・ワイルド（Project WILD）　*165*
ベオグラード会議　*1, 31, 35, 104, 120, 123*
ベオグラード憲章　*32, 36, 37, 38, 46, 128*
別子銅山　*73*

マ行
マスキー法　*115*

松村調査団　*90*
三浦半島自然保護の会　*87, 89, 118*
身近な生きもの調査　*140*
水俣病　*73, 199, 205*
『水俣病とその授業研究』　*95*
モスクワ会議　*14, 47, 56*
文部省　*5*

ヤ行
野外教育　*15, 149*
ユネスコ・スクール　*110*
横浜国立大学人間科学部環境教育研究会　*13*
四日市ぜんそく　*74, 80*
ヨハネスブルグ・サミット　*66, 67, 174*

ラ・ワ行
リサイクル　*177, 178*
『我が国の文教政策』（教育白書）　*98*
『我ら共有の未来（*Our Common Future*）』　*59, 61, 177*

〈著者紹介〉

市川 智史（いちかわ　さとし）

1960年　京都市生まれ。教育学修士，博士（総合社会文化）
京都教育大学Ⅰ類理学科卒業，神戸大学大学院教育学研究科修了，広島大学大学院教育学研究科博士課程後期中途退学，日本大学大学院総合社会情報研究科博士後期課程修了。
京都教育大学附属桃山高等学校非常勤講師，広島大学附属中高等学校非常勤講師，財団法人日本環境協会事業主任・事業課長，国立教育研究所科学教育研究センター共同研究員，鳴門教育大学学校教育研究センター助教授，滋賀大学教育学部附属環境教育湖沼実習センター助教授，滋賀大学環境総合研究センター助/准教授を経て，2012年4月より同センター教授（環境教育研究部門）。

主著
『身近な環境への気づきを高める環境教育手法　―「環境経験学習」から「指示書方式」への展開―』，大学教育出版，2011年（単著）
水山光春編著『よくわかる環境教育』，ミネルヴァ書房，2013年（共著）
日本環境教育学会編『環境教育辞典』，教育出版，2013年（共著）
川嶋宗継・市川智史・今村光章編著『環境教育への招待』，ミネルヴァ書房，2002年（共編著）

ホームページ　http://www.edu.shiga-u.ac.jp/~ichikawa/

日本環境教育小史

2016年8月20日　初版第1刷発行	〈検印省略〉

定価はカバーに
表示しています

著　者	市　川　智　史
発行者	杉　田　啓　三
印刷者	江　戸　孝　典

発行所　株式会社　ミネルヴァ書房
607-8494 京都市山科区日ノ岡堤谷町1
電話代表 (075)581-5191
振替口座 01020-0-8076

© 市川智史, 2016　　　　共同印刷工業・新生製本

ISBN978-4-623-07698-7
Printed in Japan

教職をめざす人のための 教育用語・法規
広岡義之編　四六判　312頁　本体2000円

●194の人名と，最新の教育時事用語もふくめた合計863の項目をコンパクトにわかりやすく解説。教員採用試験に頻出の法令など，役立つ資料も掲載した。

よくわかる環境教育
水山光春編著　B5判　184頁　本体2800円

●環境問題の入門書。環境教育の概容を解説した上で，環境教育で扱うテーマを網羅的に解説。辞書的な使用も可能。教育学部の学生のみならず，教育現場や市民活動に携わる方々必読の一冊。

事例で学ぶ学校の安全と事故防止
添田久美子・石井拓児編著　B5判　156頁　本体2400円

●「事故は起こるもの」と考えるべき。授業中，登下校時，部活の最中，給食で…，児童・生徒が巻き込まれる事故が起こったとき，あなたは——。学校の内外での多様な事故について，何をどのように考えるのか，防止のためのポイントは何か，指導者が配慮すべき点は何か，を具体的にわかりやすく，裁判例も用いながら解説する。学校関係者必携の一冊。

ごみと日本人——衛生・勤倹・リサイクルからみる近代史
稲村光郎著　四六判　338頁　本体2200円

●ごみ問題の誕生は，日本の近代化・産業発展と表裏一体の関係にある。本書は，この問題を通じて日本近代史を読み解くものである。開国で江戸の街はどう変わったか？　松方デフレがごみ問題に与えた影響とは？　与謝野晶子はなぜ廃物利用を批判したのか？　東條英機がごみを視察した理由とは？　ごみにまつわる詳細なデータと象徴的なエピソードで，幕末から敗戦に至る日本の歩みを描き出した意欲作。

——ミネルヴァ書房——
http://www.minervashobo.co.jp/